中国
退役军人事务年鉴

CHINA VETERANS AFFAIRS YEARBOOK

退役军人事务部◎编

科学技术文献出版社
SCIENTIFIC AND TECHNICAL DOCUMENTATION PRESS
·北京·

图书在版编目（CIP）数据

中国退役军人事务年鉴. 2023 / 退役军人事务部编. —北京：科学技术文献出版社，2023. 5
ISBN 978-7-5235-0274-7

Ⅰ. ①中… Ⅱ. ①退… Ⅲ. ①退役—军人—人事管理—中国—2023—年鉴 Ⅳ. ① E263-54

中国国家版本馆 CIP 数据核字（2023）第 090942 号

中国退役军人事务年鉴2023

策划编辑：崔 静　　责任编辑：李 晴　　责任校对：王瑞瑞　　责任出版：张志平

出 版 者　科学技术文献出版社
地　　址　北京市复兴路15号　邮编 100038
编 务 部　(010) 58882938，58882087 (传真)
发 行 部　(010) 58882868，58882870 (传真)
邮 购 部　(010) 58882873
官方网址　www.stdp.com.cn
发 行 者　科学技术文献出版社发行
印 刷 者　北京时尚印佳彩色印刷有限公司
版　　次　2023 年 5 月第 1 版　2023 年 5 月第 1 次印刷
开　　本　889×1194　1/16
字　　数　489千
印　　张　23.5　彩插20面
书　　号　ISBN 978-7-5235-0274-7
定　　价　198.00元

2022 年 9 月 16 日，第九批在韩中国人民志愿军烈士遗骸迎回仪式在沈阳桃仙国际机场举行。退役军人事务部党组书记、部长裴金佳主持。曹舒昊　摄

2022 年 7 月 14 日至 15 日，退役军人事务部党组书记、部长裴金佳带队赴福建省慰问陆军某部并调研退役军人工作。图为裴金佳看望慰问优抚对象。闵戎轩　摄

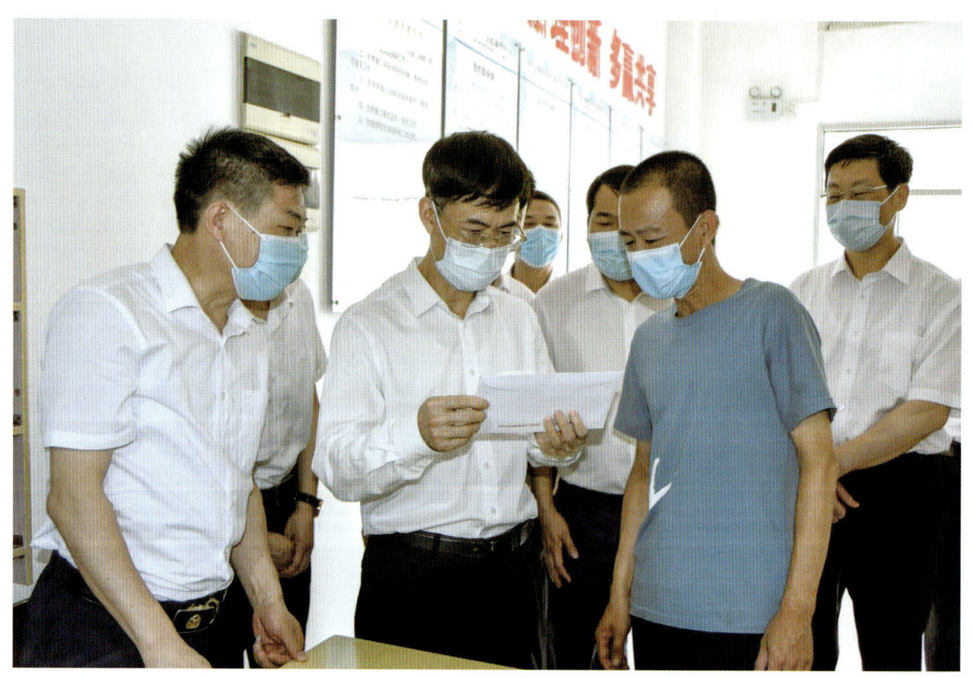

2022 年 7 月 14 日至 15 日，退役军人事务部党组书记、部长裴金佳带队赴福建省慰问陆军某部并调研退役军人工作。图为裴金佳与退役军人亲切交流。闵戎轩　摄

2022 年 2 月 28 日，退役军人事务部与中国银联、中国石油、中国邮政、顺丰集团、德邦快递、中国联合航空 6 家企业在京签署《拥军优抚合作协议》。退役军人事务部党组成员、副部长钱锋出席并签署合作协议。曹舒昊　摄

2022 年 7 月 25 日至 27 日，退役军人事务部党组成员、副部长钱锋带队赴青海省开展“蹲点抓落实”工作并看望慰问抗战老战士。杨军　摄

2022 年 8 月 19 日，中央纪委国家监委驻退役军人事务部纪检监察组组长、部党组成员林国耀赴四川省眉山市调研时走访慰问烈属高玉珍。廖波　摄

2022 年 8 月 19 日，中央纪委国家监委驻退役军人事务部纪检监察组组长、部党组成员林国耀赴四川省眉山市调研。廖波　摄

2022 年 8 月 3 日至 5 日，退役军人事务部党组成员、副部长常正国带队赴山西省开展“蹲点抓落实”工作并走访慰问抗美援朝志愿军老战士吕俊生。白杨　摄

2022 年 8 月 3 日，退役军人事务部党组成员、副部长常正国在山西省太原市迎泽区迎泽街道并州路二社区退役军人服务站调研。郭鹏　摄

2022 年 7 月 18 日至 22 日，中央军委政治工作部少将主任助理兼退役军人事务部党组成员、副部长杨友斌带队赴北京市开展“蹲点抓落实”工作，实地察看海淀区军休安置事务中心工作开展情况。田智　摄

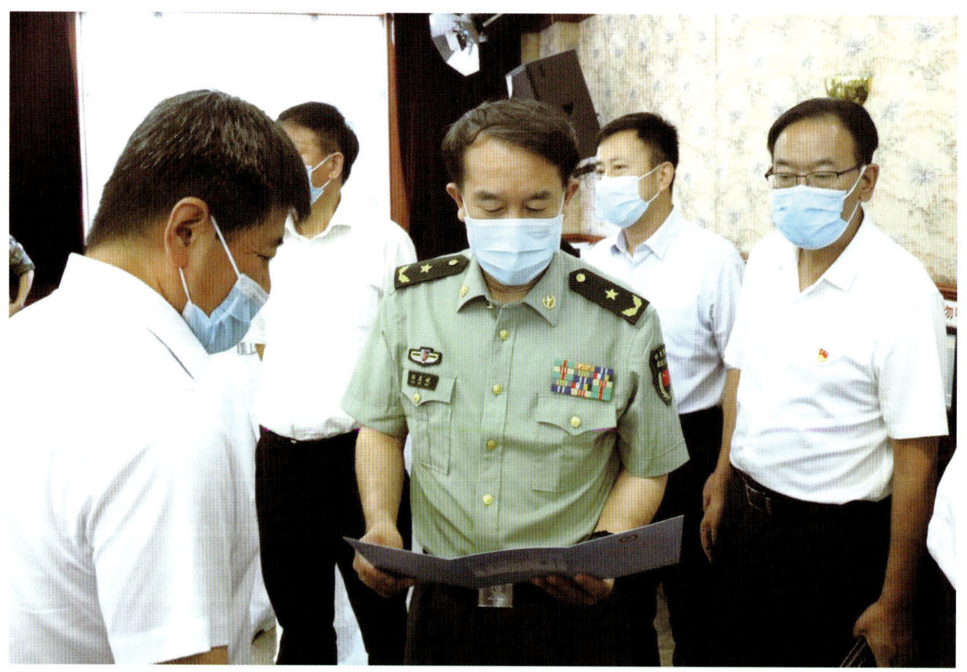

2022 年 7 月 21 日，中央军委政治工作部少将主任助理兼退役军人事务部党组成员、副部长杨友斌赴北京市海淀区军休安置事务中心实地察看接收安置审档大厅。田智　摄

2022 年 7 月 18 日至 20 日，退役军人事务部党组成员、副部长马飞雄带队赴河北省开展“蹲点抓落实”工作并看望慰问优抚对象。冀军宣　摄

2022 年 7 月 28 日，退役军人事务部“老兵永远跟党走——老兵宣讲”启动仪式暨“传承红色基因，强国复兴有我”巡回宣讲首场报告会在京举行。退役军人事务部党组成员、副部长马飞雄致辞。陈建辰　摄

2022 年 1 月 11 日，上海退役军人学院成立工作会议召开。顾智玥　摄

2022 年 1 月 19 日，“十四五”退役军人工作专项规划贯彻实施工作会议在京召开。曹舒昊　摄

2022 年 4 月 19 日，中华英烈褒扬事业促进会第二届会员大会在京召开。曹舒昊　摄

2022 年 5 月 7 日，退役军人事务部、教育部联合召开 2022 年高职扩招退役军人毕业生就业工作视频会议。曹舒昊　摄

2022 年 7 月 1 日，退役军人事务部党组书记、部长裴金佳为党员干部讲授专题党课。穆可双　摄

2022 年 7 月 11 日，退役军人事务部、农业农村部联合在浙江省嘉善县启动全国高素质农民（退役军人村支书）培育试点工作，图为启动仪式现场。刘军鹏　摄

2022 年 7 月 11 日，退役军人事务部召开“蹲点抓落实”工作动员培训会。穆可双　摄

2022 年 7 月 14 日，退役军人事务部与国家文物局在香山革命纪念馆签署战略合作协议。穆可双　摄

2022 年 7 月 19 日，贯彻落实《关于加强新时代烈士褒扬工作的意见》电视电话会议在京召开。穆可双　摄

2022 年 7 月 20 日，国家烈士遗骸搜寻队及国家烈士遗骸 DNA 鉴定实验室成立仪式在京举行。曹舒昊　摄

2022 年 7 月 27 日至 28 日，全国退役军人事务厅（局）办公室主任会议在福建省厦门市召开。闵戎轩　摄

2022 年 8 月 1 日，退役军人事务部举行接受捐赠仪式，中国融通资产管理集团有限公司向中国退役军人关爱基金会捐赠 2000 万元。韩向阳　摄

2022 年 9 月 5 日，中国爱国拥军促进会在福建省上杭县举行“情系退役老兵・振兴老区发展”活动捐赠仪式。孙琳琳　摄

2022 年 9 月 17 日，第九批在韩中国人民志愿军烈士遗骸安葬仪式在沈阳抗美援朝烈士陵园举行。图为礼兵护送志愿军烈士遗骸棺椁进入安葬地宫。曹舒昊　摄

2022 年 9 月 21 日，中央宣传部、退役军人事务部、中央军委政治工作部联合举行 2022 年度“最美退役军人”发布仪式。范显海　摄

2022 年 9 月 27 日，“奋进新时代”主题成就展在北京展览馆开幕。图为“奋进新时代”主题成就展退役军人工作展览内容。姚笛　摄

2022 年 10 月 25 日，退役军人事务部召开党员干部大会，传达学习贯彻党的二十大精神。曹舒昊　摄

2022 年 11 月 3 日至 4 日，第二届全国退役军人创业创新大赛决赛在四川省成都市举办。图为大赛开幕式现场。朱光宇　摄

《中国退役军人事务年鉴 2023》
编委会

《中国退役军人事务年鉴 2023》
编写组成员

于晓鹏　马　文　马明潭　马相聪　王　波　王桂厚

甘海峰　叶婷婷　朱天聚　刘　俊　刘　雄　刘　斌

刘恒贵　刘莎莎　闫予昌　许爱军　李　成　李　冰

李　洪　李丹阳　李亚光　李启胜　李春生　杨明贵

吴军锋　何光龙　邹　杰　汪鸿兴　宋功祥　宋虎林

张　月　张　强　张莹莹　张新宇　陈汉勋　陈治国

陈智慧　武世权　罗晶晶　周　剑　周　翔　周　瑜

周庆华　周兴礼　周燕红　孟　伟　赵　立　赵　宇

赵　姬　赵　铭　赵志成　赵步文　胡　凯　柏毅卿

段照明　骆立超　夏　兵　夏继舟　顾卫忠　柴东超

钱俊芝　倪光辉　徐　进　奚　庆　高　雷　高春霞

高海宾　郭嘉良　董　瑞　蒋　程　韩　旭　程晓惠

舒德忠　熊　莉　魏　鑫

（按姓氏笔画排序）

编辑说明

《中国退役军人事务年鉴》是关于退役军人工作的专业性史料工具书，旨在逐年记录、时序呈现、客观反映我国退役军人工作发展概况，为全国退役军人事务系统工作者和关心、关注退役军人工作的广大读者提供借鉴和参考。

《中国退役军人事务年鉴 2023》收录 2022 年退役军人事务工作相关资料，共 6 个部分，记录了在以习近平同志为核心的党中央领导下中国退役军人工作的开展情况，包括党和国家领导人关于退役军人工作的活动和讲话、退役军人事务部领导讲话和署名文章、全国退役军人工作、地方退役军人工作、政策法规、大事记。其中，全国退役军人工作主要从国家层面反映政策法规、思想政治和权益维护、规划财务、移交安置、就业创业、军休服务管理、拥军优抚、褒扬纪念（国际合作）等工作情况；地方退役军人工作主要从地方层面反映各省（自治区、直辖市）、新疆生产建设兵团和副省级城市退役军人相关工作。

《中国退役军人事务年鉴 2023》的编辑出版，是在全国退役军人事务系统的共同努力下完成的。在此，谨向所有参与编辑出版工作的领导和同志表示衷心感谢！因编者水平有限，疏漏之处在所难免，恳请广大读者批评指正！

编　者

2023 年 5 月

序

2022年，是党和国家历史上极为重要的一年。党的二十大胜利召开，中华民族开启了全面建设社会主义现代化国家、向第二个百年奋斗目标进军的新征程。一年来，退役军人事务系统始终沿着以习近平同志为核心的党中央指引的方向，奋力推进各项工作，取得了新的成绩。

这一年，彰显了政治的高度。退役军人事务系统深入学习习近平新时代中国特色社会主义思想，以昂扬的精神状态迎接党的二十大胜利召开，全面学习宣传贯彻党的二十大精神，贯彻落实习近平总书记关于退役军人工作重要论述，深刻领悟“两个确立”的决定性意义，增强“四个意识”、坚定“四个自信”、做到“两个维护”。深入开展“蹲点抓落实”工作，摸清法律政策落实情况，提升退役军人服务保障水平，夯实退役军人工作发展基础，推动习近平总书记重要指示批示和党中央、国务院决策部署落实落地。

这一年，见证了服务的温度。着眼“安置”与“就业”两个重要课题，完善退役士兵量化评分办法，着力加强岗位供给，高标准安置5万余名转业军官和退役士兵；大力开展就业创业帮扶，与1.2万家企业签约，组织1.7万场招聘活动，提供岗位480余万个，帮助51.9万名退役军人实现就业。深入开展“退役军人帮扶援助”活动和“为退役军人排忧解难”专项行动，帮扶资金及物资价值超过1.2亿元，上百万名退役军人受益；为1700余名困难退役军人和军人军属开辟“绿色通道”、提供司法救助、发放司法救助金4100万元。

这一年，迸发了拥军的热度。坚持服务“经济社会发展”“国防和军队建设”方针，全力支持部队备战打仗，推动解决随军家属就业、子女入学难题，努力解除官兵后顾之忧。组织开展军人随军家属招聘会1920余场，提供就业岗位77万余个。开展“情系边海防官兵”慰问活动，36个全国双拥模范城（县）与边海防基层连队结对共建。推动优抚事业单位改革发展，完善优抚对象医疗保障政策体系。深入推进“优待证+”工作，优待证使用场景进一步拓展。

这一年，体现了尊崇的力度。组织“传承红色基因·强国复兴有我”主题宣讲，推出《兵心》《本色》《老兵记忆》等一批优秀作品，开展退役军人“网络正能量作品大赛”。隆重举行第九批在韩志愿军烈士遗骸迎回安葬仪式，组织“山河锦绣·英雄归来”系列主题宣传，广泛开展为烈士寻亲活动。组建国家烈士遗骸搜寻队和DNA鉴定实验室。坦赞铁路纪念园竣工开园，全国县级以下烈士纪念设施整修全面完成。坚决打击诋毁英烈和网络售卖烈士物品、军功章等违法行为，在全社会营造崇尚英雄、缅怀先烈的良好氛围。

这一年，展示了老兵的风度。加强典型宣传，强化思想政治引领，引导退役军人在经济建设各个战线发挥出生力军的作用。着力培育乡村振兴领头雁，开展“兵支书”示范培训，引导42万名退役军人投身乡村振兴。推进退役军人志愿服务，引导退役军人在参与疫情防控、抗震救灾、山火扑救等急难险重任务中发挥作用、展现风采。

……

一年向阳四时春，每一点收获，都是奋斗的见证。梦在心中，路在脚下。进入新时代、踏上新征程，退役军人工作按下“快进键”，进入“快车道”，退役军人事务系统将在以习近平同志为核心的党中央坚强领导下，击鼓催征、奋楫扬帆，努力推动退役军人工作高质量发展，为强国建设、民族复兴贡献更多力量。

目 录

党和国家领导人关于退役军人工作的活动和讲话

习近平在中国共产党第二十次全国代表大会上的报告

（节选）

如期实现建军一百年奋斗目标，加快把人民军队建成世界一流军队，是全面建设社会主义现代化国家的战略要求。必须贯彻新时代党的强军思想，贯彻新时代军事战略方针，坚持党对人民军队的绝对领导，坚持政治建军、改革强军、科技强军、人才强军、依法治军，坚持边斗争、边备战、边建设，坚持机械化信息化智能化融合发展，加快军事理论现代化、军队组织形态现代化、军事人员现代化、武器装备现代化，提高捍卫国家主权、安全、发展利益战略能力，有效履行新时代人民军队使命任务。

全面加强人民军队党的建设，确保枪杆子永远听党指挥。健全贯彻军委主席负责制体制机制。深化党的创新理论武装，开展“学习强军思想、建功强军事业”教育实践活动。加强军史学习教育，繁荣发展强军文化，强化战斗精神培育。建强人民军队党的组织体系，推进政治整训常态化制度化，持之以恒正风肃纪反腐。

全面加强练兵备战，提高人民军队打赢能力。研究掌握信息化智能化战争特点规律，创新军事战略指导，发展人民战争战略战术。打造强大战略威慑力量体系，增加新域新质作战力量比重，加快无人智能作战力量发展，统筹网络信息体系建设运用。优化联合作战指挥体系，推进侦察预警、联合打击、战场支撑、综合保障体系和能力建设。深入推进实战化军事训练，深化联合训练、对抗训练、科技练兵。加强军事力量常态化多样化运用，坚定灵活开展军事斗争，塑造安全态势，遏控危机冲突，打赢局部战争。

全面加强军事治理，巩固拓展国防和军队改革成果，完善军事力量结构编成，体系优化军事政策制度。加强国防和军队建设重大任务战建备统筹，加快建设现代化后勤，实施国防科技和武器装备重大工程，加速科技向战斗力转化。深化军队院校改革，建强新型军事人才培养体系，创新军事人力资源管理。加强依法治军机制建设和战略规划，完善中国特色军事法治体系。改进战略管理，提高军事系统运行效能和国防资源使用效益。

巩固提高一体化国家战略体系和能力。加强军地战略规划统筹、政策制度衔接、资源要素共享。优化国防科技工业体系和布局，加强国防科技工业能力建设。深化全民国防教育。加强国防动员和后备力量建设，推进现代边海空防建设。加强军人军属荣誉激励和权益保障，做好退役军人服务保障工作。巩固发展军政军民团结。

人民军队始终是党和人民完全可以信赖的英雄军队，有信心、有能力维护国家主权、统一和领土完整，有信心、有能力为实现中华民族伟大复兴提供战略支撑，有信心、有能力为世界和平与发展作出更大贡献！（新华社北京10月25日电）

习近平在海南考察时强调

解放思想开拓创新团结奋斗攻坚克难 加快建设具有世界影响力的中国特色自由贸易港

中共中央总书记、国家主席、中央军委主席习近平近日在海南考察时强调，要坚决贯彻党中央决策部署，坚持稳中求进工作总基调，完整、准确、全面贯彻新发展理念，全面深化改革开放，坚持创新驱动发展，统筹疫情防控和经济社会发展，统筹发展和安全，解放思想、开拓创新，团结奋斗、攻坚克难，加快建设具有世界影响力的中国特色自由贸易港，让海南成为新时代中国改革开放的示范，以实际行动迎接党的二十大胜利召开。

4月10日至13日，习近平在海南省委书记沈晓明、省长冯飞陪同下，先后来到三亚、五指山、儋州等地，深入科研单位、国家公园、黎族村寨、港口码头等进行调研。

10日下午，习近平首先来到位于三亚市崖州湾科技城的崖州湾种子实验室考察调研。习近平听取了科技城规划建设和实验室总体情况介绍，察看了实验室搭建平台支持种业创新成果展示，对海南省探索农业科技创新模式、支撑保障国家粮食安全的做法表示肯定。习近平先后走进大型仪器公共服务中心、精准分子设计育种中心，同科研人员深入交流。习近平指出，中国人的饭碗要牢牢端在自己手中，就必须把种子牢牢攥在自己手里。要围绕保障粮食安全和重要农产品供给集中攻关，实现种业科技自立自强、种源自主可控，用中国种子保障中国粮食安全。要继承和发扬老一辈农业科研工作者胸怀祖国、服务人民的优秀品质，拿出十年磨一剑的劲头，勇攀农业科技高峰。

随后，习近平来到中国海洋大学三亚海洋研究院，了解海洋观测设备与信息服务系统研发应用情况，连线“深海一号”作业平台。前方工作人员向总书记汇报了一线工作情况。习近平向他们表示诚挚问候，嘱咐他们注意安全、保重身体。习近平强调，建设海洋强国是实现中华民族伟大复兴的重大战略任务。要推动海洋科技实现高水平自立自强，加强原创性、引领性科技攻关，把装备制造牢牢抓在自己手里，努力用我们自己的装备开发油气资源，提高能源自给率，保障国家能源安全。

考察途中，习近平下车察看沿海生态环境保护工作，并为他在12年前种下的一棵不老松施肥浇水。习近平叮嘱当地负责同志加强陆海统筹，把生态保护工作作为一项重要任务抓紧抓好。

海南省于2011年4月20日试点实行离岛免税政策。11日上午，习近平来到三亚国际免税城，实地了解离岛免税政策落地实施等情况。习近平指出，要更好发挥消费对经济发展的基础性作用，依托国内超大规模市场优势，营造良好市场环境和法治环境，以诚信经营、优质服务吸引消费者，为建设中国特色自由贸易港作出更大贡献。

11日下午，习近平到海南岛中南部的五指山市考察调研。海南热带雨林国家公园是我国首批5个国家公园之一。习近平深入五指山片区，沿木栈道步行察看公园生态环境，不时停下脚步，询问树木生长、水源涵养、动植物资源保护等情况。他指出，海南要坚持生态立省不动摇，把生态文明建设作为重中之重，对热带雨林实行严格保护，实现生态保护、绿色发展、民生改善相统一，向世界展示中国国家公园建设和生物多样性保护的丰硕成果。

水满乡毛纳村是五指山市一个黎族村寨，近年来积极推进美丽乡村建设，大力发展乡村旅游业。习近平总书记来到村里调研，沿村道边走边看。黎族村民王柏和一家热情将总书记迎进家里。习近平察看院落、客厅、卧室等，在手工茶坊参与炒茶劳动，并买下两袋茶叶。习近平勉励他们把茶叶经营好，把日子过得更红火。

在村寨凉亭内，习近平同驻村第一书记、乡镇乡村振兴工作队队长、村支部书记、老党员、致富带头人代表等亲切交谈，了解当地因地制宜发展特色产业，加强民族传统文化保护传承等情况。习近平强调，推动乡村全面振兴，关键靠人。要建设一支政治过硬、本领过硬、作风过硬的乡村振兴干部队伍，吸引包括致富带头人、返乡创业大学生、退役军人等在内的各类人才在乡村振兴中建功立业。要强化农村基层党组织建设，充分发挥基层党组织战斗堡垒作用。

习近平沿长廊察看黎族特色农产品和黎锦、藤编等非物质文化遗产展示。广场上，歌声悠扬、鼓乐齐奏，村民们跳起竹竿舞迎接远方的客人。习近平亲切地对大家说，很高兴来看望黎族乡亲们，看到你们过上幸福生活，我感到很欣慰。我们全面建成小康社会以后，还要继续奔向全体人民共同富裕，建设社会主义现代化国家。乡村振兴要在产业生态化和生态产业化上下功夫，继续做强做大有机农产品生产、乡村旅游、休闲农业等产业，搞好非物质文化遗产传承，推动巩固拓展脱贫攻坚成果同乡村全面振兴有效衔接。各级领导干部要贯彻党的群众路线，牢记党的根本宗旨，想群众之所想，急群众之所急，把所有精力都用在让老百姓过好日子上。

12日上午，习近平来到地处海南岛西北部的儋州市考察调研。在展示馆，习近平听取洋浦经济开发区建设发展总体情况介绍，并仔细观看了开发区发展历程、建设成就、未来规划以及入驻企业成果等展示。习近平指出，洋浦经济开发区作为海南自由贸易港先行区、示范区，要总结好海南办经济特区经验，用好“中国洋浦港”船籍港的政策优势，大胆创新、先行先试。

随后，习近平来到洋浦国际集装箱码头小铲滩港区，了解港口建设发展情况，同现场作业人员、挂职干部代表等亲切交流。习近平强调，振兴港口、发展运输业，要把握好定位，增强适配性，坚持绿色发展、生态优先，推动港口发展同洋浦经济开发区、自由贸易港建设相得益彰、互促共进，更好服务建设西部陆海新通道、共建“一带一路”。他指出，党中央选派干部来自由贸易港挂职，既体现了党中央对自由贸易港建设的关心和支持，也是对干部的培养锻炼，要发挥挂职干部的积极作用，让他们在基层一线增长才干。

13日上午，习近平在参观海南全面深化改革开放和中国特色自由贸易港建设成果展后，听取了海南省委和省政府工作汇报，对海南各项工作取得的成绩给予肯定，希望海南以“功成不必在我”的精神境界和“功成必定有我”的历史担当，把海南自由贸易港打造成展示中国风范的靓丽名片。

习近平指出，推进自由贸易港建设是一个复杂的系统工程，要做好长期奋斗的思想准备和工作准备。要继续抓好海南自由贸易港建设总体方案和海南自由贸易港法贯彻落实，把制度集成创新摆在突出位置，强化“中央统筹、部门支持、省抓落实”的工作推进机制，确保海南自由贸易港如期顺利封关运作。要坚持党的领导不动摇，自觉站在党和国家大局上想问题、办事情，始终坚持正确政治方向。要坚持中国特色社会主义制度不动摇，牢牢把握中国特色社会主义这个定性。要坚持维护国家安全不动摇，加强重大风险识别和防范，统筹改革发展稳定，坚持先立后破、不立不破。

习近平强调，要把海南更好发展起来，贯彻新发展理念、推动高质量发展是根本出路。要聚焦发展旅游业、现代服务业、高新技术产业、热带特色高效农业，加快构建现代产业体系。要加快科技体制机制改革，加大科技创新和成果转化力度。要突出陆海统筹、山海联动、资源融通，推动城乡区域协调发展。要着力破除各方面体制机制弊端，形成更大范围、更宽领域、更深层次对外开放格局。

习近平指出，要深入推进农业供给侧结构性改革，加强农业全产业链建设，严守生态保护红线、永久基本农田、城镇开发边界三条控制线。要推进城乡及垦区一体化协调发展，加快推进国家南繁科研育种基地建设，完善天然橡胶产业扶持政策。要深入打好污染防治攻坚战，落实最严格的围填海管控和岸线开发管控措施。要扎实推进国家生态文明试验区建设。热带雨林国家公园是国宝，是水库、粮库、钱库，更是碳库，要充分认识其对国家的战略意义，努力结出累累硕果。

习近平强调，越是深化改革、扩大开放，越要加强精神文明建设。要持之以恒抓好理想信念教育，培育和弘扬社会主义核心价值观，广泛开展群众性精神文明创建活动，不断提升人民文明素养和社会文明程度。要加强诚信建设，倡导遵纪守法、诚实守信的社会风尚。

习近平指出，要实施更多有温度的举措，落实更多暖民心的行动，用心用情用力解决好人民群众的急难愁盼问题，积极探索共同富裕的实现途径。要继续实施减负稳岗扩就业政策，健全重要民生商品保供稳价机制。要全面贯彻党的教育方针，统筹推进义务教育均衡发展和城乡一体化。要全面做好社会治理工作，扎实做好安全生产工作，常态化开展扫黑除恶斗争，严厉打击各类涉海违法犯罪活动。

习近平强调，要坚持严的主基调，深入推进全面从严治党，以党的政治建设为统领推进党的各方面建设。要巩固拓展党史学习教育成果，弘扬伟大建党精神，用好海南琼崖纵队纪念场所、红色娘子军纪念园等红色资源，引导广大党员、干部坚定理想信念，传承红色基因，赓续红色血脉。要加强干部教育培训，引导广大党员、干部用党的创新理论武装头脑，自觉践行初心使命，着力解决“本领恐慌”、能力不足的问题，着力克服形式主义、官僚主义。要夯实基层基础，持续扩大党组织有效覆盖，把各领域基层党组织建设成为坚强战斗堡垒。要保持反腐败的高压态势，准确把握反腐败斗争新的阶段性特征，一体推进不敢腐、不能腐、不想腐，在土地批租、房地产开发、招商引资、项目建设等方面健全制度、堵塞漏洞，营造良好政治生态。

习近平指出，当前全球新冠肺炎疫情仍然十分严重，尤其不能放松防控工作。坚持就是胜利。要坚持人民至上、生命至上，坚持外防输入、内防反弹，坚持科学精准、动态清零，抓细抓实疫情防控各项举措。要克服麻痹思想、厌战情绪、侥幸心理、松劲心态，针对病毒变异的新特点，提高科学精准防控本领，完善各种应急预案，严格落实常态化防控措施，最大限度减少疫情对经济社会发展的影响。

丁薛祥、刘鹤、陈希、何立峰和中央有关部门负责同志陪同考察。（新华社海口 4 月 13 日电）

习近平在辽宁考察时强调

在新时代东北振兴上展现更大担当和作为
奋力开创辽宁振兴发展新局面

中共中央总书记、国家主席、中央军委主席习近平近日在辽宁考察时强调，要贯彻党中央决策部署，坚持稳中求进工作总基调，统筹疫情防控和经济社会发展工作，统筹发展和安全，完整、准确、全面贯彻新发展理念，坚定不移推动高质量发展，扎实推进共同富裕，加快推进治理体系和治理能力现代化，深入推进全面从严治党，在新时代东北振兴上展现更大担当和作为，奋力开创辽宁振兴发展新局面，以实际行动迎接党的二十大胜利召开。

8 月 16 日至 17 日，习近平在辽宁省委书记张国清、省长李乐成陪同下，先后来到锦州、沈阳等地，深入革命纪念馆、河湖治理工程、企业、社区等进行调研。

16 日下午，习近平在锦州市首先考察了辽沈战役纪念馆。70 多年前，中国共产党指挥人民军队取得辽沈战役胜利。习近平依次参观序厅、战史馆、支前馆、英烈馆，回顾东北解放战争历史和辽沈战役胜利进程，追忆广大人民群众支援前线的感人事迹和革命先烈不畏牺牲的英雄事迹。习近平指出，辽沈战役的胜利，充分体现了毛泽东同志等老一辈革命家高超的战略眼光和战略谋划。解放战争时期我们党同国民党的大决战，既是兵力火力之战，更是民心向背之争。辽沈战役胜利是东北人民全力支援拼出来的，淮海战役胜利是老百姓用小车推出来的，渡江战役胜利是老百姓用小船划出来的。民心是最大的政治，决定事业兴衰成败。只要我们党始终保持同人民群众的血肉联系，始终与人民同呼吸、共命运、心连心，就能拥有战胜一切艰难险阻的强大力量。习近平强调，学习党史是每一位党员的义务。要推动党史学习教育常态化长效化，引导广大党员、干部把学习党史作为必修课和常修课。

习近平亲切会见了老战士老同志和革命烈士亲属代表，向他们表示诚挚慰问。习近平指出，东北人民不仅为辽沈战役胜利和东北解放付出了巨大牺牲，也为新中国建设和抗美援朝战争胜利作出了巨大贡献，党和人民永远不会忘记。我们的红色江山是千千万万革命烈士用鲜血和生命换来的。江山就是人民，人民就是江山。我们决不允许江山变色，人民也绝不答应。吃水不忘挖井人。新中国成立 70 多年来，经过一代又一代人艰苦奋斗，我们的国家发生了翻天覆地的变化，人民过上了全面小康生活，中华民族屹立于世界民族之林。我们要继续向前走，努力实现中华民族伟大复兴，以告慰革命先辈和先烈。各级党委和政府要关心老战士老同志和革命烈士亲属，让老战士老同志享有幸福晚年，让烈士亲属体会到党的关怀和温暖。红色江山来之不易，守好江山责任重大。要讲好党的故事、革命的故事、英雄的故事，把红色基因传承下去，确保红色江山后继有人、代代相传。习近平祝愿老战士老同志健康长寿、生活幸福、事事如意！

随后，习近平来到锦州东湖森林公园，考察当地加强生态环境修复情况。公园位于小凌河和女儿河交汇处北侧。2014 年起，锦州市对两河进行环境综合整治，并沿河修建了 10 余公里绿化带，形成了滨河健身休闲带状公园。习近平察看小凌河沿岸生态环境。他强调，良好生态环境是东北地区经济社会发展的宝贵资源，也是振兴东北的一个优势。要把绿色发展理念贯穿到生态保护、环境建设、生产制造、城市发展、人民生活等各个方面，加快建设美丽中国。生态文明建设能够明显提升老百姓获得感，老百姓体会也最深刻。要坚持治山、治水、治城一体推进，科学合理规划城市的生产空间、生活空间、生态空间，多为老百姓建设休闲、健身、娱乐的公共场所。

习近平现场听取了辽宁省防汛工作汇报。今年北方雨水偏多，辽宁入汛以来出现多轮强降雨过程，导致农作物受损、群众财产损失。辽宁省委和省政府在中央有关部门支持下，全力做好各项救灾救助工作，及时转移受灾群众近 20 万人，保证受灾群众有饭吃、有衣穿、有干净水喝、有临时安全住处、有病能及时就医，保持了社会大局稳定。习近平十分关心受灾群众的救援安置情况。他指出，8 月仍是北方地区防汛关键期。各级党委和政府要坚持人民至上、生命至上，加强汛情监测，及时排查风险隐患，抓细抓实各项防汛救灾措施，妥善安置受灾群众，确保人民群众生命安全。要做好灾后恢复重建规划，帮助受灾群众尽早恢复正常生产生活。要健全体制机制，完善应对预案，加强对极端天气的预警和防范，提高洪涝地质灾害防御和应急抢险救援能力。当前，一些地方遇到严重干旱，要切实做好抗旱工作。

东湖文化广场上，正在休闲、进行文化活动的群众看到总书记来了，纷纷向总书记问好。习近平亲切地对大家说，中国式现代化是全体人民共同富裕的现代化，不能只是少数人富裕，而是要全体人民共同富裕；中国式现代化是物质文明和精神文明相协调的现代化，要弘扬中华优秀传统文化，用好红色文化，发展社会主义先进文化，丰富人民精神文化生活。党中央高度重视东北振兴。党的十八大以来，党中央实施深入推进东北振兴战略，我们对新时代东北全面振兴充满信心，也充满期待。锦州是一座英雄的城市，也是一座具有独特文化气质和深厚历史文化底蕴的城市。看到这里经过整治，生态环境、人居环境发生了巨大变化，感到很欣慰。希望大家增强保护生态、爱护环境的意识，共同守护好自己的家园。祝愿乡亲们今后生活更幸福更美好！

习近平 17 日在沈阳市考察调研。当天下午，他来到沈阳新松机器人自动化股份有限公司。在企业展厅，习近平听取辽宁新时代东北振兴整体情况介绍，察看辽宁先进科技产品集中展示，并考察了新松公司生产经营、自主创新情况。企业生产车间内，工业机器人、协作机器人、特种机器人等正在进行测试。习近平向技术人员和企业职工询问企业开展核心技术攻关等情况，对企业自主创新和产业化发展取得的成绩予以肯定，表示新松公司体现了中国速度、中国水平。

车间外，企业员工代表围拢在一起，习近平向大家挥手致意。习近平强调，党中央实施创新驱动发展战略，格外重视自主创新，格外重视创新环境建设，努力提升我国产业水平和实力，推动我国从经济大国向经济强国、制造强国转变。当前，经济全球化遭遇逆流，保护主义抬头，但我们要坚持敞开大门搞建设。我国发展既要扎扎实实、步步为营，又要开放包容、互利共赢，积极构建以国内大循环为主体、国内国际双循环相互促进的新发展格局。要坚持自力更生，把国家和民族发展放在自己力量的基点上，牢牢掌握发展主动权。全面建设社会主义现代化强国，实现第二个百年奋斗目标，必须走自主创新之路。要时不我待推进科技自立自强，只争朝夕突破“卡脖子”问题，努力把关键核心技术和装备制造业掌握在我们自己手里。青年人朝气蓬勃、充满活力，是企业发展希望所在。各级党委和政府要营造良好环境，充分激发青年人创新创造活力，鼓励他们在各领域勇于创新、勇攀高峰，为推动新时代东北振兴作出更大贡献。

习近平随后来到皇姑区三台子街道牡丹社区。该社区建于20世纪80年代，共有3000多户居民，近年来经过基础设施改造和服务改善，成为基层治理示范社区。习近平先后走进社区党群服务中心、群众活动中心和养老服务中心，向社区工作者、幸福教育课堂的师生和老年志愿者了解当地加强基层党建、改善人居环境、开展为民服务等情况。在老年餐厅，习近平向正在用餐的老人们询问饭菜价格贵不贵、社区服务好不好、生活上还有什么困难。

习近平走进居民李水家中，察看厨房、卫生间、卧室等，之后在客厅落座并同一家人亲切交谈。大家告诉总书记，社区经过改造，冬天屋里暖和多了，道路积水的问题也解决了，环境好，心情也好。现在孩子上学有着落，老人看病有托底，邻里和睦就像一家人。看到他们日子和美兴旺，习近平十分欣慰。

离开社区时，居民们热情欢送总书记。习近平对大家说，小康梦、强国梦、中国梦，归根到底是老百姓的“幸福梦”。中国共产党的一切奋斗都是为人民谋幸福。他指出，老旧小区改造是提升老百姓获得感的重要工作，也是实施城市更新行动的重要内容。要聚焦为民、便民、安民，尽可能改善人居环境，改造水、电、气等生活设施，更好满足居民日常生活需求，确保安全。要加强社区服务，提升服务功能。老人和小孩是社区最常住的居民，“一老一幼”是大多数家庭的主要关切。我国已经进入老龄化社会。要大力发展老龄事业和老龄产业，有条件的地方要加强养老设施建设，积极开展养老服务。未成年人健康成长事关国家和民族未来，事关千千万万家庭幸福安康。社区要积极开展各种公益性课外实践活动，促进未成年人身体健康、心理健康、心灵健康。要加强社区基层党组织建设，加强和改进社区工作，推动更多资源向社区倾斜，让老百姓体会到我们党是全心全意为人民服务的，党始终在人民群众身边。习近平祝愿大家在新时代东北全面振兴发展中生活一天比一天好。

丁薛祥、刘鹤、陈希、何立峰和中央有关部

门负责同志陪同考察。

8月17日上午，习近平在沈阳亲切接见驻沈阳部队大校以上领导干部和团级单位主官，代表党中央和中央军委，向驻沈阳部队全体官兵致以诚挚问候，并同大家合影留念。张又侠陪同接见。（新华社沈阳8月18日电）

烈士纪念日向人民英雄敬献花篮仪式在京隆重举行

习近平李克强栗战书汪洋王沪宁赵乐际韩正王岐山出席

天地英雄气，千秋尚凛然。烈士纪念日向人民英雄敬献花篮仪式30日上午在北京天安门广场隆重举行。党和国家领导人习近平、李克强、栗战书、汪洋、王沪宁、赵乐际、韩正、王岐山等，同各界代表一起出席仪式。

壮阔的天安门广场上，鲜艳的五星红旗高高飘扬，人民英雄纪念碑巍然耸立。广场中央，“祝福祖国”巨型花篮表达着对国家繁荣富强的美好祝愿，花篮上“喜迎二十大”的字样传递着全党全军全国各族人民对党的二十大胜利召开的热切期盼。

临近10时，习近平、李克强、栗战书、汪洋、王沪宁、赵乐际、韩正、王岐山等党和国家领导人来到天安门广场，出席向人民英雄敬献花篮仪式。

中国人民解放军军乐团小号手吹响深沉悠远的《烈士纪念日号角》。

“礼兵就位!”随着号令，三军仪仗兵迈着铿锵有力的步伐，正步行进到纪念碑前持枪伫立。

10时整，向人民英雄敬献花篮仪式开始。军乐团奏响《义勇军进行曲》，全场齐声高唱中华人民共和国国歌。

国歌唱毕，全场肃立，向为中国人民解放事业和共和国建设事业英勇献身的烈士默哀。

默哀毕，手持鲜花的少年儿童面向人民英雄纪念碑高唱《我们是共产主义接班人》，并致少年先锋队队礼。

方阵前，以中共中央，全国人大常委会，国务院，全国政协，中央军委，各民主党派、全国工商联和无党派爱国人士，各人民团体和各界群众，老战士、老同志和烈士亲属，中国少年先锋队名义敬献的9个大型花篮一字排开。花篮红色缎带上书写着“人民英雄永垂不朽”的金色大字。

军乐团奏响深情的《献花曲》，18名礼兵稳稳抬起花篮，缓步走向人民英雄纪念碑，将花篮摆放在纪念碑基座上。

习近平等党和国家领导人登上纪念碑基座，在花篮前驻足凝视。鲜艳挺拔的红掌、芬芳吐蕊的百合、轻盈绽放的文心兰，寄托着对人民英雄的深切缅怀和崇高敬意。

习近平迈步上前，仔细整理花篮缎带。随后，习近平等党和国家领导人缓步绕行，瞻仰人民英雄纪念碑。

党的十八大以来，在以习近平同志为核心的党中央坚强领导下，全党全军全国各族人民团结一心、砥砺奋进，党和国家事业取得历史性成就、发生历史性变革。在全面建设社会主义现代化国家、向第二个百年奋斗目标进军的新征程上，我们赓续英烈精神、汲取前进力量，一定能够谱写新的更加辉煌的篇章。

少年儿童和各界代表也依次走到纪念碑前，献上手中鲜花并瞻仰纪念碑。

敬献花篮仪式由中共中央政治局委员、北京市委书记蔡奇主持。

在京中共中央政治局委员、中央书记处书记，部分全国人大常委会副委员长，国务委员，最高人民法院院长，最高人民检察院检察长，部分全国政协副主席和中央军委委员出席仪式。

中央党政军群有关部门和北京市主要负责同志，各民主党派中央、全国工商联负责人和无党派人士代表，在京老战士、老同志和烈士亲属代表，在京功勋荣誉获得者代表、北京冬奥会冬残奥会突出贡献集体和突出贡献个人代表，首都各界群众代表等参加了仪式。（新华社北京9月30日电）

李克强总理出席记者会并回答中外记者提问
（节选）

就业不仅是民生问题，也是发展问题。有就业才有收入，生活有奔头，也为社会创造财富。我记得去年到企业调研时，有企业负责人跟我说，到了8月份，许多职工向他预支工资，为什么？9月份孩子要交学费。春节前我到西北农村调研，一位农民就告诉我，他一个孩子上大学，一年得花费一万多块钱，还有一个上高中，一年得8000多块钱，靠种几亩地是不行的，必须有打工的收入。我真是为我们的人民群众感动。他们在努力打拼，打工、就业不仅关系当前家庭生计，也在为下一代争取更好的未来。

今年我们加大宏观政策实施力度，财政货币政策要围绕实现就业目标来展开，所以我们强调就业优先也是宏观政策，其他政策要配套，为实现就业目标努力。我们现在每年新增城镇就业必须有1100万人以上，最好有1300万人以上。我总觉得，只要实现了比较充分的就业，就能够实现有些人说的中国经济潜在增长率。有一个实例，2020年疫情严重冲击的时候，我们没有定经济增长指标，但是我们定了一个明确的指标，就是新增城镇就业要900万人以上，结果实现了1100万人以上的新增城镇就业，经济不仅实现了正增长，而且增速达到2.2%，在主要经济体中是唯一实现正增长的。

今年需要就业的城镇新增劳动力达到约1600万人，是多年来最高。高校毕业生1076万，是历年最高。还有近3亿农民工要有打工的机会，还要保障退役军人就业。还有一些企业生生死死，有些人要再就业。城镇新增劳动力是在增长的，要有新的就业平台。对于新增需就业人员，我们要给他们以培训等多方面支持举措，用市场化的方法来解决就业问题。比如这些年我们在推动大众创业、万众创新，促进发展新技术新业态新模式，培育新动能。我们相信普通人有上上智，把他们的特长、聪明才智发挥出来，那就业的大舞台会绚丽多彩。

这里还不得不提到灵活就业，因为这方面有2亿多人，形式多样、覆盖面广。作为一个发展中国家，这种就业形式会比较长期地存在。他们风里来、雨里去，确实很辛苦，很多地方在给他们提供暖心服务。针对他们的劳动权益、社会保障等问题，政府要逐步完善政策，也就是说要给这些“骑手”们系上“安全带”，让灵活就业等新就业形态既解燃眉之急，又激发市场活力和社会创造力。（新华社北京3月11日电）

李克强在第十三届全国人民代表大会第五次会议上的政府工作报告

（节选）

着力保障和改善民生，加快发展社会事业。加大农村义务教育薄弱环节建设力度，提高学生营养改善计划补助标准，3700多万学生受益。减轻义务教育阶段学生作业负担和校外培训负担。超额完成高职扩招三年行动目标。国家助学贷款每人每年最高额度增加4000元，惠及500多万在校生。上调退休人员基本养老金。提高优抚标准。将低保边缘家庭重病重残人员纳入低保范围，做好困难群众帮扶救助。改革疾病预防控制体系。把更多常见病、慢性病等门诊费用纳入医保报销范围，住院费用跨省直接结算率达到60%。严格药品疫苗监管。实施三孩生育政策。加强养老服务。加快发展保障性租赁住房。繁荣发展文化事业和文化产业，创新实施文化惠民工程。营造良好网络生态。积极开展全民健身运动。我国体育健儿在东京奥运会、残奥会上勇创佳绩。经过精心筹备，我们成功举办了简约、安全、精彩的北京冬奥会，也一定能办好刚刚开幕的冬残奥会。

落实落细稳就业举措。延续执行降低失业和工伤保险费率等阶段性稳就业政策。对不裁员少裁员的企业，继续实施失业保险稳岗返还政策，明显提高中小微企业返还比例。今年高校毕业生超过1000万人，要加强就业创业指导、政策支持和不断线服务。做好退役军人安置和就业保障，促进农民工就业，帮扶残疾人、零就业家庭成员就业。深入开展大众创业万众创新，增强双创平台服务能力。加强灵活就业服务，完善灵活就业社会保障政策，开展新就业形态职业伤害保障试点。坚决防止和纠正性别、年龄、学历等就业歧视，大力营造公平就业环境。加强劳动保障监察执法，着力解决侵害劳动者合法权益的突出问题。增强公共就业服务针对性。继续开展大规模职业技能培训，共建共享一批公共实训基地。使用1000亿元失业保险基金支持稳岗和培训，加快培养制造业高质量发展的急需人才，让更多劳动者掌握一技之长、让三百六十行行行人才辈出。

加强社会保障和服务。稳步实施企业职工基本养老保险全国统筹，适当提高退休人员基本养老金和城乡居民基础养老金标准，确保按时足额发放。继续规范发展第三支柱养老保险。加快推进工伤和失业保险省级统筹。做好军人军属、退役军人和其他优抚对象优待抚恤工作。积极应对人口老龄化，加快构建居家社区机构相协调、医养康养相结合的养老服务体系。优化城乡养老服务供给，支持社会力量提供日间照料、助餐助洁、康复护理等服务，稳步推进长期护理保险制度试点，鼓励发展农村互助式养老服务，创新发展老年教育，推动老龄事业和产业高质量发展。完善三孩生育政策配套措施，将3岁以下婴幼儿照护费用纳入个人所得税专项附加扣除，多渠道发展普惠托育服务，减轻家庭生育、养育、教育负担。强化未成年人保护和心理健康教育。提升残疾预防和康复服务水平。加强民生兜底保障和遇困群众救助，努力做到应保尽保、应助尽助。

过去一年，国防和军队建设取得重大进展，实现“十四五”良好开局。新的一年，要深入贯彻习近平强军思想，贯彻新时代军事战略方针，扣牢建军一百年奋斗目标，全面加强党的领导和党的建设，全面深化练兵备战，坚定灵活开展军事斗争，捍卫国家主权、安全、发展利益。加快现代军事物流体系、军队现代资产管理体系建设，构建武器装备现代化管理体系，持续深化国防和军队改革，加强国防科技创新，深入实施新时代人才强军战略，推进依法治军、从严治军，推动军队高质量发展。优化国防科技工业布局。完成国防动员体制改革，加强全民国防教育。各级政府要大力支持国防和军队建设，深入开展“双拥”活动，让军政军民团结坚如磐石。（新华社北京3月12日电）

退役军人事务部
领导讲话和署名文章

传承红色基因 淬炼党性修养
以实际行动和优异成绩迎接党的二十大胜利召开

——在“七一”专题党课上的讲话

（2022 年 7 月 1 日）

裴金佳

习近平总书记多次就加强党性教育、提高党性修养作出重要指示、提出明确要求，深刻指出党性是党员干部立身、立业、立言、立德的基石，必须在严格的党内生活锻炼中不断增强。加强党性修养对于每一个党员来说，都是必须要解决好的重大课题。今天是建党 101 周年，在这个庄严的时刻，我结合深化党史学习教育，传承红色基因，淬炼党性修养，进一步加强部内党员干部队伍建设，谈三点认识和体会。

一、重视党性修养是中国共产党的优良传统

党性是一个政党固有的本质特性，也是政党的生命所系、力量所在。马克思主义政党的党性首先是指党的阶级性，也指党的人民性，是阶级性和人民性的统一。马克思曾在《共产党宣言》中对此做了具体阐述，列宁在《社会主义政党和非党的革命性》《再论党性和非党性》等文中也有相关表述。

一个珍视人民的国家必会兴旺发达，一个依靠人民的政党必将基业长青。党的十九届六中全会以宏阔的历史视角和深厚的历史智慧，全面总结了党领导人民进行伟大奋斗的“十个坚持”的宝贵历史经验，明确提出要坚持人民至上，这是由我们党的本质特性和根本宗旨所决定的。为人民而生，因人民而兴，始终同人民在一起，为人民利益而奋斗，是我们党立党兴党强党的根本出发点和落脚点。党中央在疫情防控方面实施“动态清零”政策，就是从党的性质宗旨出发、从我国国情出发而确定的，是党性的生动体现和有力彰显。党性修养是党员的自我教育、自我改造、自我完善，是对共产党本质属性的内化，是党员在改造客观世界中自觉运用党性原则规范自己的行为、克服和抵制各种错误思想、不断改造主观世界、不断开创实践和认识新境界的过程，是党员自强和自律的统一。党性修养包括马克思主义的理论修养、政治修养、思想道德修养、业务修养等。共产党员的党性修养，说到底是树立和坚持正确的立场观、世界观的问题。使自己成为一名真正的共产党员，需要经过长期的磨炼，要在学习马克思主义理论过程中、在建设中国特色社

会主义实践中、在严格的党内生活中，一生自觉地经受考验。

中国共产党在长期的革命实践中，不仅继承了马克思主义的党性思想，而且不断丰富发展。建党伊始，我们党就将党员干部的党性修养水平与共产党的生死存亡联系在一起。在1929年12月的古田会议上，毛泽东同志提出了“着重从思想上建党”的重要原则，明确将对广大党员干部和红军战士的思想教育列为最迫切的任务之一，用坚强的党性修养坚决纠正党内的各种错误思想。1935年12月，中央召开的瓦窑堡会议上，正式确定了从思想上建党的方针，系统阐述了党性修养的基本原则和基本方法，提出要通过不断的党性锻炼“使党变为一个共产主义的熔炉”。1938年10月，毛泽东同志在党的六届六中全会上首次提出“我们党的马克思列宁主义的修养”命题。1939年7月，刘少奇在延安马列学院作了《论共产党员的修养》的演讲，对加强党员修养做了全面系统的阐述，力倡共产党人要自省、自重、自律、自觉地改造世界观。1941年7月，中央政治局通过了党的历史上第一个以党性为主题的文件《中共中央关于增强党性的决定》，批判了当时党内在政治上、组织上、思想意识上存在的党性不纯问题，要求在全党加强纪律教育，用自我批评的武器、加强学习的方法来改造自己、坚定党性。1945年，毛泽东同志为党的七大代表题词——“提高党性”，号召全党同志加强党性锻炼，做党性坚强的共产主义先锋战士。

新中国成立后，我们党根据执政条件所处的环境、任务和党的自身状况，逐步探索开展执政党的党性教育。这一时期，党通过开展大规模的整党整风运动，在全党进行思想、政治、作风、纪律等方面的党性教育。同时，高度重视党员的标准问题。1951年3月召开的第一次全国组织工作会议提出了共产党员标准的八项条件，要求普遍对党员进行怎样做一个合格共产党员的党性教育。1956年，党的八大明确提出“党必须经常进行党内教育”“必须在全体干部和党员中反复地进行全心全意为人民服务的教育”。

党的十一届三中全会以后，面对改革开放和社会主义现代化建设新形势，我们党不断深化对党性和党性教育的认识，探索创新党性教育的新路径。邓小平同志指出，共产党人“提倡党性，反对派性”，要求“所有共产党员都要增强党性”“每个干部都要把党性放在第一位”。这一时期，我们党广泛开展对党员的党性党风党纪教育，逐步实现干部教育经常化、正规化、制度化，推动各级党校成为党员干部党性教育的主渠道。特别是先后在全党开展了“三讲”教育活动、“三个代表”重要思想学习教育活动、保持共产党员先进性教育活动、深入学习实践科学发展观活动等，开创了利用集中教育活动的方式开展党性教育的新路径。

党的十八大以来，以习近平同志为核心的党中央在推进全面从严治党中加强党性教育，推动形成了新时代党性教育的新格局。习近平总书记高度重视党员干部的党性修养和党性教育，强调党性教育的目标是使党员干部“不仅能够震撼一瞬间、激动一阵子，而且能够铭记一辈子、影响一辈子”，进一步凸显了党性教育的极端重要性。全党先后深入开展党的群众路线教育实践活动、“三严三实”专题教育、“两学一做”学习教育、“不忘初心、牢记使命”主题教育、党史学习教育，进行集中性党性教育。同时，严肃党内政治生活，严格各项组织生活制度，将党性教育融入党员日常教育管理，推动党性教育常态化、制度化，实现了集中性教育与经常性教育的有机结合和良性互动。

100多年来，我们党高度重视并不断加强党性修养，使中国共产党成为一个坚强的马克思主义政党，在应对各种困难挑战的过程中，锤炼了不畏强敌、不惧风险、敢于斗争、勇于胜利的风骨和品质。这是我们党最鲜明的特质和特点。在100多年的非凡奋斗历程中，一代又一代的中国共产党人顽强拼搏、不懈奋斗，涌现出一大批视死如归的革命烈士、一大批顽强奋斗的英雄人物、一大批忘我奉献的先进模范，形成了井冈山精神、长征精神、遵义会议精神、延安精神、抗战精神、红岩精神、西柏坡精神、抗美援朝精神、“两弹一星”精神、特区精神、抗洪精神、抗震救灾精神、抗疫精神等伟大精神，构筑起了中国共产党人的精神谱系和红色基因。这些宝贵的精神财富深深融入我们党、国家、民族、人民的血脉之中，为我们立党兴党强党提供了丰厚滋养。

特别是在建党百年之际，习近平总书记聚焦党性之本、回溯精神之源，鲜明提出并深刻阐述了“坚持真理、坚守理想，践行初心、担当使命，不怕牺牲、英勇斗争，对党忠诚、不负人民”的伟大建党精神，深刻揭示了百年大党历经风雨沧桑依然风华正茂的精神密码。“坚持真理、坚守理想”阐明了建党求什么，“践行初心、担当使命”阐明了立党为什么，“不怕牺牲、英勇斗争”阐明了兴党凭什么，“对党忠诚、不负人民”阐明了强党靠什么。伟大建党精神既具有深厚的历史基础，又具有鲜明的时代特征，既是我们党团结带领人民创造百年历史伟业的关键所在，也是我们党团结带领人民进行伟大斗争、建设伟大工程、推进伟大事业、实现伟大梦想的精神坐标，为我们每一名共产党员增强信仰力量、加强党性修养提供了源头活水。

习近平总书记强调，要在锤炼党性上力行，教育引导广大党员干部发扬党的光荣传统、赓续红色血脉，用伟大建党精神滋养党性修养，始终用党性原则修身律己，切实以坚强党性取信于民、引领群众。退役军人事务部是习近平总书记亲自谋划部署、亲自推动组建的中央国家机关新部门，退役军人工作是党和国家整体事业的一个重要组成部分。我部迈上实现第二个百年奋斗目标的新征程，做好“三个表率、一个模范”，实现退役军人工作高质量发展，需要将党重视党性修养这个优良传统传承好、发扬好，自觉从深化党史学习教育中提升党性修养，自觉用伟大建党精神滋养党性修养、激发干事热情，以昂扬精神状态精益求精做好各项工作。

二、新时代加强党性修养的重要性

习近平总书记强调：“办好中国的事情，关键在党，关键在坚持党要管党、全面从严治党。”打铁必须自身硬，我们党是一个在14多亿人口的大国长期执政的党，是中国特色社会主义事业的坚强领导核心，党的自身建设和党性修养历来关系重大、决定全局。

随着中国特色社会主义进入新时代，开启全面建设社会主义现代化国家新征程，党的建设和党性修养问题面临更加艰巨而繁重的任务。一方面，从国内来看，我国已成为世界第二大经济体、第一大工业国、第一大货物贸易国和第一大外汇储备国，我们用几十年走过了发达国家几百年完成的工业化历程，已经从一个追赶者变为一个迅速走近世界舞台中央的参与者和领跑者。但要看到，我国发展不平衡不充分的问题仍然突出，全面建设社会主义现代化国家、实现中华民族伟大复兴对我党提出了前所未有的新挑战新要求。改革进入深水区，创新能力不适应高质量发展要求，各种矛盾叠加，风险隐患集聚。从国际来看，当前世界百年未有之大变局加速演进，“东升西降”态势明显，新一轮科技革命和产业变革加速拓展，以及新冠肺炎疫情肆虐，引发全球之变。具体表现为：一是世界经济中心由大西洋两岸向太平洋两岸转移；二是传统的七国集团（G7）统领世界的政治格局正在发生变化，二十国集团（G20）发挥的作用更大，影响更为广泛、更为深远；三是全球化进程发生重大变化，一些国家“退群”“脱欧”，逆全球化现象频现，保护主义、单边主义思潮抬头，多边主义、经济全球化遭遇严峻冲击。我们前进道路上面临着各种各样的挑战和风险。另一方面，党的十八大以来，党中央把全面从严治党纳入“四个全面”战略布局，以前所未有的勇气和定力推进党风廉政建设和反腐败斗争，刹住了一些多年未刹住的歪风邪气，解决了许多长期没有解决的顽瘴痼疾，清除了党、国家、军队内部存在的严重隐患，管党治党宽松软状况得到根本扭转，党风政风焕然一新，社风民风持续向好，重塑了党在人民心中的形象。但也要清醒地认识到，全面从严治党还远未到大功告成的时候。在党长期执政条件下，各种弱化党的先进性、损害党的纯洁性的因素无时不有，各种违背初心和使命、动摇党的根基的危险无处不在，党内存在的思想不纯、政治不纯、组织不纯、作风不纯等突出问题尚未得到根本解决。一些党员干部对全面从严治党和加强党性修养仍然认识上不到位、思想上不适应、行动上不自觉。

我们必须认识到，如果党员干部党性修养不力、信念涣散、组织涣散、纪律涣散、作风涣散，那就无法有效应对党面临的执政考验、改革开放考验、市场经济考验、外部环境考验，也无法克服精神懈怠危险、能力不足危险、脱离群众危险、消极腐败危险，最终不仅不能实现我们的奋斗目标，而且可能严重脱离人民群众。“物必先腐，而后虫生。”我党作为世界第一大党，没有什么外力能够打倒我们，能够打倒我们的只有我们自己。要保证我们党永葆生机活力，担负起新时代的历史使命，始终成为马克思主义执政党，就必须准确把握新时代新阶段的特征和要求，以“革命者必先自我革命”的坚定意志和坚强决心，把党性修养作为必修课、常修课，让坚定的党性在广大党员干部内心深处铸牢、在思想深处扎根，把党建设得更加坚强有力。

我部作为中央国家机关，是践行“两个维护”的第一方阵、贯彻落实党中央决策部署的“最先一公里”，加强党性修养至为重要、极其关键。对于我们来说，加强党性修养是确保新时代退役军人工作沿着正确方向前进的内在要求。退役军人工作是事关中华民族伟大复兴的战略工程、事关改革发展稳定大局的基础工程、事关退役军人和其他优抚对象切身利益的民心工程，退役军人事务部门是党团结引领广大退役军人的桥梁纽带，是管理服务保障广大退役军人的政治机关，这就要求我们必须始终把党的领导贯穿到退役军人工作全过程各方面。加强党性修养，有助于我们提升坚决拥护“两个确立”、坚决做到“两个维护”的思想自觉、行动自觉，确保党中央关于退役军人工作的路线方针政策得到坚决贯彻执行，使我们的工作政治方向不偏、政治效果良好。加强党性修养是坚持以退役军人为中心发展理念的具体体现。我们的政绩观是否正确，工作是不是以退役军人为出发点和落脚点，跟我们的党性修养有着密切关联。只有自觉加强党性修养，增强党性锻炼，才能使我们的党员干部始终树牢宗旨意识，不断夯实全心全意、满腔热忱为退役军人服务的思想根基。加强党性修养是退役军人工作攻坚克难的制胜法宝。当前，退役军人工作已经到了爬坡过坎的关键阶段，政策制度、体制机制、方法手段等各方面的改革创新已经进入了攻坚环节。站在新的起点上，必须通过淬炼党性修养，强化担当意识，才能不断提升改革创新、锐意进取的勇气和信心，在面对困难和挑战时做到毫不畏惧、一往无前。加强党性修养是部内党员干部队伍建设的有力抓手。作为新组建的部门，推动退役军人工作高质量发展，需要一支政治过硬、本领高强、求实创新、能打硬仗的坚强队伍，需要一大批德才兼备、业务精湛、作风优良、又红又专的优秀干部。党员不是天生的，党性不可能与生俱来，党性修养不可能一劳永逸。只有坚持全面从严治党，持之以恒加强党性修养，让我们的党员干部在自我修炼、自我约束、自我改造中得到检视、砥砺和提高，才能真正打造一支忠诚干净担当的干部队伍，才能更加有力地肩负党中央赋予的职责使命。

三、新时代如何加强党性修养

加强新时代党性修养，既要体现传承性，大力发扬红色传统、传承红色基因、赓续共产党人精神血脉；更要突出时代性，认真学习领会习近平总书记关于加强党性修养的重要论述，深刻总结党的十八大以来我们党加强党性修养的伟大实践，在继承和发展的基础上，深入加强党性修养。

（一）加强政治修养

政治修养是党性修养的核心，是党员干部的根本性修养。习近平总书记指出：“保证全党服从中央，维护党中央权威和集中统一领导，是党的政治建设的首要任务，必须常抓不懈。”加强新时代政治修养，必须着重在坚定政治方向、落实政治任务、强化政治担当上下功夫，最核心的要求是坚决捍卫“两个确立”、坚决做到“两个维护”。

我们党成立100多年来的实践证明，什么时候全党坚定维护党中央权威和集中统一领导，党的事业就不断取得胜利；离开了党中央权威和集中统一领导，党的领导就必然弱化、党的事业就必然遭受挫折。遵义会议确立毛泽东同志在党中央的领导地位后，我们党开始形成坚强的领导核心，团结带领中国人民打败日本帝国主义，推翻国民党反动统治，完成新民主主义革命，建立了中华人民共和国。在改革开放的历史进程中，正是有以邓小平同志为核心党的第二代中央领导集体、以江泽民同志为核心党的第三代中央领导集体、以胡锦涛同志为总书记党中央的坚强领导，才能不断地推进中国特色社会主义伟大事业。

党的十八大以来，习近平总书记以非凡的胆识和勇气、顽强的意志品质、坚韧不拔的历史担当精神，以大视野谋划未来、大气魄治党治国治军、大手笔运筹国内国际，带领全党上下砥砺前行，全面建成小康社会气魄之大、全面深化改革力度之深、全面依法治国部署之系统、全面从严治党决心之坚定，可以说是前所未有，所创造的经验和取得的成绩是历史性的、具有世界意义的。回顾党的十八大以来伟大斗争的实践，习近平总书记于非常之时行非凡之事，用非凡之力建非凡之功，充分展现了他作为马克思主义政治家所具有的坚定理想信念、坚强政治定力、高超政治智慧和驾驭全局的雄才大略，展现了他高瞻远瞩、运筹帷幄的领袖风范和心系国家、情系人民的高尚情怀，得到了全党全军全国人民的衷心爱戴和拥护，是实至名归、当之无愧的核心。党和国家事业之所以能够取得历史性成就、发生历史性变革，最根本的就是形成和确立了习近平同志党中央的核心、全党的核心地位，坚持了以习近平新时代中国特色社会主义思想为指导，坚持了党中央权威和集中统一领导。党确立习近平同志党中央的核心、全党的核心地位，确立习近平新时代中国特色社会主义思想的指导地位，反映了全党全军全国各族人民的共同心愿，对促进新时代党和国家事业发展、推进中华民族伟大复兴历史进程具有决定性意义。回顾历史、立足当前、面向未来，“两个确立”是党和国家事业兴旺发达的根本保证，是新的伟大实践的必然选择，能使我们党从容面对世界百年未有之大变局，在大国竞争博弈中立于不败之地。

作为中央国家机关，政治属性是我部的第一属性，讲政治是党员干部的第一要求。全体党员干部必须进一步强化政治机关意识，走好捍卫“两个确立”、践行“两个维护”的第一方阵，不断提高政治判断力、政治领悟力、政治执行力，切实增强“四个意识”、坚定“四个自信”、做到“两个维护”，自觉在思想上、政治上、行动上同以习近平同志为核心的党中央保持高度一致。要严守党的政治纪律和政治规矩，做到党中央提倡的坚决响应、党中央决定的坚决照办、党中央禁止的坚决杜绝。要把贯彻落实习近平总书记关于退役军人工作重要论述、重要指示批示和党中央决策部署作为首要政治责任、政治任务、政治纪律来抓，不折不扣落到实处，持之以恒做好新时代退役军人工作。

（二）加强理论修养

理论修养是党性修养的基石。习近平总书记指出：“要炼就‘金刚不坏之身’，必须用科学理论武装头脑，不断培植我们的精神家园。”

马克思主义是我们认识世界、把握规律、追求真理、改造世界的强大思想武器，是我们党和国家必须始终遵循的指导思想。在近代中国最危急的时刻，中国共产党人找到了马克思列宁主义，并坚持把马克思列宁主义同中国实际相结合，用马克思主义真理的力量激活了中华民族历经几千年创造的伟大文明，使中华文明再次迸发出强大精神力量。马克思主义深刻改变了中国，中国也极大丰富了马克思主义。100 多年来，我们党坚持解放思想和实事求是相统一、培元固本和守正创新相统一，不断开辟马克思主义新境界，实现了马克思主义中国化的 3 次飞跃。

社会主义革命和建设时期，以毛泽东同志为主要代表的中国共产党人，把马克思列宁主义基本原理同中国具体实际相结合，对经过艰苦探索、付出巨大牺牲积累的一系列独创性经验作了理论概括，开辟了农村包围城市、武装夺取政权的正确革命道路，创立了毛泽东思想，这是马克思主义中国化的第1次历史性飞跃。改革开放和社会主义现代化建设新时期，党从新的实践和时代特征出发，在改革开放伟大实践中创立了邓小平理论、“三个代表”重要思想、科学发展观，形成了中国特色社会主义理论体系，实现了马克思主义中国化新的飞跃。

党的十八大以来，以习近平同志为主要代表的中国共产党人，坚持把马克思主义基本原理同中国具体实际相结合、同中华优秀传统文化相结合，坚持毛泽东思想、邓小平理论、“三个代表”重要思想、科学发展观，深刻总结并充分运用党成立以来的历史经验，从新的实际出发，创立了习近平新时代中国特色社会主义思想，实现了马克思主义中国化新的飞跃。在这一过程中，习近平同志对关系新时代党和国家事业发展的一系列重大理论和实践问题进行了深邃思考和科学判断，就新时代坚持和发展什么样的中国特色社会主义、怎样坚持和发展中国特色社会主义，建设什么样的社会主义现代化强国、怎样建设社会主义现代化强国，建设什么样的长期执政的马克思主义政党、怎样建设长期执政的马克思主义政党等重大时代课题，提出一系列原创性的治国理政新理念、新思想、新战略，是习近平新时代中国特色社会主义思想的主要创立者。加强新时代理论修养，最重要的就是用习近平新时代中国特色社会主义思想武装头脑，在学懂弄通做实上下功夫。

要把“懂”作为前提。坚持读原著、学原文、悟原理、知原义，全面系统学、及时跟进学、深入思考学、联系实际学。深刻认识这一思想的时代意义、理论意义、实践意义、世界意义，深刻理解这一思想的核心要义、精神实质、丰富内涵、实践要求，深刻把握贯穿其中的马克思主义立场观点方法，知其然又知其所以然，不断提高马克思主义理论水平。要深入学习习近平总书记关于退役军人工作重要论述，牢牢把握新时代退役军人工作的指导思想、工作原则、目标任务和方法路径，切实增强做好新时代退役军人工作的决心意志。

要把“通”作为关键。将学习领会习近平新时代中国特色社会主义思想同学习马克思主义基本原理贯通起来，同学习党史、新中国史、改革开放史、社会主义发展史贯通起来，同新时代进行伟大斗争、建设伟大工程、推进伟大事业、实现伟大梦想的丰富实践贯通起来，准确把握这一思想的理论逻辑、历史逻辑、实践逻辑。面对退役军人工作的新形势、新任务、新情况、新问题，要善于运用习近平新时代中国特色社会主义思想进行观察、作出分析、推进工作，做到融会贯通、触类旁通。

要把“实”作为落脚点。学习党的创新理论，必须坚持理论联系实际，运用理论指导和推动主观世界和客观世界的改造，让理论落实落地。就退役军人工作而言，学习习近平新时代中国特色社会主义思想还要联系工作实际，转化为贯彻落实习近平总书记关于退役军人工作重要论述、重要指示批示精神和党中央决策部署的工作思路和方法，推动退役军人工作高质量发展。

（三）加强理想信念修养

理想信念是党性修养的重要内容。习近平总书记指出:“我们党始终坚持共产主义远大理想，共产党员特别是党员领导干部要做共产主义远大理想和中国特色社会主义共同理想的坚定信仰者和忠实践行者。对马克思主义的信仰，对社会主义和共产主义的信念，是共产党人的政治灵魂，是共产党人经受住任何考验的精神支柱。”加强新时代理论修养，必须坚定理想信念，鼓起奋进新时代的精气神。

中国共产党从诞生之日起就把马克思主义写在自己的旗帜上，把实现共产主义确立为最高理想。100多年来，无数中国共产党人不惜流血牺牲，靠的就是这种信仰，为的就是这个理想。革命战争年代，毛泽东同志一家为革命牺牲6位亲人，徐海东大将家族牺牲70多人，贺龙元帅的贺氏宗亲中有名有姓的烈士就有2050人；二万五千里漫漫长征路，红军将士同敌人进行了600余次战役战斗，跨越近百条江河，攀越40余座高山险峰，穿越了被称为“死亡陷阱”的茫茫草地，创造了气吞山河的人间奇迹，依靠的就是坚定的理想信念和顽强的革命意志。我们要传承好革命先辈舍生忘死的奋斗精神，强化理想信念，砥砺党性修养。

心中有理想信念，前进才有方向。这个信念，是对中国特色社会主义的信念。一个国家实行什么样的主义，关键要看这个主义能否解决这个国家面临的历史性课题，是马克思列宁主义、毛泽东思想引导中国人民走出了漫漫长夜、建立了新中国，是中国特色社会主义使中国快速发展起来。新中国成立70多年来，我们国家能够在“一穷二白”的大地上绘出最新最美的画卷，成为世界第二大经济体，并走近世界舞台中央，正是在于我们通过探索找到了一条适合自己的正确道路。正如习近平总书记强调的：“历史和现实都告诉我们，只有社会主义才能救中国，只有中国特色社会主义才能发展中国，这是历史的结论、人民的选择。”坚持和发展中国特色社会主义是一篇大文章，我们这一代共产党人的任务就是继续把这篇大文章写下去，让我们的制度越来越成熟、让我们的道路越走越宽广。

坚定理想信念，必先知之而后信之，信之而后行之。理想信念不是拿来空喊口号的，只有见诸行动才有说服力。就退役军人工作而言，坚定理想信念，关键要坚定对新时代退役军人事业发展的信心。在党的领导下，退役军人工作经受了土地革命、抗日战争、解放战争、和平建设、改革开放的考验和洗礼，不断向前发展。特别是党的十八大以来，在习近平总书记的掌舵领航下，党对退役军人工作的领导全面加强，组织管理从无序到有序、工作运行从不畅到顺畅、政策制度从分散零乱到形成体系、遗留问题从久拖不决到基本攻克，退役军人工作在多个方面取得实质性跨越。正是因为有习近平总书记的坚强领导、英明决策，我们的工作才能迎来今天的大好局面。我们要一以贯之朝着习近平总书记指引的方向前进，一以贯之坚定信心、保持耐心，以强烈的历史主动精神，奋力开创退役军人工作新局面。

（四）加强道德修养

道德修养是党性修养的重要标尺。习近平总书记指出，要引导广大党员、干部传承红色基因，涵养高尚的道德品质。加强新时代道德修养，必须认真贯彻落实习近平总书记关于学史崇德的重要论述，不断提升自己的思想道德品质。

一是对党忠诚。习近平总书记强调，要崇尚对党忠诚的大德，做到始终忠于党、忠于党的事业。对党忠诚，是共产党人首要的政治品质。我们党一路走来，经历了无数艰险和磨难，但任何困难都没有压垮我们，靠的就是千千万万党员的忠诚。每名党员干部要牢记入党时所做的对党忠诚、永不叛党的誓言，铁心跟党走、九死而不悔。要时刻忠诚核心、拥戴核心、维护核心，自觉向习近平总书记对标看齐、向党中央对标看齐。要坚决防止和纠正一切偏离“两个维护”的错误言行，决不当“两面人”“两面派”，决不搞“伪忠诚”“假忠诚”，始终对党忠贞不渝、一心一意，做政治上的明白人、老实人。对党忠诚是具体的、实在的，不是抽象的、虚化的，要切实做到“三个体现”，把对党忠诚体现在坚决贯彻落实习近平总书记重要指示批示和党中央决策部署的行动上，体现在履职尽责、做好本职工作实效上，体现在日常言行上。

二是牢记宗旨。习近平总书记指出，要崇尚造福人民的公德，站稳人民立场。党的根基在人民，血脉在人民，力量在人民。百年征程波澜壮阔，我们党的历史就是与人民心心相印、与人民同甘共苦、与人民团结奋斗的历史，一代代共产党人接续奋斗，始终把人民放在心中最高位置。崇尚造福人民的公德、树牢宗旨意识，是守初心、担使命的必然要求，也是加强党性修养的应有之义。我们要深刻领会习近平总书记“江山就是人民，人民就是江山”的重要论述，坚持全心全意为人民服务的根本宗旨，坚持以人民为中心的发展思想，坚持发展为了人民、发展依靠人民、发展成果由人民共享，把好事实事做到群众心坎上。数千万退役军人和其他优抚对象，是人民的重要组成部分，是我们干好退役军人工作的力量源泉。在推动退役军人工作高质量发展的新征程上，我们要始终坚持一切为了退役军人、一切依靠退役军人，全心全意为退役军人服务，用心用情用力为退役军人办实事、做好事、解难事，不断增强退役军人获得感、幸福感、荣誉感。

三是严于律己。习近平总书记指出，要崇尚严于律己的品德，慎微慎独，清清白白做人、干干净净做事。干部并不是天生具有免疫力的，有些干部甚至年轻干部，就是因为对自己要求不严，思想上松懈一寸，导致行动上越出一尺，在纪律方面栽了跟头，自己身败名裂甚至家破人亡，这些惨痛教训让人倍感严于律己的珍贵。我们要教育引导干部算好经济账、名誉账、家庭账、自由账，做到慎微慎初慎独，严格要求自己，以党章和党规党纪为遵循，把“严”的主基调长期坚持下去，突出严守政治纪律，带动组织纪律、廉洁纪律、群众纪律、工作纪律、生活纪律等党的其他纪律全面严起来，始终做到知敬畏、存戒惧、守底线。党员干部要认真学习党章和《关于新形势下党内政治生活的若干准则》《中国共产党廉洁自律准则》《中国共产党纪律处分条例》，以此对照检视自身的不足和问题，增强纪律意识，做到警钟长鸣。要严明政治纪律，维护党中央权威，决不允许背离党中央要求另搞一套；必须维护党的团结，决不允许在党内培植个人势力；必须遵循组织程序，决不允许擅作主张、我行我素；必须服从组织决定，决不允许搞非组织活动；必须管好亲属和身边工作人员。要将严于律己体现在日常工作生活当中，从自身做起。干部不是生活在真空中，必要的人际交往是不可避免的，但交往必须有原则、有规矩，给自己装上“防火墙”“过滤网”，不断净化社交圈、生活圈、朋友圈，培养健康情趣，崇尚简朴生活。党员领导干部要带头落实领导干部报告个人有关事项，规范领导干部配偶、子女及其配偶经商办企业行为规定等制度，在履行管党治党责任、严格自律上当标杆、作表率。年轻干部是党的事业的接班人，要练好内功、提升修养，正确对待权力，时刻自重自省，严格自我要求，强化自我约束，扣好廉洁从政“第一粒扣子”，努力成为可堪大用、能担重任的栋梁之材。

（五）加强作风修养

习近平总书记指出：“我们党作为马克思主义执政党，不但要有强大的真理力量，而且要有强大的人格力量。真理力量集中体现为我们党的正确理论，人格力量集中体现为我们党的优良作风。”党的作风就是党的形象，关系人心向背、关系党的生死存亡。

中国共产党自成立之日起，就高度重视党风建设，始终秉持全心全意为人民服务的根本宗旨，在领导中国革命、建设、改革的长期实践中，形成并坚持发扬理论联系实际、密切联系群众、批评与自我批评等一整套优良传统和作风，从而不断保持和提高了党对人民群众的凝聚力、向心力、吸引力，推动了党的事业顺利发展。在革命战争年代，老一辈革命家、共产党员在行动中践行了党的作风要求，抛头颅、洒热血，前仆后继，为人民的解放事业奋勇献身。新中国成立前夕，党中央发出全党务必继续保持谦虚谨慎、不骄不躁的作风，务必继续保持艰苦奋斗的作风要求。在社会主义建设时期和改革开放新时期，广大党员开拓进取、尽职尽责，为社会主义现代化建设事业而不懈奋斗。

党的十八大以来，以习近平同志为核心的党中央以强烈的历史担当和顽强的意志品质，从解决人民群众反映最强烈的不正之风入手，从落实中央八项规定破题，解决了新形势下作风建设抓什么怎么抓的问题。经过整治，群众反映强烈的突出问题得到有效遏制，推动了党风、政风、社会风气好转。但是我们还是要看到，作风问题具有长期性、反复性、顽固性，不可能一蹴而就，毕其功于一役，特别是当前形式主义、官僚主义一定程度上仍然存在。

形式主义、官僚主义同我们党的性质宗旨和优良作风格格不入，是一种顽瘴痼疾。加强新时代作风修养，最紧要的是力戒形式主义、官僚主义，必须在标本兼治上动真碰硬、抓常抓长、久久为功。要坚持刀刃向内，敢于刮骨疗毒，既要解决工作方式方法上的问题，更要解决政绩观、权力观、地位观等主观世界中的问题。要始终坚持实事求是的思想路线，大兴求真务实之风，沉下身子、静下心来，察实情、出实招、干实事、求实效。要扎实开展基层调研工作，切实摸清退役军人所思所想、所期所盼，带着问题去、带着方法回，不断提高工作水平。要驰而不息整治“四风”，全面改进和优化思想作风、学风、工作作风、领导作风和生活作风，以优良的党风促政风带民风。

（六）加强业务能力修养

习近平总书记强调，我们党既要政治过硬，

也要本领高强，要增强干部队伍适应新时代中国特色社会主义发展要求的能力。业务能力修养是党员干部的基本功，贯穿于职业生涯始终。从外部看，当今世界正经历百年未有之大变局，存在着各种可以预料和难以预料的风险挑战，需要解决的问题越来越多样、越来越复杂。从内部看，我国已开启全面建设社会主义现代化国家新征程，经济社会发展和国防军队建设进入新阶段，广大退役军人也提出了新期待、新需求，给我们工作带来了新课题、新挑战。这都迫切需要我们不断提升工作能力，紧跟时代前进步伐，以更高的专业能力、更好的专业精神履行职责使命。

一要提高研究谋划能力。“两个大局”和“两个服务”是谋划退役军人工作的基本出发点。要始终胸怀“两个大局”，心系“国之大者”，立足“两个服务”，自觉把退役军人工作放在世界百年未有之大变局、中华民族伟大复兴战略全局和走好新时代强军兴军新征程中去谋划、部署、推进，提出政策方面的设计考虑、战略方面的规划谋划、策略方面的把握拿捏。要坚持目标导向、问题导向，围绕习近平总书记关于退役军人工作重要论述，围绕退役军人工作高质量发展的内涵特征、目标方向和实现路径，围绕退役军人工作中突出的现实矛盾问题和退役军人关注的热点焦点，加强战略性、全局性、前瞻性、规律性和基础性问题的研究。要统筹战略谋划和战略实施，坚持抓重点带全局，善于牵住“牛鼻子”，通过抓好事关退役军人工作长远发展的关键政策、关键问题、关键环节，以关键性突破带动全局工作创新提升。

二要提高群众工作能力。我部是以服务对象群体命名的部门，退役军人工作直接服务于广大退役军人，这一特殊属性决定了我们必须忠实践行党的群众路线，与时俱进创新群众工作方法，不断提高联系退役军人、服务退役军人的能力水平。要加强对政策法规的把握、理解、运用，深化对法律、经济、哲学、历史、文化、社会、科技、外交、网络等知识的学习，强化办文办会办事的工作能力，不断完善履职尽责必备的知识体系。要掌握群众工作方法，善于凝聚引导群众，学会运用群众语言，说的话让退役军人愿意听、听得进、听得懂。带着爱心、耐心、细心处理相关问题，该解决的推动解决、该解释的耐心解释、该督促地方落实的紧盯不放。要善于与退役军人打交道、交朋友，听真话实话，在解决实际问题的同时做好思想引导工作，更好为退役军人服务。要更好维护群众合法权益。善于发现群众痛痒、拉近群众距离、增进群众感情。要坚持开门问策、集思广益，倾听群众呼声、凝聚群众智慧，使我们的工作得到服务对象认可、赢得服务对象信任。

三要提高狠抓落实能力。习近平总书记反复强调“崇尚实干、狠抓落实”“一分部署、九分落实”，在中央党校（国家行政学院）中青年干部培训班开班式上着重指出，“年轻干部要提高抓落实能力”“干事业不能做样子，必须脚踏实地”。不难看出，“落实”是习近平总书记治国理政的一个关键词。做好新时代退役军人工作，关键在落实，迫切需要提高抓落实能力。近年来，我们先后推动出台了关于加强新时代退役军人工作的意见、退役军人保障法、退役军人工作政策制度改革方案等顶层法律制度，制定了 80 多个配套政策文件，政策制度体系已经基本完善，今后的工作重心要从定政策转到抓落实上来。要发扬钉钉子精神，以“抓铁有痕、踏石留印”的决心，让各项决策部署落实落地、开花结果。要一诺千金，说到就要做到，务求扎实，不开空头支票。对当务之急，立说立行、紧抓快办，不能慢慢吞吞、拖拖拉拉；对长期任务，保持战略定力和耐力，坚持一张蓝图绘到底，滴水穿石，久久为功。要深入基层一线，我们的工作越是临近末端，往往越有难度，越需要全力以赴。倘若政策在“最后一公里”不落实或者落实不到位、落实走样，我们的初衷就无法达成，政策含金量就会大打折扣。要开展好“蹲点抓落实”工作，认真梳理各项政策点落实情况，加强工作指导督促，压紧压实基层责任，切实提升服务对象的获得感。要全力创新创造，积极适应新形势、新情况、新要求，找准切入点和突破口，创新性开展工作，破除惯性思维，杜绝照葫芦画瓢。要加强督查督办，及时发现问题、提出意见，推动问题解决，该通报的通报、该批评的批评、该问责的问责。各级领导干部要发挥好“头雁”作用，以上率下、真抓实干，既带领大家一起定盘子、理思路、开方子，又做到重要任务亲自部署、关键环节亲自把关、落实情况亲自督查。要认真贯彻落实党中央、国务院关于稳住经济大盘的重要决策部署，指导各地用好用足一揽子纾难解困政策，让退役军人应知尽知、应享尽享。

锤炼党性修养是加强党的建设的永恒课题，也是每名党员干部永葆政治本色、践行初心使命的根本途径和终身课题。希望全体党员干部牢记习近平总书记殷殷嘱托，进一步筑牢信仰之基、补足精神之钙，一以贯之加强新时代党性修养，不断巩固拓展党史学习教育成果，用党的百年奋斗重大成就和历史经验增长智慧、增进团结、增加信心、增强斗志，大力推动退役军人工作高质量发展，切实走好第一方阵，为我们党永葆先进性和纯洁性增光添彩，以实际行动和优异成绩迎接党的二十大胜利召开！

在“情暖老兵——为退役军人排忧解难”专项行动启动仪式上的讲话

（2022年8月1日）

裴金佳

习近平总书记高度重视退役军人工作，强调要关爱退役军人、把广大退役军人工作和生活保障好。在喜迎建军95周年之际，今天我们在这里隆重集会，举行“情暖老兵——为退役军人排忧解难”专项行动启动仪式。这是贯彻落实习近平总书记重要指示精神的务实举措，是拓展深化党史学习教育成果的生动实践，有利于凝聚“尊重退役军人、尊崇军人职业”社会共识、浓厚拥军优属社会氛围，有利于广大退役军人深切感受党和政府及社会各界的关怀温暖，进一步坚定听党话、跟党走的思想自觉、政治自觉和行动自觉。

长期以来，社会组织和爱心企业情系退役军人，提供了多种形式的关爱帮扶。中华慈善总会、中国老龄事业发展基金会成立时间较早、服务网络遍布全国、社会影响大，是推动国家慈善事业发展的重要力量，与退役军人事务部门有着天然的联系和血缘关系，一直以来通过各自资源与渠道优势筹集慈善款物，帮扶生活困难退役军人及军属，近两年来分别投入2000万元、900万元款物支持关爱退役军人活动，这次中华慈善总会又协调捐赠1.2亿元款物、中国老龄事业发展基金会投入200万元，充分体现了对退役军人工作的深情厚谊。中国人寿保险（集团）公司作为一家大型央企和全国保险行业的领头羊，积极履行企业的政治责任、经济责任和社会责任，是“全国退役军人就业优秀合作企业”之一，专门为此次活动多方募集善款，设计推出了退役军人及家庭防癌抗癌专属保险卡，提供健康保障服务，有力彰显了支持国防和军队建设、关爱帮扶退役军人的央企担当。上海圆心惠保网络科技有限公司、深圳市洁辰环保科技有限公司作为有影响力的民营企业，致力于弘扬拥军优属的光荣传统，克服当前经济下行和疫情影响，分别捐赠6600万元现金和价值5000万元物资，助力退役军人困难帮扶和生活品质提升，生动展现了践行社会责任的良好形象。北京水滴汇聚公益基金会作为“平民英雄守护”项目的发起方，通过中华慈善总会捐赠100万元现金，对见义勇为的退役军人给予帮扶救助，传递了崇尚英雄、关爱英雄的公益情怀。中国退役军人关爱基金会作为部管社会组织，主动投身公益行动，之前投入1000万元，此次又投入500万元，为困难退役军人和烈属家庭送去特殊关爱。在此，我代表退役军人事务部，对上述社会组织和爱心企业致以崇高的敬意和衷心的感谢！

退役军人事务部自组建以来，锚定“让退役军人成为全社会尊重的人，让军人成为全社会尊崇的职业”这个目标，坚持以退役军人为中心，立足体现尊崇、济难解困，通过强化顶层设计、完善政策措施、创新工作机制，开展常态化走访慰问，满腔热忱服务退役军人，用心用情用力予以帮扶，退役军人获得感、幸福感、荣誉感不断增强。

关爱尊重退役军人是全社会的共同责任。专项行动能够顺利启动，离不开相关社会组织和爱心企业的大力支持。我们要密切协同高效配合，特别是退役军人事务系统要会同相关社会组织和爱心企业，按照专项行动既定安排，精准界定帮扶对象，加强物资分发和资金使用监管，有序推动各项活动开展，确保把好事办好办实；我们要积极拓宽合作领域，本着自愿原则，发挥各方资源优势，助力退役军人帮扶工作从资金支持、物资援助向就业扶持、大病救助、养老服务、子女教育等方面拓展延伸，让广大退役军人在多元需求日益充足的供给中共享幸福美好；我们要构建长效帮扶机制，以此次专项行动为契机，以“情暖老兵”为主题，整合帮扶资源，搭建关爱平台，开展联合行动，汇聚更多公益慈善资源服务退役军人，形成全社会支持退役军人工作、关爱退役军人的磅礴力量，共同推动退役军人工作高质量发展。

在部基层党组织建设质量提升推进会上的讲话

（2022 年 9 月 30 日）

裴金佳

这次会议的主要任务是，深入学习习近平总书记重要批示精神，贯彻落实中央和国家机关基层党组织建设质量提升推进会议精神，总结梳理建部以来基层党组织建设取得的成效，按照中央和国家机关工委“四强”党支部标准，推动部基层党组织建设全面进步、全面过硬，以实际行动迎接党的二十大胜利召开。

一、部基层党组织建设取得明显成效

部党组始终高度重视机关党的建设，我部各基层党组织在部党组坚强领导下，坚决贯彻落实习近平总书记“7·9”重要讲话和关于推进中央和国家机关党的建设重要指示精神，对标对表《中国共产党党支部工作条例（试行）》《中国共产党党和国家机关基层组织工作条例》，全力推进党支部标准化、规范化建设，切实发挥“第一方阵”风向标作用，扎实走好“最初一公里”，不断提升党组织建设质量。

一是政治站位不断提升。部党组带头深入学习贯彻习近平新时代中国特色社会主义思想，每周部务会传达学习习近平总书记最新重要讲话、重要指示批示精神，带动并引导各基层党组织把贯彻落实习近平总书记重要指示批示精神作为“一号工程”，建立动态台账、强化督查督办。精心组织部“不忘初心、牢记使命”主题教育、党史学习教育，得到中央指导组、有关上级单位充分肯定。持续深化政治机关意识教育，始终把贯彻落实习近平总书记重要讲话精神和重要指示批示作为坚决拥护“两个确立”、做到“两个维护”的首要政治任务和实际行动。

二是组织体系不断夯实。成立部党的建设和全面从严治党工作领导小组，进一步加强对机关党的建设的全面领导。在机构改革新部门组建中率先成立直属机关党委、纪委，同步建立机关基层党组织，书记为主要负责人兼任，部属事业单位全部实行党组织领导下的主任负责制，推动党建主体责任落到实处。同步配齐机关党建工作机构和党务工作力量。

三是责任意识不断增强。各级党组织书记认真履行第一责任人职责，其他班子成员落实“一岗双责”要求，处室党员主要负责人担任党小组长，形成了主官主抓、各负其责、齐抓共管的局面；用好基层党建述职评议考核这个“指挥棒”，机关党建和业务工作同总结述职、同考核考评，党建考核未达到“好”的党组织书记，年度干部考核不能评为“优秀”，以考促评、以考促建，层层压实责任。

四是建设质量不断提高。在试点的基础上，深化党支部标准化规范化建设，总结推广典型经验和创新案例，高质量完成基层党组织建设质量提升三年行动计划，3 个党支部被中央和国家机关工委评为中央和国家机关“四强”党支部，3 个党支部工作法被中央和国家机关工委评选收录为党建创新案例。

五是作用发挥不断凸显。充分发挥机关党建政治引领和保障作用，部党组带头落实基层工作联系点制度，各司局党支部、党小组常态化联系退役军人，组建蹲点调研临时党支部，深入乡村、社区，深入退役军人中间，摸清政策瓶颈，打通政策的“最后一公里”。面对疫情，我部迅速响应，组织江西、山西和浙江三省荣军医院组成援鄂医疗队，并成立临时党支部，因工作成绩突出，被授予“全国抗击新冠肺炎疫情先进集体”称号。党员队伍在干中学、在学中练，较好发挥了先锋模范作用，多名机关党员在工作间隙，踊跃报名社区防疫工作，组织青年党员队伍代表我部参加“党在我心中”中央和国家机关青年党史知识大赛并勇夺冠军，今年 1 名党员被党中央、国务院授予全国“人民满意的公务员”称号。

这些成绩的取得得益于以习近平同志为核心的党中央的坚强领导，得益于习近平新时代中国特色社会主义思想的科学指引，得益于部党组学习贯彻习近平总书记“7·9”重要讲话精神。各级党组织、党务干部和广大党员的辛勤努力、扎实工作，有力推动了党中央的决策部署在我部贯彻落实和重点任务的全面完成，在这里我代表部党组向广大党员和党务干部表示感谢。

二、深入学习贯彻习近平总书记重要批示精神，推动基层党组织建设高质量发展

坚持以提升组织力为重点，以“四强”党支部建设为目标，在 5 个方面持续用力。

一是强化政治引领。要按照新时代党的建设总要求和新时代党的组织路线，紧扣党中央全面从严治党部署要求和我部“三个机关”建设实际，深刻理解领会“中央和国家机关首先是政治机关”的内涵要求，持续推动政治机关意识教育、对党忠诚教育落实到每个支部，引导广大党员深刻认识“两个确立”的决定性意义，不断增强“四个意识”、坚定“四个自信”、做到“两个维护”，始终在思想上、政治上、行动上同以习近平同志为核心的党中央保持高度一致。要坚持不懈抓好习近平新时代中国特色社会主义思想学习，创新学习形式、丰富学习载体，引导党员干部切实提高政治站位，把学习成果转化为思想认识、政治觉悟、实际行动。

二是建强组织体系。建立健全基层党组织，优化基层党组织设置，促进形成上下贯通、执行有力的组织体系，是机关党建工作的重要内容。要坚持分类指导、科学施策、精准发力，不搞“一刀切”；要科学设置基层党组织，服务中心、烈保中心筹备成立正式党委；要建强基层党支部，对党支部委员空缺的，及时按程序补齐；要研究制定部管社会组织党建工作办法，不断夯实社会组织党建工作基础。

三是严肃党内政治生活。严格执行《关于

新形势下党内政治生活的若干准则》，领导干部要自觉以普通党员身份参加所在党支部、党小组的活动，从思想上、政治上、行动上为党员作出示范。认真落实“三会一课”制度，党支部书记要带头上党课，各党支部、党小组开展形式多样的“微党课”活动，确保组织生活有内容、有效果。坚持和完善民主集中制，严格执行民主生活会、组织生活会等制度，用好批评和自我批评这个锐利武器。利用系统红色资源优势，开展形式多样的主题党日活动，强化党性教育，进一步增强党员干部宗旨意识、使命意识。党的二十大召开后，要把党的组织生活与学习贯彻党的二十大精神紧密结合起来，营造浓厚学习氛围，不断激发前进动力。

四是严格党员教育管理。党员是党的肌体的细胞，是党的活动的主体，要抓住教育监督党员这个基础，建设过硬党员队伍。探索创新党员教育管理新方法，定期对党员干部思想状况进行调研摸底，完善谈心谈话制度，及时有效解决党员干部队伍的思想困惑和模糊认识。要落实好中央和国家机关工委《中央和国家机关党员工作时间之外政治言行若干规定（试行）》和退役军人事务部《党员干部遵守政治纪律和政治规矩行为规范》，加强日常监督管理，做到言有所戒、行有所止。要加强廉政风险防控，抓早抓小、抓出成效。

五是严明党建责任。要抓住党建工作责任制这个“牛鼻子”，牢固树立抓好党建是最大政绩的观点，努力解决党的建设方面存在的突出问题。党组织书记要切实担负起管党治党政治责任，其他班子成员按分工认真履行“一岗双责”。要继续发挥考核“指挥棒”作用，各单位党组织书记党建考核未评为“好”的，年度考核不得评为优秀等次。当前，各单位要把巡视整改工作与党建工作有机统一起来，拿出有力措施，聚焦“病灶”，合力“会诊”，以巡视整改促进党建质量提升。机关党委要强化督导，对标对表、统筹推进，打通整改落实“最后一公里”，确保各项任务真正改到底、改到位。各单位党支部要加强党员教育学习，进一步发挥支部战斗堡垒作用、党员先锋模范作用，不断提高党建水平。

让我们更加紧密地团结在以习近平同志为核心的党中央周围，勠力同心，真抓实干，推动机关党建工作再上新台阶，为退役军人工作提供坚强的组织保障，以实际行动迎接党的二十大胜利召开。

在传达学习贯彻党的二十大精神党员干部大会上的讲话

（2022 年 10 月 25 日）

裴金佳

学习宣传贯彻党的二十大精神是当前和今后一个时期的首要政治任务。习近平总书记参加党的二十大广西代表团讨论时，对学习贯彻党的二十大精神提出了“五个牢牢把握”的要求。我部各级党组织和全体党员干部要坚持以“五个牢牢把握”为重点，深刻领会和理解把握党的二十大的重大意义和战略部署，深刻领会和理解把握党的二十大报告的丰富内涵和精髓要义，切实把思想和行动统一到党的二十大精神上来。

一、党的二十大的盛况和重大意义

本次大会共 2296 名代表，还有部分特邀代表和列席人员。10 月 22 日，万众期待、举世瞩目的大会圆满完成各项议程和崇高使命，在北京胜利闭幕。

党的二十大是在全党全国各族人民迈上全面建设社会主义现代化国家新征程、向第二个百年奋斗目标进军的关键时刻召开的一次十分重要的会议，事关党和国家事业继往开来，事关中国特色社会主义前途命运，事关中华民族伟大复兴。大会高举中国特色社会主义伟大旗帜，以马克思列宁主义、毛泽东思想、邓小平理论、“三个代表”重要思想、科学发展观、习近平新时代中国特色社会主义思想为指导，明确宣示党在新时代新征程上举什么旗、走什么路、以什么样的精神状态、朝着什么样的目标继续前进，是一次指导我们党和国家从胜利走向新的胜利、以辉煌铸就更大辉煌的大会，对于团结和激励全党全国各族人民坚持和发展中国特色社会主义、全面建设社会主义现代化国家、全面推进中华民族伟大复兴具有重大意义。

在大会分组讨论中，代表们高度评价、完全赞同党的二十大报告、中央纪委工作报告和党章修正案，一致认为，党和国家事业取得历史性成就、发生历史性变革，根本在于习近平总书记的掌舵领航，在于习近平新时代中国特色社会主义思想的科学指引。“两个确立”是党在新时代取得的最重大的政治成果、最重要的历史经验，是全党全军全国各族人民的高度共识和共同意志，是党应对一切不确定性的最大确定性、最大底气、最大保证。一致认为，党的二十大报告站在全面建设社会主义现代化国家、全面推进中华民族伟大复兴的高度，深刻阐述了在新的历史条件下坚持和发展中国特色社会主义的一系列重大理论和实践问题，提出了一系列新的重要思想、重要观点、重大判断、重大举措，主题鲜明、内涵丰富、高屋建瓴、视野宏阔，凝聚共识、激励奋进，是新时代新征程坚持和发展中国特色社会主义的政治宣言和行动纲领，蕴含着深厚的政治分量、理论含量、精神能量和实践力量，具有巨大的政治动员力、历史穿透力和前行感召力，是一份顺应全党全国各族人民共同心愿、指引新时代新征程新伟业的好报告。一致认为，中央纪委工作报告全面总结全面从严治党的生动实践、工作成效和认识体会，科学部署新时代新征程深化党风廉政建设和反腐败斗争的目标任务，是一份契合时代要求、体现全党意志、反映群众心声、维护人民利益的好报告，充分彰显了我们党勇于自我革命的鲜明品格，充分展现了我们党深化党风廉政建设和反腐败斗争的坚强决心，必将有力推动新时代新征程全面从严治党向纵深发展。一致认为，党章修正案充分体现了马克思主义中国化时代化的最新成果，充分体现了管党治党的创新经验，充分体现了党的十九大以来党中央提出的治国理政新理念、新思想、新战略，必将对推进党的事业和党的建设更好发挥规范和指导作用，确保党始终成为中国人民的主心骨、中国特色社会主义的坚强领导核心，更好地把中国特色社会主义伟大事业推向前进。一致表示，要深入学习贯彻落实党的二十大精神，统一思想和行动，锚定奋斗目标、扎实努力工作，心往一处想、劲往一处使，以实际行动坚定拥护“两个确立”、坚决做到“两个维护”。

学习贯彻党的二十大精神，首先要深刻领会大会的重大意义。

一要深刻领会党的二十大的重大政治意义。党的二十大的重大政治意义在于这次大会高举中国特色社会主义伟大旗帜，用新时代10年来的伟大变革、伟大成就，以及百年大党的改革发展和治国理政成就展示了科学社会主义的强大活力。10年来，以习近平同志为核心的党中央团结带领全党全国各族人民如期全面建成小康社会，开启全面建设社会主义现代化国家新征程，中华民族迎来了从站起来、富起来到强起来的伟大飞跃，中国特色社会主义焕发出蓬勃生机，制度优势充分彰显。这必将极大激发世界范围内社会主义力量的凝聚力、向心力，必将极大推动科学社会主义发展进步。

二要深刻领会党的二十大的重大理论意义。党的二十大的重大理论意义在于这次大会从世界观和方法论的高度讲透了习近平新时代中国特色社会主义思想的精髓所在，讲明了马克思主义中国化时代化的创新之道，实现了党的创新理论又一次与时俱进，为推进党和国家事业发展提供了思想灯塔、根本遵循和行动指南。

三要深刻领会党的二十大的重大现实意义。党的二十大的重大现实意义在于这次大会明确宣告新时代新征程中国共产党的历史使命，准确锚定了我们当前所处的历史方位，全面部署了当前治党治国治军、内政外交国防的重要任务，科学规划了实现第二个百年奋斗目标的时间表、路线图。这次大会在历史关键节点，以引领百年大党再出发的使命担当擘画新征程，为我们党在新时代团结带领全国各族人民全面建设社会主义现代化国家、全面推进中华民族伟大复兴提供了行动纲领、指明了前进方向，必将对夺取中国特色社会主义新胜利发挥十分重要的指导和保证作用。

党的二十大描绘的宏伟蓝图，突破了地域、国界的限制，不仅为本国人民谋幸福，还把国家发展和世界发展紧密联系起来，持续推动构建人类命运共同体，必将为全球发展进步和全人类幸福生活作出更大贡献。

总体来说，党的二十大是一次高举旗帜、凝聚力量、团结奋进的大会，会议在政治上、理论上、组织上、实践上取得的一系列重大成果，顺应全党全国各族人民共同心愿，适应党和国家工作新形势新任务，体现着百年大党矢志复兴的大志向、引领时代的大担当、一心为民的大情怀、兼济天下的大格局，必将对中国特色社会主义前途命运产生里程碑式的重大影响。

二、全面准确把握党的二十大精神

学习领会党的二十大精神，必须坚持系统全面、准确深入、联系实际，坚持读原著、学原文、悟原理、知原义，学深悟透、融会贯通，做到知其言更知其义、知其然更知其所以然。

（一）大会批准了习近平总书记代表十九届中央委员会所作的《高举中国特色社会主义伟大旗帜　为全面建设社会主义现代化国家而团结奋斗》报告

大会的主要精神集中体现在习近平总书记所作的报告中，报告全面贯彻习近平新时代中国特色社会主义思想，科学分析了国际国内形势，明确提出了党的二十大主题，全面回顾了过去5年的工作和新时代10年的伟大变革，系统阐述了开辟马克思主义中国化时代化新境界、中国式现代化的中国特色和本质要求等重大问题，对全面建设社会主义现代化国家、全面推进中华民族伟大复兴进行了战略规划，对统筹推进“五位一体”总体布局、协调推进“四个全面”战略布局作出了全面部署，为新时代新征程党和国家事业发展、实现第二个百年奋斗目标指明了前进方向、确立了行动指南。这个报告是党和人民智慧的结晶，是党团结带领全国各族人民夺取中国特色社会主义新胜利的政治宣言和行动纲领，是马克思主义的纲领性文件。

报告共分三大板块15个部分。第一板块包括导语和第一至第三部分，是总论；第二板块包括第四至第十四部分，是党和国家各方面事业部署的展开；第三板块包括第十五部分和结束语，主要讲党的领导和党的建设，向全党全军全国各族人民发出号召。我们在学习贯彻中，要切实领会好以下7个方面。

一是深刻领会和把握大会主题。报告阐明的大会主题，是大会的灵魂，是党和国家事业发展的总纲。这个主题是高举中国特色社会主义伟大旗帜，全面贯彻习近平新时代中国特色社会主义思想，弘扬伟大建党精神，自信自强、守正创新，踔厉奋发、勇毅前行，为全面建设社会主义现代化国家、全面推进中华民族伟大复兴而团结奋斗。报告强调，全党同志务必不忘初心、牢记使命，务必谦虚谨慎、艰苦奋斗，务必敢于斗争、善于斗争，坚定历史自信，增强历史主动，谱写新时代中国特色社会主义更加绚丽的华章。

二是深刻领会和把握过去5年工作和新时代10年伟大变革的重大意义。报告全面总结了过去5年和新时代10年取得的伟大成就。5年来，我们党团结带领人民，攻克了许多长期没有解决的难题，办成了许多事关长远的大事要事，推动党和国家事业取得举世瞩目的重大成就。10 年来，我们经历了对党和人民事业具有重大现实意义和深远历史意义的 3 件大事：一是迎来中国共产党成立 100 周年；二是中国特色社会主义进入新时代；三是完成脱贫攻坚、全面建成小康社会的历史任务，实现第一个百年奋斗目标。报告从 16 个方面总结 10 年来的主要工作，包括创立了习近平新时代中国特色社会主义思想，全面加强党的领导，实现了小康这个中华民族的千年梦想，对新时代党和国家事业发展作出科学完整的战略部署，提出并贯彻新发展理念，以巨大的政治勇气全面深化改革，实行更加积极主动的开放战略，坚持走中国特色社会主义政治发展道路，确立和坚持马克思主义在意识形态领域指导地位的根本制度，深入贯彻以人民为中心的发展思想，坚持绿水青山就是金山银山的理念，贯彻总体国家安全观，确立党在新时代的强军目标，全面准确推进“一国两制”实践，全面推进中国特色大国外交，深入推进全面从严治党。新时代 10 年的伟大变革，在党史、新中国史、改革开放史、社会主义发展史、中华民族发展史上具有里程碑意义。

三是深刻领会和把握习近平新时代中国特色社会主义思想的世界观和方法论。报告指出，要持续推进理论创新，开辟马克思主义中国化时代化新境界，并首次提出习近平新时代中国特色社会主义思想的世界观和方法论。报告强调，中国共产党为什么能，中国特色社会主义为什么好，归根到底是马克思主义行，是中国化时代化的马克思主义行。不断谱写马克思主义中国化时代化新篇章，是当代中国共产党人的庄严历史责任。继续推进实践基础上的理论创新，首先要把握好习近平新时代中国特色社会主义思想的世界观和方法论，坚持好、运用好贯穿其中的立场观点方法。报告以“六个坚持”对习近平新时代中国特色社会主义思想的世界观和方法论做了深入阐述，即必须坚持人民至上、必须坚持自信自立、必须坚持守正创新、必须坚持问题导向、必须坚持系统观念、必须坚持胸怀天下。

四是深刻领会和把握以中国式现代化推进中华民族伟大复兴的使命任务。报告鲜明指出，从现在起，中国共产党的中心任务就是团结带领全国各族人民全面建成社会主义现代化强国、实现第二个百年奋斗目标，以中国式现代化全面推进中华民族伟大复兴。中国式现代化，是中国共产党领导的社会主义现代化，既有各国现代化的共同特征，更有基于自己国情的中国特色。报告系统阐述了中国式现代化 5 个方面中国特色，即中国式现代化是人口规模巨大的现代化、是全体人民共同富裕的现代化、是物质文明和精神文明相协调的现代化、是人与自然和谐共生的现代化、是走和平发展道路的现代化。报告首次提出了中国式现代化的本质要求，即坚持中国共产党领导，坚持中国特色社会主义，实现高质量发展，发展全过程人民民主，丰富人民精神世界，实现全体人民共同富裕，促进人与自然和谐共生，推动构建人类命运共同体，创造人类文明新形态。报告对全面建成社会主义现代化强国“两步走”战略安排进行宏观展望，提出了到 2035 年我国发展的总体目标和未来五年的主要目标任务。报告强调，必须增强忧患意识，坚持底线思维，做到居安思危、未雨绸缪，准备经受风高浪急甚至惊涛骇浪的重大考验。前进道路上，必须牢牢把握 5 个重大原则，即坚持和加强党的全面领导、坚持中国特色社会主义道路、坚持以人民为中心的发展思想、坚持深化改革开放、坚持发扬斗争精神。

五是深刻领会和把握今后一个时期党和国家事业发展的重大举措。报告从第四部分至第十四部分，围绕全面建设社会主义现代化国家、全面推进中华民族伟大复兴，对未来5年的重点工作做了全面部署。在加快构建新发展格局、着力推动高质量发展方面，强调高质量发展是全面建设社会主义现代化国家的首要任务，要坚持以推动高质量发展为主题，构建高水平社会主义市场经济体制，建设现代化产业体系，全面推进乡村振兴，促进区域协调发展，推进高水平对外开放。在实施科教兴国战略、强化现代化建设人才支撑方面，指出教育、科技、人才是全面建设社会主义现代化国家的基础性、战略性支撑，必须坚持科技是第一生产力、人才是第一资源、创新是第一动力，办好人民满意的教育，完善科技创新体系，加快实施创新驱动发展战略，深入实施人才强国战略。在发展全过程人民民主、保障人民当家做主方面，强调要加强人民当家做主制度保障，全面发展协商民主，积极发展基层民主，巩固和发展最广泛的爱国统一战线。在坚持全面依法治国、推进法治中国建设方面，强调要完善中国特色社会主义法律体系，推进依法行政，严格公正司法，加快建设法治社会。在推进文化自信自强、铸就社会主义文化新辉煌方面，强调要建设具有强大凝聚力和引领力的社会主义意识形态，广泛践行社会主义核心价值观，提高全社会文明程度，繁荣发展文化事业和文化产业，增强中华文明传播力、影响力。在增进民生福祉、提高人民生活品质方面，指出为民造福是立党为公、执政为民的本质要求，要完善分配制度，实施就业优先战略，健全社会保障体系，推进健康中国建设，扎实推进共同富裕。在推动绿色发展、促进人与自然和谐共生方面，强调要加快发展方式绿色转型，深入推进环境污染防治，提升生态系统多样性、稳定性、持续性，积极稳妥推进碳达峰碳中和。在推进国家安全体系和能力现代化、坚决维护国家安全和社会稳定方面，强调要健全国家安全体系，增强维护国家安全能力，提高公共安全治理水平，完善社会治理体系。在实现建军100年奋斗目标、开创国防和军队现代化新局面方面，强调必须贯彻新时代党的强军思想，全面加强练兵备战，全面加强军事治理，巩固提高一体化国家战略体系和能力。在坚持和完善“一国两制”、推进祖国统一方面，强调要全面准确、坚定不移贯彻“一国两制”、“港人治港”、“澳人治澳”、高度自治的方针，支持香港、澳门更好融入国家发展大局；要坚持贯彻新时代党解决台湾问题的总体方略，坚定不移推进祖国统一大业。在促进世界和平与发展、推动构建人类命运共同体方面，强调要坚持维护世界和平、促进共同发展的外交政策宗旨，致力于推动构建人类命运共同体。

六是深刻领会和把握以伟大自我革命引领伟大社会革命的重要要求。报告指出，我们党作为世界上最大的马克思主义执政党，要始终赢得人民拥护、巩固长期执政地位，必须时刻保持解决大党独有难题的清醒和坚定。全面从严治党永远在路上，党的自我革命永远在路上，决不能有松劲歇脚、疲劳厌战的情绪，必须持之以恒推进全面从严治党，深入推进新时代党的建设新的伟大工程，以党的自我革命引领社会革命。报告提出，要落实新时代党的建设总要求，健全全面从严治党体系，全面推进党的自我净化、自我完善、自我革新、自我提高，使我们党坚守初心使命，始终成为中国特色社会主义事业的坚强领导核心。一要坚持和加强党中央集中统一领导；二要坚持不懈用习近平新时代中国特色社会主义思想凝心铸魂；三要完善党的自我革命制度规范体系；四要建设堪当民族复兴重任的高素质干部队伍；五要增强党组织政治功能和组织功能；六要坚持以严的基调强化正风肃纪；七要坚决打赢反腐败斗争攻坚战持久战。

七是深刻领会和把握团结奋斗的时代要求。报告强调，全党必须牢记，坚持党的全面领导是坚持和发展中国特色社会主义的必由之路，中国特色社会主义是实现中华民族伟大复兴的必由之路，团结奋斗是中国人民创造历史伟业的必由之路，贯彻新发展理念是新时代我国发展壮大的必由之路，全面从严治党是党永葆生机活力、走好新的赶考之路的必由之路，这是我们在长期实践中得出的至关紧要的规律性认识，必须倍加珍惜、始终坚持，咬定青山不放松，引领和保障中国特色社会主义巍巍巨轮乘风破浪、行稳致远。报告提出，全党要坚持全心全意为人民服务的根本宗旨，不断巩固全国各族人民大团结，加强海内外中华儿女大团结，形成同心共圆中国梦的强大合力。报告号召，全党全军全国各族人民要紧密团结在党中央周围，牢记空谈误国、实干兴邦，坚定信心、同心同德，埋头苦干、奋勇前进，为全面建设社会主义现代化国家、全面推进中华民族伟大复兴而团结奋斗！

（二）大会审议通过了中央纪律检查委员会工作报告

工作报告共分为三大部分。

第一部分从 10 个方面回顾了党的十九大以来纪律检查工作：一是以习近平新时代中国特色社会主义思想为指导，坚定新时代纪检监察工作根本政治方向；二是担负“两个维护”重大政治责任，围绕党和国家工作大局发挥监督保障执行、促进完善发展作用；三是认真履行监督第一职责，充分发挥监督在管党治党、国家治理中的重要基础作用；四是一体推进不敢腐、不能腐、不想腐，推动反腐败斗争取得压倒性胜利并全面巩固；五是锲而不舍落实中央八项规定精神，持续有力纠治“四风”；六是贯彻落实中央巡视工作方针，充分彰显全面从严治党利剑作用；七是坚决整治群众身边的不正之风和腐败问题，切实增强人民群众获得感、幸福感、安全感；八是全面深化纪检监察体制改革，推动完善党和国家监督体系；九是运用法治思想和法治方式正风肃纪反腐，不断提升规范化、法治化、正规化水平；十是弘扬伟大建党精神和自我革命精神，锻造忠诚干净担当的纪检监察队伍。

第二部分从 8 个方面总结了新时代党的纪律检查工作的体会：一是坚持马克思主义中国化时代化最新成果引领和党中央集中统一领导，确保纪检监察工作始终沿着正确方向前进；二是坚持落实全面从严治党政治要求，以“两个维护”实际行动巩固党的团结统一；三是坚持以人民为中心的根本立场，做到执纪执法为民、纠风治乱为民；四是坚持敢于斗争、善于斗争，以永远在路上的清醒和执着正风肃纪、反腐惩恶；五是坚持一体推进不敢腐、不能腐、不想腐，努力取得更多制度性成果和更大治理效能；六是坚持实事求是、依规依纪依法，确保经得起实践、人民、历史检验；七是坚持纪法情理贯通融合，实现政治效果、纪法效果、社会效果有机统一；八是坚持稳中求进、守正创新，不断提升新时代纪检监察工作质量。

第三部分从 5 个方面提出了今后 5 年的工作建议：一是坚持不懈用党的创新理论凝心铸魂，保障党的二十大战略部署落地见效；二是坚定不移推进全面从严治党，推动完善党的自我革命制度规范体系；三是提高一体推进不敢腐、不能腐、不想腐能力和水平，坚决打赢反腐败斗争攻坚战持久战；四是以严的基调强化正风肃纪，推动纠治“四风”常态化长效化；五是牢记打铁必须自身硬，做对党忠诚、为国奉献、为民造福的卫士。

中央纪委工作报告坚持以习近平新时代中国特色社会主义思想为指导，全面贯彻党的十九大和十九届历次全会精神，深入总结党的十九大以来党风廉政建设反腐败工作的情况，深刻提炼纪检监察工作高质量发展的工作体会。学习中央纪委工作报告要与学习大会报告关于全面从严治党部分结合起来，一体把握、融会贯通。

（三）大会审议通过了《中国共产党章程（修正案）》

本次党章修改坚持发扬党内民主，集中全党智慧，保持党章总体稳定，只修改那些必须改的、在党内已经形成共识的内容，使修改后的党章充分体现马克思主义中国化时代化最新成果，充分体现党的十九大以来党中央提出的治国理政新理念、新思想、新战略，充分体现党的工作和党的建设新鲜经验，以适应新形势、新任务对党的工作和党的建设提出的新要求。

党章总纲部分修改的主要内容包括 8 个方面：一是充实完善习近平新时代中国特色社会主义思想的科学内涵和历史定位；二是增写党百年奋斗重大成就和历史经验的内容；三是调整完善党的奋斗目标的表述；四是调整完善社会主义初级阶段方面的内容；五是充实“五位一体”总体布局方面的内容；六是充实国防和军队建设、统一战线、外交方面的内容；七是调整充实党的建设总体要求的内容；八是充实完善坚持党的全面领导的内容。同时，还对党章条文部分做了一些具体修改。要把学习党章修正案作为必修课，做到了然于心、熟练掌握，在实践中坚决贯彻落实。

（四）大会选举产生了新一届中央领导机构

大会选举中央委员 205 名、中央候补委员 171 名、中央纪委委员 133 名。习近平同志在党的二十届一中全会上当选为中央委员会总书记、中央军委主席，一批经验丰富、德才兼备、奋发有为的领导干部进入新一届中央委员会和中央领导机构，充分显示出中国特色社会主义蓬勃兴旺、充满活力。在大会和一中全会的选举中，每次宣布习近平同志全票当选都伴随着长时间、雷鸣般的掌声，这充分表达了全体与会代表深刻领悟“两个确立”、坚决做到“两个维护”的共同意愿，充分体现了总书记在全党全军全国各族人民中的崇高威望，充分证明了全党全国人民对习近平总书记衷心的爱戴拥护，充分反映了亿万中华儿女紧跟伟大复兴领航人踔厉笃行的共同心声，以习近平同志为核心的新一届中央领导集体得到全党全国各族人民的衷心拥护和完全信赖，必将带领亿万人民不断开创中国特色社会主义事业新局面。

我们要认真研读党的二十大报告、修改后的党章和中央纪律检查委员会工作报告，同学习领会习近平总书记在参加广西代表团讨论、党的二十大闭幕会、二十届中央政治局常委同中外记者见面会上的重要讲话精神结合起来，同学习领会党的十八大、十九大精神结合起来，同学习贯彻习近平强军思想、习近平总书记关于退役军人工作重要论述、重要指示批示精神结合起来，同深刻理解习近平总书记亲自谋划设计、亲自部署推动组建退役军人管理保障机构的深远考量和重大意义结合起来，牢牢把握过去5年工作和新时代10年伟大变革的重大意义，牢牢把握习近平新时代中国特色社会主义思想的世界观和方法论，牢牢把握以中国式现代化推进中华民族伟大复兴的使命任务，牢牢把握以伟大自我革命引领伟大社会革命的重要要求，牢牢把握团结奋斗的时代要求，更好用以武装头脑、指导实践、推动工作。

三、深入抓好党的二十大精神学习贯彻

党的二十大对未来5年乃至更长时期党和国家事业发展制定了大政方针，就退役军人工作也作出了明确部署，充分体现了党中央对退役军人工作的高度重视、对广大退役军人的关心关爱，让人备受鼓舞、备受激励。我们要把学习贯彻党的二十大精神作为头等大事来抓，迅速行动、深刻领会，做到学思用贯通、知信行统一。今天的大会既是一次领学宣讲，也是一次动员部署。中央即将就学习贯彻党的二十大精神作出部署，相关通知很快印发。这里提几点要求：

一要提高政治站位，坚决拥护“两个确立”。学习贯彻党的二十大精神，必须深刻领悟“两个确立”对新时代党和国家事业发展、对推进中华民族伟大复兴历史进程的决定性意义，始终做到“两个维护”。二十届一中全会选举产生了新一届中央领导机构，习近平同志继续担任党的总书记、中央军委主席，充分反映了全党全军全国各族人民的共同意志、共同期盼、共同心愿，这是时代大势所趋、事业发展所需、党心民心所向。从广西参选党的二十大代表，到二十大参选中央委员，再到二十届一中全会当选党的总书记、中央军委主席，每次选举习近平同志都是全票当选，充分说明习近平总书记深受全党全国人民的拥护和爱戴，是当之无愧的党的核心、军队统帅、人民领袖。“两个确立”反映了全党全军全国各族人民共同心愿，是百年大党最宝贵的政治经验，是党的十八大以来最重要的政治成果，是全党走好新时代长征路最基本的政治遵循。这一点，我们是有深切体会的。习近平总书记亲自决策组建退役军人管理保障机构，批示推动退役军人服务保障体系建设，带头弘扬英烈精神，视察基层退役军人服务站点，慰问退役军人和其他优抚对象，亲切会见退役军人工作战线的代表和先进个人，先后作出一系列重要指示批示，为做好新时代退役军人工作提供了根本遵循、指明了前进方向。我们要从过去的发展变革中深切感受习近平总书记的风范魅力、格局胸襟、威望盛誉

和雄韬伟略，忠诚拥护核心，衷心爱戴核心，一心紧跟核心。要深刻认识到马克思主义行，说到底是中国化时代化的马克思主义行，正是有习近平总书记作为党中央核心、全党核心的掌舵领航，有习近平新时代中国特色社会主义思想科学指引，全党全国各族人民才有了思想上的“定盘星”、行动上的“指南针”。要在学懂弄通做实上下更大功夫，牢牢把握习近平新时代中国特色社会主义思想的世界观和方法论，坚持好、运用好贯穿其中的立场观点方法，深入贯彻习近平总书记关于退役军人工作重要论述，不断提高政治判断力、政治领悟力、政治执行力，确保退役军人工作始终沿着正确方向前进。

二要加强组织领导，深入开展学习。学习贯彻党的二十大精神，必须步步深入、坚决彻底，精心组织好各项活动，使党的二十大精神转化为全体党员干部的自觉行动。要认认真真、原原本本学习习近平总书记重要讲话和党的二十大文件，深入思考学、联系实际学、笃信笃行学，把学习成效体现在贯彻落实习近平总书记重要指示批示精神和党中央、国务院决策部署的行动上，体现在履职尽责、做好本职工作的实效上，体现在日常言行上，真正做到内化于心、外化于行。各级领导干部要自觉把自己摆进去，带头学习、带头研讨，发挥好示范引领作用，力争认识高一层、学习深一步、实践先一着。各单位要把学习宣传贯彻党的二十大精神与加强班子自身建设结合起来，与带队伍、提能力结合起来，主动抓好党支部、党小组学习，创新学习方式，深入交流研讨，务求取得实效，切忌形式主义。要做好《退役军人事务部学习宣传贯彻党的二十大精神实施方案》的组织实施，周密安排、抓好统筹、搞好保障，制订科学合理的学习计划，有重点、分步骤、多层次开展学习活动，及时配发学习资料，邀请中央宣讲团成员来部授课辅导，组织好党组理论学习中心组学习研讨，分批开展集中培训，确保全员覆盖、不漏一人，营造互学互促、比学赶超的浓厚氛围。

三要加强宣传引领，凝聚奋进力量。学习贯彻党的二十大精神，必须注重思想引领，使党的二十大精神深入人心，转化为退役军人事务系统党员干部和广大退役军人奋进新征程的强大力量。要深入开展群众性宣传，面向社会、面向退役军人组织开展老兵宣讲、典型学习宣传、尊崇关爱行动等特色鲜明、富有实效的活动，用群众语言、身边典型、数据事实说话，增强活动的针对性、实效性、感染力，让受众听得懂、能领会、可落实。要组织开展专题宣传，用好部官网、官微、《中国退役军人》杂志等部属媒体平台，跟进展示学习动态，持续营造浓厚学习氛围。要加强与中央主流媒体和新媒体的沟通协作，积极宣传报道退役军人事务系统开展学习宣传贯彻工作的进展和成效，挖掘退役军人学习贯彻的典型事迹，不断扩大宣传覆盖面。要坚持上下联动，积极发挥各级退役军人服务中心(站)、军休所、荣军优抚医院等的作用，在做好服务中引导退役军人学习领会党的二十大精神，把党中央的声音传达好，把党中央的政策落实好。要突出自身特色，充分发挥系统红色资源富集优势，弘扬英烈精神，讲好红色故事，传承红色基因。要通过信息、简报、专报等平台，及时向上级报告学习贯彻情况，汇总起草我部传达学习贯彻党的二十大精神的情况报告。

四要聚焦主责主业，抓好贯彻落实。党的

二十大报告对“加强军人军属荣誉激励和权益保障，做好退役军人服务保障工作。巩固发展军政军民团结”作出战略部署，这是我们下一步的努力方向和着力重点。要紧紧立足退役军人工作实际，坚持“行”字为先、“干”字当头，把党的二十大重要决策部署落到实处。要对照全面建成社会主义现代化强国“两步走”战略安排，准确把握阶段性特征和主要矛盾，研究提出推动退役军人工作高质量发展的指导方针、思路办法和具体举措。要紧紧抓住未来5年的关键时期，落实好“十四五”退役军人服务和保障规划各项任务，进一步建立健全组织管理体系、工作运行体系、政策制度体系，全面做好退役军人思想政治、就业安置、服务保障、教育管理、权益维护等各项工作。要完整、准确、全面贯彻新发展理念，持续用好深化改革关键一招，坚持问题导向、系统设计、分类保障，着力增强改革举措的前瞻性、系统性、针对性、可行性，在改革中解难题、布新局。要深入贯彻以人民为中心的发展思想，全心全意为退役军人服务，不断提升他们的获得感、幸福感、荣誉感。要坚持常态化联系、经常性走访慰问制度，深入基层一线，深入退役军人中间，了解他们的急难愁盼，按照“尽力而为、量力而行”原则，努力回应和解决退役军人最关心、最直接、最现实的利益关切，切实把党和政府的关心关怀不折不扣送进退役军人心田。要加强军人军属荣誉激励和权益保障，及时了解掌握存在的困难矛盾，督促各地在职责范围内全力协调破解。要动员社会力量做好拥军支前各项工作，巩固发展军政军民团结，健全双拥系统应急应战响应机制，提高退役军人工作服务部队备战打仗的实际能力。要坚持服务与管理并重，创新服务管理方式，激发退役军人自觉性、主动性，逐步实现自我服务、自我管理、自我发展、自我提高。要坚持保障与激励并举，强化思想政治教育，引导退役军人珍惜荣誉、永葆本色，充分发挥他们在经济社会建设方面的生力军作用，使其成为巩固党长期执政根基的重要力量。

党的二十大为我们描绘了全面建设社会主义现代化国家的宏伟蓝图。号角已经吹响，奋斗正当其时。让我们以党的二十大精神为指引，更加紧密地团结在以习近平同志为核心的党中央周围，引领带动广大退役军人同心同德、团结奋斗，奋力开创退役军人工作新局面，在新的赶考之路上交出不负党、不负时代、不负人民的优异答卷。

奋力谱写退役军人工作高质量发展新篇章

——在《中国退役军人》2022年第6期上的署名文章

（2022年6月10日）

裴金佳

党的十八大以来，习近平总书记围绕退役军人工作作出一系列重要论述，深刻回答了新时代退役军人工作“做什么、怎么做、谁来做”等重大问题，这是我们推动工作的根本遵循。我们要深入领会习近平总书记对退役军人工作的科学谋划，准确理解新时代退役军人工作目标方向、重点任务、方法路径等一系列带有方向性、根本性、战略性的重大问题，不断提升履职尽责的政治站位和理论水平；深切感悟习近平总书记对广大退役军人的关心关爱，自觉践行全心全意为人民服务的根本宗旨，贯彻党的群众路线，坚决维护退役军人和军人军属合法权益，努力提供更好保障、更优服务。对于今后工作如何乘势而进、再上台阶，实现高质量发展，我们要从这些方面下功夫。

旗帜鲜明讲政治，着力建强政治机关。一是坚决拥护“两个确立”、增强“四个意识”、坚定“四个自信”、做到“两个维护”，始终在思想上、政治上、行动上同以习近平同志为核心的党中央保持高度一致，忠诚核心、拥戴核心、维护核心、捍卫核心，做到政治上绝对可靠、对党绝对忠诚。在研究确定退役军人事务领域工作思路、目标任务、政策措施时，要自觉向习近平总书记看齐、向党中央看齐，同党的理论路线方针政策对标对表，切实做到党中央提倡的坚决响应、党中央决定的坚决执行、党中央禁止的坚决不做。二是深入学习贯彻习近平新时代中国特色社会主义思想，在学懂弄通做实上下功夫，当好示范。认真学习贯彻习近平总书记关于退役军人工作重要论述，不断提高政治判断力、政治领悟力、政治执行力。通过举办培训班、研讨班、集体学习、理论讲座等多种方式，推动理论学习往深里走、往实里走、往心里走，确保退役军人各项工作政治方向正确、政治效果良好。抓紧编纂《中国共产党领导下的退役军人工作发展史》，在系统梳理建党100年来退役军人工作发展历程的基础上，科学谋篇布局、突出编写重点，完整、准确、全面认识把握建党100年来特别是党的十八大以来的退役军人工作。三是深入贯彻落实习近平总书记重要指示批示精神和党中央重大决策部署，建立健全工作台账，加大督查督办力度，以钉钉子精神，逐件逐条逐项抓好落实，决不能有任何偏差和遗漏。党的十九大报告和十九届历次全会公报、政府工作报告等都对退役军人工作提出要求、作出部署，要按照具体分工方案，把中央的部署安排不折不扣落实到位。

扎实做好党建工作，履行全面从严治党主体责任。各级党组织要认真学习领会、深入贯彻落实习近平总书记在中央和国家机关党的建设工作会议上的重要讲话精神，从严从实抓好党建工作。一是严格履行“一岗双责”。要牢固树立“抓机关党建是本职、不抓机关党建是失职、抓不好机关党建是渎职”的理念，认真履行管党治党政治责任，压实党建工作责任，各单位主要负责同志自觉扛起党建第一责任人职责，扎实推进各级党组织标准化规范化建设，以提升组织力为重点，锻造坚强有力的基层党组织。二是认真推进“四强”党支部建设。要重视建强党小组，发挥党小组作用。落实好“三会一课”等制度，使每一名党员都成为一面鲜红的旗帜，每个支部都成为党旗高高飘扬的战斗堡垒。推动党史学习教育常态化长效化，充分利用我们系统红色资源丰富的优势，巩固拓展深化党史学习教育成果，创立富有特色、立得住叫得响的党史学习教育品牌。三是坚定不移推进党风廉政建设。持之以恒正风肃纪，建设风清气正的政治机关。进一步完善廉政风险点和权责清单，通过健全制度、严格监督、严肃执纪，一体推进不敢腐、不能腐、不想腐。要加强警示教育和纪律教育，增强干部政治意识、制度意识、纪律意识、规矩意识，引导党员干部主动在思想上划出红线、在行为上明确界限，干干净净做人、清清白白做事。

贯彻民主集中制，提升决策能力水平。一是健全完善党组议事规则。科学准确界定“三重一大”事项，凡是作出涉及退役军人工作全局和长远发展的重大决策，都要集体讨论、集体审议、集体决定；凡是出台涉及退役军人切身利益的重要政策，都要严格执行调查研究、征求意见、集体议定等规范程序。二是坚持团结协作。要树立一心向党、一切为公的理念，秉持对事业高度负责的态度，该统筹的科学安排好，该牵头的多方协调好，该配合的主动服务好。要守规矩、讲程序，决策过程中充分发扬民主，广泛征求、充分听取各方意见建议。有关事项一旦作出决定，就要坚决执行、一抓到底，确保落实过程中不偏向、不走样。

持续加强作风建设，推动各项任务落实。一是树牢宗旨意识。坚持以人民为中心的发展思想，始终把退役军人放在心中最高位置，想问题、作决策、办事情坚持从退役军人角度出发，把心思和精力用在解决退役军人最关心最直接最现实的利益问题上，努力让退役军人有更多、更直接、更实在的获得感、幸福感、荣誉感。二是积极担当作为。干工作不挑肥拣瘦、拈轻怕重，要敢于担当、勇于担当，在各种“急难重”任务中接受磨炼摔打、提升能力素养、推动事业发展。单位之间要互相补台、互相帮衬，齐心协力把工作干好。三是坚持问题导向。系统梳理退役军人工作的短板弱项，有针对性地查漏补缺，属于政策制度不完善的要及时完善，属于政策制度有缺陷的要及时修订，属于工作运行不畅的要及时疏通，属于政策执行变形走样的要及时纠正。四是把准工作进度。今年时间已快过半，各单位要对照年度工作要点和既定工作安排，对已完成工作认真盘点、对账销号，对需要长期推动的工作持之以恒抓牢抓实，对未完成工作加紧谋划、加紧推进，对因客观原因难以完成的工作，及时厘清思路，尽早作出调整。持续深化纠“四风”

工作，特别是要力戒形式主义、官僚主义和经验主义。五是抓好蹲点调研。创新工作方式方法，有的放矢提出落实措施、有条不紊逐项加以解决。六是加强督查督办。动态更新工作台账，健全完善督查督办机制，及时跟踪督办事项落实进展情况，确保各类督办事项落实落地。要运用好督查结果，将其纳入年度党建考核重要内容里、体现到干部选拔任用中。求真务实，开拓进取，担当作为，以实际行动和优异成绩迎接党的二十大胜利召开。

赓续双拥传统　努力做到“三新”

——在《中国退役军人》2022年第2期上的署名文章

（2022年2月10日）

钱　锋

当前，我们党、国家和军队各项事业已经进入了新发展阶段。双拥工作涉及军地、事关全局，无论是实现中华民族伟大复兴的中国梦，还是应对世界百年未有之大变局，都需要军地军民紧密团结、发挥优势、相互支持，紧紧围绕中心、更好地服务大局。我们要深入学习贯彻习近平总书记关于双拥工作重要论述和重要指示要求，进一步增强做好双拥工作的使命感责任感，以更高标准、更大担当、更实作风干事创业，扎实做好双拥工作。关键要赓续发扬传统优势、努力做到“三新”：

一、在筑牢军民团结奋进思想基础上要有新发展

拥军优属、拥政爱民是我党我军的优良传统和特有政治优势。各级要坚持用共同理想信念凝聚军心民心，引导广大军民紧密团结在以习近平同志为核心的党中央周围，汇聚起军地同心奋进的磅礴力量。要组织军民认真学习贯彻习近平新时代中国特色社会主义思想和习近平强军思想，学习贯彻习近平总书记关于做好双拥工作、加强军政军民团结的重要论述和重要指示，学习贯彻党的十九届六中全会精神，深刻认识“两个确立”的决定性意义，切实增强“四个意识”、坚定“四个自信”、做到“两个维护”，同心协力巩固扩大党的执政基础。要加强双拥文化建设，创作形式多样、内涵深厚的双拥主题文化作品，讴歌军民携手奋进的时代精神，让爱我人民爱我军成为一种社会风尚和文化自觉。

二、在做好“三后”工作、解决军人后顾之忧上要有新作为

我们要进一步提高思想认识，始终把服务部队备战打仗作为双拥工作的主线，全面助力部队战斗力提升。近年来，国防和军队改革持续深化，部队移防换防、官兵大范围交流成为常态。各地要主动做好新调整组建和移防换防部队服务工作，着力解决“后路”“后院”“后代”问题。“后方”联着“前线”，解除官兵后顾之忧，能够有效激励官兵全力投入练兵备战。要探索实践军地“双清单”制度，推动解决一批急难愁盼和重难点问题；全力支持国防和军队建设，做好支前

保障工作，帮助边疆海岛驻军官兵改善执勤和工作生活条件；一如既往为军人和家属排忧解难，使广大官兵不为后路担心、不为后院分心、不为后代忧心；支持军队继续发挥优势，积极参与经济社会建设；保障优抚安置等财政支出，继续抓好双拥模范创建活动，健全基层双拥服务体系，努力开创双拥工作新局面。

三、在支持国家重大战略实施、维护社会和谐稳定上要有新加强

军地各级要深刻领会“十四五”规划部署要求，充分整合技术、人才、设施等优势资源，积极助力推进京津冀协同发展、长江经济带发展、粤港澳大湾区建设、长三角一体化发展、黄河流域生态保护、“一带一路”高质量发展和生态文明建设等，有效助力国家重大战略实施。军队要继续发扬优良传统，积极参与、支持地方经济建设和社会发展，积极投身抢险救灾、应对突发事件等行动，保护好人民群众的生命财产安全，要持续开展援建行动，在保障和改善民生方面贡献更大力量。军地相关部门要密切配合，协调行动，完善军地协作机制，加强舆论引导、矛盾化解、应急处置等方面的联动协作，提高风险联合防范化解能力，形成维护社会稳定的整体合力。要组织广大军民积极参与文明创建、平安创建和民族团结进步创建等活动，促进基层全面建设，完善基层治理体系。

做好当前和今后一个时期双拥工作，责任重大，使命光荣。让我们更加紧密地团结在以习近平同志为核心的党中央周围，坚决贯彻落实党中央、国务院、中央军委决策部署，围绕更好服务党和国家工作大局、国防和军队建设全局，更加深入扎实地做好双拥工作，不断巩固坚如磐石的军政军民团结，为实现中华民族伟大复兴的中国梦和强军梦凝聚磅礴伟力，以优异成绩迎接党的二十大胜利召开！

坚持立魂、立心、立风、立行持续推动党员教育取得扎实成效
——在《旗帜》2022年第4期上的署名文章

（2022年4月）

钱　锋

退役军人事务部自组建以来，坚持把党员教育作为党建基础性经常性工程，围绕“党”的要求、“军”的色彩、“新”的元素，注重“赤诚立魂、红色立心、纯净立风、服务立行”，推动党员教育不断走深走实。

一、赤诚立魂，强基固本

对党赤诚是对党员最根本的要求。我部直接服务于国防和军队建设，在党员政治教育上必须坚持更高标准、更严要求。一是将政治机关意识嵌入基因。部党组鲜明提出，把我部建设成为增强“四个意识”、坚定“四个自信”、做到“两个维护”的政治机关，坚持把传达学习习近平总书记最新重要讲话、指示批示和党中央重大决策部署作为部党组会议第一议题，同步建立习近平总书记重要指示批示督办落实台账。持续开展强化政治机关意识教育，引导党员干部带头做到“两个维护”，走好第一方阵。二是将政治理论武装贯通上下。部党组坚持“季度定主题、月度定专题”，持续学深悟透习近平新时代中国特色社会主义思想，与学习党的十九届六中全会精神、习近平总书记关于退役军人工作重要指示批示相结合，深刻领会领悟，自觉笃信笃行。部领导深入支部引学辅学，支部书记带动党员跟进学习，在青年党员中，开展“悦读·悦享·悦青春”主题活动，线上线下分享体会，不断从理论学习中获得启迪、增长才干、凝聚力量。三是将政治忠诚品质融入血脉。把好入部“第一个关口”，坚持把政治标准作为衡量考察人选是否合格的第一标准，确保入部人员对党忠诚可靠。扣好入部“第一粒扣子”，聚焦政治能力建设，连续3年把政治教育作为新任职干部、新入部人员培训的主题主线和重要内容。筑好入部“第一道堤坝”，将政治纪律和政治规矩作为入部教育、日常教育的必修内容，把党的政治纪律和政治规矩挺在前面，教育党员自觉知敬畏、存戒惧、守底线。

二、红色立心，聚能起航

保护红色资源，传承红色基因，赓续共产党员人的精神血脉，对退役军人事务部门既是职责

更是使命。一是在保护红色资源中强党性。加大对红色资源保护力度，联合多部门出台《关于建立英雄烈士保护部门联动协调制度的意见》，实施“全国县级及以下英雄烈士设施整修工程”，保护英雄烈士及烈属合法权益。有序推进境外烈士墓迁移，高规格举行在韩志愿军烈士遗骸迎回安葬仪式，在潜移默化中教育党员厚植对党忠诚、为党奉献的政治底色。二是在弘扬英烈精神中固信念。结合烈士纪念日及传统节日，开展“百年英烈”褒扬纪念系列活动、“守护·2021清明祭英烈”宣传教育活动、“为烈士寻亲”专项活动，营造崇尚英烈、捍卫英烈、学习英烈的浓厚氛围。组织全国红色故事讲解员大赛，开展“重温烈士家书、重温入党志愿书、重温入党誓词”教育活动，引导党员以先烈为镜净化灵魂、提升境界、坚定理想信念。三是在强化荣誉激励中守初心。评选全国“最美退役军人”“最美拥军人物”，挖掘不同行业、不同年龄退役军人的感人事迹，邀请“共和国勋章”获得者、全国模范退役军人张富清事迹报告团作报告，使广大党员在学习中了解榜样、在学习榜样中深受教育。

三、纯净立风，磨砺品质

退役军人事务部全新组建、白手起家，既在艰辛付出中推动了事业发展，又在战胜挑战中练就了过硬队伍，为党员教育发挥了特殊作用。一是以组织建设引领队伍。突出提升组织力重点，聚焦党支部发挥政治引领作用，印发《全面推进党支部标准化规范化建设工作方案》，选拔优秀干部到党建岗位，举办党务干部培训班，培养党建工作明白人。武汉新冠肺炎疫情发生后，火速从退役军人事务系统抽调医务人员组建医疗队驰援武汉，医疗队临时党支部被授予“全国抗击新冠肺炎疫情先进集体”称号。二是在艰苦环境磨砺队伍。建部初期，面对人少事重、办公地偏远等诸多难题，部党组带领全体党员迎难而上、拼搏奋斗。在临时租用的办公场所，边组建机构，边推进工作；在粉尘环绕、嘈杂噪声的装修环境中，边谋划长远发展，边解决遗留问题；在“5加2”“白加黑”的挑灯夜战中，边着手顶层设计，边落实目标任务。党员队伍在干中学、在学中练，较好发挥了先锋模范作用，11名青年党员分别获得中央和国家机关工委五四青年奖章、五一劳动奖章、青年学习标兵等荣誉。三是用关心关爱凝聚队伍。我部人员来自120多家单位，迫切需要增进认同、加深融合。我们牢固树立“一家人”“一盘棋”思想，着力塑造整体概念、整体形象，推动机构人员融合、思路理念融合、职能职责融合、运行机制融合、思想感情融合，努力做到合心合力合拍。支部书记定期与党员谈心谈话，及时摸清思想底数，想方设法为大家解决后顾之忧。坚持党建带群建，丰富文体活动，培植团结协助、快乐工作、健康生活的情操，努力营造安心舒心的干事环境。部直属机关工会被评为“中央和国家机关模范职工之家”。

四、服务立行，助力国防

作为退役军人事务部门，服务对象是军人，身边同事有军人，部党组要求党员干部虚心向军人学习，热忱为军人服务。一是学习军人精神。叫响“向解放军学习”的口号，学习“首战用我”的勇气，重大任务关键工作时，勇于站得出、冲得上。学习“攻坚克难”的底气，面对急难险重任务，能力适用、个个顶用。学习“业务尖兵”的精气，成为工作中精通业务的行家里手。在“党在我心中”中央和国家机关青年党史知识竞赛中，我们用打仗的思维、胜战的准备、军人的血性勇夺大赛冠军，成为学习军人的最好检验。二是感悟军人艰辛。遴选青年党员寒冬走入漠河边关、酷暑进入三沙哨所，实地感悟军人的牺牲奉献，增进为军服务的情感认同。坚持“信访岗位锻炼”机制，全方位多维度聆听意见建议，通过接访了解军人、学习政策、认清使命。探索“军地深度合作”组训模式，组织到军队院校学习培训，体验军队生活、遵守军队纪律、学习军人作风。三是丰富服务举措。坚持以退役军人为中心，以实施《中华人民共和国退役军人保障法》为契机，在全系统开展“法律政策落实年”活动，以钉钉子精神抓实抓细。落实常态化联系退役军人制度，了解退役军人急难愁盼问题，千方百计为退役军人办实事、解难题。持续开展“情暖老兵·关爱帮扶”公益行动，拓宽资金筹措渠道和帮扶援助方式，以我们的真情服务换取他们的真心相托，以我们的辛苦指数提升他们的幸福指数。

坚持以人民为中心
推动新时代优抚工作高质量发展

——在《中国退役军人》2022年第9期上的署名文章

（2022年9月10日）

钱　锋

优抚工作是党的群众工作，也是稳固党的执政基础的重要工作。在以习近平同志为核心的党中央坚强领导下，优抚工作坚持以人民为中心，注重顶层设计，持续夯实基础，各项工作推进有序，不断取得新的成绩。当前，面对复杂变幻的百年未有之大变局，我们更要始终坚持以习近平新时代中国特色社会主义思想为指导，深刻把握新时代优抚工作的形势任务，进一步增强做好优抚工作的使命感责任感，全面推进新时代优抚工作高质量发展，维护军人军属合法权益，奋力书写新时代优抚工作的新篇章，以实际行动迎接党的二十大胜利召开。

一、深入学习习近平总书记关于退役军人工作重要论述，增强做好优抚工作的责任感使命感

党的十八大以来，以习近平同志为核心的党中央高度重视退役军人工作。习近平总书记亲自谋划设计、亲自部署推动组建退役军人管理保障机构，并就优待抚恤、烈士褒扬等作出一系列重要论述和重要指示批示，为我们做好新时代优抚工作奠定了坚实基础，提供了根本遵循。

习近平总书记强调，中华民族是英雄辈出的民族，新时代是成就英雄的时代。全党全社会要崇尚英雄、学习英雄、关爱英雄，大力弘扬英雄精神，汇聚实现中华民族伟大复兴的磅礴力量；中央和国家机关、地方各级党委和政府要支持国防和军队建设，做好退役军人安置、伤病残军人移交、随军家属就业、军人子女入学等工作；各级党委和政府要关心老战士老同志和革命烈士亲属，让老战士老同志享有幸福晚年，让烈士亲属体会到党的关怀和温暖；必须做好退役军人管理保障工作。该保障的要保障好，该落实的政策必须落实，不能让英雄流血又流泪。

我们要认真学习领会这些重要论述和重要指示，吃透精神实质，切实转化为推动新时代优抚工作的思想理念、思路举措、工作方法，站在捍卫“两个确立”、做到“两个维护”的政治高度，坚持以人民为中心，进一步做实做细优抚工作，大力营造尊重关爱革命功臣的浓厚社会氛围，不断提升优抚对象的获得感、幸福感和荣誉感，为

实现中国梦强军梦作出新的贡献。

二、坚持全心全意为优抚对象服务，让优抚对象获得感成色更足

优抚工作要紧紧围绕优抚对象对美好生活的新期待，以维护优抚对象切身利益、保障优抚对象的合法权益为工作出发点，着力解决优抚对象的急难愁盼。

稳步提升优抚保障水平。近几年，面对世纪疫情等不利影响，国家仍以较大幅度提高了退役军人和其他优抚对象的抚恤补助标准，让他们充分感受到党和政府的关心关爱，确保他们的基本生活得到有效保障。要继续积极争取中央财政支持，提高优抚对象抚恤补助标准，确保他们的生活水平随经济社会发展稳步提高，共享改革发展成果。

不断拓展优待服务范围。退役军人事务部已与20家企业展开合作，为优待证持证人提供金融、通信、加油、出行、快递等领域优待服务。各省、市、县退役军人事务部门也大力发动社会力量提供丰富优待服务。要更加注重精神激励和物质优待并重，不断健全优抚对象荣誉体系，强化优待证持证人的精神褒扬和荣誉激励举措。同时，不断提高优待证的“含金量”，让持证人享受到实实在在的优惠优待。注重国家和地方优待联动，注重政府和社会优待统筹，各地要加快推出优待证持证人享受优待的目录清单，为优抚对象提供更加丰富的优待服务。

持续增强精准服务能力。积极推进抚恤补助资金发放领域放管服改革，建立享受国家定期抚恤补助优抚对象年度确认制度，采取上门服务和线上自助相结合的方式完成年度确认，让广大优抚对象享受到更加方便快捷的服务。指导各地做好抚恤补助资金按月发放工作，加强资金使用管理，确保资金安全准确发放，提高精准化管理水平。开展残疾人员证件换发和残疾等级评定专项核查工作，更好保障相关对象待遇落实及合法权益维护。对生活确有困难的优抚对象，加大帮扶力度，做到应帮尽帮。

确保优抚政策落实落细。紧紧围绕落实《中华人民共和国退役军人保障法》《中华人民共和国军人地位和权益保障法》，印发《关于加强军人军属、退役军人和其他优抚对象优待工作的意见》，出台《立功受奖军人家庭送喜报工作办法》《退役军人名录和事迹载入地方志实施办法（试行）》，修订《伤残抚恤管理办法》《军人抚恤优待条例》《残疾退役军人医疗保障办法》《优抚对象医疗保障办法》等，优抚工作法律政策的“四梁八柱”已基本建立。在继续推动优抚工作法制化、规范化的同时，要更加注重政策制度的落实，用钉钉子的精神，采取蹲点调研、督促检查等方式，让每一个法条、每一项政策真正从纸上走下来，让广大优抚对象看得见、摸得着、享受得到。

稳步推进优抚事业单位改革。《关于推进优抚医院改革发展的意见》已颁布，《优抚医院管理办法》《光荣院管理办法》也已修订。要坚持优抚医院、光荣院的优抚属性，以服务保障优抚对象为主责主业，在此前提下积极向人民群众提供优质医疗服务和康养服务。优抚医院要尽快融入国家医疗卫生服务体系，光荣院要尽快融入国家养老服务体系，不断提升服务保障能力水平。

着力打造实干队伍。秉持全心全意为优抚对

象服务的根本宗旨，带着感情、温度做工作，真诚关注优抚对象的所思所盼、所急所难，努力解决和回应他们最关心、最直接、最现实的利益关切。深入开展优抚系统培训练兵，加强岗位能力标准体系建设，不断提高广大干部职工特别是一线工作人员的政策理论、调查研究、出谋划策、统筹协调、执行落实能力。改进工作作风，着力锤炼过硬本领，培塑良好形象。

三、立足当前，着眼长远，不断推动新时代优抚工作高质量发展

坚持贡献导向。优抚工作是为党争取民心、稳定民心、凝聚民心的工作。新时代优抚工作要始终坚持待遇与贡献相匹配的基本原则，重点、优先保障为国防和军队建设作出突出贡献的优抚对象，对属于参战退役军人、烈士子女、功臣模范的退役军人、长期在艰苦边远地区或者特殊岗位服役的退役军人等优先安置，随迁子女优先保障。参战、荣获二等功以上奖励等条件的退役军人名录和事迹载入地方志。

坚持荣誉激励。指导各地做好常态化悬挂光荣牌工作，更好发挥荣誉激励和社会价值导向作用，彰显军人尊崇感。组织军队英模中健在的老同志、烈士和因公牺牲人员遗属、优抚对象等代表参加重要庆典活动，不断提高优抚对象的荣誉感。每年组织烈士遗属、荣立二等功以上功勋的退役军人、最美退役军人、全国爱国拥军模范等部分优抚对象进行短期疗养，营造全社会崇军拥军良好氛围。

坚持合源聚力。始终坚持行政部门履行主体责任、服务体系发挥重要平台有效抓手、社会力量作为必要补充有益支持的原则，充分调动各方面的资源优势，加强军地之间的无缝衔接，统筹中央和地方的协同推进，推动政府和社会共同发力，形成顺畅高效的工作运行机制，切实凝聚推进优抚工作的强大合力。

在退役军人事务部2022年全面从严治党暨党风廉政建设工作会议上的讲话

（2022年3月15日）

林国耀

部党组召开全面从严治党暨党风廉政建设工作会议，深入学习贯彻中央纪委六次全会精神，回顾总结加强党的建设、全面从严治党和党风廉政建设工作，部署今年任务，对引领和保障退役军人工作高质量发展具有重大意义。下面我就贯彻落实中央纪委六次全会精神、切实加强部全面从严治党、党风廉政建设，讲3点意见。

一、深学深悟习近平总书记关于党的自我革命战略思想，进一步增强全面从严治党永远在路上的政治自觉

习近平总书记在中央纪委六次全会上发表重要讲话，深刻总结新时代党的自我革命成功实践，深刻阐述全面从严治党取得的历史性开创性成就、产生的全方位深层次影响，对坚持不懈把全面从严治党向纵深推进、迎接党的二十大胜利召开作出战略部署，是推进新时代党的建设新的伟大工程的基本遵循，为新时代纪检监察工作高质量发展提供了行动指南。习近平总书记的重要讲话特别是关于党的自我革命战略思想，具有很强的政治性、理论性、指导性、针对性，我们要深入学习领会，切实把思想统一到全会精神上来。

首先，要深刻体悟自我革命是党跳出历史周期律的“第二个答案”，深刻认识新时代推进党的自我革命的重大意义。

跳出历史周期律，这是关系党千秋伟业的一个重大问题，关系党的生死存亡，关系我国社会主义制度的兴衰成败。对于这个问题，我们党始终在思索、一直在探索。抗战胜利前夕，毛泽东同志在延安的窑洞里给出了第一个答案，就是“让人民来监督政府”。建党百年之际，习近平总书记深刻总结党的百年奋斗历史经验，特别是党的十八大以来新的实践，给出了第二个答案，这就是自我革命。自我革命就是补钙壮骨、排毒杀菌、壮士断腕、去腐生肌，不断清除侵蚀党的健康肌体的病毒，不断提高自身免疫力，防止人亡政息。习近平总书记指出，100年来，党外靠发展人民民主、接受人民监督，内靠全面从严治党、推进自我革命，勇于坚持真理、修正错误，勇于刀刃向内、刮骨疗毒，保证了党长盛不衰、不断发展壮大。

全面从严治党是新时代党的自我革命的伟大

实践，党的十八大以来，面对“四大考验”日益严峻复杂、“四种危险”更加尖锐凸显的内外形势，以习近平同志为核心的党中央以将自我革命进行到底的非凡勇气，把全面从严治党纳入“四个全面”战略布局，以前所未有的勇气和定力推进党风廉政建设和反腐败斗争，刹住了一些多年未刹住的歪风邪气，解决了许多长期没有解决的顽瘴痼疾，清除了党、国家、军队内部存在的严重隐患，管党治党宽松软状况得到根本扭转。全面从严治党取得了历史性、开创性成就，产生了全方位、深层次影响，党在革命性锻造中更加坚强。

全面从严治党、推进自我革命，彰显了我们党不忘初心、牢记使命，以史为鉴、开创未来的政治自觉，体现了我们党对长期执政的规律性认识达到了新高度。回望我们党的百年征程，既是一部波澜壮阔的社会革命史，也是一部激浊扬清的自我革命史，是一部以伟大自我革命保障和推动伟大社会革命的历史。向第二个百年奋斗目标迈进的新征程，我们党领导人民进行伟大社会革命，涵盖领域的广泛性、触及利益格局调整的深刻性、涉及矛盾和问题的尖锐性、突破体制机制障碍的艰巨性、进行伟大斗争形势的复杂性，都是前所未有的。走好新的赶考之路，必须更加自觉地坚持以伟大自我革命引领伟大社会革命，将自我革命进行到底。

其次，要深刻体悟自我革命的核心要义，深刻把握新时代坚持自我革命、深入推进管党治党的基本要求。

党的十八大以来，全面从严治党的伟大实践开辟了党的自我革命的新境界。对此，习近平总书记从党和国家事业发展全局的高度进行了深刻总结，提出了“六个必须”。这就是：全面从严治党、推进自我革命必须坚持以党的政治建设为统领，坚守自我革命根本政治方向；必须坚持把思想建设作为党的基础性建设，淬炼自我革命锐利思想武器；必须坚决落实中央八项规定精神、以严明纪律整饬作风，丰富自我革命有效途径；必须坚持以雷霆之势反腐惩恶，打好自我革命攻坚战、持久战；必须坚持增强党组织政治功能和组织力凝聚力，锻造敢于善于斗争、勇于自我革命的干部队伍；必须坚持构建自我净化、自我完善、自我革新、自我提高的制度规范体系，为推进伟大自我革命提供制度保障。“六个必须”是从新时代党的自我革命成功实践得出的宝贵经验，是开辟百年大党自我革命新境界的奥秘所在，为我们在新的伟大征程上始终坚持自我革命、坚持不懈把全面从严治党向纵深推进指明了前进方向、明确了基本要求。

建设什么样的长期执政的马克思主义政党、怎样建设长期执政的马克思主义政党，这是新时代我们必须答好的“强党之问”。对此，习近平总书记在中央纪委六次全会上用“九个坚持”进一步作出了回答：坚持党中央集中统一领导，坚持党要管党、全面从严治党，坚持以党的政治建设为统领，坚持严的主基调不动摇，坚持发扬钉钉子精神加强作风建设，坚持以零容忍态度惩治腐败，坚持纠正一切损害群众利益的腐败和不正之风，坚持抓住“关键少数”以上率下，坚持完善党和国家监督制度，形成全面覆盖、常态长效的监督合力。这 9 条规律性认识，是党百年奋斗历史经验的成功运用，是对马克思主义建党学说的继承和发展。必须深刻领悟，切实运用到实践中去，以高度的历史主动和政治自觉推进新时代党的自我革命。

最后，要深刻体悟反腐败斗争“四个任重道远”阶段性特征，切实把思想行动统一到全会对推进全面从严治党的部署上来。

习近平总书记在十九届中央纪委六次全会上深刻分析当前依然严峻复杂的反腐败斗争形势，强调必须清醒认识到，腐败和反腐败较量还在激烈进行，并呈现出一些新的阶段性特征，防范形形色色的利益集团成伙作势、“围猎”腐蚀还任重道远，有效应对腐败手段隐形变异、翻新升级还任重道远，彻底铲除腐败滋生土壤、实现海晏河清还任重道远，清理系统性腐败、化解风险隐患还任重道远。只要存在腐败问题产生的土壤和条件，腐败现象就不会根除，我们的反腐败斗争也就不可能停歇。

习近平总书记要求，面对依然严峻复杂的反腐败斗争形势，我们要保持清醒头脑，决不能滋生已经严到位、严到底的情绪，永远吹冲锋号，牢记反腐败永远在路上。对推进今年全面从严治党工作，习近平总书记从6个方面作出部署：一是巩固拓展党史学习教育成果，更加坚定自觉地牢记初心使命、开创发展新局。二是强化政治监督，确保完整、准确、全面贯彻新发展理念。三是保持反腐败政治定力，不断实现不敢腐、不能腐、不想腐一体推进的战略目标。四是加固中央八项规定的堤坝，锲而不舍纠“四风”、树新风。五是加强年轻干部教育管理监督，教育引导年轻干部成为党和人民忠诚可靠的干部。六是完善权力监督制度和执纪执法体系，使各项监督更加规范、更加有力、更加有效。赵乐际书记要求纪检监察机关深入学习贯彻习近平总书记关于党的自我革命的战略思想，发扬彻底的自我革命精神，在维护党的集中统一领导、督促贯彻落实党的理论和路线方针政策、捍卫党的先进性和纯洁性上忠诚履职，并对6个方面的任务做了具体部署，对这些部署我们要深入学习领会，结合部内全面从严治党工作实际，结合部内党员干部队伍实际，结合退役军人事务系统实际，切实抓好贯彻落实。

二、始终保持清醒头脑，进一步增强全面从严治党的责任感紧迫感

建部伊始，部党组就提出“初始即严”“一严到底”，切实扛起全面从严治党主体责任，坚决贯彻党中央决策部署，把管党治党作为基础工程，坚持与机构组建、业务开展一同谋划部署、一同推进落实，有力服务保障退役军人事业发展。过去的1年里，部党组坚持以政治建设为统领，推进政治机关建设，深刻领悟“两个确立”的决定性意义，切实做到“两个维护”。扎实推进党史学习教育，深入学习习近平新时代中国特色社会主义思想和习近平总书记关于退役军人工作重要论述，不断增强“两个维护”的政治自觉、思想自觉、行动自觉。认真落实全面从严治党主体责任、监督责任，坚持抓班子、带队伍，从严教育监督管理干部。坚决纠“四风”、树新风，部署开展“法律政策落实年”活动，持续整治影响退役军人工作开展和政策落实的突出问题。深化廉政风险防控，开展内部巡视式监督检查，严肃查处违纪问题，不断加强党风廉政建设和反腐败工作，努力营造和维护积极向上、干事创业、风清气正的政治生态。部内全面从严治党取得新成效，凝神聚力、干事创业、积极作为的氛围愈

发浓厚，推动退役军人工作取得了新的成绩。党对退役军人工作的领导全面加强，“三个体系”基本建成，军改期间安置任务圆满完成，退役军人安置就业、服务保障、褒扬纪念、信访稳定等重点工作成效明显，社会尊崇氛围日益浓厚，有力维护大局稳定，为经济社会发展和国防、军队建设作出了应有贡献。

同时，必须清醒认识到，对照党中央的要求、对照新的形势需要、对照广大退役军人的期盼，退役军人工作还存在差距，全面从严治党的政治引领和政治保障作用还需要进一步加强。

首先，中国特色社会主义进入新时代，踏上实现第二个百年奋斗目标新的赶考之路，党中央对全面从严治党提出了更高要求。办好中国的事情，关键在党，关键在党要管党、全面从严治党。在中央纪委六次全会上，习近平总书记深刻分析当前反腐败斗争新的阶段性特征，向全党发出新的冲锋号令，强调要以迎接和开好党的二十大为主线，深入推进党风廉政建设和反腐败斗争，推动全面从严治党乘势而上、再接再厉，确保党和国家事业行稳致远。全面从严治党是新时代党的自我革命的伟大实践，反腐败是最彻底的自我革命。要深入学习领会习近平总书记的重要讲话精神，深刻认识全面从严治党的重大意义，准确把握反腐败斗争的阶段性特征，进一步提高认识，统一思想，永葆自我革命精神，不断增强全面从严治党永远在路上的政治自觉。

其次，退役军人工作进入新阶段、迈上新征程，需要更好发挥全面从严治党的引领和保障作用。组建退役军人事务部，是以习近平同志为核心的党中央着眼推进新时代强国强军伟业作出的重大决策，是事关党和国家工作全局的战略抉择。一方面，随着党和国家事业发展进入新的阶段，“三新一高”对退役军人工作提出了更高要求。退役军人工作必须完整准确全面贯彻新发展理念，进一步提升政策的科学性和精准性，提高服务保障的质量和效益。另一方面，退役军人工作作为国防和军队建设的重要组成部分，面对百年未有之大变局，面对实现中华民族伟大复兴的宏伟目标，必须自觉放到强国强军事业中来思考和推动。在向第二个百年奋斗目标迈进的过程中，退役军人既是宝贵的人才资源，又是国家安全和社会稳定的重要力量。加强对退役军人的服务保障，实现好维护好退役军人的利益，充分发挥退役军人的作用，离不开全面从严治党的政治引领和政治保障。

最后，部内党员干部队伍中存在一些需要引起重视的问题，全面从严治党工作还存在薄弱环节。驻部纪检监察组在监督工作中发现，部内个别领导干部纪律规矩意识还不够强，对自身要求不够严格，暴露出对党员干部的教育管理监督还存在不足，廉政风险防控机制建设还需要加强。站在新的历史起点上，我们面临的任务更加艰巨、挑战更加严峻。部内各级党组织和领导干部要深刻领悟习近平总书记关于反腐败斗争要永远吹冲锋号的要求，从我们党跳出历史周期律的政治高度，深刻认识全面从严治党是新时代党自我革命的伟大实践，始终保持正视问题的自觉和刀刃向内的勇气，切实增强忧患意识、风险意识，不断增强责任感、紧迫感，敢于善于斗争，勇于自我革命，把全面从严治党向纵深推进。

三、不断增强战略定力，进一步抓好全面从严治党各项工作

面对新的形势任务，部内各级党组织和领导干部要进一步提高政治站位，落实全面从严治党要求，落实中央纪委六次全会的工作部署，以更加坚定积极的态度、更加务实有效的举措、更加深入扎实的作风，推动全面从严治党各项工作取得新成效，引领和保障退役军人事业高质量发展。

（一）加强政治建设，坚决捍卫“两个确立”、做到“两个维护”

要把党的政治建设摆在首位。以学懂弄通做实习近平新时代中国特色社会主义思想为主线，强化理论武装，巩固拓展党史学习教育成果，深入学习贯彻党的十九届六中全会精神，深入学习宣传贯彻党的二十大精神，推动各级党组织和党员干部深刻领会“两个确立”的决定性意义，切实增强“四个意识”、坚定“四个自信”、做到“两个维护”。要学深悟透、坚决贯彻习近平总书记关于退役军人工作重要论述，聚焦“国之大者”“军之大事”带头贯彻落实习近平总书记关于退役军人工作重要指示批示和党中央重大决策部署，落实“三新一高”要求，坚决防范和纠正打折扣、搞变通、跑偏走样等问题，推动退役军人工作高质量发展取得新成效。要紧扣民心这个最大的政治，以退役军人为中心，把精力和心思用在破难题、克难关、着力解决退役军人群体最关心最直接最现实的利益问题上，不断提升退役军人的获得感、幸福感。

（二）加强廉政教育，增强拒腐防变免疫力

要立足提高党员干部思想觉悟、精神境界，切实加强廉政教育。组织深入学习党规党纪和法律法规，增强纪法意识。要严格执行政治纪律，带动各项纪律全面从严、一严到底。要加强廉洁文化建设，落实好《关于加强新时代廉洁文化建设的意见》，站在勇于自我革命、保持党的先进性和纯洁性的高度，从思想上固本培元，提高党性修养，提高拒腐防变能力。要把廉洁要求贯穿日常教育管理监督之中，引导领导干部廉洁自律，立身垂范，把握好政商交往界限，处理好亲清关系，努力形成亲不逾矩、清不远疏，公正无私、有为有畏的新型政商关系。要重视家风家教，以身作则管好配偶、子女，本分做人、干净做事。要加强对年轻干部的教育管理监督，越是重点选拔的越要重点管理，越是有培养潜力的越要严格要求，决不能选了任了就放之不管，引导年轻干部坚定理想信念，强化使命担当，正确对待权力，时刻自重自省，严守纪法规矩，扣好廉洁从政的“第一粒扣子”。年轻干部要按照习近平总书记要求，牢记清廉是福、贪欲是祸的道理，勤掸“思想尘”、多思“贪欲害”、常破“心中贼”，牢牢守住政治关、权力关、交往关、生活关、亲情关，筑牢拒腐防变防线。要深入开展警示教育，用身边事教育身边人，实现查处一案、教育一片的效果，促使干部知敬畏、存戒惧、守底线，增强干部自我约束的自觉。

（三）严格正风肃纪，坚决反对腐败

要树立正确政绩观、权力观，坚决纠治影

响党中央关于退役军人决策部署贯彻落实、漠视侵害退役军人合法权益、加重基层工作负担的形式主义、官僚主义。要严格遵守中央八项规定精神，发扬艰苦奋斗精神，厉行勤俭节约，对违规发放津贴补贴、借培训名义搞公款旅游、餐饮浪费等问题，不吃公款吃老板、不吃本级吃下级等隐形变异问题，露头就打，从严处理，加大点名道姓通报曝光力度。要坚持反腐败无禁区、全覆盖、零容忍，坚持重遏制、强高压、长震慑，坚持有案必查、有腐必惩。要完善一体推进不敢腐、不能腐、不想腐，保持对腐败的压倒性力量常在，深入剖析案件，查找体制、机制、管理、监督方面的漏洞，以案促改、以案促治。

（四）完善权力监督制约制度机制，增强监督协同

各级党组织是党内监督的责任主体，要切实履行监督主责，提升监督力度，充分履职尽责。要自觉落实“一岗双责”，看好自己的门，管好自己的人，做到真管真严、敢管敢严、长管长严，决不能当“老好人”。机关纪委和各单位纪委及纪检委员要发挥监督专责作用，敢于监督、善于监督，协助党组织全面从严治党，推动党组织主体责任、书记第一责任人责任和纪委及纪检委员监督责任贯通联动、一体落实，确保全面从严治党政治责任落到实处。要坚决贯彻落实《中共中央关于加强对“一把手”和领导班子监督的意见》，强化对履行“一岗双责”、依规依法履职用权、廉洁自律等情况的督促检查。要主动接受监督，自觉接受监督，习惯在监督和约束中工作生活。

今年，驻部纪检监察组将以习近平新时代中国特色社会主义思想为指导，深入贯彻中央纪委六次全会精神，推进派驻监督更高质量，更好发挥监督保障执行、促进完善发展作用，推动部全面从严治党向纵深发展。重点抓 4 个方面：一是强化政治监督，重点围绕学习贯彻习近平新时代中国特色社会主义思想、贯彻落实习近平总书记重要指示批示精神和党中央重大决策部署、学习贯彻党的二十大精神、聚焦“三新一高”等重大战略和防范化解退役军人事务领域重大风险等方面开展监督检查。二是做实日常监督，进一步加强与部党组及部内单位的日常沟通，密切关注“四风”苗头性、倾向性、隐蔽性问题，加强廉政审查工作，严肃查处违反中央八项规定精神行为。三是严格正风肃纪反腐，严格规范办理信访举报，做好线索处置和审查调查工作，严肃查处腐败问题，用好“四种形态”，深化“三不”一体推进。四是促进各类监督贯通协同，继续做好与部党组专题会商，加强对机关纪委履职情况的监督指导。积极配合中央巡视工作，监督做好巡视整改。

在2022年度第二次网信专题会议上的讲话

（2022年7月22日）

常正国

今天的部网信专题会议，主要任务是总结分析上半年网信工作特别是数据集中统一整合工作，审议相关标准规范，研究部署下一步任务。数据集中统一整合是退役军人工作数字化转型的前提和基础，是今年部党组谋划的一项重点专项任务，下面就抓好这项工作，我讲3点意见。

一、充分肯定前期取得的工作成绩

数据集中统一整合工作经过3个月的积极推进，按照最初的方案一步一个脚印取得了很多成果，有些甚至是历史性的突破，很有意义。

（一）彻底解决了标准不统一的问题

一方面首次制定了完备的人员类别信息标签标准，既兼容了历史复杂情况，又满足了当前服务保障需要；既覆盖了所有管理服务对象，又做到了无交叉重复、统计口径准确一致，为人员数据的集中统一管理打下坚实基础。另一方面形成了首部行业信息化标签标准，针对人员、组织机构信息不一致的问题，编制了人员基础信息、服役信息、就业信息、服务保障信息及机构性质、机构级别信息等，共6个方面46类信息标签标准，实现了退役军人事务部门行业标准“零”的突破。

（二）有效处理了数据不准确的问题

一是为有效提高业务信息系统数据质量，我们全面筛查了国家退役军人信息数据库、各业务信息系统数据，编制了退役军人事务部门信息资源目录清单，规定了各司（局）数据的范围、用途和更新方式等，为各类数据的精准管理提供基本依据。二是针对在筛查过程中发现的几十万个问题数据，按照信息资源目录清单确定的职责分工，由相应业务司（局）对数据质量负责，制定了数据修正实施方案和各类数据修正的具体方式方法，通过各业务领域下发各地核实修正，8月底前，将全部处理完成。三是针对业务信息系统数据不能全面反映业务工作的情况，启动了就业创业、优抚、军供3个系统的升级改造，确保了业务信息系统对统计报表数据的全面覆盖。

（三）互联互通取得了阶段性进展

我们制定了数据协同管理机制，明确人员信息以建档立卡系统为基本信息入口、不同业务信息系统根据不同权限补充业务信息，组织机构、行政区划由统计系统和服务中心（站）管理系统分工维护、各业务信息系统统一使用。在此基础上编制了互联互通技术方案，明确了数据库和业务信息系统的数据交换方式和后续技术实施计划安排，打牢了数据实时共享应用的基础。

前期工作取得的成效，主要得益于部党组的坚强领导、各单位的密切配合和工作人员的担当奉献，是大家共同努力的成果。在肯定成绩的同时，我们也要看到存在的问题，主要是部分工作推进不够顺利，未按照月度计划严格落实，或提交的成果质量不高，需要返工回炉，导致工作延期。这方面规财司要加强协调，及时提醒督办。

二、进一步提高工作站位

数据之于信息化，就像地基之于盖房子，基础不牢地动山摇。只有数据搞准了，信息化对业务工作的驱动支撑作用才能发挥显现出来，所以，我们还是要坚定不移地推进这项工作，切实把思想和行动统一到部党组的部署要求上来，进一步提高工作站位。

（一）从实现精准管理的角度看，必须进一步加快数据统一的步伐

习近平总书记指出，信息是国家治理的重要依据。现在我们的数据库和各个系统里都各自汇集了大量工作数据，但是系统间数据不互通，“信息孤岛”现象依然存在，只有按照一定的标准把这些数据科学有效、条理清晰地统一起来，才能彻底解决各系统间数据不一致的问题，才能精准掌握退役军人各个方面的信息，及时响应退役军人实际诉求，开展针对性、精细化的管理保障。

（二）从实现实时共享的角度看，必须进一步加快数据整合的步伐

月初，国家政务数据共享协调小组召开第一次全体会议，明确要求各部委要深入推进数据共享应用，为“放管服”改革提供重要支撑。我们必须把数据全面整合起来，这样才能共享真实的数据，推进与公安、教育、人社、卫健、住建、医保等部门打通，实现军人退役“一件事”办理，方便退役军人享受子女入学、医疗、保障性住房等方面的优惠政策，让退役军人获得感成色更足。

（三）从实现科学决策的角度看，必须进一步加快数据集中的步伐

习近平总书记强调，要建立健全大数据辅助科学决策和社会治理的机制，推进政府管理和社会治理模式创新。我们要尽快形成退役军人大数据资源，将退役军人各方面数据集中起来，挖掘数据中蕴含的价值，实现退役军人工作数据的全方位、实时化展示，通过数据分析，为政策创制、精准研判、辅助决策提供支撑。数据汇聚到一定阶段，形成更全面、更智能的数据库，甚至能预测发展趋势、预警风险隐患。

三、全力完成既定目标任务

信息化经过几年的建设，已建成国家退役军人信息数据库，上线了 32 个业务信息系统，基础打得不错。针对数据集中统一整合工作，我们成立了工作组及专班，建立了月度清单制、半月督导制，原本估计整合起来会比较顺利，但随

着工作的深入推进，目前来看，任务仍然艰巨。一是数据集中统一整合不是单纯的技术实施工作，要综合考虑业务实际需要和技术可行性。由于新中国成立以来退役军人相关政策法规不断发展变化，不同时期的安置方式、保障措施等不尽相同，产生了复杂的退役军人身份类别，在制定人员类别标签标准时，需要按照相关法律法规、政策文件对人员类别进行全面梳理，并与各司（局）、地方、军队都达成一致，在4轮修改完善的基础上才最终定稿，已经超出了信息化技术范畴，需要各司（局）的紧密配合、大力支持。二是数据集中统一整合涉及协同推进的事项多，这次需要整合的有19个业务信息系统，标准已经制定了，信息中心要按统一标准抓紧改造系统，各业务司（局）也正在修正问题数据，为了确保系统数据全面可靠，各司（局）还要抓紧推进系统功能升级和全面应用，涉及多方面工作，各项工作相互关联、相互影响，任何一方面做不好，都会拖后工作进度，需要统筹谋划、协同推进。三是数据集中统一整合实施路径复杂。经梳理，同一个退役军人最多可能在5个业务信息系统中同时存在，在不同业务信息系统里的信息不一致，以谁为准？同一个退役军人的服役信息、安置信息、就业信息、服务保障信息可能由不同的业务司（局）管理，技术上怎么实现互联互通？需要精准的设计、科学的论证，才能确保数据不会出现冲突、重复、“多头管理”等情况。这些都需要我们认真把握、妥善处理。下一步，要注意抓住几个重点工作：

（一）推进标签标准应用

现在人员、组织机构的标签标准都已确定，下一步就是要推进应用。一方面要加强培训，向各地宣贯标准内容和统一标准的重要意义，指导各地提升标准使用能力；另一方面要结合退役军人工作高质量发展示范区建设，开展标准试点试用，为标准全面铺开应用积累经验。可以在京津冀选取一个地方，再从深圳、上杭等地选取一些地方进行试点。这项工作的推进情况要形成工作简报向中央报送，届时请秘书局、办公厅积极配合。

（二）明确数据管理权责

前期规财司梳理清楚了管理服务对象的类别信息，但是在推进各类人员数据整合的过程中，发现相关数据的管理权责还不够清晰，部分人员的数据由多个司共同管理，权责存在交叉，有的人员数据目前还没有人管。规财司还是要牵头把这项工作抓起来，制定数据管理权责清单，给每类数据都找个管理责任单位，必要情况下可以提出意见建议，从“三定”上明确相关职责。责任明确了，问题数据才能根治，数据质量才能上得去。

（三）实现数据互联互通

现在互联互通技术方案已经制定，后续的技术工作，信息中心要重点承担起来。今年信息中心既要全力推进国家平台建设，又要负责整合工作的技术实施，任务很重。但互联互通等工作，本身就是国家平台的重要建设内容。信息中心还是要把两个方面的工作结合起来，协同推进，确保在8月全面打通信息化平台的数据通道，在10月实现统计报表从各业务信息系统自动生成、实时提取。

（四）实时展示业务数据

前期信息中心制定了数据大屏建设方案，也拿出了大屏设计图的初稿，但还不是很完善，下一步规财司、信息中心要与各业务司抓紧沟通确认，进一步优化设计，做到简洁美观、重点突出，通过数据大屏能够一目了然地了解各业务工作的开展情况。搬迁到办公新址后，要向部党组做一次展示汇报，届时请各司（局）负责同志对本领域业务数据做讲解说明。各司（局）要加强对数据的审核把关，确保用真实、有效的数据说话。如果这项工作做好了，可以说我们的信息化工作又迈上了一个新的台阶。

数据集中统一整合是信息化与业务工作深度融合的一个过程，任务很重，也很难，大家一定要在思想上高度重视，协同配合、步调一致、扎实推进，给这项工作画上一个完满的句号。

在全国退役军人就业创业工作推进会上的讲话

（2022 年 11 月 3 日）

常正国

这次全国退役军人就业创业工作推进会，主要任务是：深入学习贯彻党的二十大精神，深刻领悟习近平总书记关于退役军人工作重要论述，围绕新形势新任务新要求，统一思想认识，明确工作思路，交流经验做法，对当前和今后一个时期退役军人就业创业工作进行动员部署，推进贯彻落实。

近一年来，在习近平总书记和党中央、国务院的亲切关怀下，各级退役军人事务部门认真贯彻各项决策部署，坚持把做好退役军人就业创业工作作为重要政治任务，纳入全局工作统筹安排，摆在突出位置狠抓落实，有效应对国内外经济形势变化和新冠肺炎疫情影响，全力保就业、保退役军人市场主体，退役军人就业形势保持整体稳定，取得明显成效。一是就业创业政策体系基本完善。出台鼓励民营企业招用自主就业退役军人、促进优秀退役军人到中小学任教、支持创业创新、加强就业困难帮扶、做好从事个体工商户经营有关工作、用足用好优惠政策、妥善处理高职扩招退役士兵学生资助问题等 7 个方面政策文件，支持退役军人就业创业的力度进一步加强，服务保障相关机制举措进一步健全，体现尊崇尊重、服务保障并重的就业创业政策制度体系基本成型。二是就业竞争力有所增强。持续开展适应性培训、职业技能培训，衔接做好退役大学生士兵复学工作，6700 余名退役军人通过专项计划就读研究生，首批高职扩招退役军人毕业生 30 余万人今年顺利毕业，更高质量就业的基础进一步夯实。三是就业渠道规模稳步拓展。深入推进与企业签约合作，全国各级签约企业数量达 1.3 万家，2022 年提供岗位近 40 万个，助力退役军人充分就业。继续拓宽行业合作，与交通运输部海事局合作推进“浪花计划”、与外交部驻外服务局联合选拔培养退役军人从事驻外使领馆安保服务、与应急管理部开展消防救援人员定向招聘，奋力打通优秀退役军人到中小学任教的机制渠道，为退役军人提供更丰富的就业选择。四是创业扶持环境不断优化。全国 3550 个退役军人就业创业园地相继设立，退役军人创业创新大赛、创业创新成果展交会等平台有力搭建，全国“军创英雄汇”带岗带货活动顺利举办，创业新时代——全国退役军人创业创新录、各级“退役军人创业光荣榜”有计划刊发，退役军人创业群体的社会影响力和关注度大幅提升。五是服务国家战略作用日渐凸显。投身乡村振兴方面，多次召开电视电话会议专门部署，返乡入乡就业创业退役军人人数持续增加，目前已超过43万人，学历、年龄也大幅优化。推动区域协调发展方面，京津冀、长三角建立起一体化协同发展机制，培训资源共用、就业岗位共享已初步推开。

同时也要清醒地看到，目前工作中仍面临不少矛盾问题。一是退役军人就业竞争压力有增无减。受到疫情反复和经济下行压力加大影响，企业用工岗位收缩，许多退役军人创业企业生产经营受到较大影响，稳岗压力较大。加之今年需要就业的退役军人人数翻倍，首批高职扩招退役军人毕业生叠加本年度新增退役军人，总数超过60万人，岗位供给缺口加大，退役军人面临的就业形势依然十分严峻。二是教育培训的针对性依然不强。财政经费保障不足、各地资源分布不均、培训项目落后于经济社会发展需要，导致退役军人学不到"真功夫"，或者学到的技术仍然不能支持他们充分稳定就业，与退役军人的期望和需求有较大差距。三是各方力量参与融合不够充分。退役军人就业创业工作涉及的就业创业补贴、担保贷款、公益性岗位、园地建设运营、公务员和事业单位招录等平台和资源分散在多个部门，社会组织、中介机构和企业在提供就业创业咨询、投融资对接、项目咨询、适岗教育、职业技术培训及吸纳就业等方面存在诸多优势，凝聚合力的"契合点"还需继续挖掘。这些问题，有些是老问题、有些是新问题，我们要具体分析、深挖根源，把解决这些问题作为下步就业创业工作的着力点和突破口。

下面我对做好今后一段时期的退役军人就业创业工作，讲几点意见。

一、提高政治站位，将思想行动融入党和国家事业全局

就业是民生之本、稳定之基，就业创业始终是广大退役军人最关心最直接最现实的利益问题。我们要进一步提高政治站位，不断提高做好退役军人就业创业工作的思想自觉和行动自觉。一是把思想和行动统一到习近平总书记关于退役军人就业创业工作重要指示批示上来。深刻领会习近平总书记对退役军人就业创业工作的科学谋划，准确理解新时代退役军人就业创业工作的目标方向、重点任务和方法路径，充分认识退役军人的"人才属性"，真正认清做好退役军人就业创业工作是国之大事、民之关切，自觉以习近平总书记重要指示批示精神为根本遵循推进实际工作。二是全面对标落实党的二十大精神和党中央、国务院决策部署。党的二十大报告提出，实施就业优先战略，强化就业优先政策，健全就业公共服务体系，加强困难群体就业兜底帮扶，消除影响平等就业的不合理限制和就业歧视，使人人都有通过勤奋劳动实现自身发展的机会；强调做好退役军人服务保障工作。我们要自觉把退役军人就业创业工作放到国家就业优先战略大局中谋划布局，对标对表贯彻党的二十大精神，落实好党中央、国务院关于就业工作的决策部署。三是坚定推动实现"让退役军人成为全社会尊重的人"的目标。就业创业是退役军人实现其社会价值的主要渠道。就业好，人心就稳定，退役军人的作用就能发挥好，继而才能获得社会的认可和尊重。我们要立足工作全局，着眼退役军人特点需求，加强扶持力度，深挖市场潜力，创新工作机制模式，利用社会各方力量，促进退役军人

更加充分稳定就业，助推就业创业工作高质量发展。

二、狠抓政策落地，确保优先优惠落到实处

做好退役军人就业创业工作必须坚持以钉钉子精神抓落实。我部成立以来，就业创业领域已经先后出台39个政策文件，还有2个文件正在会签即将印发，各地也因地制宜地制定了相关配套文件或拿出了具体举措。一是要加强宣传解读。将部级层面和当地配套政策通过多种途径宣传，及时推动相关工作，尽可能缩短政策变现时间差，努力让服务对象更快更好享受改革发展红利。同时也要积极汇总推出涉及就业创业普惠性政策的文件“工具箱”，让退役军人更加便捷地了解优惠政策、实现应享尽享。《退役军人就业创业促进条例》目前已经初步征求了军地相关部门和各地意见，正在按程序推动出台，届时各地要及时学习领悟、加强宣传解读，推动条例落实落地。二是要及时督查推动。紧紧围绕政策文件中的相关要求，深入基层一线、深入退役军人中间了解工作进展和落实情况，及时进行调查研究、专题探讨，逐条逐项对照跟进、查缺补漏，确保政策举措落到退役军人身上。三是要加强跟踪问效。把政策落实成效作为检验工作的重要标准，重视政策落实成效的评估检验和总结推广，形成完整的工作闭环。对取得了较大成效的地方，在全国通报表扬并宣传推广特色经验做法；对收效甚微的地方，协助分析问题，研究推动路径；对于动作较慢，甚至没有推动落实的地方，要加强督促。

三、加强协同协作，统筹推动工作更深更实发展

退役军人就业创业工作涉及的领域广、层面多，要紧贴新时代退役军人工作的目标任务，强化协同协作，确保工作各个环节有机衔接、深度融合。一是加强部门合作。要结合现有政策，建立完善与各部门间的合作机制，深入扩展具体合作项目。例如，在“民营企业招聘月”“金秋招聘月”等活动中设置退役军人优先招用岗位板块，借助高技能人才队伍建设项目、职业技能大赛培养选拔一批退役军人技术人才，在各级各类展交会中设置退役军人专场或专区，在相关部门建立的创业孵化基地（园区）挂牌设立就业创业园地或专区等。要强化各级党委退役军人事务工作领导机构作用发挥，压实各部门做好退役军人就业创业工作的政治责任，确保中央各项决策部署不折不扣地落到实处。希望在座各位多向党委政府负责同志请示汇报，推动各相关部门多算政治账、大局账、国防账、安全账，心往一处想、劲往一处使，敢于触及深层次矛盾问题，把促进退役军人就业创业的各种关系打通捋顺。二是加强系统协作。“弹钢琴”要10个手指都动起来，1个手指是敲不出协奏曲的。要把就业创业工作同退役军人事务系统的其他各项工作有机结合起来。例如，利用“优待证”发放完善退役军人就业创业台账，将创业带动退役军人就业的先进典型纳入“双拥模范”“最美退役军人”评选，指导事业单位、社会力量举办招聘会、创业成果展交会等，进一步提高全系统的整体效能。三是加

强区域联动。针对各地尤其是东西部之间、城乡之间就业机会和培训资源的不平衡问题，要依托乡村振兴、区域协调发展、东西部对口援助协作及开发区建设等国家战略部署，加强岗位资源共享、培训资源共用、平台资源共建，为退役军人提供更多选择、更优服务。

四、坚持创新思维，聚焦矛盾问题务求突破

就业创业是一项全新工作，必须要坚持创新思维。特别是各地要发挥优势，善于用活用好地方事权，聚焦问题、因地制宜、试点探路，创新出更多务实举措。一是要在帮助退役军人树立正确就业观上有进展。要探索把适应性培训前置到办理退役手续、领取退役补助之前，推动全员参加，上好回归地方的第一课。要丰富引导方式方法，通过集中授课、实地参观、座谈讨论等多种方式，宣传讲解政策、分析就业形势、交流经验教训，帮助退役军人更快更好融入社会，进入市场。二是要在增强教育培训针对性上有突破。探索机制方法，推动实现培训资金异地结算，助力退役军人享受更优教育资源。探索同有关部门、机构和企业开展项目制培训，用好就业补助资金和企业资源，聚焦提升退役军人适岗技能。加快推动职业技能培训目录更新，结合当地产业需求为退役军人提供有一定技术含量的培训科目。三是要在继续拓宽就业渠道上有亮点。继续扩大签约合作企业范围，抓好优先招聘岗位落实。探索与公安辅警、公路铁路管理运营等更多产业行业合作，扩大就业空间。深入推进退役军人投身乡村振兴，引导他们结合当地产业优势和特色创业就业。扎实推进优秀退役军人到中小学任教工作，鼓励有条件有能力的退役军人通过学习培训到更多学科任教。推动国防教育辅导员职业体系建设，鼓励引导退役军人投身国防教育领域。有条件的地方还要引导有实力的个体工商户吸纳退役军人就业，并为他们提供精准指导服务。四是要在凝聚更多力量参与上有成效。协调发挥公共就业服务机构作用，调动市场化机构和就业创业志愿服务团队的积极性，有针对性地为退役军人提供职业介绍、职业指导、就业援助、创业扶持等服务。探索更多金融支持形式，用好各地就业创业联盟及导师队伍，为退役军人提供更加实惠、更加专业的就业创业指导帮扶。探索在当地退役军人较多的企业设置退役军人就业服务站或退役军人就业之家，补充完善退役军人就业服务体系，将工作延伸到每一名退役军人。

五、夯实基础建设，力争就业服务更加精细更高质量

一是要扎扎实实摸清底数。准确掌握底数是精细化服务的基础，也是中央巡视组提出的整改要求。要借助常态化走访、部门间数据比对等途径，尽快摸清自主就业退役士兵就业情况及需求，了解复学、深造、培训情况和意愿，掌握退役军人创办的市场主体数量、类型及经营情况，做到“底数清、情况明”。要充分用好部里和各地的信息化平台建设成果，利用大数据动态掌握就业信息，下大力气把台账系统做细，为精准决策奠定基础。二是要推动基层服务中心（站）发挥更大作用。基层退役军人服务中心（站）是退役军人服务体系的末端，最能直接体现就业服务

工作效能。要不断优化工作方法，克服人少事杂的现实阻力，将就业创业与矛盾化解、困难帮扶等事务性工作有机整合、统筹推进。要重视履行就业创业帮扶职能，定期对退役军人就业情况进行摸底统计，认真开展政策宣传和岗位推送，畅通就业诉求的反映渠道，将“最后一公里”走实。三是要持续抓好干部队伍建设。干部队伍就是推进工作取得实效的关键。要继续加强政治能力建设，提高干部队伍的政治判断力、政治领悟力、政治执行力，牢牢树立做好退役军人就业创业工作是政治任务的理念。要加强业务培训和指导，不断提升退役军人事务系统就业创业条线工作人员，特别是基层工作人员的业务能力和政策水平，适应新时代退役军人就业创业工作的新形势、新任务、新要求。部里已经连续2年开办了9期骨干培训班，按照“3年轮训一遍”的计划，明年还要继续开办，各地要积极组织参加，同时搞好自己省里的培训工作。要持续抓好作风建设，坚持带着感情、带着责任、带着温度投入工作，以过硬作风推动工作，出实招、办实事、求实效，让广大退役军人得实惠。

今天参会的各地退役军人事务部门负责同志，回去后要向当地党委退役军人事务工作领导小组汇报这次会议的精神，切实健全工作机制，加强统筹指导，把退役军人就业创业工作抓实抓细抓具体，确保今年工作高质量收尾，明年工作高标准谋划。

做好退役军人就业创业工作责任重大、使命光荣。让我们更加紧密地团结在以习近平同志为核心的党中央周围，深入学习贯彻党的二十大精神，认真落实党中央、国务院决策部署，迎难而上、奋力进取，持续推动退役军人更加充分稳定就业，不断推动退役军人就业创业工作再上新台阶！

传承红色基因　弘扬英烈精神
奋力谱写新时代烈士褒扬工作新篇章

——在《中国退役军人》2022年第10期上的署名文章

（2022年10月10日）

常正国

英雄烈士事迹和精神是中华民族共同的历史记忆和宝贵的精神财富，是激励全国各族人民为实现中华民族伟大复兴中国梦而不懈奋斗的力量源泉。烈士褒扬工作是党的重要政治优势，事关经济社会发展和国防军队建设，事关党心军心民心。在迈向第二个百年奋斗目标新征程上，我们要深刻领悟“两个确立”的决定性意义，增强“四个意识”、坚定“四个自信”、做到“两个维护”，心怀国之大者，传承红色基因，弘扬英烈精神，奋力谱写新时代烈士褒扬工作新篇章，以实际行动迎接党的二十大胜利召开。

深刻领悟习近平总书记重要指示精神，牢牢把握新时代烈士褒扬工作根本遵循

习近平总书记高度重视烈士褒扬工作，党的十八大以来，习近平总书记从实现中国梦强军梦的战略高度，亲自谋划部署推动烈士褒扬工作，躬亲垂范，缅怀先烈的红色足迹遍布国内20余个省份及境外多个国家，39处英烈纪念设施或其他革命纪念场馆，向人民英雄、抗美援朝志愿军烈士敬献花篮，用实际行动告诫全党同志要高举红色旗帜，牢记英烈事迹和精神。习近平总书记就烈士褒扬工作作出一系列重要指示，要求铭记历史、牢记为新中国诞生而浴血奋战的烈士英雄，强调在全社会树立崇尚英雄、缅怀先烈的良好风尚，指出要加强对烈士纪念设施的规划、建设、修缮、管理维护，要大力弘扬英烈精神。这一系列重要指示精神，深刻回答了烈士褒扬方向性、根本性、战略性问题，为做好新时代烈士褒扬工作提供了科学指引和根本遵循。我们要坚决贯彻落实习近平总书记关于烈士褒扬工作重要指示精神，按照党中央统一部署，深刻领会“服务经济社会发展、服务国防和军队建设”的时代意义和重要内涵，深刻认清担负的重大政治责任和重要历史使命，充分发挥烈士褒扬工作凝心铸魂、传承红色基因的宣传教育作用，为全社会奋进新征程、建功新时代凝聚强大精神力量。

践行初心使命，烈士褒扬工作基础不断牢固

退役军人事务系统始终坚持以习近平新时代中国特色社会主义思想为指引，提请以中央名义印发《烈士纪念设施规划建设修缮管理维护总体工作方案》《关于加强新时代烈士褒扬工作的意见》，持续完善烈士褒扬政策体系，夯实烈士纪念设施红色教育阵地，不断丰富纪念缅怀活动的形式内容，崇尚英烈、缅怀英烈、学习英烈、捍卫英烈、关爱烈属的意识逐步深入人心。

（一）服务国家经济社会发展作用日益明显

应对突如其来的新冠肺炎疫情，及时褒扬疫情防控牺牲烈士，为坚决打赢疫情防控的人民战争、总体战、阻击战提供强大精神支持。规划建设红军长征湘江战役纪念园，隆重安葬红军烈士遗骸，公布第3批80处国家级抗战纪念设施、遗址名录和185名著名抗日英烈、英雄群体名录，缅怀先烈、牢记历史。围绕庆祝中国共产党成立100周年、新中国成立70周年、纪念抗战胜利75周年、抗美援朝出国作战70周年举行系列纪念活动，连续9年迎回9批共913位在韩中国人民志愿军烈士遗骸归国安葬，彰显中国共产党“百年大党、风华正茂”光辉形象。

（二）红色教育阵地建设管护持续深入

积极推动将烈士纪念设施规划建设和提质改造纳入了“十四五”社会服务兜底线项目，中央财政列支专项经费20亿元实施县级以下烈士纪念设施整修工程，优化展陈讲解内容，充分彰显红色教育功能，为助力党史学习教育、青少年爱国主义教育提供坚实阵地。实地勘察近百处境外烈士纪念设施，与相关国家磋商百余次，完成朝鲜、赞比亚、巴布亚新几内亚等11国15处修缮工程，境外烈士纪念设施缅怀先烈、传承友谊的作用不断彰显。

（三）烈士烈属合法权益得到有力维护

中央财政连续18年以较大幅度提高烈属定期抚恤金标准，普遍为烈属家庭悬挂光荣牌，邀请烈属代表参加重大活动、烈士纪念日公祭仪式，通过“为烈士寻亲”为2700余名烈士寻找到亲人。推动将英雄烈士保护纳入党和国家功勋荣誉表彰制度体系，13个部门联合建立英雄烈士保护部门联动协调制度，及时依法惩处“蜡笔小球”、罗某平等极少数侵害烈士名誉、荣誉等行为，有力维护烈士烈属合法权益。

（四）英烈事迹和精神广为传承弘扬

打造红色文化宣传品牌，指导创作《英雄回家》《你记得我 我就活着》《1950他们正年轻》等主题影视作品，讲好党的故事、革命的故事、英烈的故事。编撰《烈士英名录》，在中国共产党历史展览馆展陈7000余名中华著名烈士事迹，连续举办两届英烈讲解员大赛等系列主题活动，营造崇尚英烈、关爱烈属的社会氛围。会同共青团中央等部门联合印发《关于用好烈士褒扬红色资源　加强青少年爱国主义教育的意见》，组织“红领巾心向党”“以青春之我　耀信仰之光”学习实践，引导广大青少年厚植爱党、爱国、爱社会主义的情感。

秉承英烈精神，推动烈士褒扬事业行稳致远

随着我国开启全面建设社会主义现代化国家新征程，弘扬英烈精神、赓续红色血脉、让红色江山代代相传成为新时代赋予烈士褒扬工作的重要使命任务。我们必须始终坚持以习近平新时代中国特色社会主义思想为指导，准确把握新时代新要求，稳中求进、开拓创新，以更加昂扬的精神状态，推动新时代烈士褒扬工作高质量发展。

（一）坚持党的领导

牢牢把握新时代烈士褒扬工作的鲜明政治属性，把党的领导贯彻到事业发展全过程，贯彻为经济社会发展服务、为国防和军队建设服务总方针，落实党中央、国务院重大决策部署，不断健全新时代烈士褒扬工作机制，用英烈事迹和精神教育引导广大干部群众砥砺初心使命、厚植爱国情怀、弘扬民族精神，在全社会凝聚缅怀革命先烈、铭记光辉党史、砥砺奋勇前进的精神力量。

（二）坚持精神激励

褒扬彰显烈士家庭甘于牺牲奉献的精神风范，在解决好烈属后续生活保障、救助帮扶援助等实际问题的同时，注重荣誉激励和精神褒奖，突出关爱尊崇，着力提升烈属获得感、幸福感。要搭建发展平台，完善烈士子女教育优待，拓宽烈属就业渠道，着力培养和挖掘优秀烈属典型，鼓励参与基层社会治理，切实发挥烈属在新时代中国特色社会主义建设中的作用。

（三）坚持创新发展

加强烈士纪念设施提质改造，完善设施设备，挖掘烈士纪念设施承载的英烈事迹和精神，丰富纪念缅怀元素。加强英烈研究员、讲解员队伍建设，苦练宣传教育“内功”，提升专业队伍能力素养。抓住网络时代特点，深入应用互联网、大数据、人工智能、VR 等信息技术手段，探索形成烈士纪念设施保护管理利用贴近群众、动员群众、融入群众的新局面。

（四）坚持价值引领

突出抓好著名英烈、重大活动、重要时节宣传，运用新媒体、新技术和群众喜闻乐见的形式，培育厚植尊崇英烈的社会风尚。开展英烈遗物、家书、史料收集整理，完善《烈士英名录》，加强英烈文化研究，丰富英烈精神内涵。广泛开展英烈纪念活动，优化烈士寻亲政府服务平台，发挥国家烈士遗骸搜寻队和国家烈士遗骸 DNA 鉴定实验室作用，动员引导志愿服务力量参与英烈褒扬，弘扬英烈精神，赓续红色基因。

在中央单位和北京市军转安置考试工作任务部署会上的讲话

（2022 年 6 月 9 日）

杨友斌

今天我们召开中央单位和北京市军转安置考试工作任务部署会。我就做好这项工作讲几点意见：

一、思想上要高度重视

军转安置工作是党中央和习主席关注的大事，事关转业军官切身利益、事关社会大局稳定、事关国防和军队建设，大家要把安置考试作为当前工作的重中之重，切实摆上高位、大事大抓。一是要加强学习，学习好习主席关于军转安置工作重要指示批示精神、党和国家有关政策法规，以及今年考试的方案预案和工作要求等，切实把思想统一到党中央、国务院、中央军委决策部署上来。二是要健全组织，各单位要把今年的新情况新要求向本单位领导汇报好，对照方案明确的任务分工，进一步建立健全工作组织，明确岗位职责，切实为抓好落实提供坚强保证。三是要深入动员，搞好思想再发动、工作再部署，讲清楚军转安置考试的重要性、神圣性，进一步强化光荣感、使命感，切实服好务、尽好责。

二、力量上要精干高效

安置考试专业性强、准备时间短、工作头绪多，组建一支过硬队伍是前提，更是关键。我感到，参与的同志要具备 4 个方面要求：一要懂政策，对军转安置政策、考试程序流程、疫情防控要求等要熟知于心。二要有经验，监考人员、阅卷人员、保障人员要从有 2 年以上参与组织大型考试的人员中遴选。三要能吃苦，面对繁杂的协调保障事项，能够严谨细致、按时完成。四要善攻坚，越是艰难越向前，特别是领导干部要紧盯场地布设、秩序维护、疫情防控等重点工作，全程参与进去、亲自推动落实。各单位要结合实际把人员配备好，确保事事有人抓、件件能抓好。

三、工作上要密切配合

参与考试组织保障的，既有国家部委、军委机关，又有市区部门、基层单位，还有学校和事业单位，层级多、人员多、程序多，工作中搞好协调联动、形成一盘棋很重要。一是要在思想上配合，各单位要树牢大局意识，摒弃本位主义、部门思维，做到心往一处想、劲往一处使。二是要在业务上配合，要主动沟通对接，在疫情防控、审核报名、考务保障等跨部门、跨单位、跨军地的工作上无缝衔接，形成合力。三是要在行动上配合，要相互补台、相互帮衬，特别是处在一线的公安、交管、应急及学校相关工作人员，要加强沟通、协调联动，共同发现解决好工作中可能出现的矛盾问题。

四、保障上要精准细致

考试面上考的是考生，背后检验的是保障。我们要用全面周到、精益求精的保障，让每名考生感受到组织的关心。要突出抓好 4 个方面：在参考注意事项上，及时对报名时间程序、考试着装规定、疫情防控要求、“两证一卡”准备等事项逐一明确、列成清单，采取书面、电话或微信群等方式，不落一人地通知到每名考生。在考试用品准备上，为每名考生准备好红黑签字笔、稿纸、备用口罩、消毒湿巾、矿泉水等物品，装在文件袋中，提前摆放在桌角上。在场地设置规范上，合理安排体温检测区、隔离等候区、考场管控区、车辆停放区等，每个区域都要安排专人值守，每个路口都要设置路牌指引、每个考场都要张贴座次安排，做到一目了然、一清二楚。在医疗卫生保障上，安排好现场救护人员、车辆，备好防暑降温及常用急救药品，提前协调好接诊医院和绿色通道。

五、考风上要从严要求

裴部长专门作出批示，强调要重视保密、考风考纪监督工作。在这方面怎么严格都不为过。考试前，要加强考卷管控，对参与命题人员、印制保管人员、押送运输人员等加强管理监督，防止跑风漏气；要提前组织好考风考纪教育，讲清楚作弊的严重后果。考试中，要统一着部队体能训练服，禁止携带使用电子设备，全程开启信号屏蔽器，监考人员要认真履职。考试后，要严密组织好阅卷判分、统计汇总等工作。在这里强调一点，所有工作人员要廉洁自律，一经发现有徇私舞弊现象，将严肃处理、绝不姑息。

六、安全上要守住底线

按照高考标准，坚持底线思维，备足保底手段，确保万无一失。要搞好疫情防控，及时跟进北京市相关要求调整完善防控方案，备足测温仪、口罩、消毒液等防疫物资，严格落实考前 14 天健康监测、48 小时核酸监测、现场测温查码、全程佩戴口罩等硬性要求。要加强安全教育，引导考生考前注意休息，不要饮酒和剧烈运动，不要洗凉水澡，防止身体不适影响参考；自驾前往的，在时间上要打好提前量，不要开快车，确保交通安全，出现突发情况要及时向单位报告。要完善措施预案，如要全面检查考场电路、楼层电梯等，消除安全隐患；要设置移动电源车，提前进行应急供电演练，一旦需要及时顶上；要协调网信部门加强相关舆情监测，及时处置在组织保障、考风考纪等方面可能出现的负面舆情，严防被人借题发挥，造成负面影响。

强化使命担当　走好第一方阵
以优异成绩迎接党的二十大胜利召开

——在“七一”专题党课上的讲话

（2022年7月8日）

杨友斌

根据计划安排，今天我围绕“强化使命担当、走好第一方阵，以优异成绩迎接党的二十大胜利召开”这个主题，和大家作个学习交流。确定这个主题主要有4点考虑：一是领袖有要求，习近平总书记在多个场合强调，中央国家机关要强化政治意识、担当精神，做好“三个表率”。二是中央有部署，中央和国家机关工委明确2022年党课主题是“走好第一方阵，我为二十大作贡献”。三是部里有安排，部机关党委下发通知，要求各级领导干部在“七一”前后讲好党课，营造团结奋进、勇于担当、主动作为的浓厚氛围。四是现实有需求，当前正处于年度大项任务攻坚期，需要我们进一步统一思想、深化认识，激发奋进前行的动力和意志。下面我从退役军人工作的历史由来、地位特点、努力方向3个方面谈一谈肤浅的认识。

一、退役军人工作的历史由来

退役军人工作，拥有悠久深厚的历史渊源。

（一）起源于氏族部落

在原始社会，由同一血缘关系结成的氏族和血缘相近氏族组成的部落，是最早的群体组织，最多时中原地区有上万个氏族部落，其中有巢氏、燧人氏、伏羲氏、神农氏、轩辕氏是最大的5个氏族部落。氏族部落之间为争夺地盘、抢占资源经常发生战争。公元前2700年，黄帝在阪泉和涿鹿先后击败了炎帝与蚩尤。对战争中死伤的士兵，由巫师祭祀超度；对作战勇猛的士兵奖励工具食物。这些就是最早的抚恤优待。

（二）传承于华夏文明

奴隶社会和封建社会，历朝历代都建有自己的军队，也非常重视退役军人工作。在西周时期，战死的军人都置备葬具、妥善安葬，受伤的给予照料。在春秋战国时期，参战军人全家免除徭役和赋税，在秦国立战功的军人退役后还分给田产。在西汉时期，专门为战亡军人立碑修庙。到了宋朝，出现了伤残军人国家供养制，同时对裁减下来的兵员统一发放遣散费。清朝更是建立了《退伍兵暂行办法章程》等较为完整的优抚安置制度。这些都构成了富有中华民族人文特色的退役军人工作经验做法。

（三）发展于革命初创

1927 年，八一南昌起义，我们党缔造了人民军队，就此掀开了党领导退役军人工作的全新篇章。在红军时期，着眼服务保障军队生存壮大和创建红色根据地，围绕“打土豪、分田地”，重点开展抚恤优待工作，对红军战士及其家属分房分地，免除捐税，统一安置伤残军人。在抗日战争时期，着眼打破经济封锁、巩固敌后根据地、扩大统一战线，广泛开展“拥军优抗、拥政爱民”运动，先后制定抗战遗属抚恤办法和抗战军人家属优待条例，极大地鼓舞了军心士气、抚慰了家属。在解放战争时期，着眼服务夺取全国胜利，积极做好军属优待、烈属抚恤、英烈褒扬和拥军支前工作，各解放区人民支援前线的热情空前高涨。据统计，仅在淮海战役中，就有民工 540 余万人，运送弹药 1400 多万斤、粮食 9 亿余斤。陈毅同志曾深情地讲：“淮海战役的胜利是人民群众用小车推出来的。”这些在革命战争年代形成的宝贵经验，为退役军人制度的健全完善奠定了坚实基础。

（四）借鉴于外国经验

世界各国都非常重视退役军人工作，也有许多有效的经验做法。一是强化政府职能。美国的退伍军人事务部排名仅次于国防部，人数最多，全系统共 23.5 万人。俄罗斯设有军人社会问题委员会，第一副总理担任主任。英国等欧洲国家也在国防部设有退役军人管理机构。二是注重完善政策。美国施行以社会化保障为基础的一系列安置政策，出台的法律法规是世界上最多最全的。德国、英国等国家不断完善货币化安置和系统培训、扶持就业等政策机制。三是引入社会服务。美国将私营企业、社团组织接收退役军人作为参与政府采购的基本条件，对接收达到一定比例的企业单位实行税收优惠，并每年组织不少于 7.5 万名志愿者为退役军人提供超过 1.1 万小时的义工服务。日本、韩国设立专门的协助退役军人就业的基金会、协会等。四是重视褒扬激励。美国等高级军官退休时，总统或副总统亲自出席退休仪式，每年 11 月 11 日放假一天，举行盛大游行，庆祝老兵节日。俄罗斯青年结婚主动到无名烈士墓献花，成为重要的婚礼仪式。这些都为我们立足国情军情做好退役军人工作提供了有益借鉴。

（五）壮大于强国复兴

新中国成立后，退役军人工作经历了新中国成立初期大规模集体转业安置、社会主义现代化建设时期优抚安置褒扬全面规范、改革开放时期鼓励引导广大退役军人创新创业等发展阶段，特别是党的十八大以来，以习近平同志为核心的党中央着眼实现中华民族伟大复兴的中国梦，立足国防和军队现代化建设战略需要，总结历史经验、擘画未来发展，一体谋划、一体部署、一体推进退役军人工作，自上而下组建退役军人管理保障机构和服务保障体系，推出一系列重大改革举措，解决了许多长期想解决而没有解决的难题，办成了许多过去想办而没有办成的大事，退役军人工作取得了重大历史性成就。我们在座的同志都亲身经历了这一重大变革，在白手起家、平地起楼，推进新时代党的退役军人工作开局起步中作出了突出贡献。

二、退役军人工作的地位特点

习近平总书记指出，退役军人管理保障是关系军队稳定和社会大局稳定的大问题。我理解，可以从以下5个方面来认识。

（一）退役军人工作为党而立

这是退役军人工作的首要政治定位。在党的领导下，退役军人工作始终坚持围绕中心、服务大局，组织退役安置、伤残抚恤、拥军优属，为夺取革命胜利、巩固政权稳定、推动社会发展发挥了重要作用、作出了积极贡献。我们做退役军人工作，就是要把广大退役军人紧紧地团结在党的周围，教育引导他们坚定政治信仰、站稳政治立场，永远听党话、跟党走，努力成为党长期执政的可靠力量。

（二）退役军人工作为军而生

这是退役军人工作的根本指向。退役军人工作与军队建设相生相伴，从职能定位上来看，军队是直接作战、我们是间接为战；从管理链路上来看，军队管“前半段”、我们管“后半段”；从服务对象上来看，军队是服务“当事人”、我们是服务“关联人”；从协作运行上来看，军队是“需求方”、我们是“供给方”。例如，我们的安置工作，深化国防和军队改革期间，积极服从工作大局，接收安置军转干部和政府安排工作的退役士兵多达160多万人，既有力支持了部队塑身转型，也为地方输送了大量人才。又如，我们在随军家属就业安置、子女教育入学这些事关官兵切身利益的事情上，也做了大量的工作，仅2021年就为2万多名家属解决了就业问题，协调8万多名子女就读好的学校。做好退役军人工作，就是要为部队解难题办实事，让他们轻装上阵、专谋打赢。

（三）退役军人工作为国而兴

这是退役军人工作的价值体现。新中国成立之初，毛主席一声令下，百万人民军队从战斗队转为工作队，屯垦戍边、挺进北大荒，成为社会主义建设初期的重要生力军；改革开放以来，组织广大退役军人积极投身经济社会建设大潮，很多人都成为行业的领军人才，像我们熟知的任正非、王健林等。进入新时代，退役军人工作更是主动服务国家发展大局，注重政策支持，激励引导广大退役军人融入稳边固边、乡村振兴、社会治理等。目前，全国有超过24万个退役军人志愿服务组织、350多万名退役军人志愿者奋战在社会治理、疫情防控和应急救援一线。做好退役军人工作，就是要推进退役军人由“军事人力资源”向“经济社会发展力量”转化，让他们成为强国复兴的重要力量。

（四）退役军人工作为民而来

这是退役军人工作的核心理念。退役军人工作说到底就是要服务保障好退役军人，这也是坚持以人民为中心的发展思想在退役军人事务领域的重要体现。我们党历来关心优待退役军人，毛主席曾指出，复员军人是人民的功臣，应给予应有的政治待遇。小平同志也讲，对军转干部，地方要承担起来，把他们安置好。习近平总书记更是反复强调，要关爱退役军人，要满腔热忱地为退役军人服务。这也是成立退役军人事务部的初衷。退役军人事务部组建这几年，先后出台了100多项政策法规，传递了党的温暖和关怀。在退役士兵保险接续方面，解决了280多万名退役士兵的养老和医疗问题。在军休方面，积极为老干部排忧解难，推动老旧小区提质升级、更新改造，为他们安度晚年创造了良好环境。做好退役军人工作，就是要坚持以退役军人为中心，不断提高我们的服务保障水平和能力，让退役军人获得感幸福感成色更足。

（五）退役军人工作为战而强

这是退役军人工作的现实要求，更是义不容辞的责任。当前，我国国家安全形势严峻复杂，以美国为首的西方国家千方百计对我们进行战略围堵，“四海两边”安全态势不容乐观，战争的风险不是离我们很远，而是随时都有可能擦枪走火、发生战争。退役军人是重要的国防后备力量，如何能够做到一有战事，就能及时征召，这是我们退役军人工作必须要高度关注和切实做好的重要职责。我经常讲，负责退役军人工作的同志就是“穿着便装的军人”，我们现在做的工作就是为官兵练兵备战添动力，就是为部队备战打仗作贡献。

三、退役军人工作的努力方向

我到部里工作这段时间，结合分管工作做了一些思考。总的考虑是，贯彻习近平总书记的重要指示，做好新时代退役军人工作，必须坚持和加强党的全面领导，坚持在党的旗帜下培根铸魂，始终聚焦服务经济社会发展、服务国防和军队建设，聚力政策创制攻坚，加快提升服务质效，全力服务备战打仗，以功成不必在我、功成必定有我的历史担当，高标准高质量完成好党和人民赋予我们的时代重任，接续推进退役军人工作实现跨越式发展。具体可以从4个方面来聚焦用力。

（一）在培塑对党忠诚上聚焦用力

退役军人事务部首先是政治机关，对党忠诚是政治机关的灵魂。必须始终从政治上思考问题，打牢思想根基、夯实组织基础，永远在党的旗帜下前进。一要提高政治站位，始终胸怀国之大者，注重从党和国家重大决策部署中思考把握退役军人工作的定位要求，在推动落实国家重大战略规划中主动把握退役军人工作发展的历史契机，特别是落实习近平总书记和中央领导同志关于退役军人工作的重要批示必须不折不扣、全力以赴。二要深化理论武装，在全面深入学习《习近平谈治国理政》第一、二、三、四卷等原著原文的同时，跟进学习习近平总书记最新重要讲话精神，深入领会习近平总书记关于退役军人工作重要论述，力求体系化、系统化掌握习近平新时代中国特色社会主义思想精神实质，真正融入对退役军人工作的指导实践，转化成提升工作站位、厘清工作思路、破解发展难题的具体对策措施。三要加强机关党建，认真学习领会、深入贯彻落实习近平总书记在中央和国家机关党的建设会议上的重要讲话精神，从严从实抓好党建工作，严格履行“一岗双责”，压紧压实党建工作责任，司主要负责同志要自觉扛起党建第一责任人职责。要认真推进“四强”党支部建设，重视发挥党小组的作用，落实好“三会一课”等制度，特别是要发挥系统红色资源优势，巩固拓展深化党史学习教育成果，力争每个支部都能创建富有特色的党建品牌。坚定不移推进党风廉政建设，加强警示教育和纪律教育，引导全体党员知敬畏、守底线。四要强化作风养成，树牢宗旨意识，想问题、做决策、办事情都要从退役军人角度出发，把心思精力用在解决他们最关心最直接的切身利益问题上。坚持主动担当，勇于在急难险重的任务中接受锤炼、提升本领。强化时间观念，凡是定了的事就雷厉风行、紧张快干，干就干成、干就干好，决不能误时误事。

（二）在推动法规建设上聚焦用力

作为国家部委机关，研究制定政策、推动政策落实是我们的重要职责。一是要熟悉掌握现行政策，把来龙去脉、核心政策点和贯彻执行中的问题不足都要一一搞清楚，特别是主干业务政策的保障原则、具体标准都要烂熟于胸，甚至倒背如流。二是要加强调查研究，带着问题、盯住难点，沉到基层一线、走近退役军人，切实做到摸到听到、眼见为实，既要把问题找全找准，也要从问题中跳出来，真正掌握住背后的规律，这样制定出来的政策才是普适性的、根本性的。三是要积极协调推动，凡是退役军人欢迎的、对推动工作有利的好的政策点，要主动登门、不怕碰壁，要敢于争取、善于协调，不达目的不罢休。四是要强力推进政策落实，充分利用这次部里统一组织的“蹲点抓落实”活动，一个点位一个点位地走、一项政策一项政策地核，属于政策不完善的，要采取打补丁、发通知的方式及时完善；属于落实不到位的，要现场指出、现地督办，问题不解决不撒手，同时举一反三、以点带面，全面彻底推进落实。

（三）在创新安置模式上聚焦用力

安置任务的完成和安置质量的提升，很大程度上取决于安置方式的创新完善。随着军事人力资源政策改革基本落地，军官安置数量大幅减少，但安置的批次也在增加，由一年一次调整为每季度一次，逐月领取退役金扩大到军士。这些变化，都要求我们对安置模式进行及时调整完善。要坚持系统观念，积极衔接军地改革要求，从移交接收、岗位安排、教育培训、待遇落实4条链路上，对安置政策制度体系进行整体优化，增强制度的协同性。要坚持问题导向，聚焦退役军人所思所盼，从安置工作运行机制入手，着力抓重点、解难点、通堵点、除盲点，健全完善各项政策规定，使之更加成熟定型。要坚持精细服务，发挥基层退役军人服务中心（站）作用，推进“一站式”退役安置手续办理，加强待安置期教育管理，为退役军人提供高效便捷服务。要坚持凝聚合力，充分发挥我国社会主义制度优势和军政军民团结政治优势，健全完善统一领导、分工负责、军地协作、分级实施、社会参与的退役军人安置体制机制，形成强大工作合力，营造关心关爱退役军人的浓厚社会氛围。

（四）在搞好军休服务上聚焦用力

要坚持开门办所，积极适应社会化服务方向，打破军休所多年沿袭的大包大揽、封闭单一的服务管理模式，融入社会购买服务，引入社会力量和资源，提供个性化服务，满足军休人员多元化需求，特别是要重点做好失能、半失能军休人员养老服务。要建强保障机构，推进老旧军休小区改造，完善配套设施建设，办好“军休老年大学”，常态化推出精品课程，打造军休文化品牌，重点做好《兵心》话剧评奖展演工作，为广大军休人员营造和谐舒适的休养氛围。要激励军休人员发挥余热，打造军休智库，组建医疗义诊队、文艺服务队等志愿服务队伍，组织军休人员讲革命传统、讲战斗故事、讲奋斗历程，让他们老有所为、老有所乐。

以高质量退役军人安置服务中国梦强军梦

——在《中国退役军人》2022年第12期上的署名文章

（2022年12月10日）

杨友斌

党的二十大报告提出，加强军人军属荣誉激励和权益保障，做好退役军人服务保障工作。在意气风发向第二个百年奋斗目标进军的新征程上，我们要深入学习领会并全面贯彻落实党的二十大精神，坚持妥善安置、合理使用、人尽其才、各得其所的方针原则，自信自强、守正创新，推动退役军人安置工作高质量发展，不断增强广大退役军人获得感、幸福感、荣誉感，为推进强国强军事业贡献力量。

回顾新时代10年伟大历程，充分认识退役军人安置工作的历史成就

党的十八大以来，以习近平同志为核心的党中央团结带领全党全军全国各族人民撸起袖子加油干、风雨无阻向前行，推动党和国家事业取得举世瞩目的重大成就。习近平总书记高度重视退役军人安置工作，围绕妥善安置退役军人、发挥退役军人作用作出一系列重要论述，为做好新时代退役军人安置工作提供了根本遵循。在党中央的坚强领导下，各地各部门高度重视退役军人安置工作，主要领导高位推动、军地部门合力共为、退役军人事务系统担当作为，持续提升安置质效，有力服务了强军兴军大局和改革发展稳定全局。

一是政策制度体系日趋完善。立足新时代新要求，坚持“立、改、废、释”并举，研究起草《退役军人安置条例》，制定安排工作退役士兵服役表现量化评分办法，围绕规范移交程序、落实安置待遇、加强档案管理等方面配套出台了10余个政策性文件，开展安置政策文件清理工作，政策制度不断完善，改革效能持续释放。

二是安置方式途径不断拓展。建立逐月领取退役金安置制度，加大市场化安置方式改革探索，更好满足退役军人多元化需求。创新开展转业军官“直通车”安置，实行专业人才对口安置，提高人岗匹配度。改进中央单位接收安置转业军官办法，完善中央企业接收安置安排工作退役士兵措施，不断优化安置办法。出台鼓励政策，引导退役军人到党和人民最需要的地方建功立业。

三是安置目标任务高质完成。树立重德才、重实绩、重贡献的安置导向，健全“阳光安置”工作机制，认真做好年度退役军人安置工作，加快接收安置长期滞留部队的军休人员和伤病残退

役士兵，积极做好跨军地改革部队人员落户和改革期间退出消防员安置，全力支持深化国防和军队改革。4 年多来，累计接收安置 185 万余名退役军人，其中 33 万名转业军官和安排工作退役士兵被安置到机关、群团组织、事业单位和国有企业。

四是历史遗留问题有力破解。积极稳妥开展安置遗留问题化解工作，维护退役军人合法权益。特别是，按照党中央决策部署，全面完成部分退役士兵基本养老保险集中补缴工作，惠及 285.3 万名退役士兵，基本医疗保险进入常态化办理阶段。这一工作的完成，不仅接续了退役老兵们的保险保障，而且传递了党的关心关怀。

聚焦新征程强国强军目标，准确把握退役军人安置工作的时代要求

党的二十大，对实现建军 100 年奋斗目标、实现第二个百年奋斗目标作出全面部署。退役军人安置工作肩负着“两个服务”的职责使命。新形势下，必须回答好新课题、完成好新使命，做到国防和军队建设前进一步、经济社会发展一步，退役军人安置工作就跟进一步。

一是深化国防军队改革，对加强政策制度衔接提出更高要求。这轮深化国防和军队改革，通过重塑重构领导指挥体制、现代军事力量体系、军事政策制度，人民军队体制一新、结构一新、格局一新、面貌一新，在军事人力资源、军人待遇保障、功勋荣誉体系、军人权益维护等方面密集出台了一系列法规制度。这就要求我们必须搞好退役军人安置政策制度的有序衔接，在思想理念、体制机制、实践举措等各方面加强协调适应，确保军地改革整体联动、相互衔接，为建设巩固国防和强大军队提供有力支持。

二是实施人才强军战略，对鲜明立起安置导向提出更高要求。强军之道，要在得人。人才是推动我军高质量发展、赢得军事竞争和未来战争主动的关键因素。退役军人安置工作，关系退役军人切身利益，关系部队军心士气。这就要求我们必须紧紧围绕新时代人才强军战略，健全匹配服役贡献的安置机制，树立服役时间越长、实绩贡献越大、退役安置越好的鲜明导向，激励部队官兵一门心思谋打仗、聚精会神抓备战，吸引更多优秀青年投身军营，促进军地人才有机融合。

三是服务对象需求期盼，对优化提升安置质量提出更高要求。退役军人安置工作是帮助退役军人实现身份转变、融入社会、发挥作用的重要过程，广大退役军人不仅希望“有岗可安”，而且希望能够在新岗位上更好发挥作用、实现人生价值。这就要求我们必须树牢“以退役军人为中心”的工作理念，深挖安置潜力，优化安置办法，提升安置质量，不断满足广大退役军人对美好生活的新向往、新期待。

四是推进中国式现代化，对发挥退役军人作用提出更高要求。退役军人经过部队严格教育训练和重大任务考验，是党和国家的宝贵财富，是一片人力资源“富矿”。这就要求我们必须提高退役军人安置工作的科学化精细化水平，加强思想政治引领，进一步把优质的军事人力资源有效转化为经济社会发展的人才资源，更好地把退役军人集聚到党和人民事业中来，引导他们成为各行各业的优秀建设者和巩固党长期执政的坚定力量。

紧扣新使命深化改革创新，坚决扛起退役军人安置工作的政治责任

新征程是充满光荣和梦想的远征。蓝图已经绘就，号角已经吹响。我们必须坚持以党的二十大精神为指引，深入贯彻落实习近平强军思想和习近平总书记关于退役军人工作重要论述，把妥善安置退役军人作为一项重要政治任务，作为事关国家发展和军队建设的一件大事，作为支持强军兴军、服务备战打仗的实际行动，扛牢政治责任，强化使命担当，以实际行动捍卫“两个确立”、践行“两个维护”。

一是更加注重强化党的全面领导。按照党管干部、党管人才的原则，把退役军人安置工作摆在突出位置，加强组织领导，高位统筹推动。创新安置机制，压实安置责任，健全监督方式，确保党中央关于退役军人安置工作的方针政策得到全面贯彻和有效执行，让军人成为全社会尊崇的职业，让退役军人成为全社会尊重的人。

二是更加注重抓好政策制度建设。坚持系统观念，积极衔接军地改革要求，从移交接收、岗位安排、教育培训、待遇落实 4 条链路上，对安置政策制度体系进行整体优化，增强制度的协同性。坚持问题导向，聚焦退役军人所思所盼，从安置工作运行机制入手，着力抓重点、解难点、通堵点、除盲点，健全完善各项政策规定，使之更加成熟定型。

三是更加注重坚持精准精细服务。科学编制安置计划，加大岗位筹集力度，持续优化机关、群团组织、事业单位和国有企业接收安置转业军官和安排工作退役士兵的结构比例。加强精准安置的改革探索，健全完善有利于发挥退役军人能力专长的安置办法，有效盘活退役军人和安置岗位“两个资源”，促进人岗相适、人事相宜。发挥基层退役军人服务中心（站）作用，推进“一站式”退役安置手续办理，加强待安置期教育管理，为退役军人提供高效便捷服务。

四是更加注重凝聚共识合力共为。退役军人安置是一项跨军地、跨部门、跨领域的系统工程，涉及工作安排、待遇保障、教育培训、家属安置等各个方面，要充分发挥我国社会主义制度优势和军政军民团结政治优势，健全完善统一领导、分工负责、军地协作、分级实施、社会参与的退役军人安置体制机制，形成强大工作合力，营造关心关爱退役军人的浓厚社会氛围。

在上海退役军人学院成立仪式上的讲话

（2022 年 1 月 11 日）

马飞雄

今天，我们在这里隆重集会，举行上海退役军人学院成立挂牌仪式，这是退役军人事务系统的一件大事、喜事，具有重要的里程碑意义。

习近平总书记历来高度重视教育工作和退役军人工作，强调“要让教师成为让人羡慕的职业”“要让军人成为全社会尊崇的职业”。上海退役军人学院的成立，将让人羡慕和让人尊崇的两项特殊职业有机结合起来，是创造性贯彻落实习近平总书记重要指示的重大举措和生动实践，必将对促进教育事业和退役军人事业融合发展产生重大而深远的影响。

上海市委市政府有着重视支持国防和军队建设的光荣传统，新中国成立初期积极响应党和国家“备战备荒为人民”“好人好马上三线”的号召，迁建重点国防科工企业到中西部地区，全力支援三线国防建设。改革开放以来坚持把服务部队备战打仗摆上重要位置，持续开展拥军优属“六送”活动，着力破解驻沪部队战备训练生活急需和广大官兵“三后”问题急盼。这次又拿出专门指标、筹措专门资金、集中专门编制，率先成立上海退役军人学院，主动承担优秀退役军人到中小学任教试点任务，必将为全国推开这项工作、拓展新的安置渠道，提供可复制可推广的“上海模式”。

教育部立足教师队伍补充优化，退役军人事务部着眼军事人才资源转化，共同谋划实施优秀退役军人到中小学任教试点工作，上海退役军人学院的成立标志着这项试点工作从设想开始走向实施，必将为优秀退役军人在教育领域建功立业开辟新的天地。

雄关漫道真如铁，而今迈步从头越。上海退役军人学院的成立只是迈出了关键的第一步，要真正实现从优秀退役军人到优秀人民教师的转变还任重道远。

希望上海师范大学发挥独特优势，把退役军人学院办成培养优秀教师的摇篮。坚持党建引领与思想铸魂相结合，将师大新时代党建示范院校的政治优势，转化为引导退役军人学生用习近平新时代中国特色社会主义思想武装头脑的胜势。坚持因材施教与创新培养相结合，将师大专业底蕴深厚、师资力量雄厚的学术优势，转化为培养退役军人教师人才的胜势。坚持探索实践与总结经验结合，将师大管理退役军人学院特有的体制机制优势，转化为推动退役军人师范教育工作高质量发展的胜势。

希望退役军人事务系统履行职能使命，把优秀退役军人组织引导到教育领域发挥作用。上海市退役军人事务局要充分履职尽责、主动作为，动员推荐最优秀的退役军人依法按规进入退役军人学院学习，协助教育部门和学院做好退役军人学生教育管理保障工作，为圆满完成试点任务提供有力支撑。各地退役军人事务部门要主动跟进、学习借鉴上海有益经验做法，因地制宜制定实施方案，主动做好政策储备，积极寻求各方支持，为这项工作全面铺开及早谋篇布局。

希望优秀退役军人立志教育报国，把个人发展融入党和国家教育事业大局之中。要珍惜政策机遇，树立为党育人、为国成才的人生目标，积极报考上海退役军人学院等师范类院校；入学后要珍惜学习机会，专心致志汲取知识养分，增强教育教学本领；入职后要珍惜军人荣誉，继续发扬部队优良作风，退役不褪色、退伍不退志，永远做“最可爱的人”；要坚持立德树人，强化使命担当，安心从教、热心从教、舒心从教、静心从教，努力做教书育人的楷模。

在“荣光行动”宣传联盟启动仪式上的致辞

（2022 年 2 月 26 日）

马飞雄

今天，退役军人事务部、中国东方航空集团有限公司（简称“东航集团”）联合开启“中国退役军人空中保障专班号”，并与人民日报数字传播公司、快手科技公司和 10 多家军创企业等，共同启动“荣光行动”宣传联盟，这是惠及广大退役军人的又一件好事、喜事。

习近平总书记高度重视退役军人工作，指出要满腔热忱为退役军人服务，切实把好事办好。“中国退役军人空中保障专班号”开启，“荣光行动”宣传联盟成立，是贯彻落实习近平总书记关于退役军人工作重要论述的务实举措，是联合社会力量做好退役军人工作的生动实践，必将通过整合各类资源、展示各家所长，在凝聚“尊重退役军人、尊崇军人职业”社会共识、浓厚拥军优属社会氛围等方面发挥不可替代的特殊作用。

长期以来，东航集团始终把“东航梦”融入“中国梦”的伟大历史进程，积极履行社会责任，拓展航空军创项目，开发双拥公益、惠军产品，接收安置退役军人，为支持退役军人工作作出了突出贡献。今天下午我们参观的空保支队、飞行一线，就有不少退役军人，他们在这里发挥才干、建功立业，令我十分欣慰。这充分体现了东航集团领导对退役军人工作的高度重视和对退役军人的关心关爱。

中国联航从军转民而来，本身拥有人民空军的基因；10 多家军创企业，延续着军人血脉；人民日报数字传播公司、快手科技公司有着拥军热情。大家一直关注退役军人工作，在宣传舆论引导、吸纳退役军人就业、惠军数字产品开发等方面给予了极大的帮助，彰显了应有的使命担当和社会责任。

退役军人事务部组建近 4 年来，锚定“让退役军人成为全社会尊重的人，让军人成为全社会尊崇的职业”这个目标，坚持以退役军人为中心，各项工作取得新进展、实现新突破，退役军人获得感、幸福感、荣誉感不断增强。部属宣传中心聚集中心、服务大局，成立刚满 1 周年，“中国退役军人”融媒体品牌就形成矩阵，《中国退役军人》杂志发行量突破 41 万份，担当起退役军人事务系统思想政治引领、社会舆论引导重任，宣传力和影响力显著提升，得到了中央领导的充分肯定。

“中国退役军人空中保障专班号”开启、“荣光行动”宣传联盟成立，只是搭建了一个宣传交流的平台，仅仅迈出了十分关键的一步，但要真正实现“汇集各家所长、凝聚示范之力、共享尊崇之光”的目标还任重道远。

希望“荣光行动”联盟成员不忘合作初心，共担责任使命。突出宣传习近平总书记重视退役军人工作、关爱退役军人，聚焦破解退役军人工作难点堵点，回应广大退役军人所需所盼，充分发挥宣传联盟的组织力、号召力、战斗力、凝聚力，坚持守正创新，传递歌颂党和政府重视关爱退役军人及其工作好声音，弘扬唱响退役军人工作主旋律，创作反映退役军人好作品。

希望“荣光行动”联盟成员发挥引领作用，汇聚磅礴力量。一方面，做实做细“中国退役军人空中保障专班号”，带头接收安置退役军人就业创业，帮助军人军属排忧解难，积极营造拥军优属良好氛围；另一方面，带动辐射更多优秀企业加入联盟中来，联动多方资源，协调各方力量，凝聚起宣传退役军人工作、服务退役军人的强大阵容，共同推动退役军人工作高质量发展。

希望退役军人宣传系统积极当好主角，再创佳绩。要不断尝试新手段，设计新形式，发挥新创意，全方位讲好退役军人故事，“绘”就退役军人工作立体画面，让退役军人的相关宣传报道往深里走、向实里走、往心里走。要积极跟进、主动报道联盟各成员单位服务退役军人工作、帮助退役军人的经验做法，推动体制内外宣传力量优势互补、资源共享和业务联动。

在“老兵永远跟党走——老兵宣讲”启动仪式暨“传承红色基因，强国复兴有我”巡回宣讲首场报告会上的致辞

（2022 年 7 月 22 日）

马飞雄

习近平总书记高度重视思想宣传工作，强调要开展先进模范学习宣传活动，弘扬英雄精神，营造崇尚先进、见贤思齐的浓厚氛围。在喜迎建军 95 周年之际，我们在这里隆重集会，共同见证“老兵永远跟党走——老兵宣讲”实践活动启动仪式，现场聆听老兵故事、领略老兵风采、感悟老兵精神，意义十分重要。

“老兵永远跟党走”活动，是退役军人事务系统在庆祝建党百年活动实践中孕育的特色品牌，是引导退役军人自我激励、自我完善、自我提高的群众性教育实践，活动一经推出就得到社会各界特别是广大退役军人的热情参与。今年下半年，我们党将召开第二十次全国代表大会，这是党和国家政治生活中的一件大事。为进一步强化退役军人思想政治引领，退役军人事务系统层层组建“老兵宣讲团”，深入开展“老兵永远跟党走——老兵宣讲”实践活动，围绕强化政治意识、开展国防教育、培塑文明新风、激励创新有为等重点内容，常态化开展群众性宣讲活动，动员和激励广大退役军人不忘初心、奋发有为，以实际行动服务经济社会发展、服务国防和军队建设。

希望老兵宣讲实践活动，牢牢把握正确政治方向和价值导向，聚焦宣讲“两个确立”的决定性意义，聚力唱响爱党爱国爱军爱社会主义的时代主旋律，充分发挥优秀退役军人教育引领作用，引导带动广大退役军人自觉把听党话、跟党走的忠诚誓言，转化为再立新功、再创佳绩的时代风采，持续凝聚起奋进新时代、逐梦新征程的磅礴力量。希望老兵宣讲团成员坚决做习近平新时代中国特色社会主义思想的坚定信仰者和积极传播者，广泛宣讲好新时代的原创性思想、变革性实践、突破性进展、标志性成果，以示范行动把好传统带入新征程，将好作风传承新时代。希望以本次启动仪式和巡回宣讲为起点，组织一系列接地气、聚人气的特色宣讲活动，强化主题宣讲带动、网络宣讲辐射功能，在全社会广泛讲述新时代老兵故事、展现新时代老兵风貌、反映新时代退役军人工作成效，大力营造喜迎党的二十大胜利召开的浓厚氛围。

预祝“老兵永远跟党走——老兵宣讲”各项活动圆满成功，结出丰硕成果！

全国退役军人工作

退役军人事务部工作情况

2022年，退役军人事务部在以习近平同志为核心的党中央坚强领导下，始终坚持以习近平新时代中国特色社会主义思想为指导，全面学习贯彻党的二十大精神，深入贯彻习近平总书记关于退役军人工作重要论述，坚决落实党中央决策部署，统筹发展和安全，破难题、防风险、抓落实，各项工作取得了新的成绩。

一、坚决拥护“两个确立”、做到“两个维护”

退役军人事务部深刻认识“两个确立”是党在新时代取得的重大政治成果，是推动党和国家事业取得历史性成就、发生历史性变革的决定性因素。坚持把学习习近平新时代中国特色社会主义思想作为“第一议题”，及时跟进学习习近平总书记最新重要讲话、重要论述精神，深刻领悟“两个确立”的决定性意义，增强“四个意识”、坚定“四个自信”、做到“两个维护”。

党的二十大召开后，将学习宣传贯彻党的二十大精神作为退役军人事务系统首要政治任务，部主要负责同志带头在党组理论学习中心组、党员干部大会传达宣讲，到5家部属事业单位进行宣讲并督导学习贯彻。认真贯彻落实习近平总书记“五个牢牢把握”“三个全面”重要要求，组织制定部党组学习宣传贯彻党的二十大精神实施方案，明确具体安排。部党组和各司（局）主要负责同志，围绕贯彻落实党的二十大精神进行专题谋划，分析形势任务，厘清工作思路。指导全系统深入学习宣传贯彻党的二十大精神，专门印发通知、提出具体要求，教育引导系统党员干部和广大退役军人永远听党话、跟党走，为全面建设社会主义现代化国家、全面推进中华民族伟大复兴作出新的更大贡献。通过宣讲辅导、专题培训、交流研讨等形式，迅速掀起学习贯彻热潮。

二、坚决贯彻以习近平同志为核心的党中央决策部署

坚持把习近平总书记重要指示批示作为“政治要件”，把贯彻落实习近平总书记重要指示批示作为“第一要务”，对习近平总书记重要指示批示和其他中央领导同志批示要求，逐一制定方案、建立台账，确保落地见效。注重发挥督查督办作用，健全完善习近平总书记重要指示批示贯彻落实情况督办机制，坚持及时建账、按周报账、十天督账、按月查账、按季对账、年度收账、次年“回头看”，全程跟踪督导，专题研究推动，确保指示批示落到实处。高度重

视党中央、国务院重要会议精神的学习贯彻，及时召开党组会、部务会传达学习，部署落实举措，全力推动学习贯彻走深走实。组织制定《关于学习贯彻中央经济工作会议精神的实施方案》并印发全系统。突出抓好中央政治局常委会工作要点、《政府工作报告》重点任务要点的落实，全力推进《“十四五”退役军人服务和保障规划》的实施。在全系统部署开展“蹲点抓落实”工作，成立16个调研组分3个批次赴27个省（自治区、直辖市）和新疆生产建设兵团开展实地调研。其间，采取沉浸式、体验式蹲点，深入乡村、社区，以退役军人身份到服务窗口了解办事流程、感受服务态度，全面检视政策落实情况，分析问题症结，明确工作方向，推动习近平总书记重要指示批示和党中央、国务院决策部署落实落地。

三、积极为部队备战打仗解难题、办实事

习近平总书记强调，要做好退役军人安置、伤病残军人移交、随军家属就业、军人子女入学等工作，共同把强军事业推向前进。我们遵照习近平总书记重要指示精神，健全逐月领取退役金政策制度，完善退役士兵量化评分办法，提前完成年度安置任务。组织召开退役军人工作服务部队备战打仗座谈会。推动召开纪念延安双拥运动80周年座谈会，指导各地因地制宜开展形式多样的纪念活动，使双拥传统薪火相传、发扬光大。健全完善军地互办实事“双清单”机制，组织各地开展军人随军家属招聘会1920余场，参与单位达4.8万余家，提供就业岗位77万余个，组织7.4万余家企业和7080余个社会组织参与拥军优属工作，覆盖购物、医疗、住房、养老等多个领域。组织36个全国双拥模范城（县）与边海防基层连队结对共建，开展“情系边海防官兵”慰问活动。组织开展全国双拥模范城（县）届中考评，组织创作双拥主题歌曲，设计双拥主题标识，积极宣传双拥工作的创新实践。部主要负责同志带队赴福建慰问一线任务部队，赴战略支援部队慰问基层官兵，调研军供保障建设等情况。实行常态化社会化拥军，推动解决随军家属就业、子女入学难题，努力解除官兵后顾之忧。

四、积极引导退役军人投身国家重大战略

退役军人是党和国家的宝贵财富，要安置好，也要使用好，继续发挥他们的作用。举办退役军人村干部（“兵支书”）能力提升培训示范班，引导34.8万余名退役军人投身乡村振兴。印发指导意见，推动基层发挥志愿服务队伍作用，助力思想政治工作走深走实。组织退役军人志愿者积极参与疫情防控、抗震救灾、山火扑救等急难险重任务，打造出一批志愿服务品牌。召开全国退役军人志愿服务工作推进会，推荐参评全国学雷锋志愿服务“四个100”先进典型宣传推选活动。设立国防教育辅导员新职业，召开关于促进优秀退役军人到中小学任教工作会，指导各地加速推动“兵教师”培养工作，打通优秀退役军人到中小学任教通道，试点成立退役军人学院。

五、千方百计稳定就业、兜牢保障底线

习近平总书记强调，要做好退役军人等重点群体就业，把广大退役军人工作和生活保障好。2022年，受疫情等因素影响，经济发展受到冲击，就业形势严峻，加之30多万名高职扩招退役军人毕业，需要就业的人数较往年多出1倍。面对双重压力，推出一系列优惠政策，鼓励民营企业招用退役军人，推动各地做好1.2万家签约企业落实就业岗位。会同教育部召开全国高职扩招退役军人毕业生就业工作视频会议。全面推行适应性培训，深化技能培训与就业一体化服务，实施跨省异地培训试点，提高退役军人就业创业培训质量。妥善处理高职扩招退役士兵学生资助问题，为38.3万名高职扩招非自主就业退役士兵学生减免学费68亿元。举办退役军人创业创新大赛，开展“军创英雄汇”系列直播，组织1.7万场招聘活动，提供岗位480余万个，推动实现以创业带动就业，就业质量在经济下行压力加大情况下稳中有升。加强就业困难帮扶，指导各地为退役军人中小企业和个体工商户纾困解难。强化困难退役军人兜底保障，建立精准帮扶机制。指导开展“情暖老兵——为退役军人排忧解难”专项行动，帮扶资金及物资价值超过1.2亿元，上百万名退役军人受益。联合最高人民法院、最高人民检察院开展退役军人司法救助。

六、大力营造尊崇尊重氛围

深刻体悟习近平总书记深厚英雄情怀，在全社会营造崇尚英雄、缅怀先烈的良好氛围。深入贯彻《关于加强新时代烈士褒扬工作的意见》，积极弘扬英烈精神，传承红色基因，凝聚党和国家事业永续发展的强大精神动力。组织“老兵永远跟党走——老兵宣讲”实践活动，在北京、湖南、广西、福建等地举办全国老兵宣讲团“传承红色基因·强国复兴有我”主题巡回宣讲报告会。组织传唱“退役军人之歌”。推出《兵心》《本色》《老兵记忆》等一批优秀作品，开展退役军人事务系统网络正能量作品大赛。隆重举行第九批在韩中国人民志愿军烈士遗骸装殓交接迎回安葬仪式，部主要负责同志赴沈阳主持。开展“山河锦绣·英雄归来”系列主题宣传，首次邀请香港学生代表参加迎回安葬仪式。常态化开展功勋荣誉表彰宣传，组织开展2022年度“最美退役军人”学习宣传活动，选树退役军人先进典型，精心配合做好“奋进新时代”主题成就展布展工作，推动权威主流媒体大力宣传英雄烈士、功臣老兵等典型人物事迹。组建国家烈士遗骸搜寻队和DNA鉴定实验室，全面加强烈士纪念设施管理保护，全国县级以下烈士纪念设施整修全面完成，集中整修25万余处县级以下烈士纪念设施。有序推动我国在老挝、缅甸、赞比亚等境外烈士纪念设施保护管理，坦赞铁路纪念园竣工开园，彰显负责任大国形象。坚决打击诋毁英烈和网络售卖烈士物品、军功章等违法行为。稳步推进优待证申领发放，不断拓展优待证使用场景，优抚对象的获得感、幸福感、荣誉感不断得到增强。

七、以巡视为契机推动系统自身建设

认真学习贯彻习近平总书记关于巡视工作重

要论述，将接受巡视作为一次全方位、深层次、广范围的“政治体检”，高标准推动巡视反馈意见整改落实，以巡促改、以巡促建、以巡促治，推动系统自身建设全面提升。坚持“当下改”与“长久立”，制定巡视整改工作方案，细化明确具体整改任务，逐条建立工作台账，制定作战图、时间表，部主要负责同志带头领办重点难点问题。坚持每周“一汇报”、十天“一督办”、每月“一会商”，压茬推进巡视整改任务落实。加强政治建设，坚持站在政治全局高度思考谋划退役军人工作，推动政治机关建设向全系统延伸。严格落实中央八项规定及其实施细则精神，规范权力运行和监督制约机制。着力整治“四风”，特别是形式主义、官僚主义问题。树牢群众观点，贯彻群众路线，完善基层联系点制度，推行领导干部、机关干部接访制度。坚持工作重心下移，大力提升基层服务保障能力，巩固示范型服务中心（站）和“百家红色站点”建设成果，新设“退役军人事务员”职业。推进“互联网+退役军人服务”，制定服务对象信息化标签标准，搭建一体化网上服务平台，促进服务便捷高效。

政策法规

2022年，退役军人政策法规工作坚持以习近平新时代中国特色社会主义思想为指导，围绕迎接、学习、宣传、贯彻党的二十大精神这一主线，坚决落实党中央、国务院决策部署和部党组要求，强化责任担当、狠抓工作落实，各项工作取得新的成效。

一、逐步完善法律规范体系

《退役军人安置条例（草案）》《军人抚恤优待条例（修订草案）》按立法程序抓紧推进。《烈士纪念设施保护管理办法》于2022年1月24日以退役军人事务部令第6号公布，自2022年3月1日起施行。《优抚医院管理办法》于2022年6月28日以退役军人事务部、国家卫生健康委员会、国家医疗保障局令第7号修订公布，自2022年8月1日起施行。《烈士安葬办法》于2022年11月30日以退役军人事务部令第8号修订公布，自2023年2月1日起施行。

二、深入开展“蹲点抓落实”

推动退役军人工作法律政策落地见效，研究制定工作方案，在全系统开展“蹲点抓落实”工作，全面了解退役军人事务法律政策在基层的落实情况，分析法律政策执行中的堵点和缺陷，反思工作指导中的不足和问题，寻找解决问题的新思路、新办法，指导帮助基层推动落实，提高全系统调查研究、推动工作能力。

三、持续推动退役军人法律援助

推动《关于加强退役军人法律援助工作的意见》贯彻落实，指导部分地区扩大援助事项范围、降低援助对象条件，组建退役军人法律服务志愿队伍。各级退役军人事务部门依托服务体系设立法律咨询窗口5.2万余个，会同司法部门在县级以上退役军人服务中心和服务对象人数较多的乡镇（街道）设立法律援助工作站1.1万个，在其他乡镇（街道）、社区（行政村）设立法律援助联络点16.7万个，通过政府购买服务等方式聘请律师为退役军人提供法律援助服务。

四、扎实做好政策理论研究

强化目标导向，树立成果意识，精心组织完成2021年5个部级课题研究任务，呈报8篇研究成果简报。印发2022年课题研究计划，通过召开座谈会等方式指导推动课题研究工作。引导退役军人事务研究基地承担专项研究任务，积极开展自主研究，充分发挥各研究基地研究咨询作用。

五、统筹推进《中国共产党领导下的退役军人工作发展史》的编纂工作

成立编纂工作领导小组、起草小组、专家顾问组，组织召开编纂工作领导小组会议 2 次，赴中央档案馆、中国人民解放军档案馆、中国共产党历史展览馆、中国人民革命军事博物馆，以及福建、陕西等地广泛收集档案史料，共收集文献近 600 册、档案 2200 余份，建立史料数据库 100 万余字，形成 60 余万字的退役军人工作大事年谱、3 万余字的编纂大纲，初稿起草工作正在扎实推进。

六、不断提高依法行政能力

一是加强退役军人事务系统法治建设。2022 年 12 月 7 日印发《关于加强退役军人事务法治文化建设的实施意见》，明确新形势下退役军人工作法治建设的总体思路和重点任务。

二是依法依规开展行政复议工作。切实履行行政复议职责，积极办理行政复议案件，化解行政争议，充分发挥行政复议公正高效、便民为民的制度优势和化解行政争议的主渠道作用。

三是从严规范做好合同、协议审查工作。印发《退役军人事务部合同审核管理办法》，进一步规范退役军人事务部合同签订工作，防范法律风险，保障财政资金和国有资产安全。

思想政治和权益维护

2022年，退役军人思想政治和权益维护工作坚持以习近平新时代中国特色社会主义思想为指导，深入学习贯彻党的二十大精神，全面贯彻落实习近平总书记关于退役军人工作重要论述，推动各项任务落地落实。

一、持续加强思想政治引领

（一）深入学习宣传贯彻党的二十大精神

印发《退役军人事务部关于认真学习贯彻党的二十大精神的通知》，带动退役军人事务系统和广大退役军人深入学习贯彻党的二十大精神。开展“奋进新征程　喜迎二十大”融媒体专项宣传，着重宣传党的二十大代表中的优秀退役军人和2022年度“最美退役军人”。

（二）强化典型示范引领

会同中央宣传部、中央军委政治工作部开展2022年度“最美退役军人”学习宣传活动，授予上海浦东新区三栖退役军人应急救援保障服务队1个集体和马永庆等19名先进个人“最美退役军人”称号，通过中央广播电视总台向社会发布先进事迹，展现“最美”形象。遴选3名全国模范退役军人担任北京2022年冬奥会、冬残奥会火炬手，组织全国模范退役军人和全国“最美退役军人”等50余名先进典型到山东开展短期疗养活动，礼遇尊崇先进典型。

（三）助力“兵支书”能力提升

在贵州举办退役军人村干部（“兵支书”）能力提升培训示范班，聚焦乡村振兴主题，结合“兵支书”工作实际，帮助学员准确理解把握乡村振兴的内涵实质，开阔视野提升能力，并示范带动各地抓好“兵支书”教育培训工作。会同农业农村部在浙江、吉林、福建等8个省份开展高素质农民（“兵支书”）培育试点工作，依托农业农村部门优势资源，提升退役军人村支书素质能力。

（四）扎实推进志愿服务

印发《退役军人事务部关于充分发挥基层志愿服务队伍作用　做好退役军人思想政治工作的指导意见》，指导各地进一步加强退役军人思想政治工作志愿服务队伍建设和作用发挥，助力有效化解信访矛盾问题。在中央宣传部、中央文明办等部门组织开展的2021年度全国学雷锋志愿服务“四个100”先进典型宣传推选活动中，退役军人事务领域9个先进典型榜上有名。以视频会议形式召开全国退役军人志愿服务工作推进会，总结工作、交流经验、做出部署，推动退役军人志愿服务工作深入开展。

二、依法依规维护合法权益

（一）精准帮扶深入开展

建立完善与民政部的基础数据共享比对机制，摸清全国困难退役军人共 87.4 万人。进一步完善全国困难退役军人帮扶援助服务系统，动态掌握各地帮扶解困情况。印发《退役军人事务部办公厅关于强化困难退役军人兜底保障工作的通知》，指导各地加强数据管理运用，建立精准帮扶机制，兜住兜牢民生底线。为遭受疫情灾情等影响较大的辽宁、四川、甘肃 3 个省份共提供困难退役军人救助资金 50 万元，专项用于退役军人帮扶解困工作。

（二）关爱援助广泛参与

持续推动走访慰问常态化、制度化，利用元旦、春节、“八一”建军节等重要时间节点，普遍开展退役军人走访关爱活动，2022 年各地共投入资金 19.08 亿元，走访帮扶退役军人 723.2 万人次，有效传递了党和政府对退役军人的关怀温暖。会同中华慈善总会、中国人寿保险（集团）公司、中国老龄事业发展基金会、中国教育发展基金会等单位，联合开展“情暖老兵——为退役军人排忧解难”专项行动，重点围绕生活存在特殊困难、为国防和军队建设作出突出贡献、在平凡岗位弘扬正能量的退役军人及家庭，组织开展送温暖、献爱心、树典型等活动。专项行动帮扶资金及物资价值超过 1.2 亿元，上百万名退役军人受益。

（三）司法救助扎实开展

深化部门联动机制，联合最高人民法院、最高人民检察院开展退役军人司法救助，各级法院、检察机关会同退役军人事务部门充分发挥各自职能优势加强协作，为 1734 名遭受违法犯罪侵害的困难退役军人和军人军属开辟“绿色通道”、提供司法救助，共发放司法救助金 4100 万元，帮助他们早日走出生活困境。在全国范围内筛选检察机关与退役军人事务部门加强司法救助协作的典型案例，并联合印发各地学习借鉴。

（四）平安建设稳步推进

贯彻落实平安中国建设协调小组和相关专项组工作部署，扎实推进平安中国建设，助力退役军人工作高质量发展。围绕风险隐患防控、信访事项办理、决策部署落实、法规政策配套、合法权益维护等维度，选取退役军人事务直接关乎平安中国建设的事项，共设定 13 个考评指标 31 项考评细则，组织开展 2021 年度退役军人事务领域平安建设考评工作。

三、着力推动矛盾问题化解

（一）畅通信访渠道，完善制度机制

研究制定退役军人事务部信访工作办法，提升退役军人信访事项办理制度化、规范化水平。搭建完善“书信、走访、网络、电话”四位一体诉求反映平台，在乡镇（街道）、村（社区）服务

站点设置信访代办员、信访信息员，打通信访服务“最后一公里”。完善“13712”信访事项办理机制，建立信访事项办结质量抽查机制，以机制落实、责任到位提高信访工作质量和效率。

（二）强力精准攻坚，化解突出矛盾

持续组织开展重复信访集中治理、信访积案化解专项行动，采取专班推进、在线跟踪、动态调度、逐案审核、定期通报等刚性措施，推动“省级领导包各市、市级领导包各县、县级领导包个案、局长亲自上门干”，积极化解信访积案。2次会同国家信访局、中央军委政治工作部等军地相关部门召开退役军人事务系统攻坚化解疑难信访问题精准协调推进会议，有力推动一批重难点案件化解。

（三）搭建调解平台，强化源头治理

探索建立涉退役军人矛盾源头治理机制，会同最高法联合印发有关文件，把非诉讼纠纷解决机制挺在前面，注重从源头预防和化解涉退役军人矛盾纠纷，引导他们依法理性反映诉求、解决问题。指导各地积极组建老兵调解室、老班长工作室等调解组织，构建“退役军人调解员＋专业调解员”模式。

四、切实提升服务保障水平

（一）强化统筹指导

指导各地依托退役军人服务中心（站）教育引导广大退役军人深入学习贯彻党的二十大精神。举办全国首期退役军人服务保障体系建设管理培训班，明确工作思路，提升工作能力水平。研究开发服务保障体系“服务通”APP，建立上下贯通、方便快捷的联络机制。

（二）筑牢服务基础

开展服务保障体系建设情况自查工作，对机构、编制情况进行逐项比对，摸清实情。推动各级退役军人服务中心（站）位置信息录入百度、高德电子地图，目前百度地图录入站点50万个、高德地图录入站点60.5万个。建立服务监督评价机制，在各级退役军人服务中心（站）统一悬挂服务监督评价标牌，新增悬挂4幅习近平总书记重视关怀退役军人的图片资料。

（三）建强工作队伍

推动“退役军人事务员”正式纳入《中华人民共和国职业分类大典（2022年版）》，成为国内首次发布为退役军人提供服务保障的新职业，也是第一个由退役军人事务部归口管理、纳入国家职业分类体系规范的职业。组建专家团队，编制“退役军人事务员”国家职业标准，启动职业试点培训和规范考务管理顶层设计有关课题研究，推进初级退役军人事务员教材编写工作。

（四）持续示范引领

开展2022年度全国退役军人服务中心（站）“百名优秀主任（站长）”遴选活动，选出100个优秀典型。加大先进典型学习宣传力度，在部官网、官微发布部分2021年度“百名优秀主任（站长）”事迹材料，指导各地学习借鉴。鼓励各地立足实际，加强退役军人服务保障体系建设模式创新，打造特色服务站点、定制特色服务项目、探索特色服务机制、建设特色服务品牌。

规划财务

2022年，规划财务工作坚持以习近平新时代中国特色社会主义思想为指导，深入学习贯彻党的二十大精神，以党建业务融合迈上新台阶、公文写作达到新水平、团队建设展现新面貌为要求，以保障好、服务好部党组中心工作为主要目标，凝心聚力、积极进取，各项工作扎实推进、顺利完成。

一、全面推进“十四五”规划实施工作

（一）精心谋划，统筹部署规划实施

专门召开“十四五”退役军人服务和保障规划贯彻实施全国视频会议，并印发通知对各地贯彻落实规划加强指导、提出要求。通过新华社、中央广播电视总台、人民网发布新闻，营造规划实施的良好社会氛围。编制印发规划任务分工方案，进一步分解任务，压实规划实施责任。创新培育规划落实“示范标杆”，部领导亲自联系推动工作先行先试。

（二）积极协调，推进规划项目建设

抓好“十四五”时期社会服务设施兜底线工程实施，协调国家发展改革委加大支持力度，中央预算内投资支持的项目数量、资金额度连年递增。指导各地做好项目储备、申报和实施工作，组织编制2023年中央预算内投资计划。联合国家发展改革委推进优抚医院项目建设实施方案编制工作，支持优抚医院基础设施建设。

（三）因地制宜，支持地方高质量发展

积极落实中央有关文件要求，出台支持贵州、浙江退役军人工作高质量发展的实施意见，有针对性地加强工作指导和政策支持，为退役军人工作与地方发展深度融合探新路、谋新篇。

二、扎实开展信息化工作

（一）创新开展数据集中统一整合

将信息化平台数据集中统一整合工作作为2022年重大任务，专门成立工作组和专班，建立月度清单和半月督导机制，扎实推进工作。更新升级业务信息系统，实现与建档立卡系统互联互通，数据向综合信息数据库数据实时汇聚，全面完成部信息化平台标准统一、互联互通、随抓随取的工作目标，开发多维度数据统计分析功能，有效支撑科学决策。制定退役军人事务领域首部信息化标签标准，全面厘清服

务对象类别，统一各信息系统人员和组织机构标签，组织河北等地先行先试，推动省级自建系统标准化改造。确定服务对象信息项管理维护责任清单，完成各业务系统问题数据治理，形成退役军人事务数据动态精准“一套数”。建设部办公新址数据大屏，深度可视化展示各项业务工作成效，进一步夯实退役军人事务高效智慧管理数字基础。

（二）积极推进“互联网＋退役军人服务”

将军人退役“一件事”办理纳入国务院办公厅印发的《关于加快推进“一件事一次办”打造政务服务升级版的指导意见》，正式印发全国施行，提升军人退役服务标准化、规范化、便利化水平。退役军人事务部加入国家政务数据共享协调小组工作机制和提升全民数字素养与技能部际协调机制，优抚信息已列入第五批国务院部门数据共享责任清单，提升退役军人工作跨部门协同办理水平。

持续推进退役军人服务 APP 等“互联网＋退役军人服务”平台建设，开发一体化网上服务平台，将退役军人互联网服务提升项目建设内容融入国务院办公厅印发的《全国一体化政务服务体系优化工程框架方案》，为今后一个时期退役军人事务信息化建设筑牢基础。研究批复北京等地数据共享需求，推动业务数据双向交换、深度应用，构建部省联动更新的数据资源体系。

（三）稳妥做好网络安全保障工作

系统安排党的二十大和北京冬奥会退役军人事务部网络安全保障工作，制定工作方案，完成实战攻防演练、风险自查评估、应急值班值守等工作，圆满实现党的二十大和北京冬奥会期间退役军人事务部网络安全零差错、零故障、零事故的目标。组织退役军人事务部第三届网络安全宣传周，开展“线上科普＋线下体验”联动式、沉浸式的网络安全宣传教育，增强全体干部职工的网络安全防护自觉性和责任感。研究确定优待证（电子版）数据应用方案，为数据安全保密管理进行了典型应用探索。

三、着力提升服务保障水平

（一）进一步加强财务预算保障

一是不断完善规章制度。修订《退役军人事务部部门预算管理办法》，制定《退役军人事务部部门决算管理办法》，编制《退役军人事务部机关内部控制工作手册》，印发《关于加强部机关预算财务管理有关工作的通知》，严格审核各项支出的合规性、合理性，照章办事、依规花钱，提高财政资金使用效益。二是有效保障工作经费。2022 年，贯彻“过紧日子”要求，坚持促节约、保重点，很好地保障了工作经费，以及部机关搬迁、信息化运维等重大任务。三是持续加强审计监督。编写《审计典型案例选编》，出台《关于建立健全审计查出问题整改长效机制的具体措施》，组织开展事业单位财务专项检查。

（二）不断增强统计服务能力

部党组会学习传达中共中央办公厅、国务院

办公厅印发的《关于更加有效发挥统计监督职能作用的意见》，组织全系统学习贯彻，增强统计质量意识。克服疫情影响，提前完成年度统计调查工作，丰富内容、优化形式，形成退役军人事务统计年报。撰写多篇统计数据分析报告，为工作决策提供统计服务。

（三）切实加强资产保障服务

开通资产配置、资产维修线上办理程序，印发加强部机关搬迁工作中国有资产管理的通知，确保部机关搬迁过程国有资产完整、安全。研究提出集体宿舍（青年公寓）方案，努力缓解年轻干部住房困难。

移交安置

2022年，退役军人移交安置工作坚持以习近平新时代中国特色社会主义思想为指导，认真学习贯彻党的二十大精神，深入落实习近平强军思想和习近平总书记关于退役军人工作重要论述，锚定高质量发展目标，持续完善政策制度，有力提升服务水平，认真完成中央巡视阶段性整改任务，各项工作取得新进展、新成效。

一、强化顶层设计，安置政策体系持续完善

立足新时代、新形势、新特点，积极衔接军事政策制度改革新要求，有序开展政策制定修订工作，推动构建系统完备、务实管用的退役军人移交安置政策制度体系。

一是坚持“妥善安置、合理使用、人尽其才、各得其所”的原则，一体研究、统筹设计退役军官、退役军士和退役义务兵安置政策，高效完成《退役军人安置条例（草案）》起草任务，积极推动进入立法审查并完成释义初稿编写工作。坚持“开门立法”，在前期深入研究论证、认真修改完善的基础上，面向社会公开征集意见建议5000余条，取得了较好的立法效果和社会效果。

二是主动对接新的军官、士兵制度及军队功勋荣誉表彰体系等军事政策制度改革成果，研究转业军官服役贡献量化赋分办法，跟进修订安排工作退役军士和义务兵服现役表现量化评分办法，进一步健全安置待遇与服役贡献相匹配的“阳光安置”工作机制，树牢重德才、重实绩、重贡献的安置导向，激励引导现役官兵聚焦备战打仗，积极建功军营。

二、加强服务管理，年度安置工作提质增效

回应退役官兵期盼，着力加强岗位供给，完善待遇保障，健全移交机制，优化程序办法，不断提升安置工作质量，圆满完成转业军官和安排工作退役士兵年度安置任务。

一是安置进度大幅提前。军地共同确定年度移交安置计划后，指导各地倒排工期、压茬推进，有序组织审核档案、协商确定岗位计划、优化安置程序办法、精密组织选岗定岗、线上线下开展教育培训，较往年分别提前3个月、1个月完成转业军官、安排工作退役士兵安置任务。云南省、黑龙江省详细制定年度工作方案，规范实施步骤，优化程序办法，强化服务保障，安置进度走在全国前列。

二是安置质量持续提升。转业军官方面，指

导各地统筹运用考试考核、双向选择、“直通车”等安置方式，提高人岗匹配度，以及转业军官和接收单位的满意度。健全军地档案接收审核机制，大幅减少退档滞留人数。全国10余个省（自治区、直辖市）提供的行政和参公岗位数量超过转业军官人数，实现多岗等人、优岗等人。90%以上的转业军官安置到党政机关和参公单位，近2000名具备专业特长的转业军官通过“直通车”妥善安置，师团级转业军官、执行特殊任务转业军官得到重点从优安置。中央单位接收安置转业军官占北京地区计划数的50%以上，有效发挥表率作用。中央垂管系统共接收安置1100余名转业军官，有力减轻了地方压力。安排工作退役士兵方面，指导各地严格落实政策规定，不断健全“阳光安置”机制，规范和改进“一站式”服务，强化待安置期服务管理和教育培训。审核下达1.9万个中央企业岗位计划，岗位数量实现5连增的同时，待遇较好的岗位较往年有所增多，岗位计划与安置任务匹配度进一步提高。各地不断优化机关、群团组织、事业单位和国有企业安置退役士兵比例，积极探索事业单位管理岗位和专业技术岗位安置退役士兵的方式方法，普遍建立省市两级统筹调剂安置任务机制，安置质量持续向好。

三、全力集中攻关，专项工作任务成效显著

围绕中心，服务大局，积极稳妥做好相关专项工作，切实为部队备战打仗办实事、解难题，为退役军人办好事、暖心事。

一是积极支持配合深化文职人员制度改革。10余次与军地单位沟通协商，深入研究退休文职人员接收安置、服务管理等政策，助力《中国人民解放军文职人员条例》《军队文职人员退休暂行规定》等配套政策文件出台实施。

二是基本完成计划移交残疾军人退役安置工作。在前期工作基础上，进一步强化军地信息通报核对机制，加强系统上下工作统筹、指导调度，通过召开会商会、现场办公、跟踪督办等方式，逐人精准施策、化解难题，着力把计划移交残疾军人接收安置好、服务保障好，帮助部队轻装上阵、专谋打赢。

三是稳妥做好部分退役士兵养老保险集中补缴中央财政补助资金结算。在全面完成集中补缴工作基础上，会同财政部开展中央财政补助资金审核、申请结算工作，切实“把好事办好”，有力传递党中央关心关爱。

此外，创新工作机制，完善关爱措施，引导推动退役军人到边疆和基层工作，发挥退役军人在兴边富民方面的积极作用。坚持问题导向，加强沟通协作，积极做好跨军地改革集体转制退役军人及随调随迁配偶子女落户工作，助力深化国防和军队改革举措落实落地。多次会同军地部门召开座谈会，研究细化工作方案，探索建立军地通用型人才进入通航企业工作机制，促进人岗相适、人尽其才。

就业创业

2022年，退役军人就业创业工作坚持以习近平新时代中国特色社会主义思想为指导，以党的二十大精神为引领，坚决执行党中央、国务院关于稳就业保就业决策部署，妥善应对经济下行、疫情反复等因素带来的不利影响，科学谋划、勇于创新、攻坚克难，工作取得积极成效。

一、退役军人就业创业政策体系日趋完善

立足解决当前矛盾问题，全年推动出台5个政策性文件。截至2022年年底，共制定出台26个政策性文件，退役军人就业创业政策体系的“四梁八柱”已基本搭建。

一方面，聚焦稳就业，印发《关于促进优秀退役军人到中小学任教的意见》，创新开展“兵教师”工作，进一步拓宽就业渠道、提升就业质量，引导退役军人参与中小学教师队伍建设；印发《关于引导和鼓励民营企业招用自主就业退役军人的意见》，明确加大职业培训力度、加强项目扶持、优化供地保障、降低要素成本、强化金融支持、落实税收优惠等政策举措；印发《关于支持退役军人创业创新的指导意见》，为退役军人在金融、税收、供地保障、创业培训、产业项目扶持等方面给予创业支持；印发《关于做好自主就业退役士兵从事个体工商户经营有关工作的通知》，引导退役军人多渠道灵活就业。

另一方面，聚焦解难题，印发《关于用足用好优惠政策扎实做好退役军人就业创业工作的通知》，助力退役军人创办的中小微企业、个体工商户等市场主体纾困解难；印发《关于加强就业困难退役军人帮扶工作的意见》，立足就业困难退役军人的特点需求，通过强化择业引导、支持创业和灵活就业、做好技能培训等一系列措施，加大对就业困难退役军人的帮扶力度。

二、教育培训规模不断扩大

（一）注重就业导向，精准调度重点工作

全年开展适应性培训26.2万人，组织职业技能培训16.1万人次，实现愿训尽训。会同教育部召开全国高职扩招退役军人毕业生就业工作视频会议，统一思想认识，切实做好30多万名首届高职扩招退役军人学生毕业生就业促进工作，确保高职扩招退役军人毕业生就业形势总体稳定。在总结上海、贵阳试点经验和厦门工作做

法基础上召开电视电话调度会议，调动地方积极性，合力推动“兵教师”落实进程。会同教育部、财政部两部门出台文件，明确高职扩招学费减免政策。

（二）统筹培训资源，探索跨省异地培训试点

面向31个省（自治区、直辖市）和新疆生产建设兵团开展退役军人异地培训需求问卷调查，向上海、浙江、江苏、安徽四省市下发跨省培训试点工作通知，指导长三角地区统筹优质培训资源，建立工作机制，打通经费结算通道，满足多元化培训需求。

（三）开创新业务领域，增设国防教育辅导员新职业

将国防教育辅导员新职业纳入《中华人民共和国职业分类大典（2022年版）》，积极申请并前置实施国家职业标准开发。设立“关于退役军人担任国防教育辅导员培养机制研究”司级课题，对教材规划、培训方案、考核标准、机构管理开展系统化、先导性研究。

三、就业服务效能稳步提升

一是拓宽就业渠道。深入推进“教培先行、岗位跟进”行业合作模式，在持续推动与交通运输部、应急管理部、国务院国资委、全国工商联等部门合作基础上，首次与外交部合作，专项招聘驻外使领馆安保人员。

二是强化岗位供给。巩固“权威推荐＋自主选择”企业合作就业模式成效，组织召开签约合作企业座谈会，2022年新签约合作企业0.8万家，总数已达2万家，累计提供147万个专属岗位；指导各地组织1.7万场招聘活动，共提供487.97万个就业岗位；通过各种途径，全年共帮助51.9万名退役军人实现就业。

三是开展就业活动。会同人力资源社会保障部等有关部门组织开展“民营企业招聘月”“金秋招聘月”活动，指导各地开展退役军人岗位招聘、职业规划、职业指导等服务，重点做好高职扩招退役军人毕业生、本年度退役士兵的就业扶持，提供退役军人专属岗位84万余个。

四是提升就业服务。积极推动京津冀“通武廊”地区退役军人就业、培训等工作协同发展示范区建设，在京津冀、长三角、两广地区试点开展跨区域招聘，促进就业岗位实现互通共享。

四、创业扶持力度持续加大

一是引导鼓励退役军人投身乡村振兴。会同国家乡村振兴局等7部门联合召开电视电话会议，部署做好促进退役军人投身乡村振兴工作，引导返乡入乡就业创业退役军人达42.6万人，在乡村振兴中的作用发挥日趋明显。

二是营造浓厚的创业氛围。举办第二届全国退役军人创业创新大赛，吸引4982个参赛项目和企业（团队）、近2万名退役军人参赛，决赛于2022年11月3日至4日在四川省成都市成功举办，受疫情影响，决赛通过“云观摩”形式观赛，点击观看人数达5000多万人次，充分展现了退役军人的创业风采和创新成果，助力退役军人初创企业发展，提振退役军人信心。

三是助力退役军人创业创新。会同国家市

场监管总局等 14 个部门启动首届“全国个体工商户服务月”活动，指导各地加强对退役军人创业创新支持力度，切实增强对退役军人从事个体工商户的支持力度。据统计，全年开展创业服务 1.4 万次，退役军人市场主体约 496 万户，其中企业约 210 万家，2022 年新增退役军人市场主体约 37 万户，疫情冲击下逆势增长 7%，带动约 23.5 万名退役军人就业。

四是促进退役军人市场主体高质量发展。联合 21 个部门印发《关于支持退役军人创业创新的指导意见》，面向退役军人初次创业者和退役军人市场主体，特别是中小企业、个体工商户，兼顾当前纾困解难和长远发展，围绕强化金融支持、大力降本减负、优化创业环境、深化服务引导、加强组织实施等 5 个方面，提出了 18 条具体措施，涉及加大创业担保贷款力度、落实税费减免、优化供地保障、落实补贴优惠、开展创业培训、加强个体工商户引导扶持等，进一步提升退役军人创业创新能力，培育壮大退役军人市场主体，带动更多退役军人就业。

军休服务管理

2022年，军休服务管理工作坚持以习近平新时代中国特色社会主义思想为指导，深入学习贯彻党的二十大精神，以推动工作高质量发展为主题，围绕“让退役军人获得感成色更足”工作主线，坚持稳中求进、真抓实干，不断提升服务对象荣誉感、归属感、获得感。

一、离退休军人接收数量创历史新高

聚焦服务部队备战打仗，将离退休军人接收摆在突出位置全力推进。联合军队有关部门建立统筹协调机制，及早下达计划启动年度交接工作，研究出台规范交接、保障住房、医疗服务等11个方面22条务实管用措施办法，进一步畅通交接渠道。专门下发通知，要求地方各级主动服务部队、限时办理手续、必须应接尽接。精准建立人员台账，一人一策，通过军队会商、实地督办、电话督促、召开会议、情况通报等方式，指导地方聚焦重点，加快接收进度。圆满完成离退休军人接收任务，接收人数创历年之最，实现随退随审、即交即接的良性循环。

二、逐月领取退役金退役军人安置稳步开局

认真组织实施逐月领取退役金退役军人安置工作，建立健全军地对接沟通、会商研究、档案联审等工作机制，确保工作链路畅通、协调配合有序。多次组织系统业务培训，指导各地重点做好档案审核、安置地审定、退役金核准等关键环节工作。加强政策宣传解读，确保政策执行不走样、不打折。推广应用逐月领取退役金退役军人安置服务管理信息系统，开发设计年度登记审核APP，进一步提高工作信息化水平。全年累计完成4个批次安置任务，实现逐月领取退役金退役军人安置工作有序落实。

三、政策制度创制持续加强

紧扣服务对象需求，聚焦改革急需、工作急用、对象急盼，持续强化政策制度体系建设。会同国家发展改革委、民政部等部门出台《关于进一步做好移交政府安置的军队离休退休干部养老服务工作的通知》，从提供居家养老便利、发展融入社区养老、积极推进机构养老等9个方面推陈出新，实现军休干部养老服务供给更优化、内容更丰富、设施更完善。

搭建逐月领取退役金退役军人政策体系，联合军地有关部门先后出台资金发放、服务管理等政策文件，指导各地结合实际细化具体办法，进一步完善顶层设计、细化基层操作。围绕破解难点堵点问题，深入开展待遇保障、服务管理等重点领域研究。

四、服务保障水平不断提升

大力宣传推广话剧《兵心》，线上线下累计演出 40 余场，10 多万人次观看，相关宣传视频网上点击量突破 1000 万次，成功入围文华大奖决赛并荣获提名剧目，在社会上引起强烈反响，为教育引导广大退役军人听党话、跟党走发挥了积极作用。组织全国军休干部开展“征集红色珍藏·传承红色基因”和书画摄影评比等文化活动，进一步丰富军休干部精神文化生活。拍摄制作军休功臣“口述历史”视频资料，广泛宣传英雄事迹。

积极协调中央财政加大经费保障力度，稳步提升服务对象待遇水平。加快实施军休小区居住条件改善，完成老旧小区改造 101 个，加装电梯 154 部。

拥军优抚

2022年，拥军优抚工作坚持以习近平新时代中国特色社会主义思想为指导，全面贯彻落实党的十九大和二十大精神，坚决贯彻党中央、国务院决策部署，全面落实部党组、部领导部署要求，坚定信心、真抓实干、攻坚克难，蹄疾步稳推进各项工作，进展顺利，成效显著。

一、坚持贡献导向，体现尊崇的拥军优抚法规政策体系日臻完善

坚持体现贡献、体现尊崇、体现激励的政策导向，印发《退役军人名录和事迹载入地方志实施办法（试行）》，将参战退役军人和服现役期间荣获个人二等功以上奖励的退役军人名录载入地方志，进一步完善退役军人荣誉体系。出台《关于推进优抚医院改革发展的意见》《优抚医院管理办法》《残疾退役军人医疗保障办法》《优抚对象医疗保障办法》，修订《军用饮食饮水供应站管理办法》，制定《关于加强新时代军供站建设发展的意见》《关于推进光荣院改革发展的意见》，推动拥军优抚事业单位改革发展，完善优抚对象医疗保障政策体系。推动修订《军人抚恤优待条例》，指导各地深入落实《退役军人事务部等20部门关于加强军人军属、退役军人和其他优抚对象优待工作的意见》等政策文件，涵盖生活医疗和服务保障的拥军优抚法规政策体系逐步健全。

二、牢固树立宗旨意识，优抚服务水平不断提升

扎实做好数据核查审定、优抚对象年度确认工作，强化数据精准化、动态化管理。积极争取中央财政支持，自2022年8月1日起，再次提高部分退役军人和其他优抚对象等人员抚恤和生活补助标准。协调财政部全年共下达优抚对象抚恤补助资金近550亿元，确保优抚对象共享改革发展成果。将参试退役军人纳入优抚对象医疗保障范围，明确残疾退役军人在军队医疗机构享受优惠，推动医疗费用“一站式”结算，健全优抚对象“保险＋救助＋补助＋优待”医疗保障体系，切实保障优抚对象医疗待遇的落实。组织烈士遗属、荣立二等功以上功勋的退役军人等优抚对象短期疗养，充分体现党和国家对革命功臣的关心厚爱。

三、坚持荣誉激励，社会尊崇氛围更加浓厚

组织9名抗日烈士遗属代表出席纪念中国

人民抗日战争暨世界反法西斯战争胜利77周年座谈会，配合做好纪念全民族抗战爆发85周年相关报道。印发关于进一步做好优待证申领发放工作的通知，举办省级视频培训，组织召开优待证申领发放工作座谈会，指导各地平稳有序做好优待证申领发放。不断拓展优待证使用场景，提高“含金量”，扩大“朋友圈”，与中国银联、中国石油、中国邮政、顺丰集团、德邦快递、中国联合航空6家企业签署《拥军优抚合作协议》，拓展金融、通信、物流、航空出行等领域的优待服务内容，不断增强优抚对象的获得感、幸福感、尊崇感。

四、主动融入新发展格局，优抚事业单位改革纵深推进

积极适应国家全面深化改革新形势，出台《关于推进优抚医院改革发展的意见》，修订《优抚医院管理办法》，组织召开推进优抚医院改革发展动员部署会，明确优抚事业单位改革发展的指导方向和总体思路。印发《退役军人事务部办公厅关于进一步明确优抚医院改革发展几个问题的通知》，指导各地认真贯彻落实改革精神，不断推动优抚医院改革发展。协调中央财政推进中央专项彩票公益金支持优抚事业单位维修改造，全面提升优抚事业单位建设发展水平，推动优抚事业单位高质量发展。

五、持续巩固军政军民团结，双拥共建工作深入开展

遴选资助40余家军民共建单位加强活动场所设施建设，为有效帮助部队官兵解决实际困难提供服务平台。健全完善军地互办实事“双清单”制度机制，组织各地开展军人随军家属招聘会1920余场，参与单位4.8万余家，9590余人达成就业意向。组织7.4万余家企业和7080余个社会组织参与拥军优属工作，覆盖购物、医疗、住房、养老等多个领域。协调做好随军家属就业创业、军人子女教育优待工作。加强双拥文化宣传，组织创作双拥主题歌曲，设计双拥主题标识，积极宣传双拥工作的创新实践。

六、全力服务部队备战打仗，拥军支前工作体系逐步完善

全面贯彻落实加强新时代拥军支前工作的意见，建立健全部省两级应急应战响应机制，搭建拥军支前数据库和双拥工作信息化平台，扎实推进拥军支前实战化准备。开展第二批全国双拥模范城（县）与边海防连队结对共建活动，发动20个省份共170个模范城（县）开展“情系边海防官兵”春节专项慰问活动，激励广大官兵忠诚卫国戍边。修订《军用饮食饮水供应站管理办法》，研究起草《关于加强新时代军供站建设发展的意见》，推进退役野战炊事车辆配备军供站试点工作，全面提高军供站的应急应战保障水平和服务部队练兵备战保障能力。

褒扬纪念（国际合作）

2022年，褒扬纪念和国际合作工作坚持以习近平新时代中国特色社会主义思想为指导，全面贯彻党的十九大和十九届历次全会精神，紧密围绕学习宣传贯彻党的二十大精神这条主线，深入贯彻习近平总书记关于烈士褒扬工作重要指示精神，坚决落实党中央、国务院决策部署，创新推动党建与业务深度融合发展，圆满完成年度各项任务。

一、持续推进政策机制创新

提请中共中央办公厅、国务院办公厅、中央军委办公厅印发《关于加强新时代烈士褒扬工作的意见》，召开工作部署会，完善配套法规政策。修订出台《烈士纪念设施保护管理办法》《烈士安葬办法》，印发《关于稳妥开展烈士遗骸搜寻发掘鉴定保护工作的通知》《关于加强烈士纪念设施展陈讲解工作的意见》，进一步加强烈士纪念设施保护管理，推动烈士遗骸搜寻发掘鉴定保护和烈士纪念设施展陈讲解制度化、规范化。持续推进《烈士褒扬条例》修订工作。会同教育部、共青团中央、全国少工委等3部门印发《关于用好烈士褒扬红色资源　加强青少年爱国主义教育的意见》，联合共青团中央办公厅、中央宣传部办公厅、文化和旅游部办公厅等6部门印发《关于共同开展“红领巾讲解员”实践体验活动的通知》，引导广大青少年自觉缅怀纪念、尊崇学习英雄烈士，创新推动青少年英烈事迹精神思政教育。

二、烈士纪念设施管理保护全面加强

英雄烈士纪念设施见证了中国共产党艰苦卓绝的奋斗历程，承载着无数革命先烈为党的事业付出的伟大牺牲，是党的红色基因库。

一是完成全国县级以下英雄烈士纪念设施整修工程。按照整修工程实施方案，强化跟踪督促，指导各地高质量完成县级以下整修工程，集中整修25万余个县级以下烈士纪念设施；印发验收通知，会同财政部等部门赴重点省份实地调研抽查。召开全国县级以下英雄烈士纪念设施集中整修工程总结会议，总结交流整修工程经验，对进一步加强烈士纪念设施规范管理进行安排部署。起草《关于全国县级以下英雄烈士纪念设施整修工作情况的报告》，由退役军人事务部、中央宣传部、财政部联合呈报党中央、国务院。

二是推进各类烈士纪念设施提质改造。会同国家发展改革委对两年来社会服务设施兜底线工程烈士纪念设施改造项目实施情况进行实地调研指导；印发《退役军人事务部办公厅关于做好社会服务设施兜底线工程2023年中央预算内投资烈士纪念设施建设项目申报工作的通知》，部署2023年度项目申报工作。

三是开展国家级烈士纪念设施整改提升。印发《退役军人事务部办公厅关于集中开展国家级烈士纪念设施整改提升工作的通知》，对现有国家级烈士纪念设施集中整改提升工作进行安排部署。研究起草新一批国家级烈士纪念设施评审测评指标，为启动第七批国家级烈士纪念设施申报审核工作做好准备。

四是促进形成部门工作合力。加强与中央宣传部、财政部、文化和旅游部、国家文物局、最高人民检察院等部门协同配合，与国家文物局签订《退役军人事务部　国家文物局战略合作协议》，通过政策联动、规划衔接、资源共享、人才共育等措施，加强红色资源保护利用工作合力。

五是完善境外设施彰显大国形象。贯彻落实习近平总书记重要指示精神，完成坦赞铁路纪念园项目建设工程，2022年8月上旬组派司局级代表团赴赞比亚实施纪念园项目竣工验收，并组织出席开园仪式，赞比亚总统希奇莱马出席开园仪式。完成援苏丹专家墓和老挝勐赛、纳莫中国烈士陵园修缮保护工程，老挝勐赛烈士纪念馆展陈工作持续推进。

三、烈士烈属权益得到有力维护

一是做好烈士祭扫组织接待和服务保障工作。会同公安部、交通运输部、文化和旅游部召开会议，指导各地创新疫情期间烈士祭扫方式，全国烈士祭扫工作安全文明庄严有序。

二是持续推进“为烈士寻亲”活动。依托烈士寻亲政府公共服务平台，推动寻亲工作常态化，在清明节前后会同中央网信办发布烈士寻亲线索，开展烈士寻亲全网活动。

三是组织实施全国烈士纪念设施数据审定工作。推动全国烈士纪念设施数据年度审定校核形成机制，举办全国烈士纪念设施数据审定校核培训班，及时更新纪念设施数据，实现动态化精细化管理。

四是持续优化烈属服务保障。及时完成烈士评定备案，指导各地组织颁授《烈士光荣证》，及时走访烈属家庭，完成2021年度142名烈士备案审查工作并制发《烈士光荣证》。

四、社会尊崇氛围更加浓厚

坚持用好红色资源与传承红色基因并举，弘扬英烈精神与加强青少年爱国主义教育并重，在全社会营造致敬英烈、捍卫英烈、关爱烈属的浓厚氛围。

广泛开展“清明祭英烈”主题宣传教育活动。以“奋进”为主题开展网上祭英烈活动，开通网上宣传教育、纪念祭扫平台，推出“山河锦绣·思念永恒”大型网络纪实活动，对县级以下烈士墓集中迁葬仪式和远程祭扫情况进行直播，全网累计观看量超3600万人次，4个话题登上微博热搜榜，社会反响热烈。

高规格举行第九批在韩中国人民志愿军烈士遗骸迎回安葬仪式，共迎回88名烈士遗骸和831件遗物，裴金佳部长出席迎回和安葬仪式并致祭文，常正国副部长率团赴韩执行装殓交接任务，首次邀请香港优秀学生代表到现场参加迎回和安葬仪式，航空最高礼遇“过水门”迎接英烈回家，“双20”列阵长空致敬英烈；围绕深情展现习近平总书记英雄情怀，线上线下接续开展“英雄回家”主题宣教活动，全网阅读量突破300亿人次，大力弘扬英烈精神，讴歌伟大抗美援朝精神，加强爱国主义教育，厚植爱国主义情怀，有力引发社会大众形成崇尚、缅怀、学习、捍卫英雄烈士的共鸣。

烈士纪念日组织保障在京老战士和烈士亲属代表等参加天安门广场向人民英雄敬献花篮活动，指导各地县级以上人民政府广泛开展烈士公祭仪式，引导广大人民群众到身边的烈士纪念设施打卡献花、缅怀英烈。

有力发挥青少年爱国主义教育基地作用，联合相关部门依托烈士纪念设施开展“红领巾讲解员”“少年军校”“向身边的英烈献束花”及开学教育、团队日等活动，积极把烈士纪念设施建设成大学生思政课教学基地、少先队实践教育营地（基地），条件具备的开辟队室等少先队活动阵地，推动共青团、少先队活动与烈士祭扫纪念活动深度融合，引导广大青少年自觉缅怀、纪念、尊崇、学习英雄烈士，厚植爱党、爱国、爱社会主义的情感。

制作播出一批接地气、易传播、群众爱听爱看的红色作品，推出10集《你的名字》央视融媒体节目，指导拍摄《最闪亮的坐标》《回家的路》全网主题宣传片，首次策划拍摄境外烈士纪念工作宣传片，配合全国少工委办公室共同指导共青团四川省委、四川省少工委、四川省退役军人事务厅等单位创作《号声嘹亮》红色主题微电影，引导社会公众永远铭记英烈功勋。

五、国际及涉港澳交流合作不断拓展

创新对外交流模式，首次开启“云外事”活动，与韩国国家报勋处进行线上交流，就中韩两部门加强交流合作交换意见。与纳米比亚国防和退役军人事务部、韩国国防部等部门稳步开展合作交流。委托港澳有关社团组织代表退役军人事务部走访慰问在港、澳的烈属和抗战老战士。完成《中华人民共和国退役军人保障法》《中华人民共和国英雄烈士保护法》多语种外文翻译工作，提升退役军人工作领域国际交流和对外传播力度。

退役军人教育培训

2022年，退役军人教育培训坚持以习近平新时代中国特色社会主义思想为指导，全面贯彻党的二十大精神，攻坚克难，开拓创新，积极推动退役军人教育培训工作高质量发展。

一、强化教育培训理论研究

一是加强基础理论研究。设立“开展系统干部学历教育研究”和“退役军人担任国防教育辅导员培养机制研究”两项课题。研究起草《退役军人教育培训大纲》，广泛征求意见建议。成立中共退役军人事务部党校。

二是深入进行调查研究。牵头完成福建、宁夏组“蹲点抓落实”调研工作，围绕就业创业、拥军优抚等方面工作，通过问卷调查、政策比对和个别访谈等方式了解政策落实和工作开展情况，为更好推动退役军人工作提供依据和参考。

二、有序开展教育培训工作

一是扎实做好退役军人培训。筹办2022年北京地区转业军官全员适应性培训、2022年中央单位转业军官专业培训，组织中央单位及广东省等计划安置转业军官教育培训班，组织北京市属企业转业军官专业培训，开展2022年全国自主择业军队转业干部网络教育培训。

二是积极促进就业创业。开展退役军人就业创业示范培训。配合就业司承办3期退役军人就业创业工作骨干培训班，做好退役军人就业创业园地试点调研工作，协助编写《自主就业退役士兵就业创业实用手册》。维护运营全国退役军人就业创业信息系统，累计访问量超过18万人次。发挥“再启航”退役军人在线学习平台优势，举办自主就业退役士兵适应性网络培训，累计5万多人参训。发挥中国退役军人网在退役军人就业创业培训服务中的作用，推进成果运用，推动服务运行。开展退役军人事务员新职业拟订职业标准开发、新职业国家职业教材（初级）组织编写、平台搭建等工作。推动将国防教育辅导员纳入《中华人民共和国职业分类大典（2022年版）》。

三是拓宽网络培训范围。利用“再启航”退役军人在线学习平台为多地提供线上培训服务。完成部本级远程智慧教室建设，推进中心直播间建设，启动地方试点工作并制定运营方案。推进“再启航”退役军人在线学习平台招标、等级保护三级测评并优化相关功能内容。开展退役军人网络学院筹建工作。

四是积极开展系统培训。依托“再启航”退役军人在线学习平台，承办烈保中心工作人员能力素质提升、英烈精神弘扬培训班和烈士遗骸搜寻鉴定线上培训班，3000多人参训。开展服务中心服务保障体系建设管理视频培训，1700多人参训。79名系统干部参与中国人民大学、中国政法大学同等学力申请硕士学位在职课程培训班，学员到课率保持高水平。

三、持续完善培训教材体系

积极推进教材工作。一是满足自主择业军人及退役士兵的就业创业需求，组织编写《退役军人工作简明读本》《自主就业退役士兵适应性读本》等8本教材。二是创新探索新模式，开发电子教材，配合褒扬纪念司（国际合作司）推进政策宣讲动画微课制作。三是全年累计发行纸质教材6.2万多册、数字教材课程卡6000多张。

四、高效有力提供服务保障

一是精心组织考务工作。组织2022年中央单位和北京市市级单位接收安置军队转业军官统一笔试考务和信息化服务工作。落实疫情防控要求，保障考试顺利进行，并为安置工作提供全程数据信息服务。

二是精准开展常态化联系工作。与5名常态化联系退役军人对象保持密切联系，畅通沟通联系渠道，积极开展纾难济困工作，开展常态化走访慰问活动，增强与退役军人的深厚感情。帮助宁夏常态化联系退役军人对象李选贤解决其家属就业实际问题。

三是精细做好系统服务工作。顺利完成第九批赴韩代表团在君安宾馆集中医学观察的保障工作。开展援藏援疆工作，向自主就业退役士兵赠送适应性学习账号和培训教材，为西藏、新疆开展退役军人教育培训工作提供有力支撑。

退役军人服务中心（站）建设

2022年，退役军人服务中心（站）建设工作以习近平新时代中国特色社会主义思想为指导，深入贯彻习近平总书记关于退役军人工作重要论述，聚焦思政引领、就业创业扶持、优抚帮扶、权益维护等重点业务，持续提升服务保障工作质量。

一、巩固夯实中心（站）服务管理

以“蹲点抓落实”为契机，深入基层一线，重点摸清服务体系建设现状、存在问题，研究提出对策建议，为深入推进服务体系建设提供第一手资料。全面摸清体系数据，运用全国退役军人服务中心（站）管理服务系统，逐级填报、比对和核审机构、编制、人员等相关数据，核准全国服务中心（站）61.79万个，做到情况明、底数清。

扎实开展“基层两级退役军人服务站功能作用发挥”课题研究，深入陕西、湖南、广西等多个省份进行实地调研，分类组织1万余份问卷调查，形成了5万余字调研报告，为充分发挥乡镇（街道）、村（社区）两级服务站功能作用提供了理论和对策支撑。

在各级退役军人服务中心（站）共同努力下，编纂印发《全国退役军人服务中心（站）服务保障工作典型案例》，包括建强机构类、事心双解类、权益维护类、志愿服务类、就业创业类、联系关爱类、帮扶援助类、思政引领类、制度机制类等9个类别958篇170余万字，为各地提供实践借鉴、促进共同提升。

二、全面加强思政引领

持续推进退役军人服务中心（站）政治文化环境建设，强化政治文化阵地引领，激励退役军人听党话、跟党走。加强退役军人思想政治工作指导员队伍建设，上海嘉定打造的嘉定老兵思政指导员队伍品牌、重庆江北组建的“指导员在线”平台、江苏无锡实施的聘用指导员工作制度、浙江嘉兴推行的“轮值站长”等实践创新做法，获得明显实效。

巩固“百家红色退役军人服务站”建设成果，深度挖掘宣介红站形成和建强过程中的经验做法及延伸建设成效，推荐2幅红站图片入选中央“奋进新时代”主题成就展，编制6960本《“红站”荣光·2021》画册，发至省市县三级退役军人服务中心及国家和省级层面2899家红色服务站学习借鉴。总结推广各级退役军人服务中心（站）在学习宣传贯彻党的二十大精神、老兵红色宣讲、关爱帮扶等方面的经验做法，加强典型宣传引导，着力强化思想政治引领服务。

支持各地开展双向退役军人志愿服务，一方面引导退役军人积极参加志愿服务活动贡献力量回馈社会；另一方面注重开展为退役军人服务的志愿活动，在全社会营造尊崇关爱退役军人的浓厚氛围。

三、全力维护合法权益

深入学习推广新时代“枫桥经验”，着力夯实基层基础，充分发挥基层退役军人服务站纽带桥梁作用。扎实学习贯彻《信访工作条例》，健全和完善信访工作机制，制定修订《来访接待细则》《来信来电网上信访办理工作细则》《意见建议类信访事项工作办法》等制度办法，规范信访事项办理流程。开拓创新信访保障机制，开展“带案下访”，变上访为下访；建立联合接访机制，提高信访工作效能。

依托基层退役军人服务中心（站）常态化开展问题排查、矛盾化解、思想疏导和心理抚慰等工作，推动“事心双解”。各地积极探索建立人民调解、行政调解、司法调解等联动机制，实现问题联解、矛盾联调、工作联动，融合聚力维护好退役军人合法权益、解决好退役军人合理诉求。

四、着力提升就业创业服务质效

依托各级退役军人服务中心（站）规范建立就业创业工作台账，动态掌握退役军人就业情况。建立国家退役军人创新创业项目黄页，将创业创新大赛参赛项目纳入项目库，协调落实优惠政策。筹备首届全国退役军人创业创新成果展交会，积极引入投融资机构、大型企业生产商、经销商等资源，加快项目成果转化，以创业带动就业。广泛挖掘拓展就业资源，协调央企为退役军人在广州、成都两地购置运营车辆1000余台、提供专岗2500余个。各地积极举办招聘会、推介会和交流会，促进供需信息有效对接，推动服务对象充分就业、高质量就业。积极引导退役军人投身乡村振兴，培育退役军人创业带头人，促进交流合作，鼓励带动更多退役军人发挥正能量。

五、不断加大优抚帮扶力度

积极宣传优待抚恤、帮扶援助政策，协助落实好优抚帮扶措施。依托优待证申领发放、建档立卡工作，及时更新相关数据，摸清底数。组织协调基金会接收融通集团捐赠2000万元，出资500万元关爱帮扶2500个困难烈属家庭。

指导开展致敬英烈、关爱烈属等系列公益活动，向6个省份困难退役军人捐赠750万份价值1.5亿元补充医药报销保险。协助开展“情暖老兵——为退役军人排忧解难”专项行动，持续跟进困难退役军人保险捐赠申领工作。

各级退役军人服务中心（站）注重发挥退役军人关爱基金会和关爱协会的作用，广泛动员和引导社会力量，通过开展志愿服务、筹措社会资金、争取慈善捐款等方式，为特殊困难退役军人家庭提供帮扶援助。

六、持续强化自身能力素质建设

深入学习贯彻党的二十大精神，强化思想

理论武装，不断打牢捍卫“两个确立”、做到“两个维护”的思想政治根基。深入开展全国县乡两级退役军人服务中心（站）示范创建，培树全国退役军人服务中心（站）“百名优秀主任（站长）”。

组织省、市退役军人服务中心负责人及业务骨干培训2000余人次，带动各级组织各类培训，强化基层人员业务能力提升。山东建立一站式、常态化能力培养机制，开展“下沉式”业务培训、“实用式”知识竞赛、“驻岗式”岗位练兵；吉林通过“线上＋线下”相结合的形式，开展业务培训、经验交流互鉴、能力测试考评等工作；湖北开展全员能力大测试、全覆盖业务大培训、全系统大调研。

深入推动“四强”党支部建设，持续推动党史学习教育常态化、长效化，以巩固红色服务站为契机，开展系列主题党日活动，创建党员先锋岗、青年模范岗，强化党员干部党性修养、政治素养提升。

烈士纪念设施保护和烈士遗骸搜寻鉴定

2022年，烈士纪念设施保护中心（烈士遗骸搜寻鉴定中心）坚持以习近平新时代中国特色社会主义思想为指导，全面贯彻党的十九大和十九届历次全会精神，认真学习领会党的二十大精神，深入贯彻习近平总书记关于烈士褒扬工作重要指示精神，应用研究指导实践效能凸显，烈士遗骸搜寻鉴定体系建设取得阶段性成效，创新驱动宣传亮点频出，对外联络工作有序开展。

一、应用研究指导实践效能凸显

着力强化基础应用研究，围绕主责主业开展司级课题研究2个、专项研究6个。其中，开展烈士纪念设施服务党史学习教育情况梳理研究，形成研究报告；开展烈士纪念设施讲解词规范性研究，助力政策创制，协助推动加强烈士纪念设施展陈讲解意见出台，在《中国退役军人》杂志上刊发《如何讲好红色故事》文章；结合全国县级以下英雄烈士纪念设施整修工程，以福建、四川、安徽为例，开展零散烈士纪念设施保护管理研究；开展美国阵亡军人遗物搜集保护管理利用工作情况研究，梳理有关经验和做法。司级课题“西路军烈士遗骸保护现状研究”和“烈士纪念设施宣教功能与青少年思政课融合发展研究”已结题。

有序推进群众性烈士祭扫礼仪规范研究，完成英烈文化红色标识地案例剖析研究。充分发挥烈士纪念设施保护中心专家委员会作用，持续用好《烈士纪念设施新建改扩建、改陈布展项目专家咨询论证制度》，协助完成金寨县烈士陵园红军纪念堂、皖南事变烈士陵园英烈事迹陈列馆、杨靖宇烈士陵园杨靖宇生平业绩展馆等10余处改陈布展项目研提意见工作。

二、烈士遗骸搜寻鉴定体系建设取得阶段性成效

7月20日，国家烈士遗骸搜寻队及国家烈士遗骸DNA鉴定实验室成立仪式在北京举行。退役军人事务部党组书记、部长裴金佳分别为国家烈士遗骸搜寻队、国家烈士遗骸DNA鉴定实验室授旗授牌并发表讲话，部党组成员、副部长常正国主持仪式。

三、创新驱动宣传亮点频出

全力配合做好第九批在韩中国人民志愿军烈士遗骸交接迎回安葬宣传报道相关工作，策划推出宣传片《忠骨·寻找英雄》并全网推送。依托喜马拉雅平台，策划推出“追忆英雄”

红色主题音频专辑。强化对中华英烈网内容审核及日常更新管理，健全完善内容审核发布机制，制定《关于做好中华英烈网内容生产和日常更新管理的工作方案》，截至2022年年底，共转载发布信息287篇。

成功举办英烈精神弘扬线上培训班，全国参训人员达1200人次。做好办公新址红色楼宇文化建设，策划“用好红色资源　赓续红色血脉”主题展览，打造“红色书屋”，展示褒扬纪念工作成果，加强政治文化建设。

四、对外联络工作有序开展

强化对中华英烈褒扬事业促进会工作指导，研究制定《烈保中心指导中华英烈褒扬事业促进会工作办法（试行）》，成立专班，指导中华英烈褒扬事业促进会第二届理事会圆满完成换届工作，进一步推动“三驾马车”同向发力。

退役军人工作信息化建设

2022年，退役军人事务信息化工作以信息化支撑退役军人事务领域服务保障提质增效、高质量发展为目标，持续推进建档立卡及优待证申领技术保障工作、推进构建优化退役军人网上服务平台、大力提升网络安全防护能力，充分发挥信息化驱动引领作用，推进退役军人事务治理体系和治理能力现代化。

一、深化数据集中统一整合工作成果

一是持续开展常态化建档立卡。在全国各地扎实稳步推进常态化建档立卡工作，通过优待证申领发放工作持续更新建档立卡信息；打通建档立卡与退役军人事务部各业务系统接口，通过业务牵引建档立卡，实现业务数据自动回填建档立卡。

二是完善数据互联互通机制。修订完善退役军人事务信息化标签标准，并按照统一标准规范对业务信息系统进行改造；完成22个系统的互联互通工作、18个系统镜像库建设工作，建设完成综合信息数据库，形成常态化的数据汇聚和数据治理机制；优化完善退役军人数据资源目录，完成25个省份部省交换链路搭建，促进退役军人数据工作的部省协同。

三是建设完成并上线退役军人数据综合管理平台。以数据大屏形式实现退役军人数据实时化、可视化展示，全方位、全要素、全景式展示退役军人事务部各项工作成效，基本实现服务对象多维度精准画像，为科学决策提供支撑，逐步发挥数据资源赋能作用。

二、综合管理平台不断完善

一是全面推广优待证管理系统，拓宽办理渠道，提供现场办理、手持终端上门办理和互联网网上办理方式；支持跨省通办，进一步提升服务效能，推动“线下跑腿”向“信息跑路”转变。

二是推进移交安置业务系统一体化融合，上线转业军官安置管理子系统，升级安排工作退役士兵安置管理子系统，规范央企岗位填报。

三是上线企业转业军官管理系统，在北京、天津等6个省市开展企业军转系统试运行工作，于2022年9月15日正式在全国上线，保障企业军转干部信息动态更新管理，实现部、省、市、县四级数据实时共享与协同。

三、探索搭建“互联网＋退役军人服务”平台

一是搭建退役军人服务 APP，强化技术底座，集成就业招聘、优待证（电子版）、优待服务、自主择业年审等功能，对接中国石油、中国邮政等拥军优抚合作企业，中国工商银行、中国邮政储蓄银行等合作银行及河北、深圳、杭州等地方应用。选取试点省市分模块完成了优待证（电子版）、优待服务 3 轮试点及自主择业年审 1 轮试点。

二是打造一体化退役军人网上服务平台，集成网上信访、就业创业、优待证网上申请等服务事项，与黑龙江、上海、山东开展部省对接试点。

三是谋划建立互联网运营体系，开展“互联网＋退役军人服务”运行体系研究，起草制定互联网运营方案及服务机制，试点推动就业创业、网络军休所运营，取得良好成效。

四、扎实做好网络安全保障工作

一是搭建一体化的网络安全技术防护体系，统筹制定网络安全防护措施，构建集中统一的安全防护网，筑牢退役军人事务部网络安全防线。

二是完成退役军人事务部办公新址信息化建设。完成西直门办公区机房、公共区域音视频系统和视频监控系统建设工作。

三是组织完成退役军人事务部搬迁信息化保障工作，实现机房设备及网络平稳迁移。

退役军人宣传工作

2022年，退役军人宣传工作始终围绕退役军人事务部中心工作，锚定“建设退役军人宣传思想工作主渠道主阵地主力军”目标，秉承“让尊崇成为风尚”的工作理念，不断创新宣传形式、推进融合发展，强化舆论引导，进一步增强传播力、影响力和公信力。

一、办好《中国退役军人》杂志

2022年，继续贯彻落实中央领导同志关于《中国退役军人》杂志的重要批示精神，坚持“政治家办刊”原则，不断提升刊物质量，打造“中国退役军人”品牌。

一是深入学习宣传贯彻党的二十大精神。《中国退役军人》杂志推出“学习宣传贯彻党的二十大精神”专刊，并长期开设专栏，宣传部领导、部内各单位、各地退役军人事务系统认真学习宣传贯彻落实的具体行动。仅会议期间，就推出包括社论、专访、反响稿件、评论等约5万字、20多篇文章，旗帜鲜明地表明了退役军人事务部门的政治立场和使命担当。中国退役军人全媒体矩阵同步开展“我与奋进的新时代”“退役军人献礼二十大”等征集活动，推出学习贯彻稿件及金句海报、视频等，推动党和国家“好声音”在退役军人中落地生根。

二是加强主题宣传策划力度。围绕退役军人事务部建部4周年、“八一”建军节、建军95周年、“9・30”烈士纪念日等重要时间节点，聚焦全国两会、第九批在韩中国人民志愿军烈士遗骸回国、退役军人进校园、退役军人优待证申领等重点工作，紧扣全国退役军人事务厅（局）长会议、“最美退役军人”评选等重要活动，有针对性地推出专刊，开设专栏、综述、特写、评论文章，全方位、多层次、多角度地报道退役军人工作亮点和成绩。继续开展“新春走基层”“荣光之路”等品牌宣传报道，以扎实的文风、独特的视角发掘各地工作亮点。2022年，《中国退役军人》杂志刊发的《穿越百年的尊崇之光》一文入选第六届“期刊主题宣传好文章”。

三是稳步推进杂志订阅发行。2022年《中国退役军人》杂志发行量为41.89万份。自2021年9月发行软件上线以来，持续改进功能、优化体验，实现客服与用户直接交流，可实时掌握订阅数据及物流信息，平台使用覆盖31个省（自治区、直辖市）和新疆生产建设兵团，发行效益明显提升，发行势头持续向好。

二、媒体融合有序推进

建成“中国退役军人”一网两刊三微多平台

的全媒体矩阵，全网粉丝突破800万个，总阅读（播放）量达26亿次，全网总触达量达70亿次，在传达中央决策部署、发布重大政策、推广工作经验、宣传先进典型、回应社会关切、营造主流舆论氛围方面发挥了积极作用。

一是搭建退役军人服务新载体。联合各地退役军人事务系统推出“军创英雄汇”退役军人春招行动系列直播，累计2855万人次观看，帮助1.5万余名老兵找到工作；推出“军创英雄汇·全国退役军人企业家线上圆桌会”全媒体系列访谈节目，针对外贸、服务、餐饮等领域的就业难、返岗难、用工难话题进行深入探讨，超百万人线上参会。

二是打造红色典型宣传新品牌。清明节期间联合共青团中央、全国少工委推出“纸鸢寄相思”手绘H5，超8000万人次为先烈“云”献花。为庆祝中国人民解放军建军95周年，推出“军魂永不褪色”战友云歌会网络宣传活动，央视网等百余个平台直播转载，总曝光量达1.06亿人次。为迎接第九批在韩中国人民志愿军烈士遗骸回国，推出“山河锦绣　英雄归来”主题宣传活动，学习强国等平台置顶，快手、抖音开屏推荐，独家内容多次登上各平台热搜榜首，话题阅读量突破35亿次，受到中央宣传部《新闻阅评》和中央网信办的肯定与表扬。“9·30”烈士纪念日“让思念跨越时空·诵读红色家书”直播活动，3000万名网友线上观看。

三是联动主流媒体扩大高声量。联动部委矩阵、央媒矩阵、互联网平台，触达不同粉丝群体，以独家、原创、权威内容形成破圈之势。参与策划中央广播电视总台建军95周年特别节目《永恒的军魂》，设置致敬退役军人环节，推荐优秀退役军人代表登上央视舞台，展现退役军人风采。与快手联合策划推出“尊崇军人　关爱军属　致敬老兵”中秋礼盒，联动近百位现役军人子女进行绘画作品展示，拍摄多条原创致敬主题短视频，反响良好。

三、服务保障能力提升

树牢大局意识和“一盘棋”思想，按照部宣传工作整体安排，加强协作，保质保量完成好各项宣传任务。

一是做好宣传服务保障。运营和维护部官方网站、部官方微信公众号、网络军休所APP、国家退役军人课堂，稳定推进平台内容日常更新及重大主题策划执行工作；先后完成动画、视频等产品制作近10部；做好各项会议、活动的宣传报道，以及摄影摄像、资料留存等工作。

二是完成编辑出版工作。高标准完成《中国退役军人事务年鉴（2022）》的编撰工作；围绕退役军人服务保障先进单位及先进个人（含军休工作先进单位及个人、先进军休干部）表彰工作、全国“最美退役军人”，出版2期《中国退役军人》杂志增刊；编辑出版展示退役军人服务中心（站）工作的《“红站”荣光·2021》画册；围绕2020年度和2021年度“全国退役军人创业光荣榜”，出版作品集。

三是举办通讯员业务培训班。总结交流退役军人工作宣传报道经验，研究进一步扩大退役军人宣传工作传播力、影响力和覆盖面的相关举措，退役军人事务系统内百余名通讯员参加培训。

地方退役军人工作

北京市

2022年，北京市退役军人事务系统坚持以习近平新时代中国特色社会主义思想为指导，深入学习宣传贯彻党的二十大精神，全面贯彻落实习近平总书记关于退役军人工作重要论述，坚持以首都发展为统领，坚持稳中求进工作总基调，真抓实干、攻坚克难，各项工作迈出新步伐、展现新气象。

一、思想政治工作

广泛开展“迎接二十大、奋进新征程”等宣传活动和慰问演出10余场次，有关做法被央视等媒体报道110余次。举办“老兵永远跟党走”系列庆祝活动，全力协助退役军人事务部举办“老兵永远跟党走——老兵宣讲”启动仪式暨“传承红色基因，强国复兴有我”全国巡回宣讲首场报告会。组织举办北京市巡回宣讲启动仪式暨石景山区老兵宣讲报告会，传递正能量、唱响主旋律，市区两级组建宣讲团48个，深入基层开展宣讲95场次。大力宣传推广《退役军人之歌》作品，组织传唱活动230余场次。加强典型选树宣传，推荐人选连续第5年荣获全国“最美退役军人”称号，6名个人、2个集体获评“北京榜样·最美退役军人”，推出系列宣传报道、纪录片、公益广告和短视频，政治关爱彰显尊崇荣光。

二、政策法规工作

研究制定北京市贯彻落实中央退役军人工作政策制度改革方案措施、北京市“十四五”时期退役军人服务和保障规划重点任务分工方案等23个政策制度文件，并推出一系列举措。出台促进北京市退役军人投身乡村振兴实施意见等配套政策7个，政策制度由“有”向“好”更进一步。深入开展《中华人民共和国退役军人保障法》普法宣传系列活动，推动退役军人法律政策深入人心。成立14个工作组，上下联动赴16个区155个军地单位开展“蹲点抓落实”工作调研，进一步推动法律政策落实落地。持续推进“通武廊”退役军人工作协同发展示范区建设，制定建设实施方案。

三、权益维护工作

把依法维护退役军人合法权益作为重中之重，为党的二十大、全国两会、北京冬奥会创造和谐稳定的社会环境。畅通群众诉求反映渠道，积极办理各类信访和群众来电、网上信箱咨询。强化源头治理，建立信访代办机制和基层信息员、代办员队伍，掌握重点关注人员，主动靠前工作。打造“首都老兵”志愿服务品牌，成立5237支“首都老兵”志愿服务队，凝聚5.4万余名退役军人在疫情防控、应急救援、抢险救灾、冬奥服务保障等方面贡献退役军人力量，成为北京退役军人的一张亮丽名片。

四、移交安置工作

凝聚军地合力，联动推进离退休军人接收工作，2022年全市接收安置军休干部1万余人，做到了“只要部队交得出、北京就能接得下”。持续拓宽安置渠道，实现市区两级机关企事业单位全覆盖。创新思路举措，提供充足优质岗位，圆满完成转业军官、安排工作退役士兵和退出消防员的年度安置任务，创历史新高。主动承接全国逐月领取退役金退役军人接收安置试点任务，圆满完成首批接收任务。在全国率先落实逐月领取退役金退役军官享受公务员医疗保障待遇。

五、就业创业工作

开放共享全市教育培训资源，退役士兵可跨区自主选择有资质的培训机构免费参加职业技能培训，实现培训费异地直接结算。全年组织退役军人专场招聘会65场、提供岗位3万多个、达成就业意向3500人。大力推进退役军人定向招录招聘，全市255家事业单位提供岗位313个。鼓励退役军人参与基层治理，全市2605名“兵支书”助推乡村振兴、筑牢党的执政根基。落实退役军人就业创业优惠政策举措，出台促进退役军人投身乡村振兴和引导鼓励民营企业招用退役军人等实施意见，布局建设27个市、区级退役军人就业创业园，推进创业导师团队运作，北京市退役军人创办企业近9100家，实现年产值超过200亿元，退役军人个体工商户1.3万多户，在航空航天、新一代信息技术、生物医药等高精尖领域集聚了一批创业企业，助力首都经济高质量发展。

六、拥军优抚工作

修订《北京市创建全国双拥模范城量化管理动态考评实施细则》，从79个方面细化量化考评标准。北京市四套班子主要领导深入部队实地调研走访，研究服务改革强军和练兵备战重大问题，协调推进全国双拥模范城创建。打造社会化拥军服务平台，举办首届北京市社会化拥军服务成果展交会，140多家社会组织参加。推动优抚量化标准体系建设，完善动态调整机制，全市统一立功受奖军人慰问金标准，常态化为北京市入伍义务兵父母上保险。做好优待证申领发放工作。协调市区两级企事业单位提供岗位438个，组织随军家属线上专场招聘14场，163人成功就业。采取“政策 + 协调”方式，落实军人子女教育优待政策。组织举办“永远跟党走、筑梦新征程”全民国防教育暨“军营开放日”活动，不断深化军地资源共建共享。推进军供站正规化、标准化、规范化建设，积极做好春秋两季入伍新兵、退役士兵转运保障工作，确保新老兵在购票、进站、安检等8个环节享受优先优待。

七、褒扬纪念工作

研究制定加强新时代烈士褒扬工作实施方

案，推动新时代烈士褒扬工作创新发展。调研督导烈士纪念设施整修工程，投入2000多万元完成整修工程900多项，更新1000多处烈士纪念设施数据，校核编撰《烈士英名录》数据1万余条。举办“红色九月”宣传活动，拍摄制作5集“讲好英烈故事、传承红色基因”主题片，社会反响强烈。倡导网上祭扫活动，年度参与祭扫群众40余万人次。汇聚军地智力资源，组建北京市烈士纪念设施保护中心专家委员会，打造专业智囊团队。北京市多措并举加强烈士纪念设施修缮保护工作的经验做法，被新华社、央视、《北京日报》等主流媒体深入报道。

八、服务保障工作

落实“五有”“全覆盖”要求，大力实施《退役军人服务中心（站）服务与运行规范》北京地方标准，持续推进全市7068个退役军人服务中心（站）标准化建设。积极落实军休保障经费，为2万多名军休干部换发新式离退休证件，协调制发社保卡1万余张。积极推进服务管理用房军队代建项目落实，启动实施23部电梯加装工作。推进军休老旧小区改造，推广应用“网络军休所”。深化拓展老年餐桌、医疗机构进所、家庭医生签约、物业管理等社会化服务项目。开展“情暖老兵、孝老拥军”智慧助老公益行动，建设“助老打车暖心车站”266个，服务保障水平明显提升。深入开展“我为退役军人办实事”实践活动，34家单位创新推出53项具体举措，全市各级政务服务管理机构设置退役军人优先窗口或服务专区，各级医疗机构设置“军人、退役军人优先”窗口，筹集413套房源，面向符合条件的退役军人及优抚对象开展专项配租，为退役军人办理落户开辟“绿色通道”，并取得良好社会效益。

九、自身建设情况

全面贯彻落实习近平总书记关于退役军人工作重要论述，深入学习宣传贯彻党的二十大精神，接续开展党史学习教育，广泛开展“迎接二十大、奋进新征程”主题实践活动，不断强化听党话、跟党走的思想自觉和行动自觉。稳妥实施14个市管军休机构事业单位改革，优化职能设置，向服务一线倾斜，不断提高服务满意度。积极推进市退役军人服务中心、市烈士纪念设施保护中心、局综合事务中心等新调整组建单位人员配备工作。加快推进信息化建设，市级转业军官安置“一件事”场景建设纳入智慧城市建设重点工程。推动政务信息系统“入云上链进舱”，与相关单位建立数据共享交换渠道。市区两级办理退役军人“接诉即办”事项1700余件，市级部门综合评分7次并列第一。全市退役军人工作宣传矩阵初步形成，在人民网、新华社、中央电视台、《北京日报》等媒体发表新闻稿件80余条，在退役军人事务部、北京市委市政府办公厅相关简报刊发信息40余条，市局被评为年度宣传工作先进单位。

天津市

2022年，天津市退役军人事务系统紧紧围绕迎接党的二十大胜利召开、学习宣传贯彻党的二十大精神，以推动退役军人工作高质量发展为主题，狠抓各项工作落实，退役军人服务保障工作取得新成效。

一、机构建设情况

先后2次组织召开市委退役军人事务工作委员会会议，传达学习中央有关会议精神和决策部署，研究天津市落实举措。对市委退役军人事务工作委员会组成人员进行调整，做好市区两级退役军人事务机构军队人员派驻工作。统筹各区委退役军人事务工作委员会落实会议、调研、信息等工作制度。认真开展2022年度退役军人事务自查工作，对重点工作事项进行督查督办。

制定天津市加强退役军人工作法治建设20条措施，编印退役军人工作政策法规汇编，与退役军人事务部联动开展“蹲点抓落实”工作，推进法律政策落实落地。不断健全完善服务体系，全市“两中心两站”增至5616个，新增986个示范型退役军人服务中心（站），建立退役军人服务驿站400个，创新推出“优待证＋广电惠军卡＋防癌保险卡”服务套餐模式。持续加强系统工作人员业务技能比武培训，4名同志被评为2022年度全国退役军人服务中心（站）“百名优秀主任（站长）”。

拓展“退役军人之家”覆盖范围，全市各级关爱退役军人协会与相关企业合作，利用职工活动场所，共建大型企业“退役军人之家”。深入开展“我为退役军人办实事”实践活动，深化与天津大学爱尔眼科医院合作，为894名退役军人进行了眼病筛查，实施手术190台，帮助159名退役军人恢复眼健康。全年各级关爱退役军人协会入户走访5.2万名退役军人，筹集爱心资金260多万元，解决困难7000多个，助力退役军人改善生活、渡过难关。

二、思想政治和权益维护工作

开展“最美退役军人”学习宣传活动，深挖退役军人典型，天津市退役军人唐洪祥同志荣获2022年全国“最美退役军人”称号。开展第三届“天津最美退役军人”学习宣传活动。开展天津市退役军人服务保障先进单位及个人评选表彰活动，激励引导各级退役军人服务保障机构和干部职工精心做好退役军人服务保障工作。开展天津市第一届“最美兵支书”学习宣传暨先进事迹报告会，激励广大“兵支书”在推进乡村振兴、基层治理中作出更大贡献。

会同市纪委监委、市委组织部、市委宣传部等8家单位召开退役军人思想政治工作联席会议，增强退役军人思想政治工作的时代性、针对性。加强退役军人事务领域平安建设，连续3年在全国退役军人事务领域平安建设考评中获得满分。

各级关爱退役军人协会开展“迎盛会、铸忠诚、强担当、创业绩”主题学习宣传教育实践活动，发挥老战士宣讲团的作用，举办宣讲党的二十大精神报告会和宣讲天津市第十二次党代会精神报告会，组织市退役军人文艺宣传队在天津电视台录制并播放“喜庆二十大、建功新时代”专场文艺节目，全市各级协会举办宣讲会、报告会1500多场次，受众6.5万多人，70多支文艺宣传队下连队、进社区、到企业慰问演出800多场次，6万多人观看。举办第二届退役军人书画摄影展和首届退役军人乒乓球赛，丰富了退役军人的文化生活。

三、移交安置工作

积极对接市委编办和各接收单位，科学制订安置计划，举办全市退役军人安置工作会议，积极开展“线上＋线下”渠道双向选择活动，并与积分选岗安置办法相结合，树牢重德才、重实绩、重贡献的鲜明导向。严格执行《天津市退役军人事务系统关于领导干部干预具体移交安置事项记录与报告办法（试行）》，落实“阳光安置”机制，高标准完成年度转业军官和安排工作退役士兵移交安置任务。

采取“现场＋网络”形式，扎实做好转业军官适应性培训、岗前专业培训、高校专项培训等工作，持续开展“穿上军装是保卫者，脱下军装是建设者，都是中国特色社会主义事业奋斗者”专题教育活动，帮助退役军人尽快融入社会。

四、就业创业工作

联合有关部门制定出台促进退役军人投身乡村振兴、退役士兵教育培训、到中小学任教等政策措施，编印教育培训、税收优惠、创业扶持等政策汇编8000余册。组织1689名退役士兵参加适应性培训，完成学历提升1200余人，高职扩招633人。799名退役士兵参加就业创业培训，530名退役士兵报名参加免费职业技能培训。

组织“送政策进军营”活动，用好“退役军人就业信息直通车”服务平台，发布岗位6.8万个，组织线上线下招聘活动63场次，直播带岗7场次，与12家大型企业签署就业合作协议。协调41个公务员、25个事业编、101个公安辅警岗位，面向退役军人定向招考招录。联合市金融局开展“退役军人创业创新金融服务系列活动”，利用“津心融”平台为与49家有融资需求的军创企业对接金融机构、提供金融帮扶，发放银行贷款上百万元。

联合新疆、广东退役军人事务部门共同开展“粤津援疆助军创　携手共进促发展”活动，推荐10家军创企业与新疆军创企业建立结对帮扶机制。3个退役军人创业项目分别获得全国退役军人创业创新大赛二等奖和优胜奖。

五、军休服务管理工作

高标准完成军队离退休干部和退休士官、

逐月领取退役金退役军人的接收安置任务。及时测算下拨各类军休经费约16.5亿元。在春节、“八一”建军节等重大节日期间，组织走访慰问全市军队离退休干部、退休士官、无军籍职工及困难遗属等共1.7万余人，发放慰问品（金）共约1200万元。组织529名军休干部到市荣疗院进行康复疗养。

做好全市自主择业军转干部管理服务保障工作，按月及时发放退役金。做好自主择业军转干部未就业期间基本医疗保险参保、异地就医、医疗保险超限额人员核报医疗费。

六、拥军优抚工作

春节、“八一”建军节期间，号召全社会广泛参与双拥活动。以天津市委、市政府名义印发《致广大官兵和优抚对象的慰问信》70余万封，赠送春节对联30万余份，向天津市退役军人和部分优抚对象发放“八一”慰问金。组织开展走访慰问驻津部队官兵和优抚对象代表，为1.4万余名“三属”及在乡老复员军人发放春节慰问品。

常态化开展“情系边海防官兵”拥军优属活动，组织11个全国双拥模范城为边海防部队官兵送去新年慰问信（品）。组织开展为立功受奖官兵送喜报活动，进一步规范军人随军家属就业安置工作，全年共安置公务员身份、事业编身份家属60多人，推荐20余名随军未就业家属上岗；推进军人子女教育优待工作，保障670余名军人子女就近就便入学，为200余名中高考军人子女落实加分制度。

开展优待证申领发放工作，先后与金融、快递、保险等7家企业签署拥军优抚战略合作协议；制定《天津市拥军企业（门店、社会组织）管理服务细则（试行）》，向全市公布两批共计877家拥军企业。

七、褒扬纪念工作

研究起草加强新时代烈士褒扬工作的措施，推进县级以下英雄烈士纪念设施整修工程，共修缮烈士陵园7个、零散烈士纪念设施38处、零散烈士墓361座，迁葬零散烈士墓62座。市退役军人事务局在市烈士陵园举行“清明祭英烈”代为祭扫仪式。

清明节期间，全市共代为祭扫烈士墓3600余座，祭扫烈士1.1万余名。严格落实烈士评定备案制度，完成1名烈士评定材料核查有关工作。“9·30”烈士纪念日举行向革命先烈敬献花篮仪式。开展为烈士寻亲活动，深入挖掘烈士事迹，拍摄制作《峥嵘岁月　家国记忆》老兵口述历史专题片，丰富市烈士陵园展陈内容并编撰完成天津战役13名团级以上英烈事迹史料，营造了铭记英雄、崇尚英雄、捍卫英雄、学习英雄的良好氛围。

八、自身建设情况

深入学习贯彻党的二十大精神和市第十二次党代会精神，扎实开展“迎盛会、铸忠诚、强担当、创业绩”主题学习宣传教育实践活动工作，扎实推进巡视反馈意见整改落实，全系统政治机关建设水平持续提升。

严格落实中央八项规定及其实施细则精神，健全落实基层联系点、常态化联系退役军人制度，作风纪律建设进一步加强。认真落实天津市《“十四五”退役军人服务和保障规划》，有序推进京津冀退役军人事务协同发展，积极推动“通武廊”高质量发展示范区建设。

河北省

2022年，河北省退役军人事务系统坚持以习近平新时代中国特色社会主义思想为指导，深入学习贯彻习近平总书记关于退役军人工作重要论述，以迎接、学习、宣传、贯彻党的二十大精神为主线，聚焦服务改革发展稳定大局，聚焦服务国防和军队建设全局，解放思想、奋发进取，突出重点、打造亮点，全力推动退役军人工作高质量发展，圆满完成了全年的目标任务。

一、机构建设情况

认真落实"五有""全覆盖"要求，在全省乡级退役军人服务站推广实施"清单式服务、日志化管理"工作模式，进一步提升规范化管理和精准化服务水平。制定《河北省基层退役军人服务站帮办代办事项清单》，从建档立卡、优待抚恤、帮扶援助、权益维护4个方面明确了17项帮办代办事项，让服务对象少跑腿、不跑腿。出台《河北省退役军人和其他优抚对象有关政策清单》，普发基层全面学习，增强工作人员的政策理论和业务水平。在全国退役军人服务中心（站）"百名优秀主任（站长）"评选活动中，全省5人入选。开展省级"百家优秀退役军人服务中心（站）""百名优秀退役军人服务中心（站）主任（站长）""百名优秀退役军人服务站《工作日志》记录人员"评选活动，营造了创先争优的良好氛围。

组织开展"情暖燕赵——关爱退伍老兵"重大疾病联合资助项目、2022年度困难退役军人和"三属"髋膝关节手术资助项目，资助符合条件的困难退役军人879名，发放帮扶资金570万元，河北省关爱退役军人基金会获评首届"河北慈善奖"。

二、思想政治和权益维护工作

坚持把习近平新时代中国特色社会主义思想和党的二十大精神作为适应性培训、职业技能培训的必学课程，共培训退役军人11万人次。组建省、市、县三级"老兵宣讲团"265个，开展红色宣讲"六进"活动1701场次，取得良好的社会反响。

举办"荣光·榜样——河北省退役军人建功新时代风采颂""军魂永恒"等大型演出，集中发布"最美退役军人""最美双拥人物""最美军嫂"先进事迹，展现退役军人形象。全年举行新兵入伍欢送仪式230场次，退役返乡欢迎仪式316场次；送立功喜报2万份、发放一次性奖励金3285.3万元；走访慰问部队1976个（次）、退役军人535.8万人次，赠送慰问金（品）1.9亿元。

组织开展"奋进新征程、建功新时代——

河北退役军人投身乡村振兴当先锋”主题实践活动，发动退役军人返乡入乡就业创业48.3万人，创办涉农企业1503家、个体工商户2.7万家。举办退役军人乡村振兴擂台赛，确定试点县40个、示范引领项目70个。同时，组织5137名志愿者参与冬奥赛事服务保障，展现了新时代退役军人的精神风貌。组织开展干部包联、安置政策落实、退役军人服务中心（站）作用发挥等3个“回头看”，切实维护退役军人合法权益。省退役军人事务厅负责同志带头落实包片制度，每月深入基层不少于5个工作日，指导矛盾问题解决，维护退役军人合法权益。

三、移交安置工作

严格落实安置政策，深挖岗位资源。对转业军官，省直单位及各市制订的行政岗位计划，均超过应安置人数；对安排工作退役士兵，坚持在事业单位多做岗位计划，进一步扩大了岗位选择空间。坚持“阳光安置”办法，对转业军官采取“直通车”安置、依照考试考核分数公开选岗、个人志愿和单位自选相结合等方式，分类安置确定岗位；对安排工作退役士兵，依据部队出具的退役士兵服役表现量化评分，按照分数高低依次公开选岗，在确保公开、公平、公正的基础上，高质量完成了年度安置任务。建立和实行定期回访机制，对上年度安置任务完成情况开展回访调研，确保安置后各项待遇落地落实。

四、就业创业工作

充分利用退役军人返乡报到、参加培训等时机，全面建立退役军人个体需求台账、用人单位岗位需求台账、经济社会发展需求台账，共录入1.4万名退役军人培训就业需求，征集用工岗位2万多个，确定78个适合退役军人的就业创业行业目录，推动退役军人就业创业。依托高职院校、社会培训机构、校企合作企业、各地龙头企业，设立退役军人教育培训基地320家、实习实训基地294家、就业基地835家、创业孵化基地281家，实现了退役军人培训有机构、实习有场地、就业有去向、创业有帮扶。

坚持职业技能培训和学历教育并行并举，积极组织退役军人参加适应性培训、职业技能培训、创业培训、学历教育和网络培训，累计培训2.6万人次。集中推出机关事业单位招录、政企合作推介、社会组织吸纳、线上常态化招聘等“十个一批”帮扶举措，2022年共帮扶2.83万人实现就业，其中当年退出现役人员9157名，当期就业率达98.6%。

五、军休服务管理工作

按照“随退随审、即交即接”原则，认真做好离退休军人接收工作，接收安置军休干部900余人，超计划接收近300人，做到了“只要部队交得出、地方就接得下”。创新开展军休机构示范创建活动，制定《河北省示范型军休服务管理机构创建标准》，从机构建设、服务管理等10个方面，明确34类工作内容和100条创建标准，推动军休机构全面提升服务保障水平。组织开展书画摄影作品展和文艺演出等一系列活动，不断丰富军休干部精神文化生活，让他们老有所养、老有所乐。

六、拥军优抚工作

出台关于服务部队备战打仗的若干措施，积极探索新形势下服务备战打仗的方法路径。制定关于加强拥军支前工作的实施意见，完善助力强军的制度机制。常态化开展双拥共建活动，建立军民共建联系点 366 个，帮助部队解决场地置换等问题 550 个，累计解决随军家属安置就业 530 人次，协调落实军人子女入学入托 1640 人次。

河北省退役军人事务厅等 32 个部门联合制定优待工作实施办法，全省 570 个景区对退役军人减、免门票费用，开通优先通道或窗口 3.3 万个，设置优先标识 4.2 万个。全力推进建档立卡和优待证申领发放工作，基本完成退役军人和其他优抚对象的集中申领任务。着力解决退役军人急难愁盼问题，第 18 次提高优抚对象抚恤补助标准，惠及全省 68.5 万名优抚对象。

积极吸纳北国商城等 30 家领军企业加入爱国拥军联合会，在省会城市繁华路段建成“拥军示范街区”，带动建成双拥主题公园、广场 367 个。动员全省各级爱国拥军联合会和拥军志愿者，广泛开展“百城万店拥军行”等活动，营造了尊崇军人职业、尊重退役军人的浓厚氛围。

七、褒扬纪念工作

出台《加强新时代烈士褒扬工作的若干措施》，优化烈士评定办法，建立参战牺牲烈士随评快备机制，推出常态化联系烈属、烈士子女上学就业、烈属住房保障、医疗服务等具体措施，不断提高褒扬纪念工作水平。大力实施县级及以下烈士纪念设施整修工程，对 2.2 万座散葬烈士墓和 1042 处零散烈士纪念设施进行了集中迁建，对 141 个县级及以下烈士陵园进行了整修。

广泛开展英烈故事宣讲活动，累计宣讲 7300 多场，现场受教育群众 58.8 万人次。认真开展好清明节、“9・30”烈士纪念日活动，特别是“五个一”（擦拭一遍墓碑、敬献一束鲜花、拍一段祭扫视频、写一张寄语卡片、给烈属打一个电话）代祭扫服务的暖心做法，得到烈士亲属的高度认可。加强与主流媒体的对接合作，深入开展寻亲专题活动，先后为 417 名烈士找到亲人亲属，让英雄回家、让英灵安息。

八、自身建设情况

严格落实全面从严治党主体责任，认真抓好党建工作，加强党风廉政建设，着力增强各级党组织的领导力、组织力、执行力。持续深化“法律政策落实年”活动，深入市县进行“解剖麻雀式”督导调研，扎实推动各项法律法规贯彻实施。创新开展法律政策落实“样板县”建设，全省共打造省级样板县 7 个、市级样板县 16 个，示范带动法律政策落实。出台了省级退役军人保障条例、全省退役军人事业“十四五”发展规划、退役军人工作考核制度，对退役军人工作高质量发展做出了系统性安排。创新开展河北省退役军人事务系统“基层创新工作擂台赛”，共推出 229 项基层经验做法，网上点击量达到 1.7 亿次，形成了“创新争先、互学竞进”的浓厚氛围。

山西省

2022年，山西省退役军人事务系统深入学习宣传贯彻党的二十大精神，认真贯彻习近平总书记关于退役军人工作重要论述和考察调研山西重要指示精神，统筹疫情防控和退役军人事业发展，以“让退役军人获得感成色更足”为主线，凝心聚力、改革创新，狠抓落实、争先创优，不断推动全省退役军人工作高质量发展取得新成效。

一、机构建设情况

山西省委、省政府高度重视退役军人工作，省委常委会、省政府常务会多次听取工作汇报，研究审议政策文件，推动党中央、国务院决策部署在山西落地落细。省委退役军人事务工作领导小组召开全体会议，部署推进年度重点工作，研究解决重点难点问题。充实加强党委退役军人事务工作领导机构力量，军队派驻人员覆盖率达到100%。

坚持“巩固、拓展、优化”思路，加强退役军人服务保障体系规范化运行和政治文化环境标准化建设，指导基层服务站充实服务内容、优化工作流程和提升人员素质，加强政治文化环境建设，推动服务保障体系提标提质。依托省政务云平台，投入1100余万元，建设全省退役军人综合管理平台，促进服务保障便捷高效。积极争取“十四五”中央预算内投资项目，“省荣军医院新建住院楼项目”和“太原市郑村烈士陵园提质改造工程”获批立项。

主动对接国防和军队改革新要求，制定出台《山西省“十四五”退役军人服务和保障规划》《关于加强新时代烈士褒扬工作的实施意见》等配套政策制度25个，全省退役军人政策制度体系日臻完善。持续巩固“法律政策落实年”活动成效，扎实开展“蹲点抓落实”工作，派出8个工作组深入市县，对255项政策点逐一蹲点指导、逐项推动落实，累计解决725个涉及退役军人切身利益问题，全力打通政策落实“最后一公里”。

二、思想政治和权益维护工作

全省各级评选“最美退役军人”等退役军人典型317名，为1228名立功受奖军人家庭上门送喜报。精心开展“老兵永远跟党走”系列活动，组建老兵宣讲团83个，进行宣讲160余场。组织开展优秀退役军人“五进”（进学校、进社区、进军营、进机关、进企业）百场行活动，持续营造关心国防、尊崇军人、尊重退役军人的浓厚氛围。克服疫情影响，协调军地有关部门“点对点”

保障，分 4 批迎接 200 多名退役士兵光荣返乡、安全回家。

推广运用新时代“枫桥经验”，毫不松懈做好矛盾化解、风险防范、帮扶解困等工作。依托各级退役军人服务中心（站）建成法律帮扶援助平台 424 个，向退役军人准确宣传阐释法规政策，服务退役军人千余名。开展“情暖老兵”关爱行动，与 9300 多名退役军人“结对子”，走访慰问退役军人 21.5 万人次，为 1.6 万余名退役军人提供经济、就业、司法、医疗等临时性、应急性帮扶援助。

三、移交安置工作

进一步创新安置方式、优化安置流程、拓宽安置路径，高质量完成转业军官、安排工作退役士兵、离退休军人、伤病残义务兵和初级士官、逐月领取退役金退役军人移交安置任务。

会同组织、编办、人力资源社会保障等部门出台政策，全省域打通事业单位管理岗和专技岗直接安置退役士兵渠道；依托军休服务管理机构设立集体户办理离退休军人落户政策，受到好评。

四、就业创业工作

聚焦能力提升，向驻晋部队 2022 年退役士兵赠送线上培训学习卡 1.1 万张，即退即训 8000 余名退役士兵，实现适应性培训全覆盖；开设风电维护、工业机器人、5G 网络工程等 8 类热门专业，举办“订单式”“定岗式”“定向式”技能培训 120 余期，赋能培训 2960 人，新增技能人才 2626 人。

聚焦作用发挥，组织招聘会 245 场，提供岗位 6.8 万余个，1.7 万余人次达成就业意向；为 11.4 万余名退役军人补缴社会保险，培养选拔担任“兵支书”4723 人，打造退役军人志愿服务队 1421 支，3.6 万余名退役军人积极投身疫情防控、森林防火等急难险重任务。

聚焦创业创新，建立 29 名专家学者和创业带头人组成的创业导师团队，提供“一对一”指导；协调税务部门顶格落实税收优惠政策，举办全省退役军人创业创新大赛，10 个优秀项目纳入省级创业项目库予以重点扶持。

五、军休服务管理工作

全面落实“两个待遇”。指导各级军休服务管理机构落实疫情防控要求，重点加强失能、失智、独居、空巢等重点人员的服务管理，确保军休干部身心健康。为 50 名老党员颁发“光荣在党 50 年”纪念章，为近千名军休党员过政治生日，走访慰问生活困难党员 29 名。加快普及推广网络“军休所”，举办军休老年大学，广泛开展各类文体活动。在长治、忻州组织两次军休干部荣誉疗养。

加强军休标准化建设。统一建立军休干部基本信息、军休干部党员基本信息、军休干部因私出国信息、军休干部参加社会组织、军休干部生活待遇明细等“五本台账”，为军休服务规范化、精准化提供了信息保障。

打造“红星 +”军休党建品牌。组建军休干部红星宣讲团、红星读书班、红星医疗专家志愿服务队、红星艺术团等品牌团，定期开展红色宣讲、主题读书交流、医疗志愿服务活动，自编自导文艺节目，隆重庆祝中国人民解放军建军95周年，为奋进新征程贡献军休力量。

六、拥军优抚工作

进一步规范军地互提需求、互办实事“双清单”工作机制，广泛开展双拥宣传和慰问活动，扎实做好军民共建工作，积极协调解决军地热点难点问题，帮助随军家属安置就业和军人子女入学入托，受到驻晋部队和官兵好评。开展“你为祖国守岁　我陪亲人过年”新春拥军优属活动，遴选吕梁市、晋城市分别与新疆某部和黑龙江某部结成城连共建单位。编纂《“铭记·传承”——晋籍老兵群像》系列丛书。健全完善双拥系统拥军支前应急应战响应机制，初步形成上下贯通、军地联动的工作体系。对新一届省级双拥模范考核验收，精心准备全国双拥模范城（县）届中考评。大力推动社会化拥军，3个单位被评为“全国社会化拥军企业”。

会同26个部门出台优待工作实施意见，全国首发省级优待基础目录和二级优待目录清单，涵盖医疗、教育、金融等12个领域，共209项优待举措。高质量完成20余万名享受国家定期抚恤补助优抚对象年度确认工作，按时足额规范发放优抚资金。部分优抚对象抚恤补助标准和部分残疾人员护理费标准分别提高10%、8%，毕业大学生入伍奖励金标准提高100%。

组建医疗队伍深入41个县区，为2200余名烈属、一至四级残疾军人等优抚对象进行健康体检，入户走访120户。组织231名优抚对象赴山东省荣军医院进行短期疗养，选派16名优抚对象及家属赴省荣军总医院进行短期疗养。

七、褒扬纪念工作

精心组织“清明祭英烈”活动，指导各地开展形式多样的绿色文明祭奠英烈活动。全省烈士陵园有序开展“代祭扫”“云祭扫”服务，共祭扫烈士墓992座，代为祭扫烈士3495位。引导公众预约祭扫、就地祭扫、错峰祭扫，全省共开放陵园163个，现场祭扫人数近1.5万人，开展群体性祭扫纪念活动357场。举行向烈士敬献花篮、烈士安葬迎回等仪式，为12名烈士找到亲人，624座烈士墓顺利迁葬，制作《那顶浸血的钢盔》《我心中的英烈》《你的故事》等红色短视频，在人民网、山西广播电视台等媒体刊播，引发社会热烈反响。

加强烈士纪念设施保护，争取中央及地方财政投入1.53亿元，对全省9911处县级以下烈士纪念设施整修改造。运用视频调度、现地检查、通报督导等方式，统筹质量进度，推广特色做法，提升整修成效。把整修工程作为弘扬英烈精神、深化爱国主义教育的重要载体，线上线下联动宣传，举行纪念活动454场，直接受教育10万人，央媒、省媒专题报道27篇。

八、自身建设情况

深入学习贯彻习近平新时代中国特色社会主义思想和党的二十大精神，坚持站在政治高度思考谋划退役军人工作，把捍卫“两个确立”、做到“两个维护”要求落实到退役军人工作的各方面和全过程。

忠实履行管党治党主体责任，全面加强清廉机关建设，坚持“三不腐”一体推进，常态化开展纪律教育、政德教育、家风教育和警示教育，加强与驻厅纪检监察组协同配合，聚焦55个廉政风险点，制定防控措施118条，强化对权力运行的制约和监督，营造风清气正的良好政治生态。实施党政领导干部履职能力提升工程，举办各类专题培训31期，培训1594人次，通过业务培训、实践锻炼、学习交流，持续提升系统干部职工业务能力素质。

内蒙古自治区

2022年，内蒙古自治区退役军人工作以习近平新时代中国特色社会主义思想为指导，深入学习贯彻党的二十大精神，学习贯彻习近平总书记关于退役军人工作重要论述，坚定拥护“两个确立”，坚决做到“两个维护”，认真落实退役军人法律政策，全力攻坚化解矛盾问题，持续推进基层基础基本建设，全区退役军人工作取得明显成效。

一、机构建设情况

内蒙古自治区本级、各盟市、旗县全部成立党委退役军人事务工作领导小组，组长全部由党委书记担任。自治区、盟市、旗县（市、区）全部组建退役军人事务部门。自治区党委、政府先后召开全区退役军人工作会、4次党委常委会、5次政府常务会或专题会、12次党委退役军人事务工作领导小组全体会议或专题会，传达学习习近平总书记关于退役军人工作重要论述和党中央决策部署，研究贯彻落实措施，部署重点工作。

认真贯彻落实习近平总书记“五有”“全覆盖”要求，建立区、盟市、旗县、苏木乡镇(街道)、嘎查村（社区）五级退役军人服务保障体系，共建成退役军人服务中心121个，退役军人服务站6292个。苏木乡镇（街道）党群服务中心加悬挂退役军人服务站牌子，苏木乡镇（街道）、嘎查村（社区）退役军人服务站站长全部由同级党组织书记担任，苏木乡镇（街道）服务站副站长由人武部长、党群服务中心副主任担任，“五有”“全覆盖”要求基本落实。

2022年，赤峰市退役军人服务中心、包头市九原区退役军人服务中心等5个单位被退役军人事务部、中央军委政治工作部评为“全国退役军人服务保障先进单位”，2个退役军人服务站被评为“全国百家红色退役军人服务站”，402个退役军人服务中心（站）创建成全国示范型中心（站）。

二、思想政治工作

创办自治区军休大学和《内蒙古退役军人》杂志，组织退役军人深入开展学习党的二十大精神活动，教育引导广大退役军人坚定拥护“两个确立”，坚决做到“两个维护”。大力开展“老兵宣讲”实践活动，全区各级成立老兵宣讲团131个，开展宣讲537场次，受众9.3万余人次。加强先进典型宣传，评选出20名2022年度“最美退役军人”，常态化学习宣传时代楷模张富清、北疆楷模任明德、阿迪雅及模范退役军人、“最美退役军人”先进事迹，进一步发挥先进典型示范引领作用。

有效发挥退役军人作用，成立954支退役军人志愿服务队伍，组织参与疫情防控、应急救援、国防教育等志愿服务。2022年新冠肺炎疫情发生后，号召全区广大退役军人发扬本色、积极投入疫情防控工作中，全区有1.3万余名退役军人志愿者参与本轮疫情防控，发挥了重要作用。

三、移交安置工作

落实军队转业军官、安排工作退役士兵和退出消防员按积分公开选岗政策，圆满完成2022年国家下达内蒙古自治区各类退役人员接收安置计划。全区发放自主就业退役士兵一次性地方经济补助金4.4亿余元，随军家属就业安置、军人子女教育政策得到较好落实。接收离退休军人工作顺利推进，实现了“只要部队交得出，地方就能接得下”的目标。

四、就业创业工作

积极应对疫情影响，采取线上线下培训相结合的方式，组织开展适应性培训、技能培训、项目制培训、创业培训等培训活动，全年共培训1000余人次。通过开展线上线下专场招聘、直播带岗，为退役军人提供就业岗位1.4万余个，促进3200余名退役军人就业。

审核批准6家机构为首批自治区级退役军人就业创业园地，全区分东、西部举办了创业成果展陈活动，激发了退役军人创业热情。全区各级退役军人事务部门2022年累计开发公益性岗位630余个，帮助500余名就业困难的退役军人实现就业。

五、双拥工作

认真落实内蒙古自治区党委部署要求，实施全区边防一线连队饮用水净化工程。截至2022年11月21日，圆满完成边防一线连队饮用水净化任务。新华网、中国网、央广网等媒体进行了宣传报道。

在春节、“八一”建军节等重大时节，走访慰问驻军部队。大力开展“情系边海防官兵”拥军优属活动，为边防部队官兵家庭解决实际困难。扎实做好困难退役军人帮扶援助工作，累计帮扶援助困难退役军人6700余人，投入帮扶援助资金850余万元。

专门为呼和浩特市下拨资金100万元，解决疫情期间困难退役军人生活问题。全区各级退役军人服务中心（站）认真落实常态化走访慰问、联系退役军人制度，各级累计走访慰问退役军人3.2万人。

六、优抚褒扬工作

全面启动退役军人、其他优抚对象建档立卡和优待证申领发放工作，于2022年5月23日举行内蒙古自治区退役军人及其他优抚对象优待证首发仪式，全区各级退役军人事务部门按照“一户一档、一人一策、不漏一户、不漏一人”的要求精准采集情况，增加了采集内容。申领优待证的采集信息全部纳入国家统一数据库，做到了底数清、情况明，积极协调相关部门在医疗、文旅、交通等方面出台优待政策，切实提高优待证“含金量”。继续提高部分优抚对象抚恤补助标准，发放抚恤保障资金6亿元。

加强烈士褒扬纪念工作，投入近2亿元用于烈士纪念设施维修改造，编纂《内蒙古自治区烈士纪念设施名录》《烈士英名录》，建立全区烈士纪念设施基础数据档案，将1.7万余名烈士基本信息、242处烈士纪念设施全部录入烈士褒扬纪念系统，实现烈士、烈士纪念设施数据信息互联互通、信息共享。开通“内蒙古英烈网”，组织开展线上线下祭扫活动，在全社会营造形成崇尚英雄的浓厚氛围。

辽宁省

2022年，辽宁省退役军人事务系统以习近平新时代中国特色社会主义思想为指导，深入学习宣传贯彻党的二十大精神，全面贯彻落实习近平总书记关于退役军人工作重要论述，坚持稳中求进工作总基调，聚焦推动退役军人工作高质量发展，以尊崇尊重为主线，全力服务经济社会发展、服务国防和军队建设，实施清单化管理、项目化落实、工程化推进，各项工作有序开展，年度工作任务圆满完成。

一、机构建设情况

全省各级共建成退役军人服务中心（站）1.7万余个，配备人员2.7万余人，专职人员到位率达96.3%，建立企业退役军人服务中心（站）32个。组织开展退役军人服务保障体系建设运行“回头看”活动，促进各级服务中心（站）规范建设、有效运行。持续开展示范创建工作，全省2526个村级服务站全部达标，培树标杆型服务中心（站）280个。抓住乡镇（街道）调整优化机构设置和职能配置的窗口期，协调理顺体制机制，推动服务保障提质增效。

二、思想政治和权益维护工作

评选表彰全省模范退役军人100人，选树辽宁“最美退役军人”10人，1人被评为2022年度全国“最美退役军人”，引领退役军人听党话、跟党走。深入开展“老兵永远跟党走——老兵宣讲”实践活动，组建省、市、县三级“老兵宣讲团”72个、成员488人，围绕强化政治意识、传承红色基因、服务乡村振兴、培塑文明新风、激励创新有为、政策宣传解读6个方面，开展宣讲320余场次，集中宣讲受众6.6万余人，立起“老兵永远跟党走”的鲜明导向。研究制定措施，加强培育引导，推动发挥退役军人在基层治理中的“领头雁”作用、在社会服务中的“志愿者”作用、在国防建设中的“后备军”作用、在经济社会建设中的“生力军”作用，全省5700余名“兵支书”、920名退役军人社会工作者、201名退役士兵消防员、3.8万名退役军人志愿者活跃在基层一线，一批志愿军老战士等“兵教师”讲授“开学第一课”。

坚决贯彻总体国家安全观，把维护退役军人合法权益作为头等大事来抓。突出“事要解决”，强化部门协同，扎实开展重复信访集中治理、百日攻坚、“万件化访”“喜迎二十大——为退役军人排忧解难”专项行动，通过蹲点调研、领导包案、接访下访、提级办理等方式，着力解决退役军人急难愁盼问题。

三、移交安置工作

圆满完成年度转业军官和安排工作退役士兵移交安置任务。

完善安置政策。印发《辽宁省安置上校以下指挥管理军官及专业技术军官考核赋分暂行办法》，首次统一全省转业军官考核赋分标准，树立服役贡献越大、安置岗位越好的鲜明导向。出台《辽宁省转业军官阳光安置工作方案》，推行“五统一、五公开”，安置工作透明度和公信力进一步提升。

优化安置流程。省、市党政机关接收转业军官统一采取考试考核方式安置，安排工作退役士兵统一按服役表现量化评分成绩依次选岗安置。研发考试报名一体化平台，推行“信息化安置”，利用“互联网＋手机终端”模式，高效组织考试报名，实现省（中）直驻沈单位、沈阳市市直单位同转业军官现场报名“面对面”与“互联网＋”有机融合。

突出安置重点。指挥管理上校、中校、专业技术中校及以上转业军官全部安置到党政机关公务员、参公岗位。功臣模范、长期在艰边地区及特殊岗位工作的转业军官得到照顾安置。

提升服务水平。开展安置政策进军营活动，开通政策咨询热线，为广大官兵答疑释惑，延伸了安置工作链。优化报到手续办理流程，全省1000余名退役军人行政关系、组织关系、落户介绍信、预备役登记等报到手续“一站式”办结。为13.6万名退役士兵补缴基本养老保险23.2亿元。与省公安厅联合印发《关于组织开展2022年度全省公安机关转业军官进高校专项培训工作的通知》，全省121名转业军官参训受训。

四、就业创业工作

按照“以培训促就业、以服务助就业、以创业带就业”的工作思路，促进退役军人就业创业。争取省财政支持，专项列支330万元用于退役士兵职业技能培训，举办专场招聘会271场（次），提供岗位8万余个，专招退役军人4400余人，对接驻辽20家重点军工及民口配套企业，拓宽就业渠道。

开展“送政策法规、送职业规划、送招聘信息”进军营活动和税费优惠政策直播活动，印发实施《辽宁省退役军人就业创业导师管理办法（试行）》，评选命名退役军人职工创新工作室15个，加强退役军人就业创业保障。举办首届辽宁省退役军人创业创新成果展示交流活动，3家军创企业参加第二届全国退役军人创业创新大赛总决赛，全部获奖，省退役军人事务厅荣获大赛“精神风貌奖”。

五、军休服务管理工作

超额完成接收离退休军人任务，切实为部队减压卸负。军地协同办公，对离退休军人接收实行“随退随审，即交即接”。协调研究解决重点难点问题，实施“一册清、一起办、一站接”，并跟进落实服务保障措施。

有效落实军休干部“两个待遇”，解决逐月领取退役金退役军人待遇保障问题，推动将军休老旧小区纳入城镇老旧小区改造计划，纳入率达87.3%。

六、拥军优抚工作

广泛开展双拥共建活动。军地隆重举办庆祝建军95周年系列活动，省领导走访慰问驻辽军级以上单位“全覆盖”，《兵心》话剧演出、“军魂永驻”书法美术作品展、“好军嫂”评选、“抢建英雄谱”活动在军地双方反响强烈。各级走访慰问部队1900余次，帮助2000余名官兵解决家属就业、子女入学等难题，累计为4500名立功受奖军人家庭送喜报。以拥军支前为主体，推动构建服务备战打仗新格局。

出台激励大学生参军入伍9条措施，军地合力推进“双清单、三助力、四支持”建设，北部战区、省双拥办等推动建立重点地域拥军支前协调机制，健全完善拥军支前协作机制和应急应战响应机制。

精准落实优抚政策，连年提高优抚对象抚恤补助标准。全力做好优待证申领发放工作。制定出台残疾退役军人医疗保障实施办法、光荣院管理服务实施细则、伤残等级评定工作规程，积极推动优抚事业单位改革发展，省属3所优抚医院转隶取得阶段性进展。实施退役军人服务保障一体化平台建设，开展数据集中统一整合试点，完善退役军人建档立卡信息127.8万人，推动将1.7万余个服务机构入驻电子地图，5项政务服务事项“免申即享”，为退役军人提供便捷、高效服务。

七、褒扬纪念工作

军地30余家单位通力配合，圆满完成第九批88位在韩中国人民志愿军烈士遗骸迎回安葬任务。组织“2022·奋进·网上祭英烈”活动，持续开展为烈士寻亲。争取国家资金，对198处县级以下英雄烈士纪念设施进行整修。积极推动沈阳抗美援朝烈士陵园改扩建项目审批，省财政安排1000万元对3处省级烈士纪念设施进行提质改造。

八、自身建设情况

深入学习贯彻党的二十大精神和习近平总书记重要讲话、重要指示精神，把讲政治要求贯穿退役军人工作全过程、各方面，推动政治机关建设向全系统延伸，分级分类开展政策业务培训，在全省系统广泛开展退役军人大讲堂活动，着力打造政治坚定、业务精湛、作风优良、让退役军人满意的专业化队伍，全力营造风清气正的政治生态和干事创业的浓厚氛围。

沈阳市

2022年，沈阳市退役军人事务系统认真学习贯彻习近平新时代中国特色社会主义思想和习近平总书记关于退役军人工作重要论述，以推动退役军人工作高质量发展为主题，以“让退役军人获得感成色更足”为主线，以开展“振兴新突破 我要当先锋”专项行动为契机，坚持稳中求进工作总基调，圆满完成退役军人领域重点工作任务。

一、机构建设情况

沈阳市委、市政府高度重视退役军人工作，市委常委会会议和市政府常务会议多次研究部署抗美援朝烈士陵园提质改造工程、双拥模范城创建等退役军人工作重要事项。沈阳市委退役军人事务工作领导小组召开全体会议，传达学习习近平总书记关于退役军人工作重要论述，审议通过落实《退役军人工作政策制度改革方案》具体措施。

研究制定乡镇（街道）、村（社区）退役军人服务站服务事项清单。完成服务对象100人以上300人以下的470个村（社区）退役军人服务站示范创建申报和调研检查指导工作。举行沈阳市“企业退役军人服务站”授牌暨服务退役军人联盟签约仪式。完善服务大厅各项规章，建立局机关处长带班制度，设立“办不成事”事项督办台账，优化营商环境，打造一流政务服务分中心。

二、思想政治和权益维护工作

组建“功能型志愿服务组织”，成立“沈阳老兵”志愿者服务队，“情暖老兵、致敬英雄”志愿服务项目被辽宁省精神文明办推荐为“最美志愿服务项目”。举办沈阳市退役军人关爱基金发放仪式，资助困难退役军人44人，发放资助金共计40余万元。

开展“治重访、化积案”专项行动、局班子成员包领域包案督导信访矛盾化解工作，落实定期约访、周末接访和部门协同交流机制。充分发挥小组联席会议和信访联席会议功能作用，对疑难复杂信访案件提级办理，挂牌督办，推动问题妥善解决。

三、移交安置工作

圆满完成年度安置任务。转业军官安置采取市直党政机关单位考试考核、市直参公事业单位岗位选择、区县（市）属单位保底包干相结合的安置办法。安排工作退役士兵和退出消防员安置采取事业单位管理岗位专项招聘、中央企业公开招聘、按服役贡献量化评分公开选岗等分配方式。

四、就业创业工作

开展“从心出发，向阳而行”退役军人网络专场招聘活动，邀请影响力较大的多家企业参与。截至 2022 年年底，参加线上招聘的企业达 410 余家、提供就业岗位 3000 余个、吸引 6 万余人（次）关注、初步达成就业意向 1200 余人。举办退役军人线下招聘会 2 场，提供适合退役士兵的就业岗位 2400 余个，初步达成就业意向 300 余人。举行“沈阳市退役军人创业示范企业”授牌仪式，10 家退役军人创业企业获得“沈阳市退役军人创业示范企业”称号。

五、军休服务管理工作

充分发挥接收安置服务大厅“一站式”服务优势，接收军休干部（士官）860 余人，为 1 万余名军休干部（士官）、600 余名遗属发放工资、津补贴、遗属补助费 18.99 亿元，荣誉金、取暖费等各项待遇 1.25 亿余元，申请财政医疗资金 2900 余万元。积极落实军休干部“两个待遇”，与相关企业签订合作协议，为近 1800 名高龄军休干部提供日常居家保洁服务。

六、褒扬纪念工作

积极推进沈阳市抗美援朝烈士陵园改扩建工程，成立项目审批和项目建设工作专班，建立联席会议制度，完成雕塑设计征集筛选，确定设计单位，开展项目勘察、前期咨询、清单编制、节能评估、社会稳定风险评估、安全评价、水土保持、树木移植和尸检中心地上物拆除等前期服务招投标工作。

圆满完成第九批在韩中国人民志愿军烈士遗骸迎回安葬、“9·30”烈士纪念日敬献花篮等国家及省重大仪式承办任务。开展“回家·归国志愿军烈士的寻亲故事”系列采访，“忠骨地·我们的英雄”六城共祭直播活动，打造沈阳市抗美援朝烈士陵园“红色·英雄书吧”。

组织《兵心》主题话剧演出、魏巍《谁是最可爱的人》图书文物捐赠、“军魂永驻”书法美术作品展、“英雄战地家书”朗诵会、“光荣之家换新颜”等庆祝建军 95 周年系列活动，营造英雄城市浓厚氛围。

七、优待抚恤工作

继续调整提高部分优抚对象抚恤和生活补助标准，制发 3 万张优抚对象服务卡，督促各区、县（市）实现抚恤和生活补助按月发放。完成困难优抚对象价格临时补贴发放工作，为 2.7 万余名优抚对象发放 5 个月的临时价格补贴 358 万余元。

积极开展建档立卡及优待证申领发放工作，完成建档立卡 28.97 万人。与 20 家单位签订拥军优抚合作协议，拓展优待证应用场景，为退役军人提供各类优惠服务。审核伤残人员档案 409 份。

积极开展帮扶救助活动，为 3700 余名优抚对象发放救助金共计 226 万余元，为困难优抚对象发放暖心“蔬菜包”2.6万余份，为60周岁以下优抚对象和部分困难退役军人发放防疫“健康包”3500余个。

八、双拥共建工作

广泛开展走访慰问活动，走访慰问部队210个，召开军政座谈会138场，组织联欢会、文艺演出49场（次），走访慰问优抚对象、退役军人、边海防军人等家庭1.5万余户。

协调驻沈部队与乡镇（街道）、村（社区）、学校、企事业单位等建立军民共建关系，协调战略支援部队与法库县“三村”开展军民共建活动。

推进随军家属就业工作，完成510名军人子女入学工作，为7名驻沈部队抗疫一线医务人员子女申报了中考加分教育优待，完成1529名随军未就业家属生活补助审核、发放等工作。

九、自身建设情况

召开党史学习教育专题民主生活会、省委巡视反馈意见整改落实专题民主生活会等。落实意识形态工作责任制，加强和改进思想政治工作，坚持党组织书记谈心谈话制度，开展“强国复兴有我”群众性活动。

全面推进党支部标准化规范化建设，沈阳市抗美援朝烈士陵园党支部被评为全市党支部标准化规范化建设示范点，党建创新案例获得银奖。

坚守干部人事纪律红线，落实领导干部个人有关事项报告制度，认真履行干部选任有关规定，营造良好干事创业氛围。

大连市

2022年，大连市退役军人事务系统坚持以习近平新时代中国特色社会主义思想为指导，认真学习贯彻党的二十大精神，深入学习习近平总书记关于退役军人工作重要论述、重要指示批示精神，学党史、办实事，统筹推进疫情防控与业务工作，全面落实上级各项决策部署，较好地完成了年度工作任务。

一、机构建设情况

大连市退役军人事务局坚持以退役军人为中心，落实上级决策部署，提升服务保障质量，各项工作取得扎实成效。紧紧围绕“让退役军人获得感成色更足”这条工作主线，不断加强党对退役军人工作的领导，推进退役军人工作提质增效。

全市652家服务对象100人以上的村（社区）退役军人服务站全部成功创建示范型服务站，中山区、西岗区、甘井子区全域基层服务站100%示范创建。2022年9月30日大连市人民政府令第169号公布《大连市拥军优属规定》，自12月1日起施行，全社会尊崇军人、关爱军人军属氛围日益浓厚。

二、思想政治和权益维护工作

大连市退役军人事务局突出思想政治引领，推选“全国老兵宣讲团”辽宁首批成员1人，推选辽宁省“模范退役军人”15人、“最美退役军人”1人、“最美志愿者”3人，评选大连市“最佳志愿服务组织”1个、“最美退役军人”10人。持续开展困难退役军人帮扶援助工作，申请年度专项资金1424.19万元，对全市1万余名困难退役军人“一人一策”进行精准帮扶。投入市级财政资金3422万元，补贴各区市县持续做好转业志愿兵（士官）专项帮扶岗位开发工作，年内新增25人上岗，全市在岗人员总计993人。会同大连市慈善总会出台《大连市退役军人关爱基金管理使用办法》，提高基金运行管理的科学化、制度化、规范化水平，为帮扶援助工作打下了坚实基础。

三、移交安置工作

大连市退役军人事务局主动对接驻连部队，提前超额完成接收离退休军人重点任务，有力支持国防和军队建设。提前1个月完成全市计划分配转业军官和安排工作退役士兵安置工作。顺利完成中央部署逐月领取退役金退役军人制度改革任务，按照上级下达计划接收逐月领取退役金退役军人，落实各项待遇。结合省、市优化营商环境部署要求，积极协调营商、大数据、公安等部门，梳理退役士兵报到流程，在大连政务服务网上线“自主就业退役士兵报到一件事”，为退役士兵提供“一件事一次办”服务。

四、就业创业工作

大力扶持退役军人就业创业，积极推进制定退役军人就业创业政策。开展转业军官、自主就业退役士兵适应性培训。线上线下多渠道举办退役军人专场招聘，提供退役军人就业岗位7700余个，为自主创业退役军人减免税款1000余万元。协调中国农业银行开发退役军人专属贷款产品，发放创业贷款100余万元。

推荐1家退役军人创新工作室为辽宁省退役军人职工创新工作室。选拔推荐2家军创企业参加首届全国退役军人创业创新成果展交会，8家军创企业参加辽宁省退役军人创业创新成果展示交流活动，2个青年退役军人创业项目参加第九届“创青春”中国青年创新创业大赛，1个退役军人创业项目参加第二届全国退役军人创新创业大赛并获得优胜奖。

五、军休干部服务管理工作

加强军休干部星级党支部建设，推荐上报五星级军休干部党支部12个。利用自身资源优势在全系统各级办公场所、活动场所设立红色主题文化墙，加强军休干部队伍思想政治建设。

全面提质改造军休服务场所，打造“大连军休老年大学”品牌项目，开设军休“红色大讲堂”，探索形成“主校总办、分校承办、网校同办、社会联办”的办学模式，已开办3个分校23个班级，开设10类课程，吸纳了2400余名军休干部学员在校学习，丰富军休干部精神文化生活。

积极推广网络“军休所”，已有4700余名军休干部注册使用。确定大连医科大学附属第一医院、大连市中心医院等5所三甲以上医院为体检机构供军休干部自愿选择，规范组织军休干部医疗体检工作。将军休老旧小区改造纳入全市整体规划统筹推进，目前纳入维修改造比例已达77.38%。

六、褒扬纪念工作

在《大连日报》等媒体开设清明祭扫专栏，展示英烈事迹、烈士家书、英烈精神在身边等文化作品，传播大连英烈故事，进一步传承和弘扬英烈精神，凸显向英烈致敬的氛围。为烈士家属和相关团体免费提供代祭扫烈士墓服务。积极引导烈士家属和社会公众开展网上祭扫。

清明节期间开展“2022·奋进·网上祭英烈”祭扫活动。“9·30”烈士纪念日举行向烈士敬献花篮仪式，市委常委和军地各界500余名代表共同参加公祭仪式，同步开展“铭记英烈事迹·传承红色基因”“传承英烈精神　赓续红色血脉”爱国主义教育线上活动，20余万名市民积极参与，6000余人参与直播互动。加大烈士寻亲信息推送力度，为社会各界提供烈士信息查询、寻亲线索发布、寻亲信息推送等服务。整修全市18个县级以下烈士陵园，精心组织烈士公祭活动，成功为32名烈士找到亲人。

七、双拥共建工作

发挥军政军民团结政治优势，代表辽宁省与驻内蒙古阿拉善盟边防部队建立共建项目，提升边海防部队基础设施建设。

双拥共建领导小组有关领导主持召开领导小组全体会议暨全国双拥模范城（县）创建工作届中考评调研部署会议，市退役军人事务局组织召开区市县双拥工作人员会议，细化分解《全国双拥模范城（县）考评标准》，按照八大项70条考评标准，逐一对照梳理各区市县和市双拥共建领导小组成员单位报送迎检材料。

八、优待抚恤工作

提高优抚对象抚恤补助标准，发放抚恤补助资金2.9亿元，开展“关爱退役军人及优抚对象送医送药、免费义诊”活动。为全市退役军人和其他优抚对象建档立卡并办理优待证，积极协调社会各界拓展优待证使用场景。

发放义务兵家庭优待金和高校毕业生一次性奖励金1.06亿元，投入优抚对象医疗补助资金近2000万元、优抚对象死亡一次性抚恤金约8200万元。持续开展“关爱功臣”活动，元旦、春节期间为6200多名在乡优抚对象发放春节补贴近500万元。会同市慈善总会对患重大疾病导致生活困难的在乡优抚对象给予救助。组织部分优抚对象开展短期康复疗养活动。

九、服务保障体系建设情况

示范型建设工作卓有成效。在服务对象100人以上村（社区）退役军人服务站全部成功创建示范型服务站的基础上，组织有条件的地区将示范创建工作向服务对象100人以下村（社区）服务站推广。

压实服务保障体系工作责任，紧密结合全市基层社会治理现代化工作部署，积极协调编制、民政等部门，明确乡镇（街道）退役军人服务站机构设置，将退役军人服务事项纳入社区工作事项清单和网格化管理服务工作事项清单，细化各级服务中心（站）工作任务，充分发挥基层服务保障机构触角作用，真正打通服务退役军人的“最后一公里”。

十、自身建设情况

认真履行全面从严治党主体责任，坚持党组书记负总责，党组成员分工负责，机关处室和局属单位负责人严格落实“一岗双责”，抓好意识形态和防范化解重大风险工作。贯彻执行民主集中制，完善党组“三重一大”集体决策机制，细化事项内容，规范决策过程，监督决策执行，邀请市纪委监委驻市人力资源社会保障局纪检监察组同志列席，确保科学、民主决策。

采取多种方式开展退役军人事务系统培训，提升全体工作人员专业素养、政策水平和思想政治工作能力。严守党的政治纪律和政治规矩，召开年度党风廉政建设工作会议，签订党风廉政建设责任书，开展经常性警示教育，增强党员干部廉洁自律意识，持续深化党风廉政建设和作风建设。

吉林省

2022年，吉林省退役军人事务系统深入学习习近平新时代中国特色社会主义思想和习近平总书记关于退役军人工作重要论述，全面贯彻党的二十大精神，认真落实全国退役军人事务厅（局）长会议、省委十二届二次全会部署要求，注重理思路、打基础、解难题、保稳定，不断提升服务管理保障水平，推动全省退役军人工作高质量发展。

一、机构建设情况

围绕服务备战打仗战略需求，盘活省军队离退休干部活动保障中心资源，推动在保障中心挂牌成立省光荣院、省军休大学，纳入公益一类事业单位和财政预算，解决历史遗留问题。深入贯彻落实习近平总书记重要指示精神，开展全省退役军人服务中心（站）“五有”建设和相关工作完成情况抽查。开展服务保障体系建设专题调研，联合组织、编办、财政、人力资源社会保障部门出台文件，指导各地持续优化职能职责、机构设置、人员编制、经费保障等问题，推动解决相关问题，基层服务保障体系建设不断规范。

二、思想政治和权益维护工作

联合吉林省军区政治工作局评选30名“最佳关爱退役军人个人”，联合省妇联、省委宣传部、省军区政治工作局评选20名“最美军嫂”。组织开展“情系最可爱的人·2022最美抗疫退役军人”典型选树活动，选树20名“最美抗疫退役军人”，大力宣扬他们的先进事迹。开展退役军人工作者和志愿者“抗疫先锋”选树活动，通报表扬300名“抗疫先锋”先进典型、35个“抗疫先锋”志愿服务团队。广泛开展表扬宣传抗疫退役军人事迹活动，指导各级机关、群团组织、企业事业单位及退役军人服务保障机构向5万余名抗疫退役军人颁发了荣誉证书，引领退役军人在急难险重任务中勇于担当、贡献力量。

联合吉林省委组织部、省军区政治工作局开展“情系最可爱的人·最美兵支书”选树活动，推选出50名最美“兵支书”先进典型。按照“落实任务、安排专班、谋划课程、严格考核”的原则，在德惠市、松原市组织270名“兵支书”参加试点培训，组织学习乡村振兴、农业技能、生产经营、政策法规等相关知识，提升“兵支书”的能力素质，激发他们投身乡村振兴的热情。

联合吉林省人民法院、省人民检察院等部门出台《关于加强涉军司法救助工作的实施意见》，帮助涉军司法对象解决生活困难。联合省民政厅、省财政厅等部门出台《关于加强困难退役军人帮扶援助工作的实施意见》，为困难退役军人提供医疗、住房等帮扶援助。开展“情系最可爱的人·帮扶慰问困难退役军人”“情暖老兵·为退役军人排忧解难”“贯彻党的二十大精神·关心关爱烈属”等活动，省关爱退役军人和军属烈属基金会投入1498万元，帮助7070名参加抗疫、见义勇为、特殊困难退役军人和因公牺牲军人遗属解决实际困难，用心用情用力办好民生实事。

坚持用心用情工作，进一步畅通诉求表达渠道，优化工作程序，缩短办理时限，压实首办责任，履行代办职责。及时办结退役军人反映的问题，保证工作质量标准，加强预期管理，增强理解信任。深入开展《信访工作条例》学习宣传活动，并以此为契机，引导广大退役军人依法有序表达合理诉求。对因重大疾病致贫的退役军人予以帮扶援助，帮助解决实际困难，退役军人合法权益维护成效明显。

三、移交安置工作

扎实推进“阳光安置”，用好组织选调、双向选择、“直通车”、公开选岗、指令性分配等安置办法，修订转业军官功绩制赋分办法，圆满完成年度转业军官和安排工作退役士兵移交安置任务。

四、就业创业工作

扎实开展退役军人教育培训，全年开展适应性培训5100余人，职业技能培训2000余人，创业培训1100余人。积极开展退役军人招聘活动，开展“民营企业招聘月”“金秋招聘月”“个体工商户服务月”活动，通过线上线下渠道协同发力，全省举办各类招聘会、推介会240余场，吸引退役军人及军属参与招聘3万余人，吸引参与招聘企业近3500家，提供就业岗位近4.5万个，向个体工商户发放政策宣传单5万余份。

不断完善促进退役军人就业的政策措施，联合相关部门印发《关于延长扶持自主就业退役士兵创业就业有关税收政策执行期限的通知》，印发《关于做好2022年高职扩招退役军人毕业生就业工作的通知》，出台关于促进退役军人到开发区就业创业、促进退役军人投身乡村振兴、服务退役军人企业发展、促进退役军人就业创业等政策措施，促进退役军人就业创业。

五、军休服务管理工作

按照“随到随审、即交即接”原则，做好军休干部、士官接收安置工作。联合吉林省委组织部等10个部门共同转发《退役军人逐月领取退役金安置办法》，举办逐月领取退役金接收安置政策培训会，圆满完成年度逐月领取退役金退役军人的档案审核、退役金核定、人员接收和待遇转接工作。出台《吉林省军队离休退休干部荣誉疗养办法》《关于加强新时代移交政府安置的军休干部党组织建设工作的意见》，不断提升军休服务管理水平。

六、拥军优抚工作

联合吉林省军区政治工作局制定《关于充分发挥军政军民团结政治优势，扎实推进“双清单、三助力”建设的实施方案》，建立军地年度互提需求、互办实事“双清单”目录197项。指导各地做好70余名家属安置工作，组织各地开展随军未就业家属专场招聘会近50场，提供就业岗位7000余个。联合吉林省军区政治工作局下发《关于做好节日期间拥军优属拥政爱民工作的通知》，指导各地常态化开展走访慰问活动，全省累计走访慰问驻吉部队1000余次，赠送慰问金（品），印发春节慰问信和发送节日祝福短信20余万封（条），为1600余名现役官兵家庭送去立功喜报。发动13个全国双拥模范城参与“情系边海防官兵”专项慰问新疆部队活动，累计准备节日礼包3500份，制作新春慰问书信、手工画、剪纸、对联等作品5000余个，新春贺卡4000余张。连续22年开展“爱心献功臣”军地医疗队为在乡老兵送医送药送健康活动，举行军地医疗队出发仪式，协调吉林省亚泰集团、吉林省慈善总会，为在乡老兵捐赠价值25万元药品，派出12支军地医疗队深入偏远艰苦地区为在乡老兵进行巡诊问诊，累计服务在乡老兵1万余人。

通过示范先行、专题会议、通报督导、集中攻关等方式，稳步推进全省优待证申领发放工作。制定吉林省《优抚医院高质量发展实施意见》《优抚医院、光荣院建设发展“十四五”规划》，协调推动1家优抚医院和3家光荣院纳入国家兜底线工程。按照年均10%的幅度提高优抚对象抚恤补助标准，有力提升优抚对象服务保障水平。修订《吉林省退役军人残疾等级评定工作规程》，进一步健全退役军人残疾等级评定工作机制。全年共组织300余人次参加全省残疾等级医学鉴定，办理残疾军人退役或者向地方移交申请转移抚恤关系100余人，为100余名伤残人员制发、换发伤残证件。

七、褒扬纪念工作

举行吉林省暨长春市向人民英雄敬献花篮仪式，省领导及社会各界群众1800余人参加。开展“强国复兴有我·英烈精神永传”红色九月宣传、“百名英烈·百首诗词”主题征集、“清明祭英烈”等活动，营造尊崇英烈的社会氛围。组建“烈士寻亲联盟”，多渠道开展烈士寻亲活动。圆满完成县级以下烈士纪念设施整修工程，有序推进国家级烈士纪念馆升级改造。出台《关于加强烈士纪念设施红色教育功能的若干措施》，建立烈士褒扬红色资源目录，大力挖掘烈士纪念设施宣教潜力。

八、宣传工作

积极做好“情系最可爱的人·2022最美抗疫退役军人”发布仪式、“慰问在乡老复员军人”启动仪式、“情系最可爱的人·帮扶援助困难退役军人”善款捐赠仪式及春节走访慰问、全省首批优待证发放、“最美兵支书”发布、“八一”建军节走访慰问等重点、亮点宣传工作，在中央广播电视总台、《中国国防报》及人民网、中国吉林网等媒体刊发各类报道230余篇（条），网络浏览、点击、转载量达10余万次。

积极做好优秀退役军人事迹宣传，先后在《人民日报》、央视网、《半月谈》、《光明日报》

等中央和省级媒体刊发吉林省退役军人典型风采稿件120余篇，营造了关注退役军人工作、尊重关爱退役军人的氛围。围绕全省退役军人重点、亮点工作，策划开展15次大型采访宣传活动，在《人民日报》、新华社、中央广播电视总台、《解放军报》、《吉林日报》，以及新华网、人民网等媒体刊发或转载各类稿件1200余篇。

九、自身建设情况

坚持以党的政治建设为统领，把党的领导落实到退役军人工作各方面，召开省委退役军人事务工作领导小组会议，研究部署重点工作任务，高位推动退役军人工作重点难点问题解决。加强退役军人工作系统性谋划和战略性布局，明确全省退役军人工作“1123”总体思路，以“五化”闭环工作法为抓手，制定贯彻落实习近平总书记关于退役军人工作重要论述、党的二十大精神、省第十二次党代会精神工作方案，制定任务清单和施工图，推动重点工作落实落细。

长春市

2022年，长春市退役军人事务系统坚持以习近平新时代中国特色社会主义思想为指导，深入贯彻党的二十大精神，贯彻落实习近平强军思想和习近平总书记关于退役军人工作重要论述，立足退役军人“服务经济社会发展、服务国防和军队建设”方针，在上级部门的坚强领导下，高效统筹疫情防控与退役军人工作，勠力同心、攻坚克难，圆满实现预期目标，全市退役军人获得感成色更足，退役军人服务保障工作取得新进展。

一、机构建设情况

协调召开中共长春市委退役军人事务工作领导小组第四次全体会议和市双拥工作领导小组第三十五次会议，将退役军人工作、双拥工作纳入地方绩效考核项目。编制《长春市“十四五”退役军人服务和保障规划》，推进全市退役军人工作有序发展。

建强服务保障阵地，完成17个县（市）区“五有”建设回头看督导工作，对全市2858个退役军人服务中心（站）地理位置开展审核，有效便利退役军人及时就近享受服务；选树454个示范型服务中心(站)，开展退役军人服务中心(站)能力提升培训，聚力打造国家级、省级退役军人红色精品服务站，切实推动服务体系建设实现从“有”到“优”转变。

二、思想政治和权益维护工作

突出思想政治引领，建成吉林省首家退役军人思想政治教育活动基地。与长春市委宣传部联合举办第二届“长春好人·最美退役军人”评选发布活动，20名退役军人获评“长春好人·最美退役军人”称号。积极选树先进典型参选“情系最可爱的人”等评比活动，120余个集体、个人在各类评比活动中获得表彰。为全市近2.2万名参与抗疫退役军人颁发荣誉证书，并对先进典型进行广泛宣传，宣传数量达到1382人次。

积极开展困难帮扶，加强困难退役军人数据管理，构建分层分类帮扶机制，在春节、“八一”建军节期间累计投入15.7万元慰问100余名困难退役军人；积极开展“情暖老兵·为退役军人排忧解难”专项行动，资助3名见义勇为退役军人；累计开发568个退役军人专项岗位、留置看护岗位、国企岗位，实现438人帮扶上岗。

三、移交安置工作

通过双向选择、公开选岗和指令分配相结合

的办法，圆满完成年度转业军官安置任务。积极构建以“公开选岗”为主要方式，双向选择、灵活就业为补充方式的退役士兵多元化安置格局，落实“阳光安置”举措，圆满完成年度安排工作退役士兵和退出消防员安置任务。为1600余名退役士兵发放自主就业经济补助金、灵活就业经济补助金和待安置期间生活补助费1700余万元。按身份不变、专业对口、就地就近原则，20多名随军随调家属100%安排到市、县（市）区所属机关和事业单位，切实稳固了现役军人“后院”。

四、就业创业工作

构建“以培训促就业、以创业带就业”全链条就业创业格局。遴选38家培训机构60余个专业，为有意向的自主就业退役士兵提供免费职业技能培训，并积极推荐就业。举办长春市自主就业退役士兵适应性培训路演观摩会暨工作部署会，全年累计1736名自主就业退役士兵参加适应性培训。组织线上线下专场招聘活动61场（次），提供1万余个优质岗位，签约7家退役军人就业合作企业，助力实现退役军人高质量就业。

建强基地助力退役军人创业，长春市转业军人创业孵化基地再次获评“国家小型微型企业创业创新示范基地”，基地滚动孵化企业240余家，在孵企业105户，安置退役军人750余人，带动社会就业3000余人，累计产值4.6亿元，纳税总额达3500余万元。推选8家退役军人创办企业参加全国退役军人创业创新成果展陈交流活动。累计为长春市1.4万余名退役士兵补缴基本养老保险。

五、军休服务管理工作

圆满完成接收离退休军人任务，通过完善《长春市军队退休干部（退休士官）移交安置工作手册》、推行“台账销号工作法”、落实包保制度、采取“入户接收”“视频三见面”等方式，形成了接收、安置、服务、管理“四位一体”工作格局，真正做到“主动作为、靠前服务”，超额29%完成移交安置任务。印发长春市接收安置逐月领取退役金退役军人的通知，明确接收责任划分，顺利接收首批30余名逐月领取退役金退役人员。

加强军休干部党员教育管理，规范调整设立92个军休干部党支部，为105名军休干部颁发“光荣在党50年”纪念章，评选9个先进离退休党支部、328名优秀离退休党员。精准落实待遇，为18名军休干部申报护理费，组织2800余名军休干部开展年度体检，精准高效落实军休干部各项待遇6.5亿余元。

聚焦军休工作新特点和军休干部新诉求，开展创建新时代一流军休服务管理试点工作，通过狠抓服务保障体系正规化、制度化和社会化建设，探索新时代军休服务管理模式，规范军休干部服务管理内容，拓展军休服务管理领域，加强军休服务管理机构和工作人员队伍建设，努力打造军休服务管理工作品牌。

六、拥军优抚工作

严格落实党委议军会议、军地联席会议等工作机制。深化医疗拥军服务，与15家军地医院开展医疗拥军合作，整合医疗资源推出优先优惠优待政策。扎实推进军地难题会商，连续10年开展“情系驻长官兵·关爱革命功臣”主题拥军活动，落办军地20个方面40件实事双清单任务。为驻长部队未就业随军家属发放生活补贴，积极协调将符合优待条件的120多名军人子女全部纳入择校范围。

营造浓厚双拥氛围，多形式开展春节、“八一”建军节拥军优属、拥政爱民活动，广泛开展走访慰问，拍摄制作“驻地官兵向春城人民拜年”“八一送祝福·鱼水情更浓”“致敬军人·闪耀春城”等宣传视频，举办“踏寻足迹·缅怀先烈·敬礼军旗”庆祝建军95周年主题展览，引发军地强烈反响。

持续壮大社会拥军队伍，与一汽红旗等知名企业签订拥军协议，红旗街等拥军服务商圈相继投入实体运行。目前，全市已有拥军社会组织30余个、群众性服务组织100多个，拥军企业1000余家、拥军商业街10余条、拥军门店3000余家。进一步提高在乡复员军人、三属的优待抚恤标准。

七、褒扬纪念工作

完成县级及以下烈士纪念设施提升改造，集中对6个县（市）区烈士陵园，3处城区烈士纪念设施进行修缮，为弘扬英烈精神打牢硬件基础。发挥长春市革命烈士陵园、刘英俊纪念馆等烈士纪念设施的教育功能，全年累计接待社会各界参观10万余人次。高标准承办吉林省暨长春市向人民英雄敬献花篮仪式，2000余名社会各界代表参加仪式。高质量做好《烈士光荣证》颁授仪式。

八、自身建设情况

持续提升政治理论水平，坚持以习近平新时代中国特色社会主义思想为主线，深入学习宣传贯彻党的二十大精神。建强基层党支部战斗堡垒，充分发挥党员先锋模范作用，3个基层党支部荣获“长春市直属机关五星级党支部”称号。

疫情防控期间，全市2159名退役军人工作者奔赴抗疫一线。落实长春市委“平战结合”部署，局系统222名党员干部下沉包保一线，支援社区疫情防控工作，兑现群众“微心愿”，推进“幸福小区”创建，市退役军人事务局被评为市“幸福小区”创建先进单位。

黑龙江省

2022年，黑龙江省退役军人事务系统深入学习贯彻党的二十大精神和习近平总书记关于退役军人工作重要论述，以“让退役军人获得感成色更足”为主线，以落实“十四五”退役军人服务和保障规划为牵引，深入开展“能力作风建设年”和“质量提升年”活动，加强“四个体系”建设运行，推动全省退役军人工作高质量发展。

一、思想政治和权益维护工作

深入开展“龙江最美退役军人”“追寻最美足迹、奏响时代强音”主题宣传活动。举办第二届“龙江最美退役军人”发布仪式。开展“喜迎二十大　红心耀龙江”主题志愿服务活动，“橄榄绿”退役军人志愿服务队获全省第一届“龙江慈善奖”。

全省共建立退役军人关爱扶助基金59个，85个县区帮扶援助资金列入当地财政预算，专项资金共5300余万元。开展建军95周年“浓情拥军、情暖老兵”公益行动，积极推进“平民英雄守护”项目，为10个市（地）见义勇为退役军人奖励5万元。

二、移交安置工作

出台《2022年度中省直单位接收安置转业军官工作实施方案》，对“双向选择”进行规范，圆满完成转业军官安置任务；指导哈尔滨市加大市属、区属事业单位岗位筹集力度安置安排工作退役士兵；指导各地将退役士兵的军龄、立功受奖及艰苦地区服役等情况作为安排工作的主要依据，全面实行“阳光安置、按分选岗”，圆满完成安排工作退役士兵安置任务。

三、就业创业工作

开展2022年度退役军人适应性培训，组织全省转业军官完成适应性培训和专业性培训，组织退役士兵参加职业技能培训。在全省部署开展定点承训机构考评认定工作，发布2022年度全省145家退役军人定点承训机构目录。

把企业作为退役军人就业主渠道，与530余家企业对接合作，为退役军人提供1.5万余个就业岗位。全省各级机关考试录用公务员定向招录412名退役大学生士兵，消防救援队定向招录283名退役士兵。印发《关于促进退役军人就业创业的税收服务若干措施》、发布《关于延长退役士兵创业就业有关税收政策执行期限的公告》，以每人每年6000元为定额，按上限50%幅度内上浮减定额标准执行；推广大庆市“红丽税务工作室退役军人服务站”助力退役军人高质量就业创业工作经验。印发《关于促进退役军人投身乡村振兴的若干措施》，鼓励支持退役军人返乡就业创业，固边兴边。

组织开展“龙江退役军人创业先锋”宣传活动，选树宣传10批50名退役军人创业典型。开展第三届黑龙江省退役军人创业创新大赛暨创业创新成果展陈活动，全省13个市（地）109家军创企业报名参赛，33家军创企业参加全省大赛，15家军创企业参加全国创业创新成果展陈活动。

四、军休服务管理工作

军地构建统筹协调工作机制，建立“两台账一清单”逐案推进，超额完成军队离退休军人接收安置任务。按照国家有关政策部署，采取“省、市、军队联合办公，一站式接收”的工作模式，推进逐月领取退役金退役军人移交安置制度和各项待遇保障落实。调整逐月领取退役金退役军人的退役金和全省企业军转干部生活补助金标准，解决全省逐月领取退役金退役军官公务员医疗补助待遇问题。结合“十四五”重点工程任务要求，部署推进全省军休服务管理机构用房提质改造3年工作任务。

与海南省构建异地军休服务管理协作机制的举措，2022年6月在哈尔滨市召开两省异地军休服务管理协作座谈会，深化军休干部荣誉疗养、文化交流等合作事宜。

全省13个市（地）各级军休服务管理机构与医疗养老资源签约，为军休干部养老、看病、就餐提供就近就便服务。省军休中心和哈尔滨市军休中心创建的“军休老年大学”获批挂牌。抢救性挖掘整理军休干部口述历史，分不同历史时期编印2个专辑，拍摄专题片，记录亲历者的珍贵历史记忆。

五、拥军优抚工作

全省各级走访慰问部队1383次，慰问18余万人次。省双拥办和哈尔滨市双拥办连续6年慰问民族英雄、抗日烈士赵一曼的孙女陈红女士。

制定《黑龙江省抽组拥军支前工作队伍实施方案》，在全省抽组建立拥军支前工作队伍139支。全省共招募社会化拥军企业和社会组织3242家，确定首批省级社会化拥军示范单位35家。

出台《关于做好军人随军家属就业安置工作的实施意见》，举办“黑龙江省退役军人及随军家属2022年春季网上专场招聘周”和“黑龙江省退役军人及随军家属2022年秋冬季网上专场招聘月”活动，开展“黑龙江省首届高职扩招退役军人毕业生网络招聘周”活动，累计动员8933家企业，提供就业岗位7.2万个，帮助4614名退役军人及随军家属就业。

出台《黑龙江省军人军属、退役军人和其他优抚对象优待基本目录清单（试行）》，明确5类人员140项优待政策。启动优待证申领发放工作，推动签约工商、邮储等8家合作单位。落实国家抚恤政策，提高抚恤补助标准，伤残、“三属”提标7%～9%，在乡复员军人年提高1800元。完成年度确认和数据更新，报国家审定享受待遇

11.6 万人，均按时足额发放到位。

加强优抚事业单位建设管理。支持省荣誉军人康复医院、肇州光荣院、哈尔滨市军供站等 6 个单位维修改造和更新设备。推动与中国人民解放军联勤保障部队第 962 医院（简称“962 医院”）深度合作，选派 6 人入 962 医院进修，2 名重症荣誉军人入院转诊救治。开展 4 批次全省优抚对象医疗巡诊工作，先后赴 10 个县（市、区）服务 776 名优抚对象。

健全完善荣誉激励机制，细化《退役军人名录和事迹载入地方志实施办法》规定，将 88 名二等功以上退役军人载入地方志，为 992 名三等功以上军人家庭送达喜报，彰显尊崇。

六、褒扬纪念工作

印发《关于加强新时代烈士褒扬工作的实施意见》《黑龙江省退役军人事务厅等 14 部门关于建立英雄烈士保护部门联动协调制度的实施意见》，健全完善褒扬政策规定，加强英雄烈士保护工作。加强烈士纪念设施维修改造，完成县级以下烈士纪念设施整修，共计整修 82 个烈士陵园、672 处零散烈士纪念设施。

综合使用中央优抚事业单位补助、省级福彩公益金 2874 万元，支持 20 处烈士纪念设施维修改造。争取 2368 万元中央兜底线项目资金支持 3 个烈士纪念设施建设项目。申报社会服务设施兜底线工程烈士纪念设施项目 9 个，已获批准确认。

强化英烈褒扬纪念。清明节各地代烈属祭扫 3282 次，接待 168 场 8488 人次。开展“2022·奋进·网上祭英烈”活动，290 余万人次参与。开展为烈士寻亲活动，共为 97 名烈士找到亲人。2022 年 8 月在大兴安岭举办“为烈士寻亲”铁道兵烈士亲属集体祭扫活动，为 65 名铁道兵烈士找到亲人。

七、自身建设情况

在全系统部署开展以服务质量、工作质效、素质能力提升为内容的“质量提升年”活动，切实推动“能力作风建设年”活动走深走实。深入开展“解放思想、振兴发展”研讨，强力推进退役军人服务体系建设等五大攻坚破难任务，查摆整改能力不足和作风不优问题，12 项工作入选省创先争优月榜，干部能力素质得到提升。

健全工作推进体系，建立重点任务推进台账，通过“周计划、月调度、季例会、年总结”机制推进落实。健全考核评价体系，印发重点工作考核评价办法和平时考核评价办法，构建日常考核与定期考核、定量考核与定性考核、考人与考事相结合的立体考核评价体系。健全督导问责体系，重点工作“全过程”督办，印发督办通知、通报，深入基层实地督导，召开专项工作调度会 12 次，运用视频调度 17 次，营造干事创业良好氛围。

哈尔滨市

2022年，哈尔滨市退役军人事务系统以习近平新时代中国特色社会主义思想为指导，深入学习贯彻习近平总书记关于退役军人工作重要论述和重要指示精神，扎实开展“能力作风建设年”“法律政策落实年”“质量提升年”活动，统筹谋划、科学部署、突出重点、攻坚克难，各项工作有序推进，取得明显成效。

一、思想政治和权益维护工作

强化退役军人思想政治引领。组织动员退役军人开展志愿服务活动，哈尔滨市四级“橄榄绿”志愿服务队伍已组建完成，共组建志愿服务队3163支、注册志愿者6676人。广大退役军人志愿者冲锋在前，涌现出“抗疫父女兵”“抗疫夫妻岗”等一大批先进典型。志愿服务队参与志愿服务总人次近1.6万人、总时长约6.9万小时。

加强困难退役军人帮扶救助工作。启动困难退役军人关爱扶助基金，2022年共开展2批次发放工作，发放人数110人、金额18万元。在疫情期间，对中高风险区域、静默区内困难退役军人开展帮扶救助工作，为40户退役军人家庭每户发放1000元。

二、移交安置工作

持续提升移交安置质量。坚持“公开、公平、公正”原则，严格落实“阳光安置”，树立重德才、重实绩、重贡献的安置导向，圆满完成了转业军官、安排工作退役士兵、退出消防员、随调随军家属的年度安置任务。

全面落实各项安置待遇。优化退役士兵接收报到流程，打造退役士兵报到及补助资金发放“一站式”便捷服务，完成自主就业退役士兵一次性经济补助金发放工作。积极推进自2019年以来安排工作退役士兵待安置期间社会保险接续工作，受理退役士兵补缴申请。向申请符合条件的退役士兵，发放待安置期间生活补助。

三、就业创业工作

成功举办“春风送温暖、就业送真情”“暖心送岗”“起航新征程　就业向未来”等退役军人、退役大学生军人、退役军人困难家庭、残疾退役军人专场招聘活动7次，参与企业857家，提供岗位约2.7万个。成功举办第三届退役军人创业创新大赛，37个团队参赛，从中择优推荐了3支队伍参加黑龙江省退役军人创业创新大赛，获得一等奖1个、二等奖2个。拓宽退役军人就业渠道，为自主就业退役士兵和随军未就业家属争取1000个社区工作者专属岗位，吸引3000余名退役军人及随军未就业家属报名参加考试。

组织2022年度退役士兵完成适应性培训。印发《关于做好2022年度退役军人定点承训机构考评认定工作的通知》《2022年度全省退役军人培训定点承训机构目录》，市本级共组织885名自主就业退役士兵开展职业技能培训，为退役军人提供优质培训资源，提升退役军人职业技能、促进就业。积极落实税收优惠政策。联合税务部门对有创业意愿的退役军人提供税收优惠服务。举办退役军人“创业沙龙”活动，为退役军人解读税收优惠政策，参会军创企业和个体经营者达到120家。

四、军休服务管理工作

加强军休机构软硬件建设，提供精细化服务。继续深化“定人包户”制度，推行“五心服务”“好儿女在身边”等品牌服务，通过经常性联系和走访，为军休人员提供日常服务，实现了服务对象全覆盖；坚持软硬件标准化建设并举，重点打造庭院优美、功能齐全、安全和谐的休养环境，先后投入上千万元资金对4家军休服务机构活动场所进行了适老化升级改造，完善阳光门球场、音乐教室、舞蹈室等功能设施配套，精心打造军队离退休干部活动中心，为军休干部提供集教学、活动、休闲、娱乐于一体的综合性休养场所。

创建军休红色品牌，开展丰富多彩的文体活动。开展了“光荣在党50年”纪念章颁发仪式，为85名光荣在党50年军休干部老党员颁发纪念章，并将他们的先进事迹制成精美的画册，以表达对他们的敬意和问候。搭建平台展示军休干部风采，与哈尔滨电视台共同打造《幸福时光之老兵风采》专栏活动，广泛挖掘退役军人正能量，展示退役军人老有所学、老有所乐、老有所为的精神风貌。定期举办各类文体活动，增强军休干部集体荣誉感、幸福感和自豪感。推进老年大学创建工作，军休大学申请已获批准。就引入社会师资力量，开展定向教学事宜与哈尔滨市老年大学洽谈完毕，准备签约。丰富网络“军休所”模块内容，发挥线上思想引领作用，依托哈尔滨党员教育中心，组织军休干部参加弘扬伟大抗美援朝精神文献纪录片《向火而生》拍摄制作。

五、拥军优抚工作

开展双拥共建工作，开展“热爱北疆、扎根北疆、奋斗北疆”“军民鱼水情　携手强军路”“红旗送新兵”等系列活动，不断传递浓浓拥军情，巩固军政军民关系。拓展社会化拥军成果，率先开展拥军志愿单位创建工作，建立准入和退出机制，拥军志愿企业精简到18个行业200家门店。搭建黑龙江省首家军地联动、社会化力量参与的公益拥军法律服务平台，为部队现役军人、军属提供法律咨询、培训、维权、公益诉讼等高效、便捷的法律服务。开展书法、绘画、摄影、诗歌、演讲等纪念双拥80周年主题文艺作品征集评选活动。积极创建新一届省级双拥模范城，推荐省级双拥模范单位和个人。评选发布哈尔滨市首届“冰城最美拥军人物”和“冰城最美军嫂”。

持续开展退役军人优待证申领发放工作。采取“现场受理+线上申领+上门服务”相结合的方式全力推进。加大与企业单位、社会组织合作力度，签约一批旅游、餐饮、住宿、购物等优待合作项目，让退役军人和优抚对象享受到实实在在的优先优惠。做好2022年优抚对象年度确认和数据更新工作，完成义务兵优待金发放工作。启动实施县级以下英雄烈士纪念设施整修工作，对哈尔滨市14家单位528处县级以下烈士纪念设施完成整修工作。

六、褒扬纪念工作

开展系列褒扬纪念活动，承办黑龙江省暨哈尔滨市烈士纪念日和抗日战争胜利纪念日向英雄烈士敬献花篮仪式活动。组织哈尔滨市烈士陵园志愿者走进哈尔滨市7处零散纪念设施开展“守护丰碑”新春祭扫英烈活动。举办“赵尚志将军殉国100周年”大型纪念活动。清明节期间，开展“2022·奋进·网上祭英烈”主题直播活动，直播关注人数超过33万人，累计点播超过100万次。为庆祝建军95周年，推出“忆先烈 守初心 担使命”哈尔滨烈士事迹巡展，先后到太阳岛抗联纪念园、兆麟公园、尚志公园、长青公园等地展出，8万多人次观看展出，获得市民广泛好评。在《哈尔滨日报》开辟“弘扬英烈精神 赓续红色血脉”专栏，连续刊发烈士事迹10余篇，并通过报刊等多种媒体推进为烈士寻亲活动，截至2022年年底，共为9名烈士找到家属。

七、服务保障体系建设情况

加强服务保障体系建设，组建市、县、乡、村四级退役军人服务中心（站）3150个，共有专兼职工作人员3867人，工作机构和服务保障体系已基本形成。打造有温度的“退役军人之家”，市本级“退役军人之家”内部要素建设方面，先后建成“人民调解委员会”“老兵调解室”“法律援助站”“退役军人荣誉墙”“‘橄榄绿’退役军人志愿服务队工作室”等要素。外部要素方面，建立了哈尔滨市首个“退役军人党员教育基地”“退役军人运动健身基地”“退役军人继续教育培训基地”，建成市级“退役军人红色教育基地”，在11家市属医院建立退役军人健康咨询工作室。

八、自身建设情况

哈尔滨市退役军人事务系统坚持把政治建设放在首位，不断推动党员干部政治理论学习走深、走实，召开理论中心组学习会6次，举办“业务理论大讲堂”6期，组织“解放思想、振兴发展”主题研讨会5次。党员干部参加龙江干部教育网络学院注册率、参与率和完成率均达100%。落实落细“能力作风建设年”“法律政策落实年”和“质量提升年”活动，推动政策法规落实更加有效、机关能力作风持续好转、各项工作质量显著提升，为哈尔滨市退役军人工作高质量发展注入强大动力。

上海市

2022年，上海市退役军人事务系统坚决贯彻落实习近平总书记关于退役军人工作重要论述，在退役军人事务部和市委、市政府的坚强领导下，坚持守正创新、固本强基，持续推进“三大体系”建设，年度安置任务、离退休军人接收任务和优待证集中申领发放圆满完成，各项服务管理工作有序推进；广大退役军人发扬军人作风，积极投身疫情防控志愿服务，广泛参与经济社会建设，展现了新时代退役军人的良好形象。

一、机构建设情况

加强退役军人服务保障体系建设，认真贯彻落实《上海市各级退役军人服务中心（站）建设管理指导标准》，健全完善文明服务12项工作规范，建设上海市退役军人服务保障体系建设管理系统，实时动态掌握退役军人服务机构“五有”落实情况和工作推进情况，推动全市退役军人服务保障网络从“有形覆盖”向“有效覆盖”转变。全市共建成退役军人服务中心（站）6031个，其中市退役军人服务中心1个，区退役军人服务中心16个，街镇退役军人服务站215个，居村退役军人服务站5771个，高校、企业、商圈等其他类型退役军人服务站28个。

大力推动上海市退役军人服务和保障“十四五”规划落地实施，明确重点任务内部分工方案，完善工作推进机制。加强军地之间、部门之间、上下之间的工作沟通和对接，落实向市区两级退役军人事务工作机构派驻军队人员。开展退役军人事务综合督查，组成4个督查组分别赴全市16个区开展督查，推动退役军人重点工作落实落地。推进退役军人事务领域数字化转型，整合各业务条线数据打造综合赋能平台，优化升级军人退役“一件事”，新增“优待证申领”“自主就业退役士兵地方经济补助发放”等5个全程网办事项，不断提升“一网通办”能力。

二、政策法规工作

接续推进“法律政策落实年”活动，开展地方立法调研，设立市政府决策咨询研究退役军人事务专项，开展上海市退役军人安置政策和优抚对象抚恤优待制度立法调研。以国防大学政治学院为研究基地，提升基础性理论、前沿性政策研究水平。制定出台《上海市困难退役军人帮扶援助实施办法》等一系列政策制度。

由退役军人事务部、市退役军人事务局、嘉定区退役军人事务局联合组队在嘉定区开展为期一周的蹲点调研，通过政策比对、问卷调查、个别访谈、开展座谈等方式，深入基层了解法律政策落实情况，倾听基层干部和退役军人心声，分析政策执行中的堵点，寻找解决问题的新思路、新办法。

三、思想政治和权益维护工作

推进退役军人学习贯彻习近平新时代中国特色社会主义思想常态化，组织召开深入学习贯彻习近平总书记给上海市新四军历史研究会百岁老战士们重要回信精神座谈会、传达学习习近平总书记给武警上海市总队执勤第四支队十中队全体官兵回信精神专题会等，举办“老兵永远跟党走”系列庆祝活动总结交流会，与上海教育电视台联合推出庆祝建军95周年特别节目《谢谢你，我的战友》，讲述退役军人“退役不褪色”的感人故事，引导退役军人坚定听党话、跟党走。

完善上海市“最美退役军人”评选和关怀激励制度，印发“最美退役军人”先进典型评选和关怀激励办法。深入开展年度“最美退役军人”学习宣传活动，评选出26名年度“最美退役军人”个人和4个“最美退役军人”集体。做好全国“最美退役军人”人选审核推荐工作，上海浦东新区三栖退役军人应急救援保障服务队集体荣获2022年度全国“最美退役军人”称号。组织开展入伍戴红花、立功送喜报、悬挂光荣牌、举办退役迎接仪式、制作反映优秀退役军人“闪光点”的文艺作品、邀请退役军人参加重要庆典和纪念活动。

疫情期间，上海市退役军人志愿服务总队成立6支医疗小分队奔赴方舱医院、养老院、居民区疫情防控一线；组建包括长海、长征等医院院士、专家教授在内的医疗团队，为市民提供线上问诊服务；编组市区两级退役军人志愿服务队伍99支，全市1万多名退役军人志愿者投身疫情防控，为打赢上海市保卫战贡献了退役军人的特殊力量。

四、移交安置工作

积极推进军官、士兵、随军家属“大安置”一体化工作，圆满完成年度转业军官和安排工作退役士兵移交安置任务。成立离退休军人移交工作专班，建立军地联合协调推进机制。

五、就业创业工作

成立上海退役军人学院和上海退役军人创新创业示范园，举行示范园揭牌仪式暨第二届“戎创”上海市退役军人创业创新大赛颁奖典礼，完成示范园首期项目的招商服务工作。结合“大走访、大排查”工作，持续推进退役军人就业创业、助力退役军人创办企业复工达产，向退役军人创办企业宣介助企纾困政策，举办“‘疫’起加油”“退役军人创业加速营”“凝聚战‘疫’力量　共话军创发展”等线上创业沙龙，向80余家军创企业提供资金支持超过30亿元。举办“八一”专场招聘月、金秋招聘月和常态化线上招聘活动，共提供岗位1.9万余个，4000余名退役军人参加招聘。

六、军休服务管理工作

大力推动军休机构服务用房提质改造，推动实施浦东新区、静安区、徐汇区、杨浦区、虹口区、宝山区等6个区重点项目建设及长宁区机构用房购置项目调研论证。修订发布上海地方标准《军队离休退休干部服务管理机构服务规范》，制定《上海市军休机构星级评定考核标准》，深化军休系统达标创优活动。挖掘军休干部在社区自治、文明创建和关心下一代等方面的志愿服务典型，聘任首批20名军休干部为“社区政委”，相关事迹在20余家主流媒体报道。

七、拥军优抚工作

制定实施新时代拥军支前工作政策措施，建立应急应战响应机制，建强拥军支前力量，开展拥军支前演练，为驻沪和来沪部队完成军事任务提供交通运输、安全警戒、训练物资等保障。开展“情系边海防官兵”拥军优属活动。开展随军家属专场招聘月和“八一”直播送岗活动，在育鹰学校试点推进八一学校建设。做好节日期间拥军优属工作，运用媒体加大宣传力度。

有序推进优待证申领发放工作，建设退役军人主题库，在“随申办”APP开设专门通道。进一步完善抚恤补助标准动态调整机制和优抚对象医疗补助机制。做好疫情期间优抚对象关爱帮扶工作，向7000余名烈士遗属、军休干部等优抚对象赠送价值约211万元的生活保障物资，及时发放优抚资金1.4亿元、医疗补助金158.6万元，向3.5万名优抚对象发放4批一次性临时价格补贴，总计1337.2万元。

修订印发《上海市困难退役军人帮扶援助实施办法》，开展退役军人大额医疗支出专项帮扶、“情暖老兵”公益行动、“喜迎二十大——为退役军人排忧解难”“平民英雄守护”专项行动等帮扶项目，走访慰问和关心关爱退役军人15.86万人次。

八、褒扬纪念工作

首次举办《烈士光荣证》颁授仪式，缅怀褒扬为国家安全、人民幸福英勇牺牲的英雄烈士。进一步加强烈士纪念设施规范管理，开展烈士旧址、遗址、纪念设施核查工作，推进烈士纪念设施整修工程。清明节期间克服疫情影响开展线上祭扫、代祭扫等服务，开展“我们来看望您”“龙华魂”“桃花祭英烈”等主题系列活动，共计122万人次参与网上祭英烈活动。

九、自身建设情况

以迎接党的二十大胜利召开和学习二十大精神为主线，通过线上线下相结合方式，分层分类开展干部培训工作，举办局系统处级干部培训班、青年干部培训班，全面开展党的二十大专题培训辅导，加强全系统干部队伍思想建设。

持续深化党的建设政治统领工程、理论学习工程、固本夯基工程、强军为军工程、正风肃纪工程“五大工程”，深入推进“五个一、传帮带”工作，推进大调研常态化制度化。着眼“党建特征、处室特点、支部特色”，着力打造“一支部一品牌”，深化模范机关创建活动。深入推进青年理论武装工程，开展“百年风华正青春　逐梦新征再起航”阅读马拉松读书会活动，积极为青年成才成长搭建平台。举办“问不倒”岗位技能竞赛活动，不断提升服务退役军人和其他优抚对象的能力水平。

江苏省

2022年，江苏省退役军人事务系统深入贯彻习近平总书记关于退役军人工作重要论述，聚焦迎接学习宣传贯彻党的二十大精神，坚持稳中求进工作总基调，统筹协调、改革创新，求真务实、精准施策，不断推进退役军人工作高质量发展。

一、机构建设情况

江苏省委退役军人事务工作领导小组科学谋划、有力指导全省退役军人工作。江苏省委召开常委会暨退役军人事务工作领导小组第四次会议，审议通过《江苏省“十四五”退役军人服务和保障规划》，研究部署今后5年退役军人工作和2022年重点工作任务。

完成2021年度示范型服务站创建数量及全省100人以上村（社区）退役军人服务站数量的统计工作，为统筹谋划下一阶段服务中心（站）建设发展打牢基础。推进高德、百度地图APP站点标注工作，完成全省2.2万个退役军人服务中心（站）地理位置信息采集录入工作，实现省、市、县、乡、村五级退役军人服务保障机构地理位置线上全覆盖。推进全国服务中心（站）管理服务系统填报工作，指导各设区市完成市、县、乡、村四级区划架构搭建、组织机构维护、数据信息填报及审核工作，区划构建率达100%。

二、政策法规工作

从推进退役军人事务领域治理体系和治理能力现代化的高度出发，加快完善政策制度体系，为全省退役军人工作长远发展提供坚实保障。以江苏省委办公厅、省政府办公厅、省军区办公室名义出台《江苏省“十四五”退役军人服务和保障规划》和《关于加强新时代烈士褒扬工作的实施意见》，为今后一段时期全省退役军人工作指明了方向、提供了遵循。

制定《江苏省退役军人保障条例》立法工作方案。紧紧围绕服务对象反映集中的重点、难点、痛点问题，在就业安置、优待褒扬、权益维护、服务管理等方面出台多个重要文件，为进一步做好退役军人工作提供有力政策保障。

三、思想政治工作

配合江苏省委宣传部组织开展“强国复兴有我”群众性主题宣传教育活动，与省军区联合举行庆祝中国人民解放军建军95周年慰问演出、“颂党恩、赞时代、迎盛会”文艺会演等活动。在新华社、《人民日报》、《新华日报》等主流媒体发布报道2000余条，通过主流媒体、新兴媒体及自有平台，发布各类报道2300余条，总点击量超250万余次。举办第二届“江苏最美退役军人”和首届“江苏最美拥军人物”发布仪式，在全社会引起强烈反响；部署开展第三届“江苏最美退役军人”学习宣传活动，营造致敬“最美”、学习“最美”、争当“最美”的良好氛围。

在全省开展退役军人工作创新创优项目评选活动，营造比学赶超良好氛围，有效推动各地创新开展工作。高标准建成“五有”优秀“戎耀之家”614家，服务退役军人约3.9万人，实现思想共育、困难互帮、工作互助。积极引导广大退役军人参加志愿服务工作，建成各类退役军人志愿服务队2.6万余支，吸纳退役军人志愿者23.9万人。

四、权益维护工作

认真贯彻中央和江苏省委、省政府部署要求，深入排查梳理涉退役军人风险隐患，有针对性地制定对策措施，一批重难点问题得到化解。全面梳理排查矛盾风险点，逐案建立台账，逐一制定防范化解措施。及时调整企业退休军转干部地方性生活补贴和自主择业军队转业干部住房补贴，有效保障退役军人合法权益。持续巩固和深化“矛盾攻坚化解年”工作成果，学习借鉴“枫桥经验”，认真分析形势、研究措施、加强部门协作联动，积极做好矛盾问题攻坚化解工作。

编印下发《老兵调解工作业务手册（试行）》，组织全省老兵调解员开展培训。贯彻落实中央有关文件精神，指导各地在退役军人服务中心（站）设立法律援助窗口和联络点，实现全省基层退役军人法律援助服务全覆盖。

五、移交安置工作

持续开展“送政策进军营”活动，为即将退役的部队官兵释疑解惑。科学编制安置计划，拓展“直通车”安置范围。按照“先培训后上岗”和“应训尽训”的要求组织全省转业军官参加上岗前培训，参训率达100%。科学编制安置计划，圆满完成年度转业军官和安排工作退役士兵接收安置任务。建立健全管理机制，全面完成首批逐月领取退役金退役人员安置工作，实现人员报到、关系转接、退役金发放等平稳有序。

六、就业创业工作

出台优秀退役军人到中小学任教有关办法，大力推动优秀退役军人到中小学任教。全力帮扶退役军人就业创业，组织开展江苏省第四届百城联动退役军人就业专场招聘系列活动，先后举办退役军人线上线下专场招聘会361场次，共计7090家用人单位参加，提供就业岗位10.85万个，签订意向协议8316个，全力帮扶退役军人就业创业。

广泛开展就业创业培训，组织1.8万余人参加各类培训和学历教育，探索开展省级退役军人特色培训。成功举办第二届江苏省退役军人创业创新大赛，高水平打造就业创业示范园地50余个，培育“一县（市、区）一品”退役军人就业创业工作优质品牌117个。

七、双拥共建工作

突出公平公正原则，创新性采取市级自查、设区市互查、省级抽查 3 种形式开展省级双拥模范城考评工作，命名表彰第十二届“江苏省双拥模范城（县、区）”“江苏省双拥模范单位”“江苏省双拥先进个人”。

广泛开展走访慰问活动，利用春节、“八一”建军节等重要节日，相关领导带队走访慰问驻苏部队。重点帮扶 45 名困难现役军人家庭，协调解决军人军属合法权益，发动省内 303 家拥军企业为军人军属、退役军人和其他优抚对象提供各类优惠服务。

广泛开展“9・30”烈士纪念日公祭活动、“清明祭英烈”网上祭扫活动、“为烈士寻亲”活动、新婚夫妇向革命烈士献花活动等纪念活动，全社会尊崇军人，关爱退役军人的氛围不断浓厚。组织开展县级以下烈士纪念设施整修工作，强化建档立卡，明确管护责任，最大限度地发挥正向社会效益。

八、优待抚恤工作

出台《江苏省军人军属、退役军人和其他优抚对象优待办法》，明确军人军属、退役军人和其他优抚对象的优待政策。稳慎推进优待证申领发放。累计下达各类优抚资金近 35 亿元，持续加大享受国家定期抚恤补助优抚对象物价补贴力度。全面完成享受国家定期抚恤补助优抚对象年度确认和 1.1 万余名各类优抚人员的身份审核与备案工作，组织 1.5 万余名优抚对象开展疗养，营造了全社会崇军拥军的良好氛围。

省级财政安排 1100 万元支持优抚事业单位建设，积极推进优抚医院融入医疗卫生服务体系、光荣院融入养老服务体系，不断提升服务保障水平。切实加强优抚事业单位建设和管理，摸清底数、优化职能，落实安全生产责任制，定期开展安全隐患排查，着力提升优抚事业单位服务保障水平。

九、军休服务管理工作

全面贯彻《军队离休退休干部服务管理办法》，大力推进军休干部政治、生活待遇落实，累计下达保障经费 35.3 亿元，全面落实军休干部生活待遇，组织军休干部荣誉疗养 100 余人次，持续完善军休干部集中居住区基础设施建设。南京市军休老年大学获批挂牌，徐州市、常州市相继建立老年大学军休分校，全省军休老年大学建设迈出新步伐。

组织开展庆祝建军 95 周年和党的二十大胜利召开系列活动，编排军休文艺节目参加全国采访展评展播，展示了江苏军休良好精神风貌。无锡市老旧小区改造和志愿者服务队、常州市“四五六”工作法和老兵宣讲团、南通市海门区“时光圈”工作法等受到好评。

南京市

2022 年，南京市退役军人事务系统深入学习贯彻党的二十大精神，始终坚持以习近平新时代中国特色社会主义思想为指导，认真落实中央和省、市委决策部署，全面贯彻“为经济社会发展服务、为国防和军队建设服务”的方针，紧盯“让退役军人成为全社会尊重的人，让军人成为全社会尊崇的职业”目标，履职尽责、攻坚克难，用心用情用力做好各项服务保障，退役军人工作在新征程上展现新面貌。

一、机构建设情况

南京市委退役军人事务工作领导小组和市双拥工作领导小组分别召开会议，总结工作，分析形势，部署年度工作任务，为推动全市双拥工作高质量发展和争创全国双拥模范城“十连冠”提供坚强组织保障。各区党委退役军人事务工作领导小组充分发挥职能作用，把方向、谋大事、解难题，党委领导、政府主导、军地协同、退役军人事务部门牵头，各部门齐抓共管，社会各界共同参与的退役军人工作格局不断完善。

完成全市 232 家 300 名退役军人以上村（社区）退役军人服务站全国示范创建市级初审工作。做好春节期间走访联系退役军人和其他优抚对象工作，1285 支退役军人志愿服务队结合重大节日、重要工作，组织开展辖区常态化志愿服务活动。更新全市退役军人服务机构登记信息。

挂牌成立退役军人服务中心法律援助工作站，全市三级退役军人法律服务体系建设实践入选新时代机关党建创新成果百优案例，相关工作做法和经验被中央媒体关注报道。全年受理法律咨询 785 人次，跟踪处理案件 45 起。

二、思想政治和权益维护工作

持续丰富“优秀退役军人先进典型”资源库，通过开展最美退役军人、模范退役军人宣传、重温入党誓词、“同唱一首歌”、退役军人微党课和返乡课堂宣讲等退役军人思想政治工作系列活动，不断凸显典型示范引领效能，学习“最美”、争当“先进”的氛围日益浓厚。持续开展“一地一特色”品牌创建活动，在前期打造“老兵第一课堂”品牌的基础上，积极探索党课新形式，进一步推出“戎耀南京大课堂”品牌项目，不断丰富退役军人党员教育管理形式。

调动更多社会力量发挥资源优势，支持推动退役军人工作，连续 3 年开展省、市级优秀“戎耀之家”创建评选活动，一批具有特色、工作领先的优秀“戎耀之家”深受退役军人欢迎，先后有11家企业、单位被评为省级优秀“戎耀之家”，19家企业、单位被评为市级优秀“戎耀之家”。

三、移交安置工作

高效推进年度安置任务，圆满完成转业军官和安排工作退役士兵移交安置任务，报到率达100%，较往年提前3个月完成全年安置任务。加强安排工作的军士安置岗位计划筹措和量化评分复核，通过“转业军官报到落户系统”为2021年度师级转业军官开展集中报到并办理落户等相关手续。

提升服务保障水平，联合多部门提供为军服务，共开展“送政策进军营”活动18次。做好待安置期服务教育管理，落实“一站式”报到服务，加强人事档案管理、建档立卡等事宜。开展2021年度安排工作退役军人移交安置“回头看”，切实保障退役军人权益。

四、就业创业工作

针对退役军人就业需求，多措并举促进就业，全市共组织退役军人专场招聘活动33场，定向邀约556家单位提供岗位8557个。在服务平台增设“每周精选”岗位专栏精准推介32期，累计161家企业1011个岗位，近百人签订就业协议。

组织开展第三届“戎创金陵”退役军人创业创新大赛。新增认定市级退役军人创业孵化基地2家。退役军人就业创业促进会已吸纳会员单位600余家，全年开展银企合作交流会、产品注销等活动30余场，帮助会员单位增收4800多万元。坚持特色优先，提升退役军人教育培训水平，择优调整补充6家承训机构，增补17个培训专业（项目），其中，3期无人机飞控师培训班吸引全省近400名退役军人参与，考核合格率达100%、推荐就业率达92%以上。

五、优待抚恤工作

全面铺开优待证申领发放工作，与中国工商银行、中国农业银行、中国邮政储蓄银行、中国光大银行四大金融机构及邮政公司签署合作协议，逐步拓展优待证优待保障服务内容。坚持抚恤补助标准动态调整机制。开展“立功喜报送上门”“爱心送下乡献功臣”结对帮扶活动；发放慰问年画、“光荣之家”牌匾；为牺牲、病故军人遗属发放一次性抚恤金；为企业残疾军人发放年度医疗补助等。

六、双拥工作

持续做好拥军工作，春节期间，南京市委、市政府在媒体刊发“致驻宁部队官兵春节慰问信”；贯彻落实中央组织部等5部门《关于进一步做好军人随军家属就业安置工作的通知》精神，积极配合南京市警备区开展“双清单、三助力”建设活动；组织“情系边海防官兵”活动，落实“六送”要求；开展“慈善一日捐”和拥军慈善资助，为驻宁部队官兵困难家庭发放慈善拥军困难资助金334万元。顺利完成各项军供保障任务，依托“南京军供”APP，全力打造套餐式军供服务保障模式，军供军转保障任务准确率、优质率均达 100%。

七、军休服务管理工作

实施离退休军人接收安置攻坚计划，主动协调、规范操作，圆满完成 2021 年度接收安置的军休人员基础信息数据录入和各项服务关系接转，2022 年度接收 600 余名军休人员。组织开展全市军休机构编制核查，引导较集中的军休干部居住区进行适老改造、加装电梯。

2022 年 1 月 12 日，南京市军休老年大学正式批复挂牌。目前，军休老年大学深入开展线上线下融合教学，形成 1 个主校区、4 个分校区、5 个教学点的终身教育体系，2022 年圆满完成主校区 44 个班次 2000 余名学员教学保障任务。

八、自身建设情况

制订 2022 年度全市退役军人事务系统教育培训工作计划，印发《关于组织开展 2022 年度全市退役军人事务系统岗位练兵比武活动的通知》，将全市退役军人事务系统岗位练兵比武竞赛列入全市劳动技能二级竞赛，由南京市退役军人事务局联合市人力资源社会保障局、市总工会、团市委、市妇联等部门共同组织实施，采取“全业务、一套题，全员练、一起赛”的方式，重点训练和比试干部职工的政策理解能力、问题解决能力、日常服务能力等。组织开展全市退役军人事务系统网络培训，完成直播培训 8 期，培训人员 2200 人，选调 10 名处级干部进高校参加专题培训。

举行 2022 年度南京市退役军人事务系统岗位练兵比武团体总决赛暨颁奖仪式，检验活动实效，锻造过硬队伍，提升服务质量。

浙江省

2022年，浙江省退役军人事务系统认真学习贯彻党的二十大和省第十五次党代会精神，深入学习贯彻习近平强军思想和习近平总书记关于退役军人工作重要论述，紧紧围绕党中央和省委省政府的决策部署，聚焦“两个先行”，高效统筹疫情防控和退役军人各项工作，持续打造五张“金名片”，不断提升退役军人事务领域治理体系和治理能力现代化水平。

一、加强党的领导

党的二十大和省第十五次党代会、省委十五届二次全会召开后，省退役军人事务厅先后召开党组会和理论中心组学习会，举办全省系统党建座谈会、宣讲报告会、交流讨论会，专题传达学习和部署贯彻。

各地充分利用退役军人服务中心（站），采取多种形式广泛开展宣讲，动员全省广大退役军人深入学习贯彻会议精神，坚定捍卫“两个确立”、坚决做到“两个维护”，全省退役军人工作党的领导进一步加强。

二、数字化改革工作

全省系统退役军人数字化改革工作聚焦平台统建，推动全生命周期数字化管理保障平台全域使用，为全国全面开展军人退役“一件事”提供浙江样板。

深化完善本省“老兵码”管理平台，推动“老兵码”省域一体化运行。加快推进“老兵码”生态圈建设，推动凭“老兵码”免费乘坐公共交通。

积极开展优待证（电子版）国家试点工作，构建精准便捷的数字化、智慧化服务体系，“浙里老兵”项目获评数字社会系统2022年最佳应用。

三、思想政治和权益维护工作

省、市、县、乡、村五级退役军人服务中心（站）智能管理调度平台推广到全省5000个家服务中心（站）上线使用，建成“新时代枫桥式退役军人服务站”2064个。

与CCTV-7《老兵你好》栏目共同策划、制作完成《兵心耀之江　奋进共富路》喜迎党的二十大系列节目。“喜迎二十大、唱响退役军人工作最强音”2个作品获全国退役军人事务系统一等奖。

召开全省退役军人志愿服务工作现场推进会，举办全省首届退役军人志愿服务项目大赛，决赛在网络平台开通实时图片直播，浙江省退役军人事务厅推荐的1个项目和1个社区分别入选全国学雷锋志愿服务“四个100”先进典型最佳志愿服务项目、最美志愿服务社区。举办2期“兵支书”培训班，承办全国“兵支书”培育试点启动仪式，提升全省“兵支书”美誉度。

四、移交安置工作

圆满完成年度转业军官和安排工作退役士兵移交安置任务。接收安置随调家属9人，随迁人员30余人。“直通车”安置转业军官40余人。开展省直单位转业军官岗前培训，40余名转业军官参加为期45天的培训。各地按照属地责任，制订安置计划，坚持“阳光安置”，符合条件退役士兵全部安置在国有企业或事业单位。

五、就业创业工作

召开浙江省首届高职扩招退役军人毕业生就业工作视频会议，2022年毕业的1695名高职扩招退役军人实现就业。参加第二届全国退役军人创业创新大赛决赛和长三角退役军人就业创业一体化发展研讨会（黄山）。举办浙江省第十六届电子商务大赛，1587名高职院校退役军人大学生参赛。2家企业荣登《人民日报》2021年度“全国退役军人就业合作企业光荣榜”。组织自主就业退役士兵适应性培训约1.2万人次、职业技能培训9414人次，退役后复学4088人，参加其他学历教育约1.6万人。组织专场招聘活动536场次，1.7万余家企业推出岗位18.6万余个，达成意向签约1.2万余人。全国“军创英雄汇”退役军人春招直播活动浙江专场累计在线887万人次。

六、军休服务管理工作

完成军休人员安置去向审定200余人，接收安置军休人员400余人，军休干部接收安置完成率达160%。扎实开展《退役军人逐月领取退役金安置办法》学习贯彻活动，全年接收安置逐月领取退役金退役军人10余人。

制定《军休服务管理机构规范化建设评价标准（试行）》。加速推进以“一平台四系统”为核心的“智慧军休”数字化服务管理体系建设。制定《军休服务管理数字化工作指标和要求》，做好“智慧军休”各项系统使用推广工作，惠及9万余人次。

开展“全省军休工作成绩突出集体和个人”表扬活动，对军休工作成绩突出的25个集体和50名个人进行表扬。举办庆祝建军95周年等系列活动，13支队伍近200名军休干部参加全省军休干部趣味运动会。首次组织全省贡献较大的50名军休干部参加荣誉疗养。

七、拥军优抚工作

全面做好迎接全国双拥模范城届中检查调研工作，全省全域双拥模范创建活动蓬勃开展。常态化开展走访慰问和“情系边海防官兵”拥军优属活动，累计投入约1.6亿元。积极推动“浙江省八一学校”建设有关工作。举办随军未就业家属招聘会105场。分类培育打造具有区域特色的社会化拥军工作示范点，全省有拥军优属团体和慈善基金320个、拥军企业7407家，近12万家企业商家加入崇军拥军联盟。

调整优抚对象抚恤补助标准，为义务兵父母

和部分烈属免费体检。

八、褒扬纪念工作

出台关于加强新时代烈士褒扬工作意见。策划推出“清明祭英烈”系列活动。举办第四届全省英烈讲解员培训。浙江大学等16家单位获评省级英烈文化思政课教学实践基地。

组织开展国家级烈士纪念设施整改提升工作。部署县以下设施改造工程，全省共投入整修资金1.6亿余元，迁移整修烈士墓861座，就地整修烈士墓2182座，签订管护协议2032个；整修烈士墓之外的其他烈士纪念设施131处，进行改陈布展12个。县级以下英雄烈士纪念设施整修工作在全国会议上做经验交流，会同浙江省检察院编印《浙江省县级以下烈士纪念设施保护管理典型案例》，选载15个县、市、区典型案例。

举办全省“浓情拥军、致敬英烈”红色故事宣讲会，《人民日报》、学习强国、浙江卫视、《浙江日报》等主流媒体予以报道，单项活动点击阅读量突破200万次。

九、自身建设情况

广泛开展“大走访大调研大服务大解题”“服务部队、服务退役军人、服务基层”活动，走访慰问困难退役军人，服务军创企业，看望慰问军人军属。开展“老兵永远跟党走”“我为红船添彩”学习实践活动，省、市、县三级老兵宣讲团累计宣讲750余场次，受众达43.2万余人次，45万余名退役军人同唱《退役军人之歌》。动员激励全省37万余名退役军人奋战在抗疫一线，用实际行动诠释军人本色。

杭州市

2022年，杭州市退役军人事务系统深入贯彻落实习近平总书记关于退役军人工作重要论述，牢牢把握高质量发展这个“基石”、尊重尊崇这个“导向”、统分结合这个“策略”、退役军人获得感成色更足这个“标尺”，聚焦机制完善、除险保安、数字变革等重点工作任务，全面加强党的领导，健全完善体制机制，努力提升服务水平，积极营造崇军氛围，持续构建全生命周期数字化管理保障模式，扎实推动新时代退役军人工作取得新成效，努力为杭州打造中国式现代化城市范例贡献崇军新力量。

一、机构建设情况

加强组织领导。杭州市委主要领导亲自部署落实退役军人和双拥工作，2022年3月22日，以市委常委会形式牵头召开领导小组会议，清单化明确各成员单位为退役军人工作及双拥工作10个办实事项目。市领导多次专题批示和协调推动离退休军人移交接收、积案化解等重大事项，市委常委会研究解决军人转业安置问题，为推动杭州市退役军人工作及双拥工作高质量发展提供根本保证。春节、“八一”建军节等重大节日期间，各级四套班子领导带队走访慰问部队和优抚对象，慰问部队335批次，慰问金额达2564万元；慰问退役军人32万人次，慰问金额达3550万元。

健全运行机制。优化领导小组工作规则和成员单位工作职责，深化军地互办实事“双清单”制度，完善部门联动、军地协同机制，全市拥军优属“百件实事”完成项目9个，解决部队实际困难资助经费361万元。采取军地多部门联合推进、联合督导等方式，统筹开展加强新时代退役军人工作和全国双拥模范城届中考评工作督查检查、积案化解及平安护航二十大工作，形成“一个拳头出力、一体协调推进”的良好局面。

完善政策制度。杭州市委、市政府、市警备区专门出台加强本市新时代退役军人工作的实施意见。制定出台《杭州市退役士兵教育培训工作实施办法（试行）》《杭州市退役军人事务局 杭州市财政局关于调整2022年杭州市区部分优抚对象抚恤和生活补助标准的通知》《杭州市退役军人事务局 杭州市财政局 杭州市人民政府征兵办公室关于调整2022年杭州市区义务兵家庭年优待金标准的通知》《杭州市双拥办 杭州市慈善总会关于加强新时代“慈善拥军情”工作的实施意见》等政策文件。

二、思想政治和权益维护工作

评选20名杭州市“最美退役军人”“最美拥

军人物”，追授消防牺牲退役军人毛景荣为杭州市“最美退役军人”。开展“领导干部大接访、信访问题大化解、信访积案大清零”行动，提前完成积案清零任务，积案化解相关经验做法在全省推广。

深化“钱潮老兵”志愿服务品牌，举办全市首届退役军人志愿服务项目大赛，招募专业队伍参与亚运会医疗急救协转工作，相关工作经验在全国退役军人志愿服务工作推进会上交流分享。培育的3个项目囊括全省退役军人志愿服务大赛前三名；“看笕蓝天”退役军人关爱服务项目获评全国“最佳志愿服务项目”和全国学雷锋志愿服务“四个100”先进典型。

三、数字化改革工作

开发建设“智慧老兵”云上服务平台二期项目，加强信息颗粒化建设，不断丰富“老兵码”服务供给。聚焦政府优抚、社会优待、民生保障等退役军人需求最迫切的领域，加强社会协同保障，拓展码上医疗、码上游园、码上出行、码上优惠等应用场景。6家市级综合医疗机构为退役军人提供就医优先、费用优惠减免等服务，10.5万人次享受“无感就医”服务；全市4万余名优抚对象凭码享受西湖、西溪等17个景点的扫码免费游园服务。

“老兵码”申领人数16万人，占比为66.7%；入驻商家数量1.5万家，60万人次享受各类优惠优先优待服务。集约推进“老兵码”与“浙政钉”服务站微应用两端融合，打造云上会晤系统，实现全视角、全融合、全终端、全流程的即时会晤管理，相关应用覆盖全市3375个退役军人服务中心（站）。

四、移交安置工作

圆满完成年度转业军官和安排工作退役士兵移交安置任务。举办随军家属就业专场招聘会，发放随军家属未就业生活补助180万元。

接收离退休军人工作跨军地、牵扯广、体量大，认真落实“随退随审、即交即接”工作机制，改进安置机制，加强军地联动，打通接收堵点，全力接收军队离退休干部（退休士官），获得移交部队好评。承办全国军休工作现场会。推进军休老旧小区改造、电梯加装工作，涉及老旧小区改造面积15.7万平方米，加装电梯5部。

五、就业创业工作

搭建就业载体。联合杭州市1所学院挂牌成立退役军人教育培训学院，分层分类实施计划分配转业军官、自主择业军队转业干部等人员教育培训。联合钱塘区举办全市退役军人线上专场招聘会。全市共组织退役士兵适应性培训2000余人，参训率达100%；自愿参加职业技能培训927人。开发运行就业援助服务平台，“一对一”进行人岗匹配和就业岗位精准推送，累计帮助687名退役军人就业。

深化创业服务。制定扶持退役军人回乡农业创业创新政策，对从事农、林、牧、渔业技术推广应用的退役军人给予项目扶持。充分运用本地资源产业优势，采取加挂“退役军人创业基地”或开设“园中园”等方式，建立覆盖全市、功能完善的就业创业基地。协调泰隆银行等 10 多家金融机构，推出支持退役军人创业金融政策。指导各地积极探索创新，全市首家退役军人就业创业服务中心在上城区成立。两个军创项目参加第二届全国退役军人创业创新大赛总决赛并获优胜奖。

六、优抚褒扬工作

弘扬社会崇军风尚。开展“擦亮崇军之光”“清明祭英烈”“9·30”烈士纪念日等主题宣传纪念活动。在建军 95 周年之际，面向全国退役军人推出“八一”建军节期间西湖、西溪风景区收费景点免费入园政策。构建红色军休公益大联盟，41 家联盟单位提供各类崇军优惠措施 200 余条。

建立“市级专班落实＋服务体系支撑＋社会力量补充”的四级联动工作保障体系，基本完成全部存量对象的建档立卡工作。

落实优抚褒扬政策。优抚对象抚恤补助标准较上一年度增长 10% 左右。修缮 42 处县级以下烈士纪念设施，与杭州市人民检察院联合开展为期 4 个月的“烈士纪念设施保护公益诉讼专项行动”工作。全市参与各类线上祭奠人数超 150 万人次，组织各类祭扫仪式达 320 余场。组织开展“声音里的红色档案”系列活动，让尊崇的社会氛围愈加浓厚。

宁波市

2022年，宁波市退役军人事务系统坚持以习近平新时代中国特色社会主义思想为指导，深入学习贯彻党的二十大精神和习近平总书记关于退役军人工作重要论述，以系统思维、问题导向、数字赋能为导向，尽心尽力攻坚克难，谋实谋新创先争优，用心用情服务保障，高质量完成各项工作。

一、机构建设情况

宁波市退役军人事务局内设1办5处，下属事业单位5家。2022年，设立宁波市政务服务中心退役军人分中心，畅通退役军人工作政务服务路径。全市建成市、县、乡、村四级退役军人服务中心(站)2981个，其中全国“示范型”1478个，省“枫桥式”504个，区(县、市)级中心“枫桥式”创建率、乡镇（街道）站“示范型”创建率、服务对象100人以上村社站“示范性”创建率实现3个100%。全市1家单位获评全国服务保障先进单位，10家单位获评浙江省退役军人事务系统先进荣誉，14名个人获省部级先进个人荣誉表彰。

二、思想政治和权益维护工作

学习宣传贯彻党的二十大精神，围绕“老兵永远跟党走”主题，深入开展“老兵喜迎二十大——共同富裕·老兵先行”主题实践活动，全市系统组织专题宣讲、研学及线上展播累计370余场次，“退役军人学习日”等常态化学习教育2950余次。

持续深化先进典型引领，举办“甬尚老兵锋领港城”宁波市退役军人首批优待景区发布仪式暨就业创业精准对接专场活动，选树“十佳退役军人志愿者”“十佳轮值站长”“十佳兵支书”“十佳退役军人就业先锋”“十佳创新型军创企业”等各行业各领域作出实干业绩和突出贡献的优秀退役军人，形成良好的示范带动效应。

细分退役军人群体，落实分类引导，围绕“兵支书”带领乡村振兴、“军创人才”助力共同富裕、“退役军人志愿者”投身文明典范创建、“轮值站长”参与基层治理、“兵教员”开展国防教育等主题，健全完善退役军人作用发挥的激励保障机制。2022年，全市733支志愿服务队9000余名退役军人志愿者共开展志愿服务1.3万余次，市“甬尚老兵”志愿服务总队荣获浙江省政府“志愿服务奖”。

全面贯彻落实《中华人民共和国退役军人保障法》，通过“六进”方式开展退役军人普法、学法宣传80余场次，开展以“我为退役军人办实事”为主题的基层“三服务”活动1305次，解决军创企业、基层退役军人服务站、退役军人和优抚对象实际问题 330 个，切实维护退役军人合法权益。

三、移交安置和军休服务工作

圆满完成转业军官、安排工作退役士兵和退出消防员、军休人员、逐月领取退役金退役军人、随调家属移交安置任务。全面完成中央下达的军休干部移交安置任务，质效全省第一。

创新为待安置期退役军人免费推出专属医疗补充保险。宁波市军休老年大学获评浙江省优质老年大学。积极推进智慧军休建设，开展常态化走访联系，稳妥开展军休老旧小区改造；与中国人民解放军联勤保障部队第九〇六医院签署共建协议，为军休干部提供全方位、综合性、连续性医疗健康服务。

四、就业创业工作

全年共举办退役军人线上线下就业精准对接招聘会 42 场，实现“退役军人全员适应性培训覆盖率”“订单式职业技能培训后就业率”两个 100%，新增退役军人就业 1199 人，实现零就业退役军人家庭动态清零，劳动年龄段非安置退役军人就业率达 99.06%。

有效激发退役军人市场主体活力，深入开展退役军人市场主体“一十百千万”“税收政策”“金融政策”服务月活动，帮助退役军人市场主体减免税费 3537 万元，较 2021 年增长 73%。新增退役军人市场主体 4016 家，疫情下逆势提升 6%，各级军创产业园、军创服务中心建设成效明显，1 家企业获全国退役军人创业创新大赛三等奖。

五、双拥工作

拥军支前能力有效提升。围绕服务部队备战打仗，组建应急响应、物资保障、车辆维修、法律支持等专业化拥军支前队伍，组织开展伤员收治、物资输送、港口抢修等支前演练。军供保障量创 46 年来新高，部队满意率达 100%。开展春节、“八一”建军节等走访慰问驻地驻训部队活动。

军地协同共建深入推进。着力帮助解决现役军人实际问题，落实现役军人子女入学入园 587 人，随军家属灵活劳务 506 人。常态化开展“情系边海防官兵”“双拥在基层”等军地共建活动 544 次，“城舰共建”“城连结对”不断深化，双拥公园、双拥模范岛、崇军一条街等双拥精品工程呈现新亮点。

六、优抚和褒扬纪念工作

高效完成退役军人建档立卡和优待证申领发放工作。精准落实优待抚恤和困难帮扶，发放抚恤补助和优待金 7.24 亿元；统筹调整部分优抚对象抚恤标准和生活补助标准，成为全省首个全域优抚对象抚恤标准和生活补助标准统一的地市；困难退役军人“一对一”结对帮扶 980 人，帮困质量显著提升。

积极开展革命烈士纪念活动，“小红缨”等 20 余支革命英烈故事宣讲团频繁走进基层一线，“甬尚老兵”微博话题、“不忘来时路”线上英烈故事微展播等专栏关注量屡创新高，退役军人红色精神内核日益巩固。“我为烈士来寻亲·客葬异乡英烈回家”和“我为烈士修遗物”获第六届中国青年志愿服务项目大赛全国赛金奖。

七、数字化改革工作

退役军人数字化服务保障更为有力，“崇军在线”智慧服务场景应用点击量破亿次，“轮值站长”“高质量就业 e 路通”智治场景入选全省系统数字化第三批重点项目试点。全省率先完成省市两级“老兵码”对接融合，退役军人赋码率达 99.5%。“崇军联盟”加速迭代升级，退役军人优待优享范围不断扩大，全省首推 12 家退役军人免费公园景区，联盟商户扩容至 3000 余家，宁波市退役军人、其他优抚对象优待证（电子版）项目被退役军人事务部列入全国试点。

八、自身建设情况

深入开展“五问五破练精兵、五比五先当先锋”工作作风建设专项行动，不断强健队伍、深化服务、拓展影响。注重增强干部队伍政治素质，围绕学习贯彻党的二十大精神，组织“书记讲党课、党员上台讲”专题党课 48 次，全员常态化政治理论研学 304 次。抓实“对标找差距，先行必有我”思想作风大讨论，深入实施“破难攻坚进位晾晒”行动，有效推进了各项工作争先进位。大力推进清廉机关建设，开展“喜迎二十大，清廉助传承”廉政文化展等专题教育实践活动 110 余次。宁波市退役军人工作绩效评价全省考核第一，宁波市退役军人事务局被评为宁波市第十二轮民主评议机关作风建设先进单位。

安徽省

2022年，安徽省退役军人事务系统坚持以习近平新时代中国特色社会主义思想为指导，深入学习宣传贯彻党的二十大精神，全面贯彻落实习近平总书记关于退役军人工作重要论述，以退役军人能力提升、暖心解难两个专项行动为牵引，培育塑造“忠诚、为军、担当、奉献”的系统文化，汇智聚力、拼搏进取，全省退役军人事业呈现良好发展态势。

一、机构建设情况

全省11个市实现党委退役军人事务工作领导小组办公室秘书机构实体化运行，5个市挂牌成立秘书科，72个县（市、区）成立秘书科（股）。完成向省级以下部门机制性派驻军队人员工作，实现上下贯通、军地共为。部署开展服务保障体系建设“回头看”，创建全国示范型中心（站）5594个，退役军人服务保障基础进一步夯实。遴选推荐3名服务站站长荣获全国退役军人服务中心（站）“百名优秀主任（站长）”。

二、政策法规工作

印发《全省退役军人工作法治宣传教育第八个五年规划（2021—2025年）》《安徽省退役军人事务厅行政复议和行政应诉工作规定》，编印《退役军人工作法律法规规章汇编》《退役军人工作政策制度文件汇编》。组织开展《中华人民共和国退役军人保障法》主题展览，启动《安徽省拥军优属条例》修订工作。成立安徽省退役军人事务厅专家咨询委员会，申报课题1项入选省委宣传部“部门出题　智库解题”研究课题，3项入选省社科发展研究课题指南。加强退役军人法律援助，制定《关于加强退役军人法律援助工作的意见》，建立法律援助工作站96个、法律咨询窗口95个、法律援助联络点5067个，提供法律咨询服务2000余次，为退役军人挽回或避免经济损失160余万元。

三、思想政治和权益维护工作

2022年8月13日，习近平总书记给“安徽最美退役军人”、黄山迎客松守松人胡晓春回信，极大地激励了全省系统和广大退役军人争当排头兵。开展首届“安徽省模范退役军人、退役军人工作模范单位及个人”评选表彰工作，评选表彰88名模范退役军人、49个退役军人工作模范单位、60名退役军人工作模范个人。持续开展“安徽最美退役军人”“安徽最美拥军人物”学习宣传，讲好“我的退役故事”。

深入开展“喜迎二十大　红心耀江淮”系列活动，激励引导退役军人厚植爱党爱国情怀。实施“兵支书”培育工程，联动举办农村“兵支书”能力提升示范班16场次，1700余名“兵支书”参训。探索“兵教师”培养路径，与安徽省直机关工委推动共建安徽退役军人教育学院，2200多名优秀退役军人被选聘到中小学任教。建立“红耀江淮”退役军人志愿服务队1.2万支，招募志愿者12.1万人次，“一村（社区）一队”建设覆盖率达70%。

坚持“退役军人是自家人、退役军人的事是自家事、退役军人的来信是家书”理念，部署开展退役军人暖心解难专项行动，全省设立困难帮扶资金5200多万元，帮扶6.9万人次、解决难题1.3万件。累计为退役士兵提供扶持就业专项岗位6.2万个，帮助4.2万名符合条件退役士兵就业。

四、移交安置工作

圆满完成转业军官和安排工作退役士兵（含退出消防员）安置任务。身份为军队文职人员的转业军官随调配偶比照事业单位人员进行安置，20余名集体转制退役军人随调配偶纳入转业军官随调配偶安置计划落实。修订《省直单位安置转业军官接收条件暂行办法》，树立“重贡献、重经历、重实绩、重荣誉”的安置导向。

持续开展转业军官“直通车”安置，完善有利于发挥退役军人能力专长的安置办法。建立健全中央企业驻皖单位安置岗位计划协调和对接机制，落实国有企业安置岗位计划审核和全程跟踪机制，首次将省属高校和省属企业退役军人安置情况纳入省委退役军人工作高质量发展考核评价内容。探索事业单位管理岗位、专业技术岗位择优招录（聘）安排工作退役士兵的方式方法。

五、就业创业工作

牵头举办长三角退役军人就业创业一体化发展研讨会，联合沪、苏、浙共同签署并推动长三角退役军人就业创业一体化发展框架协议落实。全省累计举办退役军人专场招聘会448场，提供就业岗位36万余个，2.2万人达成就业意向。举办“军创英雄汇”直播带岗安徽专场活动，252.3万人次在线观看。安徽公共招聘网退役军人专区累计上线企业2721家，提供就业岗位7.6万个。加强全省退役军人就业创业信息平台建设，注册企业693家，提供就业岗位2.8万个。

全省累计建立退役军人就业创业园地369家，聘任退役军人就业创业导师85名。落实退役军人、随军家属创业就业税收优惠政策3.92亿元。组队参加全国退役军人创业创新大赛并取得优异成绩，举办首届安徽退役军人创业创新成果展陈交流活动。发布首批全省退役军人就业之星18名、创业之星18名、就业工作突出贡献单位17家。

9部门联合开展退役军人能力提升专项行动，开展跨省异地技能培训，探索异地技能培训结算机制。举办全省首届退役军人职业技能大赛，开发并推出“浪花计划”海船船员、无人机、徽菜师傅等课程，1.36万人接受技能培训。

六、军休服务管理工作

接收安置离退休军人近300人，实现“随退随审、即交即接”。建立健全军地对接沟通、会商研究、档案联审工作机制，完成 4 批次 33 人逐月领取退役金退役军人安置任务。开展军休老年大学创建，芜湖、蚌埠、合肥三市军休老年大学先后挂牌成立。举办全省第二届军休干部门球赛，18 支代表队共 180 人参赛。全国军休干部庆祝建军 95 周年和党的二十大胜利召开系列活动中，安徽省报送的作品中有 5 幅在 2022 年全国军休干部书画摄影评比中荣获二等奖 3 名、三等奖 2 名，5 件红色珍藏物品入选全国“传承红色基因”红色珍藏名册，1 件参加全国展出。持续推进军休老旧小区改造，合肥、安庆、宣城等 5 个军休小区完成年度改造项目。广泛收集挖掘军休“口述历史”事迹，拍摄制作“口述历史”视频资料，宣传军休干部英雄事迹。

七、双拥工作

第三艘 075 型两栖攻击舰“安徽舰”入列，省舰共建成为安徽双拥工作新载体。全面推广“军人驿站”建设，全省已设立 275 家，001 号“军人驿站”牌匾被中国人民革命军事博物馆永久收藏。开展全国双拥模范城（县）中期调研评估，落实省级双拥模范城（县）动态管理机制。召开全省双拥模范城（县）命名暨双拥模范单位和个人表彰大会，命名 68 个双拥模范城（县）、表彰 100 家安徽省双拥模范单位和 99 名双拥模范个人。

落实军地互提需求、互办实事“双清单”制度，军地各级互办实事近千件。深入开展“情系边海防官兵”拥军优属活动，走访慰问边海防官兵家庭 3600 余次，帮助解决看病就医、就业等困难 120 件，寄送特色礼包、慰问信 4200 多份。

持续开展“助力随军家属就业工程”活动，出台《关于进一步做好军人随军家属就业安置工作的措施》，帮助近 140 名随军家属解决就业安置问题。全面落实《安徽省军人子女教育优待工作实施细则》，2200 余名军人子女享受教育优待。省双拥办等 17 部门联合制定《加强军人家庭独居老年人关爱服务工作的若干措施》，推动拥军工作向军人整个家庭拓展。

八、优待抚恤工作

举行全省退役军人、其他优抚对象优待证申领发放工作新闻发布会和优待证首发仪式。全国首批开通网上申请功能和优待证（电子版）试点。制作政策“明白卡”，发布皖小军解读优待证系列解读文章，推广建档立卡、现场拍照、申请受理“一条龙”服务模式，为服务对象制发优待证。落实优待目录清单，拓宽优待证使用场景，出台景区门票面向全国减免优待政策。

下拨抚恤补助经费 29.3 亿元，医疗保障经费 1.4 亿元。13 家省级拥军优抚合作银行为退役军人及其企业发放贷款 182 亿元，发放专属银行卡 99 万张。开展“爱心送进光荣门”品牌活动，为困难退役军人和其他优抚对象提供服务近 9 万人次。完善优抚对象医保政策，推动烈士老年子女和部分农村籍老年退役士兵纳入保障，全面实现优抚医疗“一站式”结算平台与医疗保障信息平台对接。开展“爱心献功臣、服务送上门”活动，免费配发、维修残疾军人康复辅助器具 609 件。完成 43.7 万名优抚对象信息数据集中审定和年度确认工作。调整省级残情鉴定医疗卫生专家库，重新组建省级残情鉴定医疗卫生专家小组及办公室。办理各类评残323件，变更、换补发残疾证589件。

印发《关于进一步推动全省光荣院高质量发展的通知》，全省光荣院举办短期疗养活动83期，服务优抚对象1794人。安徽省荣军医院创建三级精神病专科医院，与蚌埠市政府签署合作协议，深度融入地方医疗卫生服务体系。

九、褒扬纪念工作

以安徽省委办公厅、省政府办公厅、省军区办公室名义出台安徽省加强新时代烈士褒扬工作的实施意见。追认烈士2名，换补发烈士证157张。安徽省退役军人事务厅等8部门联合印发《关于进一步加强烈士纪念设施规范管理的实施意见》，推进县级以下零散烈士纪念设施整修工程，省、市、县三级配套1.2亿元，迁葬烈士墓2911座、就地整修4242座。推动设立县级以上烈士纪念设施保护单位达72家。

开展清明“2022·奋进·网上祭英烈”系列活动，联合安徽省委网信办开设专题专栏100多个，推出作品4000多件，全网总传播量超5000万次。举办烈士迁葬仪式，参加央视新闻“山河锦绣　思念永恒”2022清明烈士迁葬纪实直播。安徽省退役军人事务厅等4部门联合印发《关于用好烈士褒扬红色资源加强青少年爱国主义教育的实施意见》。

编纂出版“红色江淮”系列丛书，入选多地中小学课外阅读推荐书目。举办“赓续红色血脉　培育时代新人”安徽省红色讲解员进校园活动，50余万名在校学生接受教育。联合安徽广播电视台出品《思想有力量》，被国家广电总局列为首批“创新理论传播工程”（扶持）项目。常态化开展“祖国没有忘记——为烈士寻亲”专项行动，为22名烈士找到亲人。

十、自身建设情况

深入学习宣传贯彻党的二十大精神，引导党员干部深刻领悟“两个确立”的决定性意义，坚定不移做到“两个维护”。大力实施《“十四五”退役军人服务和保障规划》，稳步推进全省退役军人工作高质量发展示范区建设。8部门联合推动军人退役“一件事”联办，信息化工程“一库四平台三支撑”建设成果落地见效。

深入贯彻乡村振兴战略，投入44万元用于帮扶村基础设施建设和环境整治，开展消费帮扶45万元。深化“一改两为”，开展“为民惠企争模范”行动，巩固拓展“我为群众办实事”成效。开展各类培训班次19个，在浙江省举办退役军人工作高质量发展专题培训班，全省系统4.1万人参加“业务技能大练兵大比武”活动，持续推动系统干部能力素质提升。

福建省

2022年，福建省退役军人事务系统以习近平新时代中国特色社会主义思想为指导，深入学习贯彻党的二十大精神，全面贯彻落实习近平总书记关于退役军人工作重要论述，以退役军人工作高质量发展为主题，以“让退役军人获得感成色更足”为主线，以“喜迎二十大、奋进立新功”实践活动为载体，着力在办实事、抓落实、创特色、促提升上下功夫，有力推动退役军人工作高质量发展迈出新步伐。

一、加强党的领导

福建省委和省政府先后召开22次会议研究退役军人工作，其中，省委常委会会议5次（含3次省委退役军人事务工作领导小组会议），省领导作出批示117次。省委退役军人事务工作领导小组专题学习研讨习近平总书记关于退役军人工作重要论述，密集研究出台有关政策文件，高位指导、系统推进退役军人工作。积极健全领导机构运行机制、常态化组织会议活动、及时研究议定重大事项，县级以上党委领导小组全年共召开全体会议和专题会议230次，党对退役军人工作的领导得到全面加强。

各级党委领导小组加强与党委议军、军民融合、国防动员、双拥共建、信访联席等机制衔接，建立难点研究、堵点会商、痛点攻坚工作机制，共同研究、协调和推动本地区退役军人工作大项任务落实、重要政策出台、突出矛盾解决、重大风险防范化解。按时完成军队人员派驻工作，并建立相应工作机制，发挥军地合力推动工作落实。

二、政策法规工作

接续推进“法律政策落实年”活动，对照省级及以下职责的184个政策点，落实用好退役军人工作纳入各级党委、政府领导班子和领导干部综合考核评价机制，抓实综合督查和“回头看”整改，确保退役军人政策法规落地见效。印发实施《福建省“十四五”退役军人服务和保障规划》并明确任务分工，4个年度约束性指标均对标完成。出台贯彻落实退役军人工作政策制度改革实施方案、加强新时代烈士褒扬工作若干措施等文件，并在退役军人思想政治、安置就业、优抚褒扬、服务管理等方面制定出台一系列配套政策措施。

三、思想政治和权益维护工作

重点加强“兵支书”、退役军人志愿者、老

兵宣讲团等队伍建设，充分发挥各级关爱协会、基金会等社会组织的作用，广泛传播“退役不褪色、建功新时代”的正能量。在三明宁化、尤溪和泉州洛江等地设立退役军人思想政治教育实践基地。举办全省首期“兵支书”培训示范班，全省现有“兵支书”2505人，占全省村（社区）书记的14.6%。依托基层退役军人服务中心（站），建立以退役军人为主导的志愿服务队5240支，参与人数达4.8万人。开展“老兵永远跟党走——老兵宣讲”活动，3名老兵入选全国老兵宣讲团首批聘任成员，全省共组建县级以上老兵宣讲团95个，成员529人，开展宣讲活动近450场，现场观众达3.6万人。开展第三届省“最美退役军人”学习宣传活动，评选“福建最美退役军人”10名，1名同志获评2022年度全国“最美退役军人”。

结合元旦、春节、“八一”建军节等重要节日，组织开展“情暖老兵、关爱帮扶”公益行动，对生活困难企业军转干部、部分优抚对象、军休干部等坚持常态化联系、经常性走访慰问，落实慰问帮扶资金1300多万元，办实事5300余项。

四、移交安置工作

坚持“与贡献匹配、与实绩挂钩”的安置导向，中央下达福建省安排工作退役士兵（包括退出消防员）、转业军官，全部提前保质保量完成。军休干部年度安置任务130余名，实际接收安置220余名，完成率达166%。

五、就业创业工作

制定出台《福建省退役军人事务厅关于进一步促进退役军人就业创业十条措施的通知》《福建省退役军人创业创新大赛组织实施细则（试行）》，探索退役军人教育培训合作，厦门、漳州、龙岩、福州成立退役军人（教育）学院。参加第二届全国退役军人创业创新大赛，3个项目获1个三等奖、2个优胜奖，福建省退役军人事务厅获“优秀组织奖”。举办退役军人就业创业培训示范班，来自全省各地80名退役军人企业家（企业创始人、董事长、高层管理人员）参加，为军创企业搭建学习、交流、对接平台，帮助企业家提升管理企业能力、开拓创业思路、提高风险防范意识和抵抗能力，营造退役军人良好的就业创业氛围和示范带动效应。常态化举办面向退役军人专场招聘活动、“送政策进军营”活动，全年共举办招聘、送政策进军营活动超300场，9851家企业共提供23.5万余个用人岗位，近6万名退役军人参加，其中近1.1万人达成就业意向。

六、拥军优抚工作

坚持办实事、暖民心、解忧难，全方位推进“我为老兵办实事”实践活动，省委退役军人事务工作领导小组12个成员单位确定9件年度办实事重点项目，取得良好成效。福建省退役军人事务厅与多家省属国有企业和社会组织联合开展拥军优属活动，为军人军属和退役军人提供专属尊崇优待服务。实施社会优抚工作“质量提升年”活动，联合28个部门，推出具有福建特色的153项优待项目。定期对困难退役军人摸底排查与动态更新，全省困难退役军人帮扶援助系统人员落实帮扶率超96.5%。组织福建省荣军医院、部队医院等单位联合开展巡诊活动，为近2000名残疾军人和在乡老复员军人等优抚对象进行免费诊疗。推进军人退役“一件事”改革，将涉及8个部门的12件事集成为“一窗办、一起办、一次办”，“退役军人一件事线上办理”被评为2022年度省直部门公共数据应用十佳优秀案例。

创新推进与海军第三艘航母“福建舰”的省舰共建工作。结合全国双拥模范城（县）中期评估，完成新一届省级双拥创模考评，福建省委召开福建省双拥模范城（县）命名大会，命名新一届77个省级双拥模范城（县）。福建省双拥办联合省委军民融合办出台《高质量服务部队备战打仗八条措施》，会同省军区、省教育厅联合出台《关于进一步做好军人子女教育优待工作的实施意见》。打造拥军惠兵“政策+协调”的“福建模式”，全年协调解决160余名随军家属随调安置，帮助270余名随军家属就业，为3800余名军人子女办理入学。抓好模范城与戍边基层连队结对共建，对省内现役边海防官兵家庭进行全覆盖走访慰问，帮助解决家庭实际困难。完成全省军供保障专题调研，从省级、厅级、市级3个层面提出加强军供保障14条措施。

七、褒扬纪念工作

持续做好烈士纪念设施整修提升，深化“两分一统”（分类整修、分级负责、统一数字化管理）和“六个一”（每个烈士集中安葬区均落实一个醒目标示、一份事迹简介、一座规范墓碑、一个保护边界、一份管理制度、一条通行道路）长效管护机制，全省新成立49个烈士纪念设施保护管理机构，全年迁移并集中管护零散烈士墓1209座，做到“应迁尽迁，集中管护”。开展“为烈士寻亲、为烈士立传”活动，成功为291名烈士找到亲属。自1982年以来首次重新编印《福建省烈士英名录》，举办福建省首届“光大杯”八闽英烈讲解员大赛，在全社会营造崇尚英雄、缅怀英烈的良好风尚。

八、服务保障体系建设情况

强化服务保障体系标准化、规范化建设，全省县、乡两级和服务对象300人以上的村级退役军人服务中心（站）100%通过示范核验，培育评定全省服务保障体系建设“五有”先进单位100家，延伸建强省级红色退役军人服务站108个。在各行业、各系统、各类社会团体中建设新型军人驿站（退役军人服务站）超300个，进一步织密拥军优属社会化服务网，有效巩固基层退役军人服务保障体系建设“五有”“全覆盖”成果。省级财政对省级挂钩联系的23个乡村振兴重点县的村（社区）服务站，继续给予每个每年2400元补助。配合纪检监察部门开展服务保障体系建设专项监督检查，以检查推动政策和工作落实落地，并制定出台《关于推动加强基层服务保障体系建设的八项措施》，建立厅领导“分片挂钩”指导、全省“结对子”共建的机制，推动服务保障体系从“有”到“优”转变。

九、自身建设情况

全年开展33次厅党组集中学习、11次研讨交流，先后与福建省直机关工委、财政部福建监管局联合开展共学共建活动。实施系统岗位业务大练兵，举办新任局长培训班，组织开展“赞颂新成就、谋划新发展、奋进新征程”调研，形成6篇调研成果，“我为老兵办实事”实践案例获评省直机关机制创新三等奖。加强青年干部培养，组织20名年轻干部开展蹲点调研。坚持严的主基调，抓好全面从严治党主体责任落实情况检查、专项资金监督检查，及时发现问题、认真抓好整改。

厦门市

2022年，厦门市退役军人事务系统以习近平新时代中国特色社会主义思想为指导，以学习宣传贯彻党的二十大会议精神为主线，学习贯彻习近平总书记关于退役军人工作重要论述，落实福建省委、厦门市委“提高效率、提升效能、提增效益”行动，有力有序推进各项工作。

一、机构建设情况

扎实推进服务保障体系标准化建设。68个镇（街）、村（社区）级退役军人服务站全部通过服务保障体系示范性创建省级核验。5个镇（街）服务站入选省级红色退役军人服务站，6个社区服务站入选全省“五有”先进单位。思明区鼓浪屿街道退役军人服务站站长郑勇获得2022年度全国退役军人服务中心（站）“百名优秀主任（站长）”称号。挂牌成立厦门市烈士纪念设施保护中心。

二、思想政治工作

组建“老兵宣讲团”（退役军人国防教育宣讲团），72名宣讲团成员开展进学校、进军营、进机关等宣讲活动68场次。开展2022年度厦门市“最美退役军人”学习宣传和首次评选活动，评选出10名退役军人典型；1名同志获评福建省“最美退役军人”。举办全市首届退役军人村（社区）党组织书记培训班，全市现有兵支书61人，占544个村（社区）书记（主任）总数的11.21%。

组建“一鹭先锋”退役军人志愿服务总队，组织动员6000多人次开展疫情防控、应急救援、文明创建、无偿献血等志愿服务。厦门市退役军人事务局关工委老战士关爱团获得本市关工委授牌。

三、权益维护工作

积极争取社会力量参与困难退役军人帮扶援助，首批筹集退役军人关爱基金325万元。出台《关于加强困难退役军人帮扶援助工作的实施意见》，累计帮扶困难退役军人146人次，发放临时救助金68.2万元。调增部分企业退休军转干部生活困难补贴，慰问3080人次，发放慰问金、补助金268.6万元。

四、移交安置工作

圆满完成离退休军人、转业军官、安排工作退役士兵和随军随调家属安置任务。

五、就业创业工作

出台退役军人教师培养方案。成立厦门退役军人学院，举办首届退役军人师资班，“兵教师”培养和“兵教融合”做法被评为厦门市2022年度改革创新优秀案例。推出“鹭岛拥军创业贷”，5年内为退役军人创业企业提供总额50亿元授信额度，并提供专享金融服务。

全年共集中发布10批次140家用人单位招聘信息，线上访客5万余人次；共举办14场退役军人专场招聘会，提供2.5万多个工作岗位，退役军人达成就业意向500余人。加强示范引领作用，指导认定15家退役军人就业创业示范企业。确定补充退役军人就业创业指导团队第二批成员，持续为退役军人就业创业提供智力支撑。

六、军休服务管理工作

落实军休干部政治待遇、生活待遇，及时发放离退休人员补助经费、管理机构补助经费和各项慰问金。协调思明区政府安排1600余万元启动莲坂军休所老旧小区改造提升。持续办好老年大学军休班，开设合唱、舞蹈等5个班，共200余人次参加学习。

做好自主择业干部年度登记、退役金审核工作，定期开展走访慰问，按时计发退役金、地方补贴、各项慰问金及遗属困难补助。建立逐月领取退役金服务管理机制，下达逐月领取退役金经费76万元，有效保障退役金按时足额发放。

七、双拥工作

厦门市本级和6个区均获得新一届省级双拥模范城(县)命名，实现“满堂红”“五连冠”，市本级顺利通过全国双拥模范城（县）中期考评。开设《鹭岛军民情视点》栏目，举办“爱我人民爱我军”双拥书画作品展。扎实开展双拥共建、“城连共建”、“城舰共建”等活动，协调厦门市委与第73集团军党委开展联教联学活动，春节、“八一”建军节期间，厦门市四套班子主要领导带队走访慰问部队和部分优抚对象。

协助部队做好公寓房专项清理整治工作，配合国防动员系统开展军地联合演练，扎实做好拥军支前和军供保障工作。协调驻厦部队支持地方民生建设，完成翔安机场片区、第三东通道、南北健康步道、思明区金融中心等涉军事项协调。

八、优抚褒扬纪念工作

及时调整提高部分优抚对象抚恤补助标准，认真开展退役军人和其他优抚对象建档立卡和优待证申领发放工作。积极推动革命烈士事迹陈列馆改扩建项目，做好全市烈士纪念设施管护情况调研和数据校核，共核查审定各类烈士纪念设施351处。

创新开展“烈士纪念设施与学校、部队、街道‘1+3’结对共建共学活动”和“启航明天・争当新时代好少年”活动。组织开展清明节祭扫英烈和“9・30”烈士纪念日向烈士敬献花篮活动。选拔2名讲解员参加福建省首届“光大杯”八闽英烈讲解员大赛，荣获二、三等奖。

九、自身建设情况

组织开展对党忠诚教育、“习近平总书记致厦门经济特区建设40周年贺信重要精神大学习大讨论活动”和“三比三争”实践活动，前埔军休所第一党支部获得市直机关2022年度“三比三争”实践活动先进党支部称号。

坚持全面从严治党，加强党风廉政建设和反腐败斗争，自觉主动接受驻局纪检监察组监督，营造风清气正、干净干事的良好环境。指导14个基层党组织完成换届或委员增补，组织干部参加志愿活动超1000人次。

江西省

2022年，江西省退役军人事务系统坚持以习近平新时代中国特色社会主义思想为指导，深入学习贯彻习近平总书记关于退役军人工作重要论述和视察江西时的重要讲话精神，聚焦“作示范、勇争先”目标要求，以“守牢稳定底线、争创全国一流”为目标，深化拓展“尊崇工作法”，圆满完成了年度工作任务。

一、加强党的领导

江西省委退役军人事务工作领导小组召开全体会议、专题会议，研究退役军人工作重要事项、部署重点工作。建立省级以下军地合署办公机制，开展全省退役军人事务工作综合督查和“蹲点抓落实”调研活动。认真落实领导小组议事决策制度和领导小组办公室沟通协调、督查督办工作机制，党委退役军人事务工作领导小组作用发挥更加明显。

把学习宣传贯彻党的二十大精神作为首要政治任务，通过宣讲辅导、专题培训、交流研讨等形式，迅速掀起学习宣传贯彻热潮，推动习近平总书记重要指示批示和党中央、国务院决策部署落地落实。

二、思想政治和权益维护工作

在南昌市举办第二届江西省退役军人“永远跟党走　建功新时代”主题活动，举办退役军人创业创新大赛、退役军人创业创新成果展、庆祝建军95周年书画展、千名退役军人重温军人誓词等，进一步激发了全省广大退役军人永远跟党走、建功新时代的政治热情。

常态化开展退役军人先进典型选树，评选10名2022年度江西“最美退役军人”。扎实开展“老兵永远跟党走——老兵宣讲”实践活动。联合省委组织部等4部门印发《江西省退役军人服务专干管理办法》。召开全省“新长征”退役军人志愿服务工作现场会，组织“喜迎二十大　志愿立新功——学雷锋月”活动，2022年全省共组织1万余支“新长征”志愿服务队伍、8万余名退役军人志愿者，积极投身抗疫、抗洪、抗旱一线，退役军人志愿服务长效机制不断完善。

赣州市开展以“雷锋在心中　老兵在行动”“春风三月行　老兵当先锋”为主题的志愿服务活动，引导退役军人参与平安创建。南昌市在退役军人数量较多的企业、红色纪念设施、爱国主义教育基地开设“八一讲堂”186个。吉水县组织“老兵宣讲团”开展“赓续红色血脉　传承红色基因”党史军史宣讲活动60余场。

持续开展学习宣传贯彻《中华人民共和国退役军人保障法》，举办“百万网民学法律”退役军人法律法规专场知识竞赛，参与人数达58万人，开展“法律明白人”培训及退役军人法律援助“七进”活动，接受教育人数近20万人。

三、移交安置工作

圆满完成转业军官和安排工作退役士兵安置任务。

依托社会资源就近就便妥善安置伤残退役军人，提前完成伤病残士兵接收安置计划任务。做好部分退役士兵养老保险集中补缴收尾、补助资金结算申报工作。制定《关于持续做好部分退役士兵医疗保险补缴工作的通知》，指导各地开展常态化医保补缴办理工作。

四、就业创业工作

制定《江西省退役军人就业创业服务标准化基础台账》，发放自主就业退役士兵一次性经济补助资金1.9亿元。遴选29名退役军人创业上榜人物，组建退役军人就业创业创新导师团队，确定79家退役军人就业创业培训承训机构，在江西软件职业技术大学成立了首个退役军人教育学院，开展自主就业退役士兵“线上＋线下”适应性培训。

精心组织退役军人专场招聘活动，全年共组织线上线下专场招聘活动349场次，提供岗位27万个，达成就业意向8000余人。赣州市南康区依托本地千亿家具产业优势推动退役军人就业创业，全区家具产业中退役军人达4600余人。

五、军休服务管理工作

核拨军休保障经费、自主择业退役金、逐月领取退役金等。举办江西省第二届军队离退休干部“尊崇杯”运动会、第十七届军队离退休干部医疗队“老区行”义诊和“走进陶瓷·艺享晚年”文化活动。

组织走访军休人员5680余人次、军休疗养600余人次。萍乡市、新余市军休老旧小区纳入地方政府城镇老旧小区改造范畴。

六、双拥工作

积极为驻赣部队排忧解难，认真协调推动解决20项支持驻赣部队建设事项。开展庆祝建军95周年系列活动，召开江西省庆祝“八一”座谈会，举办庆祝建军95周年军民联欢晚会，组织“八一”杯军地篮球友谊赛、省四套班子领导军事日活动，评选10名第二届江西省“最美军嫂”，开展江西特色拥军歌曲和拥军标语遴选工作，支持驻赣部队军级单位机关建设“尊崇文体室”，开展首批“江西省关爱退役军人示范单位”和“满怀忠诚讲尊崇　千行百业共拥军”示范单位评选授牌活动。

进一步完善《江西省“满怀忠诚讲尊崇、千行百业共拥军”尊崇优待目录清单》，大力引导社会各行各业为军人军属、退役军人和其他优抚对象提供专属优先优待服务，优待项目达2293条。九江市在全市中小学开展双拥和国防教育“红星班”创建工作，举办“郑律成杯”军歌创作征集大赛，社会反响良好。

七、优待抚恤工作

按照国家统一部署提高优抚对象抚恤补助标准，享受国家定期补助两参人员标准较国家标准高115元，提高在乡老复员军人生活补助标准200元。享受国家定期抚恤补助优抚对象年度确认完成率达99.9%。加快推进退役军人信息化建设，持续做好退役军人、其他优抚对象建档立卡工作。出台义务兵优待金政策，确定义务兵家庭优待金标准为全省城镇居民人均可支配收入的40%。修订《江西省〈伤残抚恤管理办法〉实施细则》《江西省〈光荣院管理办法〉》。认真做好年度残疾等级评定、残疾关系迁移等工作。开展优抚对象医疗巡诊，为1500余名优抚对象免费建立健康档案，为困难对象免费送药（价值24万余元），组织1200余名烈士父母等优抚对象赴庐山、大觉山等地疗休养。认真做好优待证申领制发工作。

全省各地军供站不断加强自身建设，提高军供应急保障能力，军供准点率、安全率、部队满意率均达100%。

八、褒扬纪念工作

扎实开展“替烈士看爹娘、为烈属办实事”活动和“革命英烈后代关爱行动”，制定《关于深化革命英烈后代关爱行动的10项举措》，组织部队某医院和省荣军优抚医院派出4支医疗队，为全省目前健在的371户490名烈士父母进行专项义诊。

大力开展以“六个一”为内容的“忆英烈、祭英烈、学英烈”主题祭扫纪念活动，精心组织烈士纪念日向人民英雄敬献花篮活动。抓好烈士纪念设施提质改造，完成县级以下零散烈士纪念设施整修工程。全省近4万座零散烈士墓得到整修。持续开展为烈士寻亲工作，全省累计为143名烈士寻找到亲属或安葬地。

编印《江西省深化拓展“尊崇工作法”亮点汇编》，印发《“尊崇工作法”工作手册》3.5万余册，推动各地各单位将“尊崇工作法”深化拓展。举行江西省退役军人事务领域基层治理暨深化拓展“尊崇工作法”新闻发布会，介绍全省深化拓展“尊崇工作法”最新成果。在赣州市组织召开全省退役军人事务领域基层治理暨深化拓展“尊崇工作法”推进会。安远县创新开展“深化拓展‘尊崇工作法’宣传月”活动，营造浓厚尊崇氛围。

山东省

2022年，山东省退役军人事务系统以习近平新时代中国特色社会主义思想为指导，全面贯彻落实党的二十大精神，深入贯彻习近平总书记关于退役军人工作重要论述，锚定“走在前、开新局”，统筹疫情防控与重点任务，破难题、防风险、抓落实，推动各项工作实现新进展、取得新成效。

一、机构建设情况

山东省委省政府从政治全局高度认识和推进退役军人工作，省委常委会会议、省政府党组会议带头学习习近平总书记关于退役军人工作重要论述，全面把握丰富内涵、精髓要义和实践要求。山东省委省政府高规格举行《烈士光荣证》颁授仪式，举办省委退役军人代表座谈会，省领导同志多次对退役军人工作作出批示要求，到省退役军人事务厅机关调研指导，走访慰问部队和退役军人，带动各级关心退役军人、支持退役军人工作。

全省累计建成退役军人服务中心（站）6.1万余个，3万余个实现标准化建设和示范型创建“双达标”，跨地域、跨领域建立服务站（点）1057个，配备专兼职人员12.6万余名，常态化服务退役军人。组建“山东老兵”志愿服务联盟总队，统筹3万余支队伍、35.2万人投身强省建设、疫情防控、应急救援前沿阵地，擦亮“山东老兵”志愿服务品牌。

二、思想政治和权益维护工作

共有退役军人思想政治教育基地和示范点374个，思想政治指导员队伍2.4万余人。评选10名“齐鲁最美退役军人”，推荐1人获评2022年度全国“最美退役军人”，山东退役军人连续5年获此殊荣。5名山东优秀退役军人纳入全国老兵宣讲团，进校园宣讲6000余场次。老兵主讲中小学开学“第一课”，全省1143万名中小学生在线收看，“红色课堂”热遍齐鲁大地。

深入学习推广新时代“枫桥经验”，发挥基层退役军人服务中心（站）作用，把问题化解在基层。累计建立法律援助服务站7796个，发动3.4万名律师、心理咨询师帮助退役军人依法维护权益。退役军人事务部到莱州市蹲点调研，比对系统组建以来国家出台的265个政策点，省市县全部落实到位。

打造“山东退役军人之家”新媒体矩阵，推出“忠诚老兵”故事2158篇。加强政策宣传，召开新闻发布会，介绍全省优待证申领发放和退役军人服务保障体系建设等情况。组建老兵宣讲团438个，集中宣讲4811次，在退役军人中掀起学习贯彻党的二十大精神的热潮。

三、移交安置工作

转业军官安置实行全省“统一命题、统一考试、统一阅卷”，16市同步进行，公开考试成绩和档案赋分、安置计划和安置结果，统筹运用考试考核、双向选择和“直通车”等安置方式，300余名功臣模范、长期在艰苦边远地区和特殊岗位工作的转业军官实行加分优先安置，90余名具有计算机、财务会计、司法等专长的转业军官安排到专业对口岗位。组织2021年度省直单位转业军官开展适应性培训。圆满完成年度军休干部接收安置任务。安排工作退役士兵安置实行“四公开一监督”，按照服役表现量化评分排序选岗，高质量完成安置任务。

健全完善退役士兵“全流程服务、闭环式管理”安置模式，加强和规范待安排工作期间服务管理。对2021年度安排工作退役士兵安置情况按照“四访”要求实行跟踪督导，安置质量稳步提升。联合山东省教育厅等5部门印发《山东省退役军人人事档案管理办法》，提升档案管理工作的科学化、制度化、规范化、信息化水平。

四、就业创业工作

联合制定《关于进一步做好退役军人稳就业工作的通知》，研究提出20条保就业、稳就业举措。印发通知，在国家规定范围内对自主就业退役士兵创业就业税收优惠政策延续执行顶格上浮优惠幅度。开展2022年全省退役军人服务省市重大项目人力资源对接系列活动，举办招聘会260余场次，服务419个省市重大项目单位，参与活动33.96万人次，达成就业意向1.23万人次。

“蓝贝易书——做全球最好的书写板”项目在第二届全国退役军人创业创新大赛中获一等奖，山东省退役军人事务厅获优秀组织奖。3个退役军人项目获得第六届山东省创业大赛奖项。选树60名退役军人“就业之星”、40名“创业之星”。在高职院校创新建立退役军人就业创业指导站5个，服务退役军人学生3000余人次。各级举办招聘活动1184场次，2.7万家企业提供56.7万个岗位，达成就业意向7.2万人次。用好50亿元专项基金，全省累计发放创业贷款2.47万笔、61.75亿元，帮扶困难退役军人2.68万人次、1.43亿元。

持续推进退役军人职业技能提升行动，签约417家技能承训机构，开展退役军人培训8485人次。落实退役军人学历教育优待政策，3600名退役军人免试专升本。深化济南、青岛和临沂退役军人就业创业孵化基地省级中心建设，辐射带动“三圈”城市退役军人就业创业一体化协同发展，393家创业孵化基地提供“保姆式”一站服务，助力近2000家军创企业起航。

五、军休服务管理工作

深化军休医养结合，巩固“以居家为基础、军休机构为依托、市场供给为主体、医养结合为载体”的新型军休干部服务保障模式，各级军休机构设立医务室、门诊部80家，与409家医疗机构、306家养老机构、327家家政企业合作。

改造军休老旧小区 74 个、面积 36.48 万平方米，加装电梯 150 多部。全省各级组织 2000 余名军休干部荣誉疗养。

收集整理“山东老兵红色老物件及背后的故事”137 篇、700 多幅照片，27 万多字。成立 4 所军休老年大学、96 所老年大学军休分校，举办培训班 662 期次，参与学员达 10.4 万人次。开展“三优”选树和军休机构星级评定。组织话剧《兵心》演出，承办全国军休干部庆祝党的二十大召开线上文艺会演，开展“山东老兵英雄赞歌”“八一”特别节目宣传活动，唱响爱党爱国爱军主旋律。

六、优抚褒扬纪念工作

持续提高优抚对象补助标准，上调自主就业退役士兵经济补助。精心组织优待证申领发放，稳妥落实优待证（电子版）试点任务。核实确认全省享受国家定期抚恤补助待遇优抚对象 84.2 万人，圆满完成 130 名全国部分获得功勋荣誉优抚对象集中疗养。做好残疾军人服务保障工作，全年共评定残疾军人 811 人，调整残疾等级 242 人，办理抚恤关系转移 1503 人，补换残疾证 203 人。

2022 年 9 月 30 日，山东省与驻济部队在济南市举行烈士公祭活动。审核评定烈士 21 名，改造提升烈士纪念设施近 2.7 万处，在全国烈士纪念设施整修工作总结会议上介绍了经验。精心组织清明节祭扫，全省网上祭奠 1458.6 万人次，组织代祭扫 11.9 万人次。健全联动机制、发动社会力量，常态化为烈士寻亲、为英烈画像，1206 名烈士找到家人，再现 385 位英烈面孔。

七、双拥工作

各级走访慰问执守边防一线和立功受奖及家庭困难官兵 22.6 万余人，赠送慰问品、慰问金。各级举办军政座谈、军民联欢、影视展播等 680 余场次。

主动对接演训部队，帮助协调解决演练场地和设施等问题。推进全国双拥模范城（县）与边海防基层部队结对共建，帮助黑龙江省虎林市珍宝岛部队改善战备执勤和生活条件。

打造双拥类全媒体新闻专栏《山东双拥》，将“书记话双拥”访谈对象由设区市委书记向县（市、区）委书记延伸。开展“双拥法规宣传月”和双拥主题文艺作品征集活动，评选表彰第十三届“十佳好军嫂”，专题制作播放《山东双拥》“八一”特别节目，举办军民联欢、读书演讲、影视展播等活动 680 余场次。疫情期间，协调驻鲁部队体系医院支援地方疫情防控，先后派出 696 名医护人员参与一线核酸检测。

八、自身建设情况

秉持“爱军队、懂军人、善拥军”导向，持续涵养军的气质系统文化。深入开展大培训、大调研、大练兵，全省各级组织系统内干部教育培训班 1500 余期，培训 6.9 万余人次，退役军人工作专业化水平进一步提升。

高规格举办全省退役军人工作专题研讨班，省委退役军人事务工作领导小组成员单位分管负责人，16 个市分管副市长和退役军人事务局局长，136 个县（市、区）分管负责同志参加。严格落实退役军人事务部“蹲点抓落实”工作要求，山东省退役军人事务厅班子成员带队赴16市蹲点调研、带案下访，梳理问题九大类41项，逐条明确整改措施和时限。

指导推动市、县提高服务能力水平。树立大抓基层鲜明导向，深入挖掘一批县级退役军人事务局经验做法宣传推广，总结检验“三基”建设成果，为推动退役军人工作高质量发展提供坚强支撑。

济南市

2022年，济南市退役军人事务系统深入学习贯彻党的二十大精神和习近平总书记关于退役军人工作重要论述，严格落实退役军人各项政策规定，全面做好退役军人安置就业、军休优抚、褒扬纪念、双拥共建、思想引领、权益维护等工作，不断增强退役军人和其他优抚对象的获得感、幸福感、荣誉感。

一、机构建设情况

全面加强党的领导。全面贯彻落实中央决策部署和省委工作要求，济南市委常委会专题研究审议退役军人移交安置等重点工作，召开市委退役军人事务工作领导小组全体会议，全面部署、推进落实年度重点任务。

优化提升服务体系。深化全国示范型退役军人服务中心（站）创建活动，1898个服务对象30人以上村（社区）服务站全部达标，7个服务中心（站）被评定为“全省百优服务中心（站）”。推进服务数字化，5421个服务中心（站）实现网络定位查询。

广泛开展法律宣传。全市退役军人事务系统开展《中华人民共和国退役军人保障法》《中华人民共和国民法典》等主题宣讲会200余场，发放宣传手册4万余份、明白纸10万余份、普法海报9700余张。梳理退役军人工作10个方面186条政策点，推动政策法规落实落地。

精准高效服务保障。推进“互联网+退役军人服务”，六大类服务事项施行“一网通办”，23项政务服务事项实现网上信息展示，6个依申请事项实现网上办理，3项“全链条一件事”实现跨部门“并联办理”。“八一”建军节、春节等节点，全市走访慰问退役军人和其他优抚对象14万人次，年度常态化联系140余万人次。

二、思想政治和权益维护工作

创新开展志愿服务。组建退役军人应急救援、思想引领、法律支援、心理咨询志愿服务“四支队伍”，3.2万名退役军人参与，投身文明实践、疫情防控、基层治理40万余小时，协助化解矛盾问题536件、维护合法权益120件。济南革命烈士陵园、莱芜战役纪念馆发挥红色教育主阵地作用，接待团体8300余个，服务群众65.7万人次。

广泛深入思想引领。评选宣传“泉城最美退役军人”等先进典型，隆重举办发布仪式，发挥示范引领作用。全市各级各部门组织退役军人座谈会565场次，宣讲政策、征求意见、体现尊崇，1.27万名退役军人代表参加。开展“倾听红色故事、照亮成长之路”“老兵永远跟党走”等主题宣讲1156场，33万余人次参与；举办网上思想政治和普法宣传大讲堂11场，190万人参与。55名退役军人事迹录入省、市两级地方志。

全力维护合法权益。开展“政策清零”“百日攻坚”行动，办理12345热线2257件，解答8181（即济南市退役军人服务中心8181热线）服务平台咨询2684件；攻坚化解退役军人信访积案134件，按时办结率达100%。

三、移交安置工作

严格落实安置政策。济南市委常委会专题研究退役军人安置工作，审议安置计划，强调安置纪律，推动安置落实；积极对接军人退役政策变化，做好政策衔接配套，科学制订安置计划，不断提高安置质量；坚持“四公开一监督”“阳光安置”模式，确保公开公平公正。

圆满完成转业军官和安排工作退役士兵安置任务。

四、就业创业工作

扎实组织教育培训。落实退役士兵教育培训有关政策，510名大学生士兵复学；确定24家退役士兵职业技能培训承训机构，开设32个专业，配套生活补助，年度培训651人次；开展自主就业退役士兵适应性培训2040人次，转业军官岗前培训215人次。发挥政校企三方优势，开展订单式、定岗式培训，推动“培训即上岗，上岗即就业”。

持续深化就业帮扶。自主就业退役士兵一次性经济补助标准增加500元/年；设置21个基层公务员计划，定向招录退役军人；新开发退役士兵专项公益岗348个。全市共组织“春风行动”“军岗日”等退役军人专场招聘会96场次，推介岗位2.96万个，20.1万人参与。打造“军得港”数字化服务平台，为1.7万余名退役军人建立求职信息台账，将364家企业纳入招聘信息库，实现求职招聘线上实时对接。

全力支持创新创业。依托高职院校，创新建立退役军人创业学院、就业创业指导站；推进孵化基地增量扩容，筹建鲍山、临港、唐冶军创园区，总面积20万平方米。发放创业扶持贷款1.02亿元，为300余家军创企业解难纾困。济南市1个军创项目荣获第二届全国退役军人创业创新大赛第一名。

五、军休服务管理工作

深化推进医养结合。推进军休干部老旧小区基础设施改造升级，安装电梯24部。4家军休机构获评“山东省五星级军休机构”，3家军休机构获评“山东省四星级军休机构”，9家军休机构获评“山东省三星级军休机构”。

严格落实各项待遇。推广使用军休APP，提高服务效率。落实医疗保障待遇7303人次，换发离退休证件3480本，发放N95口罩30万只，组织获二等功以上军休干部荣誉疗养109人次，组织军休干部健康体检5000余人次。

开展丰富文体活动。承接工作任务，排演全国首部退役军人题材话剧《兵心》，3000余人次观看。济南市军休老年大学开设15个专业，29个班级，9980人次参加学习，济南市军休大厦活动场馆年度接待军休干部13万人次。

六、优待抚恤和褒扬纪念工作

细化落实优抚政策。提高伤残军人等10类抚恤定补优抚对象生活补助金标准，惠及5.4万人；办理新（补）评（调）残、退役军人抚恤关系迁入、带病回乡退伍军人认定358人次；发放残疾军人配置、维修、更换辅助器具133人次；发放义务兵家庭优待金5197人次，办理优待证申请28万人次，悬挂（更换）光荣牌7550块。

全力推进重点任务。济南市优抚医院改造提升工程全面动工，新建荣军楼、康养综合楼，规划床位1020张，满足全市2.1万名轮流休养对象需求。投入717万元，整修管护烈士纪念设施1267处；承办全国县级以下英雄烈士纪念设施整修工作总结会议，济南作典型发言。举办"9·30"烈士纪念日公祭活动，开展"2022·奋进·网上祭英烈"活动，群众参与31万人次。

褒扬纪念彰显尊崇。通过DNA技术为无名烈士寻亲，科学构建"提取、鉴定、比对、筛查、核对、确认"的规范化工作流程；先后开展5次实地寻访，行程2万余千米，成功为49位无名烈士找回姓名、找到亲人。9月24日高规格举办集中立碑仪式，新闻点击量超4.2亿人次。

七、双拥工作

全力以赴拥军支前。全力以赴支持部队练兵备战，投入266万元，圆满完成与边防部队结对共建任务；支持部队建设改革，为驻济部队协调解决土地置换、营区建设、市政工程配套等实际问题43件；投入230余万元，提升济南市军供站建设水平，加强军供保障能力。

用心用情拥军优属。对口对等安置机关事业单位随军家属49人；为692名未就业随军家属发放生活补贴；为军人子女协调解决入园入学问题548件，落实中考加分政策148人；举办随军家属专场招聘会，提供岗位5100余个。全市各级走访慰问驻济部队301次，走访立功受奖现役军人家庭2076户。

持续深化双拥宣传。深化"情系边海防官兵"春节专项慰问活动，组织区县拍摄《书记话双拥》访谈节目；举办"十佳好军嫂"评选、"爱我国防"大学生演讲比赛、全民国防教育主题灯光秀展播、"以红领巾之名，致敬戍边英雄"、"红色故事宣讲进军营"等系列活动，营造浓厚拥军氛围。

八、自身建设情况

优化完善"三五二"工作运行机制，"前中后"工作落实机制，提升工作成效。修订《济南市退役军人事务局内控制度汇编》，扎紧制度笼子。开展"上一线、察实情、练本领、促发展"群众工作教育实践活动，开展志愿服务2100余人次。济南市退役军人事务局被山东省财政厅表彰为"2022年会计基础工作规范化单位"，被济南市文明办表彰为首批"新时代文明实践基地"，被济南市委市直机关工委表彰为"模范机关建设工作先进单位"。

青岛市

2022年，青岛市退役军人事务系统坚定贯彻习近平总书记关于退役军人工作重要论述，聚焦国家和军队事业发展全局，紧扣退役军人急难愁盼和经济社会发展实际，围绕“打基础、找规律、谋长远”工作主线，以奋发有为的工作状态，推动全市退役军人事业实现系统性重塑、突破性进展和实质性飞跃。

一、政策法规工作

深入开展“法律政策落实年”活动，打造“法润兵心”品牌，现有国家265项重要政策点得到全面落实。制定实施《局长说法》《处内学法、分管议法》《全员考法》等工作制度，创设“退役军人法治大讲堂”，开讲5期35人次，开展处内学法193次，全系统3562人全员考法，1600余人获得满分，全系统干部职工政策能力得到全面提升。

联合出台《青岛市退役军人司法救助工作办法》，健全法律援助机制，提供法律服务652人次，调解法律案件722人次，调解成功率达75%以上。开展“荣军法治宣传月”活动，推动法律拥军进军营，常态化开展《中华人民共和国退役军人保障法》等政策法律宣传。

二、思想政治和权益维护工作

出台《关于加强退役军人思想政治工作的实施意见》，推行退役军人思想政治工作室模式，构建“处处是课堂、时时受教育、人人当先锋”的思想政治教育阵地，选树“青岛市最美退役军人”“青岛市优秀兵支书”“青岛市优秀退役大学生士兵”等典型人才500余人。

组建1057支“荣军先锋”志愿服务队，退役军人志愿者达2.6万余名，活跃在疫情防控、文明典范城市创建、乡村振兴、抢险救灾等各条战线，中央电视台对此进行了报道。

帮扶解困传递温暖，制定出台《青岛市优抚对象走访慰问实施办法》，深入开展“为退役军人排忧解难”专项行动，全市退役军人和其他优抚对象“一人一档”“一人一卡”“一人一策”，通过登门送温暖、重点援助献爱心等专题活动，发放各类慰问金5000余万元，对1600余名退役军人实施解困帮扶，努力满足退役军人对美好生活的向往。

三、移交安置工作

安置质量再创新高，坚持公开、公平、公正的“阳光安置”办法，持续加大岗位开发力度，圆满完成转业军官和安排工作退役士兵安置任务。

随军家属安置坚持青岛特色的“随调随安置”原则，对 89 名行政事业编制随军家属按照“专业对口、身份一致、就近就地”的办法，全部定向安置到位。

军休移交安置坚持“只要部队交得出、地方就能接得下”的原则，全年接收军休干部超计划完成率达 154%。

四、就业创业工作

坚持让退役军人高质量充分就业，出台 26 条退役军人稳就业举措，创新建立退役军人就业动态监测平台，对劳动年龄内退役军人就业情况进行动态监测。出台《关于进一步做好退役士兵教育培训工作的实施意见》，对 2500 余名退役军人进行了技能提升培训。出台退役军人服务“六个城市”建设 13 项举措，建立军地两用人才服务机制，挂牌启用 13 家军地两用人才市场。举办各类专场招聘 200 余场次，推送定向招聘信息 8 万余条，帮助 7200 余名退役军人实现就业，继续做到“零就业家庭”动态清零。

创业扶持多措并举，充分发挥山东省退役军人就业创业孵化基地青岛中心的示范作用，打造“一中心、多基地”工作模式，积极落实服务实体经济，新增军创企业 860 余家，为军创企业发放创业贷款 1.03 亿元，贴息 962.1 万元，贴息率达 100%。全市 6000 余家军创企业产值近 220 亿元，纳税近 10 亿元，带动就业 5000 余人。

五、双拥工作

制定出台军地互办实事“双清单”制度，累计投入 6800 余万元，以制度刚性保障训练场地建设等 26 件军地联席会议确定事项全部办结见效。优化“多维立体、全域覆盖”的军供保障体系，打造“半小时军供圈”，全年高质量完成 80 多批次、1.5 万余人次的军供保障任务，创历史新高。

全市参军报名人数是征兵名额的 3 倍，入伍大学生比例达 95% 以上。充分发挥军地协调纽带作用，驻青部队大力支持城市更新、山头公园整治及机场、地铁、隧道、港区等城市建设项目，军民鱼水情谊更加深厚。

六、优待抚恤工作

实施优待目录清单动态调整机制，发布 2022 版优待目录清单，优待项目总数达 208 项，优待范围涵盖荣誉激励、民生保障等 8 个领域，较 2021 版增加 39 项“荣军康养”工程，为 1.8 万名重点优抚对象开通专家就诊绿色通道、优惠入住养老院等“四优”服务，“荣军通”办理人数达 2.5 万人，为重点优抚对象节约宽带、收看电视等费用 3400 余万元。“荣军”品牌矩阵已累计撬动社会资源为退役军人提供优惠 3.4 亿元。

优待水平持续提升，提高抚恤补助标准，及时足额发放抚恤定补资金 3.9 亿元，发放义务兵家庭优待金 1.78 亿元。投入 5112 万元提高 1.8 万名重点优抚对象的医疗保障水平。投入 2716 万元为 3400 余名优抚对象提供专属养老服务。为 256 户农村优抚对象实施危房改造。

七、褒扬纪念工作

积极开展“为烈士寻亲·让忠魂归根”和“绘忆英烈”活动，为134名烈士寻找到亲属或安葬地，百名英烈画像展在全社会引起强烈反响，网络点击量近1000万次。开展烈士纪念设施维护和烈士集中迁葬仪式，完成151座散葬烈士墓迁移保护。抢救性拍摄3105名老革命军人口述历史视频，赠送党史研究院、档案馆永久保存，将77名立功受奖退役军人名录事迹载入地方志。

开展“清明祭英烈”、青岛解放纪念日、“红色九月”系列活动，全市300余万人参加了各类纪念活动。坚持开展“走访慰问、演出活动、荣军实事、氛围营造、走进军营”五大系列20余项拥军优属活动，顺利完成建军节、海军节、辽宁舰入列10周年、护航编队起航、情系边海防等重大活动的服务保障工作。

八、自身建设情况

服务水平创标提速，青岛市获批退役军人政务服务国家级标准化试点城市，确立返乡欢迎、集中报到、服务规范等121项标准，创建全国示范型退役军人服务中心（站）1983个。启用“军人退役一件事”集成服务平台，实现部门联办、掌上通办、限时快办，为退役军人服务跑出“加速度”。“一线问效”激发强劲发展动力，举行“局长直通车”活动，服务对象回访满意率由98.3%上升至100%。“提质赋能”锻造过硬干部队伍，实现干部能力“实效化”，制定加强退役军人事务系统干部队伍能力建设意见，先后组织各类干部培训25次近600人次，组织16名年轻干部开展两批体悟实训活动。实现清廉建设“清单化”，印发退役军人领域清廉建设实施方案，制定清廉建设173项工作清单。

实现支部建设“标准化”，开展党支部标准化、规范化建设，制定支部建设8个方面50项具体指标，以更高标准、更严要求，推动党建工作落地见效。

河南省

2022年，河南省退役军人事务系统全面学习宣传贯彻党的二十大精神，深入贯彻落实全国退役军人事务厅（局）长会议精神，锚定“两个确保”、实施“十大战略”，稳步推进八项重点工作、办好八件实事，实现了“全年红”“全年稳”。

一、机构建设情况

全面加强党的领导。健全党委退役军人事务工作领导小组运行机制，省、市、县三级党委退役军人事务工作领导小组共召开178次领导小组全体会议、226次专题会议，安排部署退役军人年度重点工作，加强信息、协调、督查工作，完成省级及以下领导小组办事机构军队人员派驻工作。

健全服务保障体系建设。以“枫桥杯”退役军人服务站评选活动为抓手，建成完善服务退役军人的5万个坚强前沿阵地。加强与组织、编办、人力资源社会保障部门协调，各级退役军人服务中心（站）落实财政全供事业编1.2万个，编制内到位人员约1万余名，5人入选2022年度全国退役军人服务中心（站）“百名优秀主任（站长）”；各级财政累计投入3.6亿元，着力改造提升服务站软硬件建设；设置关爱退役军人专项基金、河南省拥军优属基金会，整合市、县行业协会资源，成立市、县级退役军人就业创业促进会51家。

二、思想政治引领工作

注重正面宣传。成立宣传工作专班，线上利用电视、广播及网络新媒体等多种形式开展思想教育；线下利用退役军人思想教育基地、退役军人服务中心（站）等平台，持续加强习近平新时代中国特色社会主义思想、时政、政策、法治等教育。

强化典型引领。持续推进全国最美退役军人候选人培塑工作，开展第四届“出彩河南人”最美退役军人宣传推介活动，评选12名先进典型，推荐5名先进个人参加全国“最美退役军人”评选；设立“河南省模范退役军人”表彰项目，创新开展“十佳创业之星”“十佳拥军人物”“十佳基层服务站长”等系列评选活动；组建省、市、县三级老兵宣讲团，让退役军人“学有榜样、赶有目标、做有标尺”。

加强组织凝聚。加强兵支书队伍建设，3.6万余名退役军人成为“兵支书”，成功举办全省退役军人村社党组织书记能力提升培训示范班；壮大志愿者队伍，组建1万余支志愿服务队，33.8万余名退役军人参与志愿服务。

持续走访慰问。组织开展“大走访大宣传送温暖”和“喜迎二十大——为退役军人排忧解难”专项行动，累计走访慰问退役军人50万人次，发现先进典型和优秀人才约2000余人，帮扶退役军人2万余人，发放帮扶资金7000余万元，支持帮助完成就业7000余人，组织参加短期疗养和医疗义诊1.5万人。在“关爱老兵·温暖万家”行动中，各级共投入资金约1亿元，帮扶援助退役军人61万人次。

三、移交安置工作

圆满完成年度转业军官和退役士兵安置工作。持续实施“直通车”安置，坚持接收单位优先选用安置、重点安置对象选调安置、专业人员对口安置等3种“直通车”式安置服务，深化岗位与专长融合，全省通过“直通车”方式安置100余名转业军官。广泛征集中央企业和省属企业接收岗位计划，拓宽退役士兵安置渠道，按照公开、公平、公正原则，开展功绩量化与文化考试相结合，坚持以分排名、以分选岗、阳光安置，稳步推进退役士兵安置工作。

四、就业创业工作

强化教育培训。大力推进“人人持证、技能河南”建设，全年培训退役军人3.5万人次；依托大学教育资源，试点合作成立6家退役军人学院，联合院校、企业和培训机构打造“直通式”退役军人实训基地249个。

抓实就业帮扶。联合人力资源社会保障、教育等部门，做好应届毕业退役军人学生就业工作，在2022年全国高职扩招退役军人毕业生就业工作视频会议上，作为唯一一家省级退役军人事务部门介绍经验；联合公安、应急、消防部门开通“特殊行业就业直通车”，全省辅警招录1100余人、消防员招录280余人；联合人力资源社会保障、工商、教育等部门，组织线下线上招聘专场730余场次，提供岗位36万余个，实现就业2.7万余人。

促进创新创业。组建省级退役军人就业创业指导团队，完善退役军人创业培训、创业担保贷款、创业孵化、创业辅导“四位一体”服务流程；开展退役军人直播电商创业创新大赛，吸引4300余名退役军人参赛，优选军创企业产品163种，带动销售6000余万元。

五、军休服务管理工作

全年分配下拨各类保障经费、军队和武警部队年度定期增资经费和省级财政医疗补助经费等共计19.5亿余元；共接收离退休军人660余人，完成国家下达任务数的156%，实现了“随退随审、即交即接”。深化落实军休人员“两个待遇”，在2个省辖市试点建设军休大学，圆满完成全省军休系统编制核查工作；科学谋划军休机构用房改造，开展军休系统“两讲两比”活动，不断提升服务保障能力；评选表彰“十佳”军休干部，举行全省军休系统喜迎二十大书画笔会和第十四届门球比赛等系列文体活动，进一步丰富军休干部精神文化生活。接收安置71名逐月领取退役金退役军人，逐月领取退役金安置政策顺利实施；自主择业军转干部服务管理，企业军官干部解困工作稳步推进。

六、拥军优抚工作

健全工作机制。梳理制定2022年军地互提需求互办实事“双清单”共10项问题，逐项明确落实单位，全力推进解决。建立动态管理机制，印发《河南省双拥模范城（县）动态管理暂行办法》，推动创建双拥模范城（县）活动广泛深入持久开展。召开河南省双拥模范城（县）命名暨双拥模范单位和个人表彰大会，命名双拥模范城（县）70个，表彰双拥模范单位80家、双拥模范和先进个人100人。

强化社会拥军。全省建立拥军窗口、双拥通道等4.6万个，设立河南省拥军优抚活动基地，引领带动更多社会机构积极参与拥军优抚工作，设立拥军优抚基金会、退役军人关爱基金，为5.1万余名军人军属和退役军人帮扶解困。

开展拥军优属。完成部分驻豫部队营区改造和配套设施建设，帮助385名随军家属就业，妥善解决4976名军人子女入学入托问题。加强全省军供站基础设施升级改造，高质量完成1900余次军事演练保障任务，保障官兵20余万人次。

落实抚恤待遇。审批通过评定残疾等级378人，办理残疾退役军人迁入备案755人。从8月1日起连续第18次提高优抚对象抚恤补助标准。截至2022年年底，已受理优待证申请205万余人，制发近150万余张。

七、褒扬纪念工作

向省政府提出烈士评定（追认）审查意见5人，推出大型公益融媒体活动《共和国不会忘记——传承红色基因　我为烈士寻亲》（第二季），124家媒体关注转发，全网总曝光量超过4.5亿次；组织开展“我们是一家人·与烈士认亲”活动，发出认亲倡议书196份，结成共建单位500余家，近4000个集体或个人与1万余名烈士结亲认亲；开展“红色九月·英烈精神进校园”活动300余场次，10余万名学生参加，赠送英烈精神宣传册1.3万余册。

深入贯彻《关于加强新时代烈士褒扬工作的意见》，制定工作方案明确25项具体工作；以“六个一批”为重点对县级及以下烈士纪念设施整修工程进行重点验收。

八、自身建设情况

落实理论学习中心组学习制度、“第一议题”制度，全年开展集体学习40次，研讨交流6次，以上率下发挥领学促学作用；先后开展“四个做表率”活动、“军”味机关建设、“基层基础基本建设年”活动和“能力作风建设年”活动，举办法治政府建设等10余个培训班，切实提升全系统业务能力水平。全面加强廉政风险防控，推动实施“清廉+退役军人工作”9项措施，梳理职权项目47项，排查廉政风险64处，制定防控措施85条，联合驻厅纪检监察组开展监督检查6次，先后派出两批次督导组到厅属单位开展“两违规”专项督导调研。

湖北省

2022年，湖北省退役军人事务系统深入贯彻落实习近平总书记关于退役军人工作重要论述，深入学习宣传贯彻党的二十大精神和湖北省第十二次党代会部署，围绕中心、服务大局，全力推动退役军人工作提质升级，各项工作呈现向好向优发展态势。

一、机构建设情况

及时调整湖北省委退役军人事务工作领导小组成员，领导小组及办公室先后4次召开全体、专题会议研究部署推进退役军人重点工作。组织开展“赞颂新成就、谋划新发展、奋进新征程”主题调研，组织各级党委退役军人事务工作领导机构“示范工作法”优选和协调工作案例评选活动，4篇入选全国案例汇编。推动军队人员到地方退役军人事务工作机构派驻工作。连续将退役军人工作纳入省委对市州党政领导班子政绩考核和平安建设（综治工作）评价体系，作为双拥模范城（县）评选表彰重要内容。

全省建立五级退役军人服务中心（站）约2.8万个，印发《湖北省乡镇（街道）退役军人服务站服务事项清单（试行）》，持续推进乡镇（街道）服务站规范化建设。开展退役军人服务体系建设“强基础、强能力、强服务”提升行动，4619个服务对象100人以上的服务中心（站）全部达到全国示范标准，3人获评全国退役军人服务中心（站）“百名优秀主任（站长）”称号。

全省2万余个退役军人服务中心（站）实现高德地图导航全覆盖，完成全省退役军人和其他优抚对象建档立卡并常态化维护，基本完成“建档立卡”“视频接访”“智慧服务”3个信息化分项建设，湖北省退役军人事务厅机关协同办公平台上线运行。

二、政策法规工作

厅党组理论学习中心组开展习近平法治思想专题学习，厅主要负责同志作学习辅导。争取及配合湖北省人大开展《中华人民共和国英雄烈士保护法》地方立法调研，实施《中华人民共和国退役军人保障法》执法检查，推动地方立法破题、法律政策落实。制定印发规范性文件4部，修订制定厅法制审核制度、厅案件审理委员会工作规则等制度。办理行政应诉案件7件，参加行政复议案件1件，全部胜诉。审核各类事项129件。

组织拍摄法治动漫微视频《军创之路，有法护航》《见“证”荣光》，分获湖北省第五届法治动漫微视频作品征集展示活动一、二等奖，被推荐参加全国评比。厅机关年度法治在线学习考试参试率、优秀率均为100%。省退役军人事务厅在省直单位领导班子和领导干部法治建设绩效考核中被评为优秀单位。

三、思想政治和权益维护工作

召开全省退役军人思想政治工作会议。组织开展“老兵永远跟党走——老兵宣讲”实践活动，全省组建140个老兵宣讲团，开展宣讲活动1000余场次。组织开展2022年“荆楚楷模·最美退役军人”学习宣传活动，将湖北省总工会纳入联办单位，对符合条件的“最美退役军人”个人或集体授予“湖北五一劳动奖章”或“湖北省工人先锋号”。组织实施“戎耀荆楚”群星工程，发掘报道先进典型200余名。举办2期基层退役军人党员示范培训班，培训200人。

践行新时代“枫桥经验”，加强矛盾问题源头化解，坚持用足政策不破底、用足帮扶不攀比、用足情感不推诿，持续开展重复访治理和积案攻坚，健全完善信访工作制度机制，高效办理信访事项，切实维护退役军人合法权益。

设立1.5亿元省级退役军人困难帮扶资金。组织全省系统工作人员、各级关爱协会会员单位开展“手拉手·心连心·帮战友”结对帮扶活动，投入资金5800万元，帮助6万人次。

全省各级建立退役军人志愿服务队2.1万余支，吸纳退役军人16.8万余人。推动市、县、乡三级退役军人服务中心（站）建立“老班长工作室”志愿服务阵地823个。2022年，全省退役军人开展志愿服务2.7万余次，服务群众60万余人次。举办“保护长江母亲河，退役军人在行动”——湖北省退役军人“长江卫士”志愿服务八市联动启动仪式。持续推进退役军人志愿服务品牌创建，组织退役军人志愿服务典型项目参加全国学雷锋志愿服务“四个100”先进典型宣传、湖北省新时代文明实践志愿服务项目大赛等活动，省退役军人“长江卫士”志愿服务项目获湖北省2022年新时代文明实践志愿服务项目大赛银奖，省退役军人服务中心获优秀组织奖。

四、移交安置工作

推行“阳光安置”，实行全省转业军官安置统一考试，完善推行转业军官“直通车”安置办法。积极协调机关、群团组织、企业事业单位做好接收安置工作，圆满完成年度转业军官、安排工作退役士兵接收安置任务。

复员军官、伤病残退役士兵、自主就业退役士兵有序移交接收，100余名随调随迁家属安置落户工作有效落实，组织100余名转业军官进高校开展专项培训、400余名转业军官参加适应性培训和公共类专业培训。

五、就业创业工作

出台《湖北省退役军人就业创业导师团队管理指导意见（试行）》，制定并推动《全省退役军人就业创业推进工作方案》和省直部门市、州任务清单落实。

会同湖北省教育厅制订退役军人专升本、高职单招等招生计划，开展政策宣传、复学调研、优化服务等工作。全省组织1.36万人参加适应性培训、1.4 万人参加职业技能培训。联合湖北省农业农村厅等 4 部门分批组织退役军人参加农创类培训，邀请创业导师对部分军创企业家进行指导。全省共组织退役军人专场招聘活动 843 场次，帮助 3.16 万人就业。开展“送岗位进高校”活动，帮助 2022 年毕业的 1401 名高职扩招退役军人实现就业。开展“三送”进军营活动。

联合税务部门开展“免申即享”工作，全省 2246 名（户）退役军人累计享受税收减免 2 亿元以上。组织军创企业参加第二届全国退役军人创业创新大赛决赛，获 2 个三等奖、1 个优胜奖和 1 个优秀组织奖。开展军创企业走访调研和退役军人个体工商户服务月活动，协调解决重难点问题。配合财政部湖北监管局对全省退役军人社保接续财政资金使用情况进行审核，会同相关部门常态化开展退役军人社保接续工作。

六、军休服务管理工作

全力推进“三年集中移交”工作，超额完成年度接收安置任务。研究出台军队离休退休干部因私出国（境）管理办法，规范全省军休干部出国（境）管理。从全省军休干部中征集 270 篇感人事迹，编撰出版《老兵永跟党走——湖北省军休干部口述历史》4000 册，分发至全省军休机构和退役军人服务中心（站）。组织开展“老兵心系二十大，说句话儿给党听”活动，20 名军休干部的感言在《湖北日报》专版刊登。开展红色珍藏、书画摄影、线上文艺会演等征集活动，选送的书画摄影作品获全国一等奖、二等奖、三等奖各 1 个。指导武汉市完成军休大学申报。

有序推进逐月领取退役金退役军人接收安置工作，符合条件的逐月领取退役金退役军人 100% 接收安置到位。采用视频培训、以审代训、业务培训多种方式培训 240 余人次。组织武汉、襄阳两市参加自主择业军转干部年度登记 APP 试点工作。全面开展自主择业军转干部信息核查，年度登记率达 100%。

七、拥军优抚工作

按照国家统一部署，完成全省享受抚恤补助的优抚对象调标工作，下达中央、省级抚恤补助资金 28.35 亿元。持续开展优抚政策落实大数据比对、事业单位补助资金专项监督检查。组织 395 名优抚对象、100 名烈士遗属和功勋人员疗养。积极推进优待证申领发放工作，基本完成存量任务并转入常态化。创新推动社会优待工作，指导各地分批推出优待项目。

修订出台《湖北省残疾退役军人医疗保障实施办法》《湖北省残疾退役军人康复辅助器具配置办法》，部署建设全省优抚对象医疗费“一站式”结算信息系统。下拨优抚事业单位补助资金 3191 万元，支持 26 家事业单位维修改造。印发《关于加强全省光荣院集中供养和优惠优待服务保障工作的通知》、贯彻落实优抚医院管理办法和推进优抚医院改革发展意见的通知，在全国优抚医院改革发展动员部署会上交流经验。湖北省医养康复中心（示范）项目开业运营。

调整湖北省双拥工作领导小组领导及成员，指导 13 个市州、92 个县（市、区）调整领导小组。春节期间，协调省领导带队走访慰问军队老首长和遗孀26人，印发年画180万份，寄送慰问信103余万份，慰问立功受奖官兵4367人。“八一”建军节期间，走访慰问驻鄂军级以上部队和25个基层部队，赠送慰问品900余万元，召开纪念建军95周年军地座谈会。全年各级走访慰问部队883支、军人军属8.24万人，为立功受奖现役军人送喜报9259次，发放光荣牌1.9万余个。开展双拥模范城（县）届中考评调研。武汉市、襄阳市与边海防部队开展“城连结对共建”。落实“双清单”制度，军地互办实事541件。

八、褒扬纪念工作

开展“2022·奋进·网上祭英烈”活动，联合相关部门召开烈士祭扫工作视频调度会，加强组织领导，压实工作责任；印制《文明祭扫宣传手册》18万份，开通湖北网络祭扫通道，网上祭扫献花360多万人次。开展“烈士寻亲”活动，为17名湖北籍在韩中国人民志愿军烈士亲属抽血采样进行DNA比对。全省各级烈士纪念设施接待集体祭扫811场次15.9万人次，代为祭扫烈士2667名。组织褒扬纪念工作业务培训，持续推进烈士纪念设施提质改造，2个新建改扩建项目被退役军人事务部确认为2023年中央预算内投资重点支持项目，全省投入1.8亿元资金开展县级以下烈士纪念设施整修工程验收。印发实施《关于加强新时代烈士褒扬工作的实施意见》。

九、自身建设情况

深入学习宣传贯彻党的二十大和湖北省第十二次党代会精神，扎实开展党员干部下基层察民情解民忧暖民心实践活动。举办“致敬英雄，争当先锋”“光荣在党50年”纪念章颁授仪式暨援沪医疗队事迹报告会等。深入推进“清廉机关”建设，党风廉政建设宣教月“八个一”活动等特色做法编入湖北省直机关工委《指导案例选编》。省退役军人事务厅获评第九届省直机关“党建工作先进单位”。做好常态化培养选拔年轻干部工作，调研确定80余名培养对象，组织实施“传帮带”。

印发《湖北省“十四五”退役军人服务和保障规划》。加强中央预算内投资项目监督，武汉市优抚医院等3个中央预算内投资项目开工建设。按照“市州试点、省级定标、全省推广”模式，大力推进“军人退役一件事”一事联办。加强退役军人工作重点任务督办落实，做好对市（州）党政班子、厅各处室（单位）年度考核各项工作。

加强重点工作宣传报道，在新华社、央视等央媒部媒发稿200余篇，在省媒推送报道1200余篇。厅“一网两微”全年发稿6918篇，官方微信公众号被湖北省委网信办评为“走好网上群众路线‘百佳新媒体账号’”、获评“湖北十佳微信原创新锐奖”，湖北省退役军人事务厅获评年度宣传工作先进单位。

武汉市

2022年，武汉市退役军人事务系统认真贯彻中央、省、市的决策部署，务实履职，主动作为，以完善体制机制、强化服务保障为重点，克服体系建设要求高、涉军信访压力大、移交安置任务重等诸多困难，迎难而上、争创一流，各项工作取得了良好成绩。

一、思想政治和权益维护工作

围绕党的二十大胜利召开主线，持续推进“模范退役军人”“最美退役军人”推选及事迹推广工作；全媒体设立2021年度“武汉最美退役军人”事迹展播、“老战士故事会”等活动，多角度展示优秀退役军人典型事迹和退役军人事务工作成效。“老兵宣讲”获省级志愿服务项目大赛金奖；重走长征路、边走边讲解长征精神的军休干部沙永金被评为“武汉市文明市民”；徒手攀楼火场救人的退役军人快递员张裕被邀参加央视跨年晚会。通过正面典型激励，进一步营造了尊崇军人职业、尊重退役军人的浓厚氛围。

设立覆盖市、区、街、社区四级的2000余个法律服务工作站（联系点），接待退役军人法律服务来访近万人次，降低了退役军人通过法律途径争取权益的成本；统筹全市系统常态化联系退役军人5000余人，开展困难帮扶和走访慰问3.8万人次，及时了解需求，帮助解决实际困难。动员社会力量关爱退役军人，开展关爱退役军人基金募捐活动，武汉市关爱退役军人基金累计募捐200余万元。

二、移交安置工作

科学编制安置计划，按政策落实安置待遇，圆满完成600余名转业军官和随调家属、安排工作退役士兵、逐月领取退役金退役军人的安置任务，以及2000余名自主就业退役士兵和退出消防员的安置任务。

三、就业创业工作

做实教育培训服务，现场考评45家退役军人职业技能培训承训机构；结合退役报到季，组织1680名退役军人参加适应性培训，1861名退役军人参加职业技能培训。多渠道促进退役军人自主就业创业，在全市组织退役军人招聘会、推介会39场（次），参与招聘单位2163家，参加招聘人数2.7万余人；完成促进退役军人就业任务，累计帮扶7818名退役军人和军属实现就业；加大创业扶持力度，新增1家市级退役军人创业孵化器。

截至2022年年底，武汉市有以退役军人为法定代表人或主要成员创办的各类市场主体约2.6万户，涌现出一批“专精特新”小巨人企业，对地方经济社会发展作出积极贡献。

四、军休服务管理工作

推进军休老旧小区改造，践行“共同缔造”理念，将军休小区环境不佳、设施老旧问题作为“下基层察民情解民忧暖民心”实践活动暖心工程，完成7个军休老旧小区适老化改造，实施基建维修项目80余个、电梯加装20余部，倾力解决军休干部急难愁盼问题。

成立军休大学，整合现有资源、争取部队支持，以原武汉市老年大学军休分校各教学点为基础，形成“1+N”教学点布局，设置4个学院，开设40余门专业课程，并依托“网络军休所”平台开展网络教学，实现了线上线下融合办学。开展文体活动，参加全国军休干部庆祝建军95周年和党的二十大胜利召开系列活动，收集整理军休干部书画摄影作品228幅；组织参加全国、省、市举办的各类文艺会演、知识竞赛等。

五、双拥工作

常态化开展双拥创建，通过全国双拥模范城创建届中考评；结对帮助驻新疆某边防部队进行营房建设及配套生活设施改造；扎实为驻军办实事，涵盖道路维修、官兵出行和子女入学优待等10余项事宜；积极开展“我们的节日”系列非遗、民俗活动进军营，义务兵家长免费体检等双拥特色活动，持续在全社会营造浓厚的双拥氛围。

六、优抚工作

全面落实优待抚恤政策，强化优抚资金督导检查。及时足额发放各类优抚资金、义务兵优待金。扎实做好建档立卡和优待证发放工作，配套推出首批市级优待目录清单，涵盖法律援助、景区门票优惠等18个服务项目。

严把优抚对象身份认定审核关口，动态清理病故对象信息，核准国家定期抚恤补助对象数据。拓展优抚对象服务功能，组织医疗团队在新洲等4个革命老区开展优抚对象医疗巡诊活动；选送40名优抚对象参加荣誉疗养，提供贴心暖心服务。

七、褒扬纪念工作

加强烈士纪念设施管理维护工作，完成国家级烈士纪念设施向警予烈士生平展示厅项目升级改造工程；全市1300余处区级及以下烈士纪念设施整修验收圆满收官，全面提升管理保护水平；开展“清明祭英烈”和“9·30”烈士纪念日公祭活动，崇尚英雄、学习英雄、关爱英雄在全市蔚然成风。

八、服务保障体系建设情况

巩固退役军人服务保障体系建设成果，以武汉市委办公厅、市政府办公厅名义出台指导意见，从组织体系、队伍建设、经费及综合保障、基础建设、待遇落实、思想政治引领等方面进一步明确职责分工，加强统筹协调，破解街道体制改革后制约事业发展的系列问题；探索实施“军人退役一件事”政务服务改革，持续开展示范创建和星级评定工作，推动100～300名服务对象的社区（村）服务站示范达标。

九、自身建设情况

坚持全面从严治党，以党建引领本职工作，严格落实“一岗双责”“三会一课”等制度，强化执纪问责力度，扎实开展“下基层察民情解民忧暖民心实践”活动，围绕10个重点项目，包联服务20家企业，下沉9个对口社区，促进基层治理能力提升。

加大政策法规执行力度，以武汉市委办公厅、市政府办公厅名义出台市级退役军人服务和保障“十四五”规划；以多个市直部门联合发文形式，完善退役军人矛盾纠纷预防调处和多元化解、逐月领取退役金退役军人接收安置、“军人退役一件事”本级配套政策；建立《建档立卡、优待证申领信息数据审核责任清单》，为主责主业健康发展提供了法治化、规范化保障。加强队伍建设，加大干部职工教育培训力度，制定干部教育培训计划333期，自主举办各类培训班近260期，进一步提升了干部综合能力素质。

湖南省

2022年，湖南省退役军人事务系统坚持以习近平新时代中国特色社会主义思想为指导，深入学习贯彻习近平总书记关于退役军人工作重要论述，以推动全省退役军人工作高质量发展为主题，以“让退役军人获得感成色更足”为主线，以落实《湖南省“十四五”退役军人服务和保障规划》为牵引，永葆“闯”的精神、“创”的劲头、“干”的作风，守正创新、勇毅前行，各项工作取得新成效。

一、机构建设情况

推动落实军地合署办公，湖南省军区政治工作局一名副主任兼任厅党组成员、副厅长，省军区、驻湘部队机制性派出3名工作人员到厅机关办公。建立基层服务体系运行经费省级补助机制，省财政预算每年安排近6000万元补助1996个乡镇（街道）退役军人服务站工作运行经费。开展示范型退役军人服务站点创建工作，累计创建2793个示范型服务中心（站）。推进“互联网+退役军人服务”工作，省财政投入4300多万元开展信息化项目建设，推动全省会议和接访视频系统向各县（市、区）延伸。出台就业创业、拥军优属等政策制度20多项，政策制度体系不断完善。

二、思想政治和权益维护工作

加强退役军人思想政治引领，在长沙市岳麓区、浏阳市和桑植县高标准推进“返乡第一课”试点，深入开展政治理论、宗旨意识、纪律规矩教育，帮助退役军人迈好转型第一步。评选发布10名2022年度湖南省“最美退役军人”。遴选首批104名老兵成立湖南省老兵宣讲团，举办全国老兵宣讲团主题巡回宣讲报告会。联合宣传部门开展“新时代老兵新传”主题宣传，先在市级层面宣传70多名退役军人典型，再遴选10名退役军人典型和1个退役军人集体在省级层面集中宣传。

举行“推动新时代湖南退役军人工作高质量发展”新闻发布会，开展“老兵喜迎二十大·不忘初心跟党走”和“邮储银行杯·老兵留光影”摄影、短视频、征文、书法大赛及“穿越烽火岁月·老兵口述党史”等宣传活动，编印《新时代老兵新传——湖南省退役军人典型事迹汇编》《烽火征程印三湘——湖南百岁老兵故事集》等书籍，塑造了一批可亲可敬科学的“平民典范”，尊重退役军人、尊崇军人职业的社会氛围日益浓厚。

抓实常态化联系退役军人工作，积极筹建湖南省新时代关爱退役军人基金会，全省投入2.5亿余元，慰问帮扶44万余人次。持续推进“法律政策落实年”和“蹲点抓落实”工作，将退役军人工作纳入党政领导班子、平安建设、绩效考核和省委督查事项内容，开展县级以下烈士纪念设施整修工程、双拥模范城（县）届中考评等重点工作专项督导调研，推动政策制度和年度重点工作落实落地。

三、移交安置工作

召开湖南省委退役军人安置工作领导小组会议和湖南省退役军人安置工作电视电话会议，将转业军官安置工作继续纳入各级绩效考核，推动安置任务和安置政策有力落实。全面加强与部队、用人单位、转业军官的沟通协调，精准对接62家中央在湘企业和14家省属国有企业岗位计划，进一步扩大省属国有企业接收安置退役士兵岗位覆盖范围。

打破户籍地限制，部分市州选岗后空余的央企岗位，由省级统筹二次分配给安置任务重、岗位需求量大的地区，进一步提高岗位利用率。按时按质完成转业军官、安排工作退役士兵和退出消防员年度安置任务。圆满完成伤病残士兵移交工作。

配合湖南省审计厅完成全省部分退役士兵社保补缴审核工作。主动对接财政部湖南监管局，2022年9月圆满完成部分退役士兵补缴基本养老保险省、市、县财政资金结算工作。

四、就业创业工作

联合湖南省委组织部等20部门下发《湖南省关于进一步促进退役军人就业创业的政策措施》，出台“鼓励民营企业招用自主就业退役军人、促进优秀退役军人到中小学任教、做好从事个体工商户经营有关工作”等7个方面政策文件，为退役军人就业创业提供政策支撑。开展招聘活动424场次、提供岗位36.5万余个，帮助1.2万余名退役军人实现就业。

协调加大招录（聘）退役军人力度，2022年湖南省共有191个公务员岗位面向退役军人定向招录，湖南省国家综合性消防救援队伍招录退役军人212人。组织1.2万名退役军人参加适应性培训，9076名退役军人参加职业技能培训，5800余名退役军人参加高职单招、专升本等学历教育，基本实现应训尽训、愿训尽训的目标。联合湖南省市场监管局开展退役军人创办的市场主体摸底工作，湖南省退役军人创办、领办或参股的市场主体达18.58万户。

组织参加第二届全国退役军人创业创新大赛决赛，湖南省3个参赛项目全部获奖。组建退役军人志愿者服务队9769支、10万多人，开展“军魂润芙蓉，兵心耀三湘”等主题志愿服务活动，引导退役军人在疫情防控、抢险救灾等工作中发挥作用、展示风采。

五、军休服务管理工作

严格落实“随退随审、即交即接”的接收安置工作要求，超额完成年度安置计划。全面落实军休干部“两个待遇”，按规定要求落实军休干部阅读文件、参加党组织生活、定期走访慰问、担任荣誉职务等政治待遇，按时、准确、足额发放和调整补发军休干部离退休费、津补贴和其他专项经费，做到零差错、无遗漏。

严格按要求做好自主择业军队转业干部、复员干部安置、逐月领取退役金退役军人安置等工作。完成离退休干部退休证换发工作。推进军休大学建设，指导长沙、衡阳、永州申报筹建军休老年大学。出台《湖南省退役军人事务厅军休服务管理机构星级评定管理办法（试行）》，开展湖南省第一届军休服务管理机构星级评定。

六、拥军优抚工作

建立拥军支前军地协调机制，召开湖南省双拥工作领导小组会议，开展双拥模范城（县）届中考评调研，深化双拥创建工作，持续巩固军政军民团结良好局面。元旦、春节、“八一”建军节期间，走访慰问驻湘部队和省消防救援总队，集中为立功受奖军人家庭送喜报，为英雄航天员汤洪波送喜报活动社会反响良好。

认真落实优待抚恤政策，及时足额发放各类优抚对象抚恤补助和义务兵家庭优待金，开展高等级残疾军人等主题短期疗养、医疗巡诊和送医送药活动。出台《湖南省退役军人事务厅　南华大学关于省荣军优抚医院共建共管实施办法（试行）》，不断强化荣军优抚服务职能。

全面启动优待证申领制发工作。联合湖南省委组织部等 24 部门印发《湖南省加强军人军属、退役军人和其他优抚对象优待工作的实施意见》，与中国邮政集团湖南省分公司等 9 家企业签订《拥军优抚合作协议》，针对现役军人、现役军人家属、残疾军人、退役军人、“三属”等 5 类优待对象，明确 8 个方面优待项目，共列出 180 条优待目录清单，建立具有湖南特色的优待工作体系。下发《关于做好百岁老兵特别关爱工作的通知》，采取送帮扶、送关怀、送祝福、送健康、送光影“五送”措施，拓展百岁老兵服务内容。

七、褒扬纪念工作

安全、文明、平稳、有序推进清明烈士祭扫工作，开展为烈士寻亲祭扫、“9・30”烈士纪念日公祭等活动，清明节期间网络云祭扫高达 126.5 万人次，树立崇尚英雄、缅怀先烈的良好社会风尚。依法依规开展烈士评定工作。

圆满完成县级以下烈士纪念设施整修工作，集中迁移陵园外零散烈士墓 1.1 万余个，就地修缮陵园外零散烈士墓 4000 余个，就地整修纪念设施内烈士墓及其他纪念设施 5600 余个，开展环境整治及其他配套项目近 300 个。规范烈士纪念设施保护管理，用好维修改造补助资金，支持 43 处烈士纪念设施提质改造。联合湖南省委宣传部等 6 部门印发《关于进一步做好烈士父母关爱工作的通知》，精准做好孤老、失独、失能及享受低保烈士父母关爱工作，省财政每年安排 550 万元专门用于节日走访慰问烈士父母。

八、自身建设情况

深入学习宣传贯彻党的二十大精神，建立党史学习教育常态化长效化机制，开展理论学习中心组学习 14 次、专题辅导 11 场次，“崇军”大讲堂 4 期，举办湖南省退役军人工作专题研讨班、第二期县级退役军人事务局长培训班等培训活动，不断提高政治判断力、政治领悟力、政治执行力。坚持全面从严、一严到底，召开湖南省退役军人事务系统党风廉政建设工作会议，印发“清廉退役军人事务”建设工作实施方案和2022年责任清单，圆满完成巡视整改和审计反馈问题整改，加强执纪监督问责。

广东省

2022 年，广东省退役军人事务系统以法治化、信息化、标准化为支撑，以“六大行动”“六大品牌”为抓手，以强基础、抓落实、保稳定、树品牌为工作主线，退役军人工作取得明显成绩。

一、党委领导机构作用发挥情况

加强党对退役军人工作的领导，召开广东省委退役军人事务工作领导小组第七次、第八次全体会议，高位指导推动退役军人工作高质量发展。成员单位合力明显增强，推动省委退役军人事务工作领导小组成员单位 74 项实事清单落地落实，实现省、市、县三级实事清单全覆盖。组织退役军人工作综合督查“回头看”和退役军人事务自查工作，313 项整改措施落实到位。

二、政策制度建设情况

印发实施《广东省退役军人应急救助资金管理办法》等政策制度 11 份。印发实施“十四五”退役军人服务和保障规划任务分工方案和三年行动计划，12 项重点工程加快推进，深圳市退役军人工作先行发展示范区建设高效开展。深入开展“蹲点抓落实”工作，梳理政策文件 913 份，比对政策点 266 项，有力推动政策末端落实。

三、思想政治工作

会同广东省委宣传部、省军区政治工作局组织开展第二届“广东最美退役军人”学习宣传活动，联合授予 10 名同志“广东最美退役军人”称号。推荐卢运柏获评 2022 年度全国“最美退役军人”。会同广东省委宣传部制定印发《“广东最美退役军人”学习宣传活动先进典型评选办法（试行）》，推动先进典型选树宣传常态化。

组织开展“老兵永远跟党走——老兵宣讲”实践活动。全省 1067 名退役军人组成省、市、县三级老兵宣讲团 196 个，集中宣讲 1881 场，受众超过 1100 万人次，17 名人选全国老兵宣讲团成员库，3 人受聘为全国老兵宣讲团首批成员。录制“老兵讲堂”网络公开课 3 部，组织学唱传唱《退役军人之歌》60 余场，录制“老兵永远跟党走”之《时代先锋访谈录》电视节目 6 集。

组织“老兵永远跟党走之同唱《领航》跟党走”活动，MV 点击播放量超过百万次。开设退役军人抖音号，粉丝达 6 万人，总播放量 3520 万次、点赞量 42.7 万次、评论量 3.3 万次。建立与主流媒体项目合作机制，开展“走基层·走军营·走红色足迹”采风行活动，推出10集《南粤百岁老兵影像记录》系列微纪录片、4部退役军人风采系列微电影，联合举办的《广东开学第一课》活动直播点击率超过1.12亿次，营造了浓厚热烈的宣传氛围。

实施退役军人志愿服务工程，全省退役军人志愿服务队约8500支，志愿者达32万人，持续擦亮深圳“红星”、广州“红棉老兵”、惠州“战旗”、江门“侨都星火”、佛山“南狮”等地区性退役军人志愿服务品牌。确定党员结对帮扶数量达8.2万对，解决实际问题3.8万件，涉及退役军人30万余人。

四、移交安置工作

推行“直通车”、双向选择、积分选岗、考试考核和指令性分配相结合的转业军官安置办法，完成团以下和专业技术转业军官年度安置任务。不断完善安置配套措施，归集2152个国有企业岗位供退役士兵选择，完成安排工作退役士兵（含退出消防员）年度安置任务。

五、就业创业工作

举办“戎归南粤”春季网络招聘活动，组织4场企业直播带岗和网络视频专场招聘会，4693名退役军人投递求职简历，2201名退役军人达成就业意向。通过常态化搭建线上线下招聘平台，全省各级陆续开展民营企业招聘月、金秋招聘月、用工对接会等招聘活动373场，近2.8万家企业提供岗位21.6万个，1.8万名退役士兵达成就业意向。

举办第三届广东省退役军人创业创新大赛初赛，全省共713个项目报名参赛，102个项目闯进省赛复赛。认定5家单位为广东省退役军人教育培训（实训）示范基地、5家单位（机构）为广东省退役军人创业孵化示范基地。在第十九届中国国际农产品交易会上设立“广东军创　乡村振兴”主题专馆，遴选近30名优秀退役军人创办的企业或合作社参展。

完成“粤菜师傅”“全媒体运营师”“无人机视距内驾驶员”等8个省级退役军人技能培训示范班，培训学员1500余名，全省各地广泛举办职业技能培训班，共培训学员8200余名。联合广东省教育厅，创新开展退役军人现代学徒制专项试点工作，全省30所公办高职院校共设112个教学点，提供4650个学位，覆盖32个专业，共有2300名退役军人被29所院校录取。

放宽普通高等职业院校（专科）大学生士兵升学条件限制，高职（专科）毕业生及在校生（含高校新生）应征入伍，退役后在完成高职（专科）学业的前提下可免试入读普通本科，或根据意愿入读成人本科，首批共有公办院校19所，民办院校24所，录取1985名退役大学生士兵。

六、军休服务管理工作

制定接收安置须知，完成38名逐月领取退役金退役军人接收安置工作。印发《关于开展军休服务管理机构“三个一”提质工程的实施方案》，着力培养一批高水平的业务行家、培育一批高质量的服务管理品牌、选树一批高素质的军休干部典型。印发《广东省退役军人事务厅〈关于落实加强新时代离退休干部党的建设工作的若干举措〉的通知》，创新“党建+”服务品牌培育，加强军休干部党建工作。

七、拥军优抚工作

中央和省财政投入抚恤补助资金 29.4 亿元，惠及约 40 万名优抚对象。投入医疗保障资金 1.5 亿元，帮助符合条件的优抚对象参加基本医疗保险和建立补充医疗保障，落实医疗优惠待遇。稳妥有序推进优待证制发工作。全年办理残疾等级评定和伤残抚恤关系转移 2144 宗，配置残疾辅助器具 52 人次。出台《广东省退役军人事务厅关于印发〈伤残抚恤管理办法〉实施细则的通知》《关于享受定期抚恤补助的优抚对象数据管理办法》，修订义务兵家庭优待金发放工作文件。

组织“关爱功臣 送医送药”和短期疗养活动，投入资金 1040 余万元，为 2.4 万多名优抚对象检查身体、建立健康档案、送医送药，组织 860 余名优抚对象参加短期疗养。指导全省优抚医院、光荣院落实重点机构场所疫情防控要求，平稳有序将广东省第一荣军医院重残荣军转运至中国人民解放军南部战区总医院治疗和广东省第二荣军医院疗养。常态开展“情系边海防官兵”拥军优属系列活动，各级帮扶任务一线和边海防部队官兵解决家属就业安置问题 220 余人次、开展困难帮扶 600 余人次。开展“南粤双拥·薪火相传”等拥军活动，各地广泛开展“惠品”“惠军”社会化拥军活动，成立拥军社会组织 522 个，带动 3278 家拥军企业参与，形成立体式拥军矩阵。开展“最美拥军人物”“拥军模范单位”评选活动，发挥示范效应。

八、烈士褒扬工作

审核烈士申报件 2 宗，退役军人事务部备案通过的烈士共 5 名。制定出台《广东省关于加强新时代烈士褒扬工作的若干措施》。组织“清明祭英烈”“今日鲜花献给烈士”“追忆英雄”“全国英烈讲解员培训”“红色九月”等系列宣传教育活动。完善提升广东英烈网、“粤省事”英烈在线祭扫平台，完成县级以上人民政府公祭烈士纪念设施可提供网络展示和网上祭扫、国家级烈士纪念设施网上 VR 展示工作。

举办第 4 次《烈士光荣证》颁授仪式，为 4 名新评定烈士的亲属颁授《烈士光荣证》。继续实施烈士纪念设施提质改造工程，省财政投入 500 万元，建成烈士英名墙 1 座，改造建设宣讲厅（展陈馆）2 个。开展县级以下英雄烈士纪念设施整修工程，全省各级共投入 2.2 亿元，以党委政府名义组织开展 240 场次烈士墓迁葬入园仪式，实现 1.31 万座烈士墓集中保护，烈士墓集中保护率从 67.6% 提升到 86.6%，圆满完成应迁尽迁、应修尽修目标。

九、服务保障工作

围绕“强镇带村”工程，持续开展广东省退役军人服务中心（站）能力提升三年行动。大力开展“大走访”“六送”活动，共走访服务对象 116.21 万人次。累计拨付省应急救助资金 1.4 亿余万元，救助困难退役军人和其他优抚对象 5798 人。党建项目《党建为纲服务支撑“双融互进”靶向提升——小站点、大政治，以高质量党建激励广大退役军人做新时代的奋斗者》获得第十届广东省市直机关“先锋杯”工作创新大赛党建创新项目二等奖。全省共4名基层退役军人服务中心（站）主任（站长）获评2022年度全国退役军人服务中心（站）“百名优秀主任（站长）”。

十、自身建设情况

制定实施《学习宣传贯彻党的二十大精神实施方案》，忠诚拥护“两个确立”、坚决做到“两个维护”。开展模范机关创建，实施新任职干部到退役军人服务中心一线岗位锻炼制度，组织培训3万多人次。召开全面从严治党暨党风廉政建设工作会议，开展纪律教育学习月活动，组织“以案示警”专项教育，风清气正的政治生态进一步巩固。建立问题清单、责任清单、措施清单和时限清单，构建整改落实常态化、长效化机制。完善保密制度体系，常态开展保密自查，保密工作责任制落地落细。

优化政务服务“一网通办”，上线省退役军人一体化服务平台，部署网办网查事项58项，其中31项网上办理、27项网上查询，同步在“粤省事”设立退役军人服务专区。打造省退役军人GI系统，对整体业务工作实时监测、全局分析和及时预警。构建起“6标准规范、3管理办法、1指南”数据标准规范体系，实现数据统一规范。

广州市

2022年，广州市退役军人事务系统坚持以习近平新时代中国特色社会主义思想为指导，深入贯彻习近平总书记关于退役军人工作重要论述，统筹抓好常态化疫情防控和年度重点工作任务落实，紧盯“让退役军人获得感成色更足”工作目标，聚焦高质量发展，注重提质增速、创新创优，大力加强思想政治建设，努力构建更加公平、可持续发展的组织管理体系、工作运行体系、政策制度体系，精心打造更加精准、更有效率的服务保障机制，大力营造尊崇新风尚。

一、思想政治工作

全市11个区、176个镇街均成立由书记任组长的党委退役军人事务工作领导小组。推动退役军人党员结对子“齐步走”活动进一步走深走实，累计结对子9000余对；建立市级老兵宣讲团成员库，推动“六进”（进学校、进社区、进农村、进单位、进家庭、进军营）活动，教育引导广大退役军人听党话、跟党走。

2022年，退役军人担任村（社区）党组织书记、村（居）委会主任和“两委”委员2189人，其中“兵支书”431人。健全“兵支书”培养链条，举办2022年“兵支书”培训班，充分发挥“兵支书”在乡村振兴和基层社会治理中的领头羊作用。继续壮大“红棉老兵”队伍，全市1400余支志愿服务队伍、1.9万余名志愿者活跃在社会志愿服务领域，全市共开展“红棉老兵”志愿活动近1.1万场，其中25.9万人次在疫情中主动请战，赢得了社会的广泛赞誉。

二、移交安置工作

首次实现转业军官档案审核“三提前、三集中”，即审档时间提前，从选岗后各单位自行审档变为选岗前组织集中审档；问题反馈提前，从各安置单位任前审档发现问题反馈变为集中审核后即统一反馈驻穗部队移交组；档案问题整改提前，从由各安置单位通知转业军官整改变为由移交组集中告知转业军官及其所在部队共同做好整改。

共计向部队反馈档案问题与整改建议1500余条，补充材料279人，问题整改率达100%，促进军地人事档案工作高效衔接。首次举行退役军人“一站式”报到现场会，分享各区局在“一站式”报到方面先进的经验做法，组织相关政策宣讲，同时现场为退役士兵提供组织关系转接、预备役登记、开具落户介绍信、银行卡办理等“一站式”服务，做到“让信息多跑路、让退役军人少跑腿”，提升服务保障水平。

三、就业创业工作

打造"戎归羊城"退役军人招聘品牌。举办2场退役军人招聘会，面向全市自主就业退役士兵发放就业需求调查问卷，线上直播带岗，线下访企拓岗，为有需求、有困难、有军功等退役军人提供1对1就业指导、就业跟踪服务，提供就业岗位1.2万余个，达成就业意向567人。

举办广州市首届退役军人创业创新大赛，全市96家退役军人初创企业参赛，9家企业进入广东省复赛，数量为全省第一。建立全市退役军人创业项目库、创业导师库。打造退役军人教育培训和创业孵化基地，广东宏太智慧谷科技企业孵化器有限公司、广东中创聚孚鑫产业园开发管理有限公司被认定为"广东省退役军人创业孵化示范基地"，广州城市职业学院被认定为"广东省退役军人教育培训示范基地"。

落实退役军人免文化考试专升本政策，237名退役军人入读33所省内高校；开展退役军人现代学徒制专项试点，4所高职院校录取130名退役军人；及时跟进落实教育资助、补助政策，发放教育培训补助资金1485.7万元，惠及2624名退役士兵。修订《广州市退役士兵职业教育和技能培训工作实施办法》，两批次推荐退役军人参加广东省职业技能培训示范班。

四、军休服务管理工作

坚持即交即接、主动服务，接收安置军队离退休干部、退休士官，推动离退休军人移交安置工作圆满完成，接收数量占全省安置总数的近70%。加强军休思想政治建设，改进军休干部党组织设置，规范军休干部出国（境）审批和授课讲学、继续从业等事项管理，遴选整理51名军休功臣模范事迹汇编成册、学习宣传。

落实军休干部"两个待遇"，组织开展军休功臣模范走访慰问活动。组织参加全国军休干部庆祝建军95周年和党的二十大胜利召开系列活动，军休干部的3幅书画作品获全国二等奖，1幅作品获三等奖。组织举办"盛赞新成就·喜迎二十大"广州市军休干部文学创作大赛，评选优秀作品110余篇、优秀组织单位10个。

五、双拥工作

把服务部队练兵备战作为双拥工作主责主业，大力支持部队建设。打造拥军支前保障基地。组建市级军供保障应急队伍，构建"一站多点"全覆盖的军供保障体系，做好部队演练机动保障、军供保障等。落实"双清单"制度，为部队解决实际困难400余件，开展支持部队建设项目9个。

创新开展"城连共建"活动，援建驻藏边防部队基础设施设备，落实对口援藏工作，援建波密县"穗波"双拥主题广场，为稳边固防提供坚实保障。广州市主要领导带队走访慰问驻穗部队；全市累计走访慰问退役军人及优抚对象15.06万余人次，解决事项473项。

持续开展"关爱功臣""关爱军嫂""情系边海防官兵"等活动。全市立功送喜报155份。聚焦解决"三后"问题，接收安置转业军官、安排工作退役士兵，接收军休干部470人。

落实现役军人和优抚对象子女教育优待政策，享受入园入学优待3033人，享受中高考优待政策 3956 人。安置随军家属 318 人。驻穗部队参加 300 余次疫情防控等执勤；支持地方重大建设项目 3 个，军训学生 70 万余人次，无偿献血 2200 余升，为群众做好事 8500 多件。

六、优抚工作

完成天河区龙洞街道优待证申领试点工作，创新“预先填报信息、预先审核资料、预先约定时间、预先录入信息”和“分片推进、分类服务、分批办理、分组对接”的“四预四分”工作方法，研发“优待证申请信息预填报”小程序，制作“优待证申请发放教学视频”。

落实政策，提高各类优抚对象抚恤补助标准，节日慰问金每年提高到 3000 元。全年为 2.3 万名优抚对象发放抚恤补助、慰问金、优待金等生活补助约 5.1 亿元，同比增长约 10%；为牺牲病故军人亲属发放一次性抚恤金约 1.18 亿元；7 次启动优抚对象价格临时补贴发放工作，共计发放 1320 多万元；医疗救助优抚对象约 5.54 万人次，救助金 1975.55 万元。

七、褒扬纪念工作

开展“清明祭英烈”活动，全市各级烈士纪念设施接受群众网上祭扫、祭拜约 7.4 万人次，网上祭扫为烈士献花 5.7 万余人次、共计献花近 9.9 万束，祭拜留言 4.3 万余条，开展代祭扫 474 场次。举办省、市“9・30”烈士纪念日公祭烈士活动和《烈士光荣证》颁发仪式。发挥爱国主义教育基地和红色资源优势，借助 VR 技术及新媒体等渠道加强英烈精神宣传，在各级各类媒体平台开设“百年英烈”专栏，累计播放量突破 100 万次；制作烈士纪念日宣传视频和宣传海报、口述历史宣传片，在全市公交、地铁系统滚动播放，在全社会树立尊崇英雄、缅怀先烈的良好风尚。

八、服务保障工作

全市退役军人事务系统为 130 名困难退役军人成功申请广东省应急救助资金 301.84 万元。开展百岁老兵走访慰问活动，依托各级退役军人服务中心（站），对百岁老兵时时关怀，做到底数清、情况明、服务准。举办创建全国示范型村（社区）退役军人服务站培训班、建档立卡培训会、就业创业帮扶能力提升培训班等。建立全市首个“红棉老兵驿站”。

深圳市

2022年，深圳市退役军人事务系统在市委市政府的坚强领导下，紧紧围绕迎接、学习、贯彻党的二十大精神，深入学习领会习近平总书记关于退役军人工作重要论述，以“让退役军人获得感成色更足”为主线，坚持稳中求进总基调，真抓实干、攻坚克难，努力建设全国退役军人工作先行发展示范区，不断谱写深圳退役军人工作高质量发展的新篇章。

一、思想政治和权益维护工作

强化党建引领，聚焦学习宣传贯彻党的二十大精神，坚持整体设计、统筹推进，构建深圳市退役军人思想政治工作“1310”体系。大力推进思政智库、党建地图、示范基地等10件实事，着力打造“党建铸魂＋特色育人”鹏城思政教育特色品牌。积极探索“机关＋企业＋社区＋特色”退役军人党建新模式，在永道集团、葵花公寓等挂牌成立“红星堡垒户”31家，建成“老班长工作室”793个，聘任“老班长”1600多名，开展暖心服务近3000场次。

大力开展“学习贯彻二十大，老兵永远跟党走”活动，传唱《退役军人之歌》，遴选战斗英雄、功臣模范组建“百人讲师团”，设立“红星讲习所”，举办“鹏军大讲堂”，建成退役军人宣传思想系统，实施“五进”宣讲送课200余场次，受众超过2万余人。举办首届“深圳最美拥军人物”、第三届“深圳最美退役军人”学习宣传活动，刘坤德当选“广东最美退役军人”，钟立钊获评全国“最美志愿者”，郑海周、秦文冲荣获全国五一劳动奖章。

邀请知名人士出任“关爱退役军人形象大使”，成立关爱退役军人志愿队，积极开展“暖心行动”、“幸福家”改造、“致敬红星”、“爱心年夜饭”等公益活动，投入物资及资金500余万元，关爱退役军人基金总额达4200余万元。

二、移交安置工作

打破条块分割，优化机构设置，调整复员军官、企业军转干部、自主择业军队转业干部管理保障职能，完成首批逐月领取退役金退役军官档案审核、接收报到、经费发放等工作。积极探索“一站式”报到模式，11个事项全部实现“一窗受理、一网通办”。

坚持安置结果与服役贡献相匹配，采取双选、直通、统考、指令相结合的办法，圆满完成年度转业军官、安排工作退役士兵接收安置任务。确立参战导向、基层导向、功绩导向，27名转业军官首次通过双选入职心仪岗位。启动离退休军人接收安置攻坚行动，顺利移交滞留人员67名，接收军休干部338名。

全面改造深圳军休二所老旧小区，配套升级军休三所、四所、五所，高标准建设军史长廊、军休书画院、荣誉室、安置服务中心，军休基础设施建设突飞猛进，环境面貌焕然一新。购置军休老年大学服务用房2612平方米，开设政治、人文、艺术等6个学院，全年服务1.1万人次。大力推进“三个一”提质工程，充分发挥军休“三团”作用，探索建立“开门办所、融入社会、多元互促、资源共享”新模式，全国“军休工作先进单位”“广东省五星级军休机构”正式挂牌。

三、就业创业工作

围绕落实落细《深圳市促进退役军人高质量就业创业的若干措施》，印发《深圳市退役军人就业创业教育培训机构监管办法》《深圳市退役军人创业孵化示范基地评选办法》，初步建成就业创业“1+N”政策体系。成功开展首届退役军人教育培训（实训）示范基地和创业孵化示范基地评选活动，发放奖金250万元。持续鼓励企业吸纳退役士兵就业，减免税费8545万元，惠及企业1506家。成功举办深圳市退役军人就业创业联盟“周年庆”活动，评选颁发优秀会员奖、突出贡献奖，新增联盟成员18家。

持续擦亮“兵至如归”就业品牌，开展就业“大礼包”、重点人员能力提升及就业帮扶行动，为全市221名就业困难退役军人建立帮扶档案。推出“每周精选”就业服务，网上推送优质岗位1.7万个，促成就业1613人，21人送来锦旗、感谢信。

加强退役军人教育培训统筹管理，吸纳深圳市职业技术学院等34家院校、机构首批进入“深圳市退役军人就业创业教育培训承训机构目录库”，组织当年自主就业退役士兵参加全员适应性培训。精准开展高层次技能培训，组织72人参加广东省退役军人“军匠100”技能培训示范班、教育教学能力专项培训班，41人获得中国航空器拥有者及驾驶员协会颁发的民用无人机驾驶合格证书。

四、拥军优抚工作

在全省率先制定退役军人事务系统拥军支前方案，部署20项具体措施，组建26支专业队伍。构建“拥军矩阵”，吸纳成员单位120多家，推出优惠优待项目550余个。持续深化“帮扶救助进军营”，发放救助资金234万元，缓解360余名官兵急难愁盼。“保险送精兵”实现入伍新兵全覆盖。军供站二期建设项目圆满收官，“四级”军供保障体系全面建成。

部署社会化拥军三年行动。“鹏军百宝箱”扩容提质，累计服务超过20万人次，获评第十九届深圳关爱行动“十佳创意项目”。协调国有企业与德州舰结对共建，深圳市和深圳舰“城舰共建”事迹成功入选新时代国防和军队建设成就展。

出台《深圳市加强军人军属、退役军人和其他优抚对象优待工作的实施办法》，牵头20个部门印发基本优待目录清单，推出153条有力措施。稳妥高效推进优待证申领办理工作，存量受理率领跑全省。建成覆盖全市的医疗拥军网络，推动24家医疗机构开展拥军服务。在全国率先研发电子优待证，获《人民日报》等关注报道，参与优待证（电子版）试点。

加快推进县级以下烈士纪念设施整修工程，深汕特别合作区成功破解零散烈士墓集中管护难题，全市165座零散烈士墓集中管护率、36处烈士纪念设施工作台账覆盖率实现两个100%。成功举办“9·30”烈士纪念日公祭活动，累计组织线上祭扫活动87场次。实施关爱烈士遗属“五个一”工程，建立关爱队伍203支。

五、服务保障体系建设情况

印发《深圳市“十四五”退役军人服务和保障规划》，提出6项建设目标，部署8个方面重点任务，全力打造“退役军人之家”。持续实施基层服务站实体化建设提档升级，推动莲花街道、香蜜湖街道、民治街道、招商街道等服务站示范建设取得新成效，盐田、光明、大鹏等试点开展街道武装部门与退役军人服务站合署办公，深汕特别合作区退役军人服务中心建成启用。

常态落实联系退役军人机制和“四尊崇”“五关爱”“六必访”制度，累计联系、走访慰问军人军属、退役军人约22万人次，赠送慰问金(品)近2.3亿元。各级建立109个心理咨询室，配备专业人员117人，开展活动131场次。

印发《深圳市促进退役军人志愿服务工作高质量发展的若干措施》，推动形成“社区吹哨、老兵报到”志愿服务格局，参与疫情防控14万多人次90多万小时。组建深圳市退役军人红星应急救援队，参与泸定、清远等地抢险救援和灾后重建。遴选建设“红星示范岗”42个，发起设立退役军人红星志愿服务公益基金。深圳市退役军人志愿服务工作入选全国退役军人工作十大“优选示范法”和广东省“益苗计划”重点培育项目。在退役军人事务部召开的全国退役军人志愿服务工作推进会上，推广深圳市经验做法。

六、信息化工作

持续提升退役军人“一库、两网、五平台”信息化综合服务系统质效，全力构建精准、高效、便捷的智慧服务体系。

积极推行退役军人政务服务“一网通办”，退役士兵异地安置、组织关系转接等11个事项实现“网办”“最多跑一次”。“鹏城老兵”APP智能化、便捷化持续提升，累计注册用户超过3万个，24个优待服务事项实现掌上查、指尖享，2次在全国退役军人事务系统信息化工作会议上介绍经验。

持续修复完善23个子系统，推进信息化建设一期项目竣工验收，调研编制二期项目建设可研报告。建成退役军人宣传思想系统，设立三大板块14个子模块。整合“两网一微一刊”及各区局官网资源，开发优秀退役军人资源库，绘制退役军人党建智慧地图。建设深圳市智慧军休系统，推广网络“军休所”APP，上门指导军休干部注册使用。

高度重视网络安全管理，严格信息审核，规范发布流程。研究制定网络安全保障方案，积极开展自检自查，组织网络攻防模拟演练，扎实做好重要敏感时段网络安全保障和应急值班，营造安全稳定的网络环境。

广西壮族自治区

2022年，广西壮族自治区退役军人事务系统深入学习贯彻党的二十大精神，贯彻落实习近平总书记关于退役军人工作重要论述、视察广西“4·27”重要讲话和对广西工作系列重要指示精神，持续推动广西退役军人工作高质量发展。

一、加强党的领导

筹备召开广西壮族自治区党委退役军人事务工作领导小组第四次全体会议，出台文件推动军队向自治区本级退役军人事务工作机构派驻军队人员规定落实。以领导小组名义召开优待证制发、移交安置等全区性重要会议，高位推动退役军人工作任务落实。

持续开展“法律政策落实年”活动，牵头起草印发《广西退役军人服务和保障“十四五”规划》等系列文件，组织退役军人政策制度改革方案落实情况督查和退役军人法律政策落实情况评查，以“蹲点抓落实”工作向政策问效。

二、思想政治和权益维护工作

制定广西退役军人志愿服务队伍组建方案，成立广西退役军人“八桂军号”志愿服务总队，指导各地组建志愿服务队2727支。

联合有关部门印发《关于进一步激励退役军人党员在乡村振兴建设中发挥作用的若干措施》《关于加强广西退役军人事务领域基层治理体系和治理能力现代化建设的指导意见》等文件，组织基层治理体系和治理能力现代化建设现场观摩，举办“兵支书”专题培训，引导退役军人听党话、跟党走。

印发《2022年元旦春节期间退役军人走访关爱和帮扶援助工作方案》，投入资金4939万元对7.2万名退役军人进行慰问，对1200余名功臣模范进行重点走访。联合广西壮族自治区司法厅出台《深入推进退役军人法律援助的若干措施》，推动组建广西退役军人公益法律服务团，为退役军人提供专业化法律服务。

三、服务保障体系建设情况

组织“五有”“全覆盖”落实情况“回头看”，开展全国示范型退役军人服务中心（站）创建活动，1611家基层退役军人服务中心（站）创建全国示范型服务中心（站）100%达标。印发《关于支持鼓励普通高等学校创建退役军人服务中心（站）的指导意见》，在高校、企业等新建成11家退役军人服务中心（站），推动服务保障扩面延伸。

做好退役军人和其他优抚对象建档立卡工作，全方位登记退役军人和其他优抚对象信息。将全区1.78万个退役军人服务保障机构地理信息录入电子地图，确保退役军人和其他优抚对象就近就便、快速准确找到“退役军人之家”。广西壮族自治区“1234”退役军人服务保障经验在全国推广，23个案例入选全国退役军人服务保障工作典型案例。

四、移交安置和军休服务管理工作

圆满完成年度转业军官和安排工作退役士兵（退出消防员）移交安置任务。制定《广西壮族自治区退役军人人事档案管理暂行办法》，全力推进退役军人人事档案管理利用工作。

完成3.1万名退役士兵养老保险中央补助资金结算工作和200余名符合条件的退役士兵医疗保险补缴工作。联合广西壮族自治区财政厅等部门印发文件，规范部分退役士兵基本养老保险补缴有关事项。印发加强退役军人保密教育管理的指导性文件。开通“绿色通道”，助力疫情下896名退役士兵从新疆、西藏顺利返乡。

扎实做好离退休军人接收安置工作，持续推进军休服务管理标准化建设，截至2022年年底已完成15个军休机构标准化建设。

五、就业创业工作

联合有关部门印发《广西壮族自治区退役士兵教育培训暂行办法》《支持退役军人入乡返乡就业创业行动方案2022年任务计划》等文件，2022年组织2.2万名退役军人参加适应性培训、职业技能培训、网络培训、创业培训和学历教育。积极做好就业服务工作，为2.3万名首届高职扩招退役军人提供精准服务，打造“互联网+”就业超市，举办就业招聘活动245场、提供就业岗位25万个，促成2.3万名退役军人达成就业意向。

打造广西在粤退役军人就业创业服务平台，开展“温暖回家路”“务工返岗”专列活动，被CCTV-7《军事报道》、《中国国防报》等媒体关注报道，“温暖回家路”车票被中国人民革命军事博物馆收藏。

持续加大“拥军贷”投放力度，截至2022年年底，已为企业发放融资贷款29.9亿元。成功举办广西退役军人就业创业工作现场交流会和第二届广西退役军人创业创新产品展销会，开展创业导师巡回指导活动50多场次。

六、优抚褒扬工作

建立参战参试、在乡复员军人、参战民兵、企业军转干部等群体补助增长机制，优抚对象抚恤补助标准连续4年年均增长8%以上，各项补助均按时足额发放到位。高位推进优待证制发工作，基本完成现有存量优抚对象的申请发放工作。

公布首批30个退役军人、其他优抚对象优待景区名单，与中国石油、中国邮政、顺丰集团等企业签订合作协议，不断拓展优待证应用场景。积极营造尊崇尊重氛围，为1000余名立功受奖官兵送立功喜报，联合广西壮族自治区党委区直机关工委在全区范围内开展“听老兵讲故事”大赛。

印发《广西壮族自治区烈士纪念设施评级申报办法（试行）》，开展自治区级烈士纪念设施申报评定工作，完成县级以下烈士纪念设施整修工程验收；举行“清明祭英烈”、“红色九月”、“9·30”烈士纪念日向人民英雄敬献花篮等大型纪念活动和系列主题宣传，深入开展“网上祭英烈”“烈士寻亲”等活动，2022年已帮助在广西剿匪斗争中牺牲的61名烈士寻找到亲人。

七、双拥共建工作

筹备召开广西壮族自治区双拥工作领导小组第二十九次全体会议，配合南部战区完善拥军支前军地协调机制，研究自治区贯彻落实措施。组织全区13个全国双拥模范城（县）开展“情系边海防官兵”春节专项慰问活动，与海军“广西舰”开展文化共建活动，持续抓好城连共建。组织广西军供系统海岛保障演练暨烹饪技能竞赛。

精心筹划庆祝建军95周年系列活动，广西壮族自治区领导带队走访驻桂部队，举办自治区庆祝建军95周年双拥文艺演出暨“最美拥军人物”发布晚会，开通“八桂强军号”主题地铁列车，举行“军事日”“军营一日”“走边关”等活动。扎实开展双拥模范城（县）中期考评工作，召开自治区社会化拥军现场会，继续完善和落实军地互提需求、互办实事“双清单”制度，2022年安排2420名现役军人子女优先入学入园，组织3293家企业面向随军家属招聘，协调227个事业单位工作岗位定向招聘随军家属，推动社会化拥军联盟普及深入。

八、自身建设情况

持续加强党组织建设，推进党史学习教育常态化长效化，召开全区退役军人事务系统党的工作暨党风廉政建设会议，持续提升党建标准化规范化水平。

举办10期新时代退役军人事务大讲堂、20期退役军人业务培训班，有力落实党的路线方针政策，持续打造“军”的特色党建品牌。加强新时代干部队伍建设，加大年轻干部培养力度，畅通厅机关与事业单位干部交流渠道，研究干部工作7批次、48人（次）。

大力推进清廉机关建设，广西壮族自治区退役军人事务厅被评为清廉机关建设示范单位，经验做法在相关工作推进会上作经验发言，被《旗帜》《广西机关党建》等刊物刊发。

海南省

2022年，海南省退役军人事务系统深入贯彻落实党的二十大精神和习近平总书记考察海南重要讲话精神，捍卫“两个确立”、增强“四个意识”、坚定“四个自信”、做到“两个维护”，系统谋划推动退役军人工作提质增效。

一、机构建设情况

海南省委退役军人事务工作领导小组充分发挥党委统揽全局作用，紧密结合海南自贸港建设大局，系统谋划各项工作。

全省3134个退役军人服务中心（站）全部录入百度地图、高德地图。举办3期全省服务保障体系建设暨建档立卡业务培训班，全省各市县退役军人服务中心主任、镇街级服务站站长及业务骨干共计260人次参加培训。

在全省开展争创“标杆型退役军人服务中心（站）”和争当“十佳退役军人服务中心（站）主任（站长）”活动，采取“线上网上验收+线下实地察看”的方式，对各市县参评单位关于“五有”落实情况、政治文化氛围建设、工作台账建设及服务保障工作运行等方面进行验收评比，评选出30家“2022年度海南省标杆型退役军人服务中心（站）”、10名“2022年度海南省十佳退役军人服务中心（站）主任（站长）”。2名主任（站长）被退役军人事务部评为2022年度全国退役军人服务中心（站）“百名优秀主任（站长）”。

二、思想政治和权益维护工作

联合海南省委宣传部、省军区政治工作局开展2022年度海南省“最美退役军人”“最美拥军人物”学习宣传活动，评选出15名“最美退役军人”，5名“最美拥军人物”。利用学习强国、人民网、中新网、中国网、新浪新闻、搜狐新闻、《海南日报》等媒体平台广泛宣传报道海南省“最美退役军人”“最美拥军人物”的先进事迹，形成舆论宣传声势。王柏和获评2022年度全国“最美退役军人”称号。组织开展“老兵心向党·建功自贸港”退役军人先进事迹巡回宣讲活动，组建老兵宣讲团进部队、进机关、进企业、进校园，引领广大退役军人听党话、跟党走。

三、移交安置工作

组织开展“送政策进军营”和“送政策进企业”活动，持续推进“直通车”安置工作，制定《中央驻琼企业“直通车”安置优选方案》，优化安置退役士兵程序。出台《关于进一步加强由政府安排工作退役士兵待安排工作期间管理教育工作的意见》，探索开展安排工作退役士兵待安排工作期间“岗前锻炼＋党建＋退役军人事务工作”教育管理模式。组织安排工作退役士兵和退出消防员开展顶岗实习、社会实践，完成年度转业军官和安排工作退役士兵安置任务。开展3批次转业军官综合能力提升培训班，助力实现人生转折。做好部分退役士兵社保接续资金结算工作。

四、军休服务管理工作

出台《海南省移交政府安置的军队离休退休干部荣誉疗养实施细则（试行）》，组织2批次全省军休干部荣誉疗养。与某部队医院和海南医学院第二附属医院签订《海南省军休干部医疗保障服务协议》，为军休干部开辟就医绿色通道。

五、就业创业培训工作

海南省退役军人事务厅等10部门印发《关于加强军创企业品牌建设的通知》，引导军创企业整合资源、优势互补、帮小扶困、共同提高，探索形成龙头企业带动、品牌创建引领、老兵抱团取暖、走向共同富裕的就业创业发展模式。积极搭建就业创业服务平台，评选授牌23家省级退役军人就业创业示范基地、培训基地和孵化基地。以线上线下相结合的形式举办4场退役军人及随军家属专场招聘会，共提供岗位4000余个，2800余名退役军人求职，582人达成就业意向。举办2期2022年全省“兵支书”综合能力提升培训班，共计302人参加。

举办全省退役军人就业创业示范基地负责人及高层管理人员培训班，共计75人参加。举办以“戎耀新时代　建功自贸港”为主题的退役军人创业创新大赛。147家军创企业（团队）报名参赛，41个优秀项目晋级决赛，最终评选出优秀项目奖8名、三等奖6名、二等奖4名。组织3家退役军人企业参加第二届全国退役军人创业创新大赛决赛，分获2个三等奖、1个优胜奖，海南省退役军人事务厅荣获“精神风貌奖”。

六、拥军优抚工作

印发《海南省双拥工作领导小组办公室拥军支前应急应战响应机制》，提升快速反应、支前保障能力。积极推动第十一届海南省双拥模范城（县、区）创建活动深入开展。招募700余家社会化拥军服务平台成员单位，举办授牌仪式。

开展“喜迎党的二十大拥军医疗优待月”主题活动，全省约1500名退役军人及优抚对象享受优先优待优惠医疗服务。开展春节、“八一”建军节慰问，深化“情系边海防官兵”拥军优属活动，走访慰问现役部队，赠送慰问品、慰问金。举办“你为国书写忠诚　我为你陪伴亲情”虎年新春拥军优属活动。带编安置随军家属40余人，为3400余名随军未就业家属发放生活补助。全年全省军人子女享受教育优待1500余人。

联合海南省财政厅印发《关于调整部分优抚对象等人员抚恤和生活补助标准的通知》《海南省优抚对象补助经费管理办法》，不断规范优抚对象医疗保障资金监督管理。完成全省2.7万余名优抚对象年度数据核查确认工作。完成250余名退役军人、伤残人民警察伤残抚恤关系转移、伤残等级评定医疗复检，80名优抚对象待遇复核备案工作，为165名现役军人家庭送立功喜报。印制发放《致退役军人的一封信》《退役军人优待证申领须知》等宣传材料约16万份，有序推进海南省优待证申领制发工作。

七、褒扬纪念工作

完成海南省6289处烈士纪念设施数据采集校核工作，建立烈士纪念设施数据库。出台《海南省省级烈士纪念设施申报流程及评定标准（试行）》，指导五指山革命根据地纪念园成功申报省级烈士纪念设施。推动六连岭革命烈士陵园提质改造项目、母瑞山革命根据地纪念园提质改造工程、杨善集烈士纪念园改造工程纳入国家重点项目库，申请社会服务设施兜底线工程2022年中央预算内投资2400万元，为烈士纪念设施提质改造提供资金保障。稳步推进全省县级以下英雄烈士纪念设施整修工程，协调财政配套整修工程补助资金4792万元，全省整修县级以下烈士纪念3097处。

出台《关于加强新时代烈士褒扬工作的实施意见》，推动新时代烈士褒扬工作创新发展。开展“2022·奋进·网上祭英烈”活动，累计180万余人次参与。举办全省英烈讲解员培训班，全面提高英烈讲解员队伍能力素质。

八、军供保障工作

积极开展实战化应急演练等，持续优化提升应急保障能力和综合服务保障水平。探索物资代储新模式，搭建社会化战略合作机制。启动“智慧厨房”工程，提升保障设施现代化水平。完善确定公路沿线31个临时保障点，形成立体化保障服务网络。增配随行暖心包，锻造海南军供品牌。圆满完成各项军供保障任务，获得军地各级领导的一致好评，收到部队赠予锦旗3面、牌匾2个、感谢信2封。

九、自身建设情况

研究印发海南省退役军人工作政策制度改革实施方案、《海南省“十四五”退役军人服务和保障规划》、关于加强新时代烈士褒扬工作的实施意见、退役军人工作服务备战打仗系列措施等政策文件，为退役军人工作高质量发展提供坚强制度保障。联合海南省委组织部、省农业农村厅和省乡村振兴局举办两期退役军人服务乡村振兴能力提升培训，多措并举促进退役军人在乡村振兴战场建功立业。

加强政治学习，强化理论武装。扎实开展“能力提升建设年”暨深化拓展“查堵点、破难题、促发展”活动，严密组织实战化培训、精心开展专业化练兵、扎实举办特色化比武，梳理业务事项、规范业务流程，不断提高工作效率。认真开展党风廉政警示教育，制定《海南省退役军人事务厅领导干部配偶、子女及其配偶经商办企业禁业范围》，不断强化廉洁自律意识，努力打造忠诚干净担当的干部队伍。

重庆市

2022年，重庆市退役军人事务系统坚持以习近平新时代中国特色社会主义思想为指导，深入学习宣传贯彻党的二十大精神及习近平总书记关于退役军人工作重要论述，以“推动退役军人工作高质量发展”为主题，以“让退役军人获得感成色更足”为主线，提质提速、创新创优，真抓实干、攻坚克难，推动各项工作取得新成效。

一、机构建设情况

加强重庆市委退役军人事务工作领导机构建设，领导小组办公室秘书处实现军地合署办公，警备区机制性派驻军队人员2名。充分发挥领导小组协调议事、督促落实作用，审议、推动退役军人安置、教育培训等重点工作52项。成员单位全面学习贯彻习近平总书记关于退役军人工作重要论述，压紧压实退役军人工作责任。

打造46个高质量示范型退役军人服务中心（站），辐射带动辖区服务中心（站）提档升级。全市服务对象100人以上、300人以下的村级服务站2047个，全部完成全国示范型服务站创建。鼓励服务站向退役军人占比较高的企业、高校、商圈等领域拓展，建成拓展型服务站24个。沙坪坝区土主街道退役军人服务站照片入选迎接党的二十大“奋进新时代”主题成就展。

“军人退役一件事”集成化办理加快推广，“跑部门”从7个减少到2个，办理材料从35个减少到7个，办理时间从3天减少到1小时。积极探索“一站式服务”“最多跑一次服务”，为烈属、残疾军人、老年退役军人等提供代办服务、上门服务，不断提升退役军人工作服务质量。

二、思想政治和权益维护工作

建成运行退役军人心理健康服务中心和心理咨询志愿服务热线，多渠道化解退役军人“心结”。8500余支退役军人志愿服务队、7.3万余名退役军人志愿者在抗高温、灭山火、战疫情中广泛发挥积极作用。评选出重庆市“最美退役军人”10名。2名退役军人进入“全国老兵宣讲团”。6人先进事迹在CCTV-7《老兵你好》栏目播出。常态化开展“老兵永远跟党走”活动。

开展烈属、重度残疾军人“一对一”结对关爱帮扶。走访慰问退役军人和其他优抚对象42万人次。常态化开展困难退役军人帮扶行动，使用关爱基金1532万元，帮扶7579人。组织战时二等功或平时一等功以上的功勋退役军人、烈属、重度残疾军人等，开展短期疗养活动。

《中华人民共和国退役军人保障法》地方立法工作迈出重要步伐，重庆市退役军人保障条例形成立法文本。开展法律政策落实“蹲点调研”，实现区县全覆盖，督促落实政策点220个，整改问题293个，达到“了解情况、评估政策、掌握需求、推动工作”的目标。

三、移交安置工作

把安置工作作为政治任务，提前预留编制和岗位，转业军官、安排工作退役士兵全部得到妥善安置。健全“阳光安置”举措，树立服役贡献与安置结果挂钩的鲜明导向，安置质量持续稳步提升。转业军官安置到公务员（参公）岗位比例、市级安置比例和安排工作退役士兵安置到事业单位比例创历年新高。按照“随退随审、即交即接”工作机制，超计划完成军休干部集中移交接收安置任务。

建成失能半失能军休人员康养中心，引入第三方专业养老运营团队，初步形成“军休中心主管、社会养老机构主营、专业机构补充、家庭全程参与”的康养模式。开发智慧军休服务系统，实现军休养老可视可控。组织服役期间荣立二等功以上荣誉和安置后作出突出贡献的军休干部，开展荣誉疗养。

四、就业创业工作

持续完善退役士兵职业技能培训市级统筹模式，并在省级层面建立退役士兵职业技能培训工种专项目录，涉及工种227个，培训精准性、实效性切实增强。深入实施“退役第一课”、职业技能培训、转业军官进高校专项培训等项目，1万余名退役军人参训。

开展老兵招聘月活动，全市共举办专场招聘会249场次，并联动四川举行川渝退役军人网络直播招聘周，共提供就业岗位17万余个，1.6万人达成就业意向。加强定向招录招聘，全市面向退役军人定向招录公务员岗位48个，同比增加77%。

举办2022年度重庆市退役军人创业创新大赛。组织推荐3个项目参加第二届全国退役军人创业创新大赛决赛，1个项目荣获一等奖，重庆市退役军人事务局获评优秀组织奖。充实就业创业导师团队，新增市级导师30名，20名市级导师纳入川渝退役军人就业创业导师团。2022年，全市共为655名退役军人发放创业担保贷款1.3亿元，全市共有1988户纳税人享受退役军人税收优惠减免1.3亿元。

五、拥军优抚工作

健全完善优待政策，出台《关于加强军人军属、退役军人和其他优抚对象优待工作的实施意见》《重庆市退役军人、其他优抚对象优待证管理办法实施细则（试行）》《重庆市优抚对象医疗保障实施办法》《重庆市残疾退役军人医疗保障实施办法》《关于调整部分优抚对象抚恤和生活优待补助标准的通知》5个政策性文件，促进优抚工作法治化规范化建设。公布实施本市优待目录清单183项。平稳推进优待证申领发放工作。抚恤补助标准同比提高7%以上，实现“十二连增”。实施《优抚医院残疾军人生活照料服务规范》《优抚医院残疾军人常见护理风险防控规范》等两个地方标准，有效提升残疾军人幸福指数。

元旦、春节期间拥军慰问活动实现驻渝部队全覆盖。开展“情系边海防官兵”活动，帮助边海防官兵家庭解决困难问题182个。指令性安置随军家属，指定教育质量较好的学校接收军人子女入学，为1525名官兵家庭送立功喜报。落实军地互办实事“双清单”，解决驻渝部队困难问题22个。提质创优军供饮食、精神、文化3个套餐，组建功勋模范送新兵、创业榜样迎老兵等宣讲团，营造浓厚的拥军氛围。建立军供联保联训工作体系，实现本市全地域全天候军供保障。军供信息化一期工程试运行。圆满完成年度军供保障任务。

六、褒扬纪念工作

规范市级、县级烈士纪念设施申报条件及流程。6个烈士陵园评定为市级烈士纪念设施。集中迁葬零散烈士墓99座，整修县级以下烈士纪念设施608处，做到“应迁尽迁、应修尽修”。完成烈士纪念设施数据校核2253处。

完成重庆《烈士英名录》初稿编撰。收集整理2021年度烈士和符合条件的现役军人、退役军人名录和事迹，并载入地方志。歌乐山烈士陵园参加共青团中央、退役军人事务部开展的2022年“清明祭英烈”主题直播活动。开展传承英烈精神·奋进伟大征程——重庆市2022年“清明祭英烈”、“9·30”烈士纪念日向英雄敬献花篮等活动1682场，网上祭扫群众达370万人次。在烈士纪念日，通过《重庆日报》新闻会客厅开展宣讲，引导全社会崇尚、学习、捍卫英烈。开展烈士寻亲活动，累计为92名烈士找到亲人。举行《烈士光荣证》颁授仪式。完成烈士评定2人。

七、自身建设情况

开展政治机关意识教育和对党忠诚教育，不断提高政治判断力、政治领悟力、政治执行力，确保退役军人工作始终沿着正确方向前进。开展“职业光荣感”教育，增强“把退役军人当亲人、把退役军人的事当自己的事”的理念并落实到实际工作中。持续开展“大学习、大培训、大落实”。健全完善事项审批、资金分配等重点领域的监督制度，加强廉政风险排查整治。深入落实中央八项规定精神，大力整治形式主义，为基层减负；持续开展“内强素质、外树形象”作风突出问题专项整治，干部队伍纪律作风持续向好。

四川省

2022年，四川省退役军人事务系统深入贯彻习近平强军思想和习近平总书记关于退役军人工作重要论述，认真落实习近平总书记来川视察重要指示精神和给四川省革命伤残军人休养院全体同志重要回信精神，坚持稳字当头、稳中求进总基调，统筹抓好事业发展、疫情防控、抢险救灾、维护稳定“四条战线”工作，各项工作取得显著成效。

一、机构建设情况

定期召开四川省委退役军人事务工作领导小组和省双拥工作领导小组会议，将退役军人事务和双拥工作纳入地方党政领导班子政绩综合考核评价和部门绩效考核范围，将贯彻落实习近平总书记关于退役军人工作重要论述纳入省委巡视巡察内容，党对退役军人工作的领导全面加强。

建成省、市、县三级行政机构211个、涵盖省、市、县、乡、村五级退役军人服务中心（站）近3.2万个，引入社会资源打造共建共享“服务超市”6300余家，工作做法纳入全国退役军人示范工作法，4名工作者获评2022年全国退役军人服务中心（站）“百名优秀主任（站长）”称号，入选全国退役军人服务中心（站）服务保障工作典型案例54篇。

二、思想政治工作

举办“钢铁就是这样炼成的”退役军人大学生思想政治与就业创业座谈会、开设《寻找光荣的您》专栏、开辟《了不起的退役军人》网络宣传专刊，常态化抓好先进典型选树，全面加强思想政治引领，1人获评2022年度全国“最美退役军人”。

举办退役军人参与基层治理示范培训班、四川省第一届红色宣讲员大赛和退役军人“三支队伍”建设现场推进会等活动，引导6400名“兵支书”在基层一线勇立潮头，1.5万余名“红色宣讲员”活跃在城乡社区，近12万余名退役军人志愿者投身急难险重任务，退役军人“生力军”作用在治蜀兴川中更加彰显。

三、权益维护工作

认真落实《关于加强新时代退役军人工作的意见》《中华人民共和国退役军人保障法》，深入推进“法律政策落实年”活动，结合四川省实际突出实现“六有”目标，分解为258个具体政策点，逐条推进政策落实。深入推进法治政府建设工作，扎实开展年度学法考法工作，举办系统专题培训301次、政策讲座281次，年度学法考试参考率、合格率均为100%；深入开展“喜迎二十大·送政策法规进军营”活动，举行政策法规宣讲87场次，覆盖军人和退役军人1.9万余人次。

结合“喜迎二十大——为退役军人排忧解难”专项行动，组织开展“把党的关爱送到老兵心中”主题慰问活动和“情暖老兵·关爱帮扶”公益行动，全省共使用困难退役军人关爱帮扶专项基金5885万元，帮扶2.58万人次，退役军人获得感、幸福感不断增强。

四、移交安置工作

用心用情做好年度各类型退役军人移交安置工作，圆满完成退役军人年度移交安置任务。转业军官方面，树立“功绩制”导向，落实“阳光安置”要求，实现安置工作质效提升。退役士兵方面，以档案审核、安置渠道拓展、“一站式”报到服务为重点，圆满完成安置任务。

鼓励国有企业提供数量充足和质量较高的岗位安置退役士兵，升级自行研发的国有企业选岗平台，延长选岗时间，提高岗位利用率。

五、就业创业工作

出台《关于全面做好退役士兵教育培训工作的实施意见》，组织2.26万余名退役军人参加适应性培训，为近万名退役军人提供“三免一补”职业技能培训。发布“戎耀归蜀”退役军人及军属招聘品牌，出台《关于引导和鼓励民营企业招用自主就业退役军人的实施意见》，持续开展“川渝退役军人及军属招聘周”等线上线下招聘会，共开展线上线下招聘会1020场，退役军人及军属参与9.3万人次，签订意向协议2.34万余项，开展职业指导3万余人次。

开展退役军人领域助力乡村振兴之“雷波行”“稻城行”活动，举办全国第二届退役军人创业创新大赛决赛、四川省退役军人就业创业之星推选宣传等活动。为退役军人企业和吸纳退役军人就业企业减免税收金额1.8亿余元，为430多名退役军人提供创业担保贷款5937万元。

举办以“立创业创新潮头，展退役军人风采”为主题的全国促进退役军人就业创业工作展，分为现场展览、画册展示、云展播3种形式，展馆面积2.2万平方米，展位面积8335平方米，参展单位60家，全国1万余名退役军人和各省（自治区、直辖市）、计划单列市代表现场参与，470余万人次线上观展，关注人数超过千万人。

六、军休服务管理工作

印制《四川省军队离休退休干部退休士官移交安置服务手册》，提升军休服务管理质效水平。组织开展全省军休干部书画大赛，参与全国军休干部庆祝建军95周年和党的二十大胜利召开系列活动，3件红色珍藏物品、1个文艺节目成功入围全国展播，选送的书法绘画作品荣获全国二等奖2个、三等奖1个。

通过研究政策渊源、横向联动部门、纵向贯通上下“三个维度”扎实推进工作，顺利完成年度逐月领取退役金退役军人接收安置工作，“全国逐月领取退役金退役军人安置服务管理信息系统试点”工作得到好评。

七、双拥共建工作

围绕当好新时代拥军强军“后勤部”“服务队”，制定完善《做好新时代双拥工作实施方案》等多项制度规定，创建重点双拥对象信息库，建立社会化拥军示范单位授牌挂牌制度，组织“最美拥军人物”学习宣传活动，开展第十二届全省双拥模范城（县）创建活动筹备工作。

出台支持西部战区备战打仗“十二条”措施，在“9·5”泸定地震抗震救灾中，退役军人事务和双拥工作系统首次被四川省委省政府纳入联合指挥体系，在精准协调对接、提报军地需求等方面发挥了重要作用。

全省投入资金百亿余元，支援部队基础设施和数百项国防重点工程建设，推动解决训练场建设使用等问题百余个，协调解决部队官兵急难愁盼问题万余个，确立军地共建关系600余个；开展送健康、送政策进军营，惠及官兵10余万次；支持退役军人创办经济实体33万余家，纳税40亿余元，年产值超千亿元。

八、优待抚恤工作

抓好《关于加强军人军属、退役军人和其他优抚对象优待工作的实施意见》落实落地，出台《四川省残疾退役军人医疗保障实施办法》《四川省优抚对象医疗保障实施办法》《关于进一步做好退役军人和其他优抚对象医疗优待工作的通知》，切实保障退役军人和其他优抚对象基本生活水平。

出台本省义务兵家庭优待金相关政策，常态化做好光荣牌悬挂工作，拓展扩大优待证使用场景和范围，面向现役军人军属、退役军人和其他优抚对象推出两批优待项目清单105个。持续做好优待证申领发放工作。

实施优抚事业单位提质改造工程，积极争取财政维修改造专项补助资金1.26亿元，3年内对全省已有优抚事业单位进行维修改造。研究制定《关于加快构建四川省优抚医疗健康服务体系的意见》，整体系统推动全省优抚事业单位高质量发展。研究制定《四川省“十四五”军供保障服务体系建设规划》，圆满完成各项军供保障任务。

坚持优抚数据精细化管理，完成全省73.41万余条享受抚恤补助优抚对象数据更新，研究提出68.6亿元优抚资金分配方案，确保资金发放安全、及时、方便、高效。坚持残疾等级规范化评定，新发、换发、补发、变更残疾证件共计2064件。推动川籍伤残人员电子证照在“天府通办”APP亮证使用，为优抚对象提供方便快捷的服务。

九、褒扬纪念工作

按照全省一盘棋思想，统筹规划安葬、纪念、教育三大主体功能，有序推进全省烈士纪念设施三年提升行动项目建设，以特定主题烈士纪念设施为主线，重大事件、著名英烈人物纪念设施为重点，其他烈士纪念设施为补充的烈士纪念设施规划建设、保护管理、作用发挥整体态势加快形成。

开展“致敬英烈　情系烈属”主题活动，为1.37万名烈属建档立卡，组织走访慰问、免费体检、集中疗养、巡回医疗等系列活动；开辟“烈士纪念设施三年提升行动巡礼”专栏；开展“红色文化进校园进社区”主题巡展活动。组织开展“清明祭英烈”、主题党团日、向人民英雄敬献花篮等活动500余场，在全社会营造崇尚英烈、缅怀英烈、学习英烈、捍卫英烈、关爱烈属的浓厚氛围。组建四川省烈士纪念设施保护中心专家委员会，开发建设“四川英烈网”，完成全国首家“荣军博物馆”改陈布展，探索开展无名烈士遗骸鉴定试点，持续抓好烈士寻亲活动，为497名烈士找到亲人或安葬地。全省现有烈士纪念设施1207处（含未确定等级烈士纪念设施），烈士纪念设施保护机构118个。

十、自身建设情况

出台《四川省“十四五”退役军人事务发展规划》，科学编制8个配套子规划，稳步推进信息化项目一期工程建设，加快实施退役军人网上服务中心（站）试点和“一网通办”政务服务，推动9个地区开展退役军人工作高质量发展示范区试点。坚持党的建设与退役军人工作“双轮驱动”，大力推进“四好一强”班子创建，召开全省系统党风廉政建设会议，抓好巡视整改“后半篇文章”，推动全面从严治党向纵深发展。持续实施“5432”干部能力素质提升工程，与四川省委组织部联合举办全省退役军人工作高质量发展专题研讨班，持续抓好“新时代新担当新作为先锋大讲堂”“青年干部大比武”“领导干部网络培训”等培训，全覆盖轮训干部1.2万人次。开展“喜迎党的二十大、立足岗位展才、携手奋进新征程”等3项专题活动，组织“建功新时代、百日大练兵”比武竞赛，不断提升履职本领。

成都市

2022年，成都市退役军人事务系统坚持以习近平新时代中国特色社会主义思想为指导，深入学习贯彻习近平强军思想和习近平总书记关于退役军人工作重要论述，认真落实全国、全省退役军人事务厅（局）长会议精神，用心用情做好退役军人思想政治、权益维护、安置就业等各项工作，奋力推动退役军人工作再上新台阶。

一、机构建设情况

成都市退役军人事务局紧盯本市3309个退役军人服务中心（站）直接服务退役军人的窗口功能，把服务保障能力作为基础性工作抓紧抓实。结合两项改革“后半篇”文章，按照“体系建设标准化、服务管理一体化、服务队伍专业化、功能作用多样化”的工作思路，以精准保障为重点，打造全市720个全国“示范型”退役军人服务站、46个中心镇（街道）样板站点位，采用实地检查和查验资料等方式，对各点位开展检查验收，所有创建点位均已达标。

二、思想政治和权益维护工作

积极引导退役军人融入“微网实格”、助力城乡基层治理，全市担任村（社区）书记（主任）的退役军人有827人，占比为27.18%；担任村（社区）委员的退役军人有3000余人，占比为15%。会同成都市委组织部联合举办“退役军人村（社区）党组织书记综合能力提升专题”示范培训班，提升退役军人党务工作者能力。

在全市组建退役军人“战旗红”志愿服务队2918支，吸纳退役军人志愿者近3万名，积极鼓励退役军人参与文明典范城市创建、疫情防控、应急救援等活动，持续推进“文明兴蓉”平台注册工作，建立具有消防救援、医疗救护、特种作业等技能的专业化应急救援志愿服务队58支。组建红色宣讲志愿服务队伍838支，吸纳退役军人红色宣讲员2236名，结合党的二十大精神宣传学习和党史学习教育，组织开展主题宣讲活动2000余场。动员全市退役军人事务系统力量，对口支援甘孜州、阿坝州退役军人工作。

常态化做好沟通联系、感情联络、心理疏导、思想引导、帮扶援助等工作，实现全市范围内各类退役军人联系全覆盖、服务全覆盖，2022年共联系退役军人千余名，走访慰问4000余人次，发放慰问金（品）价值共计1500万余元。通过四川省红十字基金会成都市拥军事业发展基金，汇聚各方社会力量，募集资金和物资700余万元，累计8000余人次困难军人军属、退役军人获得帮助。发动上百家爱心企业开展成都市退役军人“暖冬行动”，切实传递关爱温暖，浓厚拥军崇军氛围。

创新推出“菜单式”服务模式，以“四张清单”为内核，建设退役军人“实体＋互联网”服务超市，累计与964家国有和民营企业签署项目合作协议，为退役军人提供金融服务、医疗健康、通信服务等17个方面专属优惠。建成线下退役军人服务超市1474个，落地服务项目565个。

三、移交安置工作

把退役军人安置就业工作作为民生工程，以“阳光安置”和高质量就业为目标，积极克服疫情影响，落实转业军官、安排工作退役士兵（退出消防员）、逐月领取退役金军官（军士）、复员军官、自主就业退役士兵和伤病残退役士兵移交安置计划，圆满完成转业军官、安排工作退役士兵、伤病残退役士兵等接收安置工作。创新移交安置计划确认函工作模式，超额完成军休人员接收安置工作目标。

四、就业创业工作

围绕自主就业退役军人特点，打造“戎才荟”退役军人就业品牌，举办“戎才荟·返乡招聘季”系列招聘活动，累计举办退役军人专场招聘会229场，提供就业岗位17万余个。

结合退役军人和市场双向需求，更新市级退役军人职业技能承训机构目录33家，开设网络运维工程师、计算机程序设计员、消防设施操作员等26个培训项目，举办“戎兴乡村”农业职业经理人、“健康管家”等公益培训，为退役军人提供免费职业技能培训800人次。

承办第二届全国退役军人创业创新大赛及系列活动，成都市两个参赛项目分别获得现代农业赛道一等奖、新兴产业赛道二等奖。

五、军休服务管理工作

组建军休干部红色宣讲团，吸纳参战老兵、功臣模范等军休干部86人，为社区群众、中小学生开展爱国主义教育宣讲76场，累计参与2.3万人。抢救性录制口述历史视频22个、印制口述实录画册1000余套。

严格落实军队离退休人员政治待遇和生活待遇，创新养老及医疗服务保障体系建设，开展军休智慧化养老试点，进一步提升军休管理服务水平。启用市军休干部活动中心，内设成都军休荣誉室、网络直播间、图书阅览室等，引入智慧化养老指挥平台，集党建阵地、服务保障、医疗保健、红色教育等功能于一体，进一步增强军休干部获得感、尊崇感和幸福感。

六、拥军优抚工作

以全国双拥模范城届中考评为抓手，营造浓厚双拥宣传氛围，加强军地双拥共建。开展2022年度成都市“最美退役军人”“最美拥军人物”“最美军嫂”“情系国防好家庭”学习宣传活动，“八一”建军节期间在商业密集区滚动播放双拥宣传片，在金融城双塔、锦绣天府塔等城市地标举办双拥主题灯光秀。推进国防教育进校园，棠湖中学海军航空实验班、四川大学附属中学空军青少年实验班为部队持续输送飞行人才。

广泛开展走访慰问驻蓉部队活动，全市各级累计投入慰问资金 1 亿余元。着眼驻蓉部队需求，为部队整修战备道路、训练场地，高质量完成首批全国双拥模范城与边海防基层部队结对共建试点任务。

优化随军家属安置办法，做好转业军官安置、军人子女教育优待等工作，切实解决部队官兵后顾之忧。推动成立成都市爱国拥军联合会党委，持续扩大社会化拥军影响，累计 900 多家企业为军人军属、退役军人等提供优惠优待。

优化优抚工作流程，圆满完成年度工作任务，2022 年优抚系统新增及补录年满 60 周岁农村籍义务兵和 60 周岁以上烈士子女享受生活补助千余人、带病回乡退伍军人数百人、其他优抚对象近百人，接转残疾抚恤关系数百人，办理调评残百余人，梳理报送优抚对象及其子女享受教育优待人员名单，协助四川省革命伤残军人休养院配备及维修残疾军人辅助器械数十人次；为新中国成立前加入中国共产党的农村老党员和未享受离退休待遇的城镇老党员发放一次性生活补助金数万元，为符合条件的优抚对象购买医疗保险，落实资金数百万元。高效推进退役军人、其他优抚对象建档立卡及优待证发放工作。

七、褒扬纪念工作

加强全市烈士纪念设施提质改造，按照“烈士陵园、文化公园、精神家园”三园合一建设理念，高质量完成成都市烈士陵园改陈布展等建设内容 47 项。加强英烈精神宣传，圆满举办烈士纪念日省市向人民英雄敬献花篮仪式，举办英烈红色讲解员大赛，开展“清明祭英烈”“致敬英烈　情系烈属”等系列主题活动，在公交、地铁、大型商场等人流密集区滚动播放英烈宣传片，营造崇尚英雄、缅怀英烈的浓厚社会氛围。累计开展英烈事迹宣讲活动 600 余场，各级烈士纪念场所服务保障群众纪念活动 89.5 万人次。

八、自身建设情况

坚持以政治建设为统领，持续用习近平新时代中国特色社会主义思想凝心铸魂。压紧压实全面从严治党主体责任，定期召开党风廉政建设暨政治生态分析会，总结研判、安排部署阶段性党风廉政工作。

加强干部队伍建设，始终把政治过硬作为选人之要，科学选拔任用干部。印发《坚持以考促学以考促改以考促建全面加强党员干部“两个服务”能力建设的实施办法》，常态化长效化推送党史学习“每日一学”365 期。开发理论知识线上测试系统，常态化组织党员干部理论知识测试。组建 8 支青年理论学习小组并创新学习形式，统筹运用好线上线下学习平台强化联动学习。组织机关公务员分批次到基层进行自下而上“四个一周”的服务锻炼，提升干部综合能力。鼓励局属单位优秀年轻干部到局机关递进、轮训培养，为干部成长成才创造条件。

贵州省

2022年，贵州省退役军人事务系统深入贯彻习近平总书记关于退役军人工作重要论述，坚决落实党中央、国务院和退役军人事务部决策部署，以喜迎党的二十大为主线，以高质量发展为统揽，以“强能力转作风抓落实”行动为抓手，着眼“让退役军人获得感成色更足”，不断推动全省退役军人工作高质量发展。

一、组织机构建设情况

贵州省委常委会暨省委退役军人事务工作领导小组召开会议，省委、省政府主要领导多次对高质量发展示范区建设、接收离退休军人等工作作出批示，明确重点任务，领导小组领导同志主动向上对接、带头深入调研，协调解决困难问题。挂牌成立贵州省双拥服务和烈士纪念设施保护中心，主要承担双拥共建、拥军优属和烈士纪念设施保护、烈士遗骸搜寻发掘迁移、烈士事迹遗物收集整理等职能职责。组织开展援助关爱退役军人“全省慈善一起捐”和“为退役军人排忧解难”活动，募集慈善基金2495.2万元，累计帮助9200余个退役军人家庭解决急难问题，为低保、特困人员办理“防癌抗癌专属保险卡”近1.1万张。

二、政策法规工作

健全退役军人工作政策制度体系。出台《贵州省退役军人工作政策制度改革的若干措施》《贵州省“十四五”退役军人服务和保障规划》。积极争取退役军人事务部支持，印发《关于支持贵州退役军人工作高质量发展的实施意见》，出台10条政策措施，明确了“退役军人事务员”职业发展等5个试点。印发仁怀市全国退役军人工作高质量发展示范区建设方案及“兵支书”“兵经理”“兵工匠”“兵校长”“兵代表”“兵队长”“六大工程”实施方案。召开全省退役军人工作高质量发展示范区建设视频推进会。

三、思想政治和权益维护工作

坚持以退役军人为中心，综合运用以文化人、解难帮困等方式加强退役军人思想政治和权益维护。以“老兵喜迎党的二十大”活动为主线，组织开展“践初心使命·显‘贵兵’风采”征文、“新时代贵州退役军人奋斗榜样”宣传、退役军人学雷锋志愿服务等系列活动，遴选5个学习宣传退役军人志愿服务“先进集体”和10名“先进个人”，分级分类分域组织优秀退役军人疗养培训。有序推进仁怀市退役军人作用发挥示范区建设，开展贵州退役军人“兵＋X”特色模式作用发挥机制研究等课题调研，指导贵阳市在全国率先开启“兵教师”专项选拔聘用工作。积极动员退役军人参与志愿服务行动，全省11.6万名退役军人组成5679支志愿服务队，奋战在疫情防控一线。启动“兵支书”“十百千”优选行动，在全省优选首批“兵支书”农业产业园5个、农特产品品牌15个、乡村振兴工作点111个。

制定出台《贵州省依法分类处理退役军人信访诉求工作实施细则（试行）》《贵州省退役军人信访服务工作实施细则（试行）》。开展矛盾问题排查化解治理，全省服务接待退役军人2892件次、3252人次，省“12397”智能信访服务专线“五个一”工作经验在全国推广。落实退役军人法律援助服务制度，五级援助窗口提供法律服务5000余件次。

四、移交安置工作

全面落实“阳光安置”“直通车”等安置政策，圆满完成转业军官和安排工作退役士兵年度安置任务。超计划完成离退休军人接收安置任务，在全国率先推动军建住房产权办证工作，全面核清办结全省军建住房产权，切实为练兵备战减压卸负。统筹事业单位管理岗位专项招聘安排工作退役士兵工作，获评省直机关2022年度创新目标一等奖。

五、就业创业工作

联合贵州省发展改革委、省农业农村厅等21部门出台《关于促进退役军人投身乡村振兴的实施意见》。建立省、市（州）军创企业目录，编印退役军人教育培训、就业创业政策汇编10万套。开展退役军人创办企业发展情况专题调研。全年组织开展退役军人专场招聘活动230余场次，提供岗位17.8万余个，促成就业9600余人；组织退役军人参加适应性培训9833人，职业技能培训2757人。退役军人“创业e贷”“拥军贷”累计发放贷款2947笔、金额2.39亿余元。

六、拥军优抚工作

贵州省委、省政府主要领导春节、“八一”建军节期间走访慰问驻黔部队，军地联合为“八一勋章”获得者杜富国家庭送喜报。开展部分退役军人和其他优抚对象抚恤补助标准提标工作，建立享受国家定期抚恤补助对象的临时性价格补贴机制，按月足额发放抚恤补助金、退役金、退休费。全面启动优待证制发工作，开展“一窗通办”“一站式”服务，配套4批1172条优待措施。圆满完成全国双拥模范城（县）届中考评调研，持续开展全省双拥模范城（县）年度检查。开展“情系边海防官兵”春节专项慰问活动，落实一批军地互办实事清单，有效服务部队练兵备战。

七、褒扬纪念工作

出台《贵州省烈士纪念设施建设管理维护“十四五”规划》，修订出台《贵州省省级烈士纪念设施保护管理服务标准》《贵州省省级烈士纪念设施申报流程及评定标准》等文件。联合贵州省地方志编纂委员会办公室、省军区政治工作局等部门开展退役军人名录和事迹载入地方志工作。省政府批复钱壮飞烈士陵园等4个烈士陵园为省级烈士纪念设施。织金县烈士陵园、大方县大海坝烈士陵园提质改造项目获中央预算内投资。投入中央和省级资金6950余万元，完成烈士纪念设施整修项目156个，集中迁移零散烈士墓1000余座。“9·30”烈士纪念日隆重举行向英雄烈士敬献花篮仪式。

八、自身建设情况

开展“强能力转作风抓落实”行动，不断提升全系统自身建设水平。实施“大学习、大培训、大比武、大破题、大整治、大落实”六大行动18项重点任务，制定“两单一划一评”台账，推动思想、组织、能力、作风、业务全面提升。采取“省级示范、市级重点、县级兜底”的方式，系统轮训退役军人服务中心（站）人员1.7万余人次。建立政策法规知识“月讲台、季测试、年竞赛”学习机制，参与人数达4.5万人次。开展“厅局长破难题”行动，推动破解难题339个。出台作风纪律督查办法，开展重点调研、明察暗访、问题倒查等专项监督检查7次，大力整治不正之风。建立安排部署、工作推进、结果反馈全流程闭环落实机制，开展“蹲点调研接访抓落实”工作，实现9个市（州）全覆盖，推动问题整改909个。组织开展“法律政策落实年”活动“回头看”，省级211条政策点清单已落实206条，落实率达97.6%。

云南省

2022年，云南省退役军人事务系统在习近平新时代中国特色社会主义思想指引下，深入学习贯彻党的二十大精神，坚持稳中求进工作总基调，砥砺奋进、创先争优，破难题、防风险、抓落实，推动各项工作取得新成绩、焕发新气象。

一、机构建设情况

云南省人民政府召开全省退役军人服务保障体系建设现场推进会，着力解决基层退役军人服务中心(站)“五有”“全覆盖”中存在的突出问题，推动各地将退役军人事务工作纳入村(社区)“大岗位制”内容，细化明确村级退役军人事务工作职责任务。

2022年，全省已建成五级退役军人服务中心（站）约1.6万个，其中省级1个、州（市）级16个、县（区）级131个、乡镇（街道）级1443个、村（社区）级近1.5万个、其他1个，配备专兼职工作人员2万余名。

全系统持续深入开展“法律政策落实年”活动，对258个政策点进行清单化管理、项目化推进，印发《云南省“十四五”退役军人服务和保障规划》等16个政策文件，编辑《云南省退役军人政策法规汇编（第二卷）》，加快建设云南省退役军人一体化服务平台，牵头推进军人退役“一件事一次办”政务服务事项，全省退役军人工作服务保障体系、工作运行体系、政策制度体系不断健全完善。

二、思想政治和权益维护工作

组织开展“老兵永远跟党走——老兵宣讲”等活动，聘用“老兵宣讲团”成员14名，组织开展线上、线下宣讲活动40余场，覆盖授课对象36万余人。伤残荣誉军人事迹《轮椅上的“播火者”》《血染疆场　身残志坚》《跨越千里的“尊崇份量”》等被媒体广泛报道，引起了较好的社会反响。

2022年年底，举办年度云南省“最美退役军人”发布仪式，全省共评选出25名“最美退役军人”。退役军人岩罕陆被选树为2022年度全国“最美退役军人”。建立退役军人志愿服务队约1.1万支，注册退役军人志愿者8.2万余名，关祥祖被评为退役军人学雷锋志愿服务“最美志愿服务工作者”。

推动优秀退役军人进入基层“两委”，全省20多万名退役军人党员中有2000余名“兵支书”，退役军人在疫情防控、乡村振兴、强边固防和基层治理中发挥了重要作用，成为全省改革发展稳定的骨干力量。

三、移交安置工作

以“质量安置、精准安置”为目标，完成转业军官和随调家属接收安置任务。

制定出台《云南省退役士兵安置工作领导小组办公室工作规则》《云南省退役士兵安置工作领导小组办公室关于由政府安排工作退役士兵统筹调剂安置办法（试行）》，高质量完成安排工作退役士兵安置工作，省级单位协调统筹 300 余个安置计划岗位。

积极协调做好跨军地改革集体转制部队退役军人随调家属安置工作，圆满完成转改人员落户工作，全省近百名随调家属得到妥善安置。

四、就业创业工作

将退役军人作为“稳就业”重点对象，保障退役军人在享受普惠性就业创业扶持政策和公共服务基础上再给予优待，为 684 名退役军人争取创业贷款 1.19 亿元，协助 5.7 万家军创企业税收减免 7.69 亿元，军创企业实现利税 40.5 亿元；组织开展线上线下专场招聘会 655 场，提供就业岗位 42.83 万余个，帮助 2.16 万名退役军人实现就业。

抓好高职院校毕业生退役士兵就业工作，2022 年全省退役高职扩招退役军人毕业生就业率达 86%；推行“信息化 + 常态化联系 + 就业服务”模式，帮助 870 户“零就业家庭”至少 1 人就业，帮扶就业困难退役军人 622 人，依托公益性岗位安置就业困难人员 907 人；组织 3869 名退役军人参加职业技能培训，帮助退役军人提高学历层次。

五、军休服务管理工作

超额完成离退休军人移交安置任务，接收任务完成率达 280%。全年累计拨付、发放经费 14.7 亿余元，确保 6000 多名军休干部、3300 多名无军籍职工和 400 余名遗属政治、生活待遇落实。审批军休干部护理费和医疗补助、遗属生活补助 44 批次 112 人。

在全省范围内开展军休服务管理机构星级评定工作，评选出五星级单位 3 家、四星级单位 12 家。组织开展全省功臣军休干部荣誉疗养活动、全省军休干部党支部书记培训班、“喜迎二十大、军休心向党”庆祝建军 95 周年和党的二十大胜利召开系列活动，引领广大军休干部听党话、跟党走。

六、拥军优抚工作

组织开展云南省第十一届双拥模范命名表彰大会，命名 60 个省双拥模范城（县）、表彰 100 个省爱国拥军模范单位、47 个省拥政爱民模范单位、67 名省爱国拥军模范、22 名省拥政爱民模范。

组织随军家属专项招聘活动 300 余场，917 名军人家属达成就业意向，协调 300 余名随军家属随迁就业、1000 余名军人子女入学入托。常态化开展“情系边海防官兵”拥军优属活动，发布《新时代驻滇部队拥政爱民倡议书》，组织 16 个州（市）与 16 个边防基层一线连队结对共建试点活动。

做好优待证申领发放工作，并逐步拓展使用场景，提升优待证“含金量”；制定出台《云南省优抚对象医疗补助“一站式”费用结算办法（试行）》，搭建快速、便捷的费用直接结算服务平台；连续第4年按10%左右增幅提高优抚对象抚恤补助标准，启动优抚对象价格临时补贴与物价上涨联动机制，全年累计下拨中央和省级财政优抚资金28.85亿余元；开展“喜迎二十大——为退役军人排忧解难”专项行动、“情暖老兵·关爱帮扶”等活动，共帮扶慰问服务对象3400余人；指导做好困难退役军人“防癌抗癌专属保险卡”捐赠工作，协助全省2.6万余人完成保险免费申领，免费申领率达89%；组织190余名优抚对象参加4期种植养殖技能培训，圆满完成3期230余名优抚对象疗养活动；解决部分退役士兵基本养老保险补缴近2.6万人、基本医疗保险费997人。

七、褒扬纪念工作

坚持“N个1”暖心服务，探索走出绿色文明的“云祭扫”特色模式，1200余名党员干部、退役军人和群众与无名烈士结对认亲，推出“一花、一曲、三鞠躬”认亲祭扫模式。2022年，全省共接待实地祭扫人员约3.9万人次；网上祭扫68.3万余人次，代为祭扫烈士8104人次，接待团体性现场祭扫691场次。隆重举行“9·30”烈士纪念日公祭活动和《烈士光荣证》颁授仪式。云南省人民政府评定5名同志为烈士。

出台《云南省关于加强新时代烈士褒扬工作的若干措施》等政策文件；公布镇雄烈士陵园等19处省级烈士纪念设施，完成171个县级以下烈士陵园修缮及2188处零散烈士纪念设施、烈士墓集中搬迁等工作；有序推进在老中国烈士陵园修缮工程。

八、自身建设情况

以迎接党的二十大召开和学习宣传贯彻党的二十大精神为主线，坚决扛起做好新时代退役军人工作政治责任，以实际行动忠诚拥护“两个确立”，坚决做到“两个维护”；着力加强机关和基层党的建设，组织开展“对标先进、争创一流”和模范机关创建活动，基层党组织战斗堡垒作用和党员先锋模范作用充分发挥；扎实推进作风建设和效能建设，切实践行“三法三化”，推动机关工作作风转变、效能提升；坚持德才兼备、以德为先、公道正派和五湖四海原则，大力选拔优秀年轻干部，重用优秀军队转业干部，全面提升干部队伍干事创业的“精气神”。

西藏自治区

2022年，西藏自治区退役军人事务系统深入学习贯彻党的二十大精神，贯彻落实习近平总书记关于退役军人工作重要论述，认真贯彻落实自治区党委十届三次全会精神，聚焦“四件大事”、聚力“四个创建”，坚持以退役军人为中心，以落实“十四五”退役军人服务和保障规划为主线，以服务边防和驻藏部队建设为重点，努力提升退役军人服务保障水平，为建设社会主义现代化新西藏作出了积极贡献。

一、机构建设情况

调整充实西藏自治区党委退役军人事务工作、自治区双拥工作领导小组，召开区党委退役军人事务工作领导小组、双拥工作领导小组会议，研究部署协调推动重大工作。自治区党委领导多次深入驻藏部队和边防一线调研慰问，多次就相关工作作出重要指示批示，主持召开自治区党委常委会会议和自治区党委退役军人事务工作领导小组会议研究退役军人工作和驻藏部队建设，解决重大问题。自治区党政军领导多次对退役军人工作提出要求，指导工作。

协调落实80余名部队军官兼任各级退役军人事务部门副职和机制性派驻工作。成立西藏自治区党委退役军人事务工作领导小组办公室秘书处。自治区财政出资500万元筹备成立西藏自治区退役军人关爱基金会。推进军地互提需求、互办实事“双清单”工作。出台“十四五”全区退役军人服务和保障规划、贯彻落实《西藏自治区退役军人政策制度改革方案》具体措施等政策制度5项。

二、思想政治和权益维护工作

成立退役军人志愿宣讲队，开展“四史”及西藏地方与祖国关系史教育，带头使用国家通用语言文字，促进各民族交流交往交融。建立县（区）级退役军人乡土人才库，自治区562名退役军人担任“兵支书”，将有一技之长的退役军人培养成致富能手，带领群众共同致富。自治区新冠肺炎疫情暴发后，组织动员1.2万名退役军人参与抗疫志愿服务活动3700余次，服务当地群众和滞留旅客44万人次。

三、移交安置和就业创业工作

全面完成国家下达的退役军人安置任务，高质量完成离退休军人接收安置任务。帮助200余名退役军人实现市场就业，430名退役士兵招录（聘）为基层公务员和事业单位工作人员，西藏自治区城镇退役军人就业率达98%以上，位居全国前列。及时足额发放退役金、优抚资金等政策保障资金。合力推动退役军人高质量就业创业，成立自治区首个就业创业服务协会——日喀则市退役军人就业创业服务协会。

引导退役军人积极参与拉萨南北山绿化、“两江四河”领域造林绿化、防沙治沙等重点工程建设，选推退役军人从事护林员等公益岗位工作。深入推进“五共五固”活动，支持退役军人留藏就业创业、安居生活，扩大民兵退役军人占比，鼓励退役军人担任国防教育教员和学校军训教官。

四、优待抚恤工作

协调解决140余名军人子女入学需求，慰问驻藏部队807家、1.1万余人次，发放各类慰问金（品）1953.66万元。高质量完成军供保障工作。建立17个对口援藏省（市）全国双拥模范城（县）与17个驻藏边防基层连队结对共建任务清单。

积极协调驻藏各部队投入368万元进行捐资助学，投入1674万元支持定点帮扶村发展经济、投入近1000万元开展消费帮扶行动，建立联合护边巡边队伍550余支8800余人、联建1750个基层党组织，“五共五固”活动得到深化，为“四个创建”“四个走在前列”作出重要贡献。加大节日慰问，常态化联系和帮扶援助困难退役军人，完成3700余名军人养老保险转移接续和310余名退役士兵社会保险接续，为1.5万余名自主择业军队转业干部办理军龄视同医疗保险缴费年限认定和个人资金免缴手续。

落实优待抚恤政策，下拨优抚资金7350万元，为2100余名伤残人员换发伤残证。做好优待证制发工作，与11家企业签订优待合作协议，认真组织开展建档立卡。加强困难帮扶，向部分困难企业军队转业干部发放慰问金，帮扶困难退役军人及优抚对象1200余人。持续开展常态化联系退役军人工作，全系统干部职工与600余名重点对象结对帮扶，帮助解决帮扶对象困难问题3000多个。强化法律援助服务，为退役军人和优抚对象提供免费法律咨询。

五、褒扬纪念工作

建立49处烈士纪念设施、2750座烈士墓档案数据库。落实1亿余元资金升级改造烈士纪念设施和烈士陵园，组织开展清明节烈士祭扫和“9·30”烈士纪念日纪念活动。

六、受援工作情况

召开全区退役军人事务系统对口援藏工作推进会，督促推进系统援藏工作。部分地市、县（区）退役军人事务部门赴内地对口援藏省市沟通对接，协调受援项目，推动落实援藏项目和资金9984.2万元。

陕西省

2022年，陕西省退役军人事务系统始终坚持以习近平新时代中国特色社会主义思想为指导，以迎接和学习贯彻党的二十大精神为主线，坚决落实习近平总书记关于退役军人工作重要论述和来陕考察重要讲话重要指示精神，低调务实、埋头苦干，圆满完成各项目标任务。

一、机构建设情况

陕西省委退役军人事务工作领导小组召开全体会议，以省委办、省政府办、省军区办名义印发《陕西省“十四五”退役军人服务和保障措施》。组织召开全省深化落实“四清楚”机制推进服务保障体系标准化建设规范化运行观摩会，研究制定《全省基层退役军人服务站服务事项指南》，规范了基层服务站重点服务事项清单、日周月工作任务清单和重点服务事项规范，推动服务保障体系发挥“手”“脚”作用，实现标准化建设规范化运行。

联合陕西省委编办、省财政厅、省人力资源社会保障厅印发《高质量推进退役军人服务保障体系建设实施意见》，指导各级进一步落实机构编制、人员经费、场地保障等要求。联合陕西省教育厅、军区动员局、团省委印发《关于在全省高校创建退役军人服务站的实施意见》，推动服务保障体系延伸扩面。编制《陕西退役军人数字地图》，进一步精准省、市、县三级退役军人底数。推动退役军人服务站点地理位置入驻百度地图和高德地图。与贵州、西藏开展省际结对共建工作。

二、思想政治和权益维护工作

印发《关于加强退役军人思想政治工作的实施意见》，从顶层设计层面明确全省退役军人思想政治工作思路，推动退役军人思想政治工作系统化、规范化、制度化。积极推荐评选退役军人领域“三秦最美家庭”6户；1名退役军人被评选为2022年度全国“最美退役军人”；评选表彰20名“陕西最美退役军人”。省级退役军人关爱基金援助2批次377人，549万元。

推进“红星闪闪耀三秦”系列志愿服务，累计动员全省20余万名退役军人投身抗疫一线。组织退役军人常态化开展乡村振兴、基层治理、红色宣讲等志愿服务活动，联动4部门建立并规范高校大学生退役士兵志愿服务工作。

三、移交安置工作

圆满完成转业军官、随调配偶、安排工作退

役士兵和退出消防员安置任务。在全省统一实施“功绩制打分排名选岗+直通车安置+包底分配”相结合的“阳光安置”办法，坚持“服役时间越长、贡献越大、安置越好”的导向，优化考核打分办法，特设烈属专岗，体现尊崇优待，规范直通安置，做到人岗相适，深化排名选岗，公开公平公正，安置速度、质量和满意度有所提高。

坚持岗位“越多越好、越优越好、越准越好”，按照安置人数130%配套本级计划，精准提供接收单位、岗位性质、专业、工资待遇、工作地点、数量等信息，公开安置政策、计划、打分和安置结果，公开透明实施排名选岗，自觉接受监督。

印发《关于进一步规范由政府安排工作退役士兵服务管理的通知》，在安置报到、关系转接上提供便捷服务。指导市、县（区）将退役士兵融入各级退役军人服务中心（站）、当地企事业单位开展顶岗实习和岗位锻炼，主动服务社会，发挥积极作用。组织安置工作“回头看”，督导接收单位定岗定位、落实工资待遇。

四、就业创业工作

完成年度促进退役军人就业创业1.5万人目标任务，退役军人就业形势保持总体稳定。成立稳就业工作专班，形成领导主抓、专班专抓、机关合力、上下联动、系统推进的工作格局。召开陕西省退役军人就业创业工作推进会及调度会，研究推出9个方面服务举措。建立并坚持“周报告、月分析、季总结”稳就业工作机制，以周保月、以月保季、以季保年，各项工作稳扎稳打、压茬推进、力求实效。

全员开展适应性培训，组织2021年返乡自主就业退役士兵开展适应性培训137场次，受训1万余人，参训率达98%左右。精准实施技能培训，出台《陕西省退役军人就业创业培训工作管理试行办法》，建立培训机构信息黄页和教育培训实名台账，动员4930余人报名参加免费技能培训，开展“订单式”“定向式”“定岗式”培训4300余人。全力支持学历提升，安排在校入伍的退役大学生士兵返校复学5900余人，组织736名符合条件的退役大学生士兵报名参加专升本学历教育。联合教育部门印发《关于进一步做好高职扩招退役军人毕业生就业工作的通知》，推出6个方面举措，叠加落实大学生、退役军人双重优待优惠政策。

“一站式”做好报到登记、户口办理、组织关系转接、社保接续等12件事项，逐一建立联系，摸清底数需求。积极研究推出支持退役军人到乡村、到开发区、到民企、到基层、到学校、到个体工商等领域就业的具体举措，拓宽退役军人就业领域。会同陕西省人力资源社会保障厅、教育厅等6部门开展“退役军人就业服务季”、“戎耀三秦　职等你来”网络招聘、2022年陕西省民营企业招聘月等活动，走访大中小型民企1300余家，开发退役军人适合岗位近万个、促进就业近千人。

全面梳理关于退役军人就业创业纾困帮扶、教育培训、专项招录、就业促进、创业扶持等5个领域15个方面优待优惠政策，分门别类建立台账，广泛宣传、准确解读。主动对接陕西省财政、税务部门协助军创企业享受税费减免481家、2084.36万元；吸纳退役军人就业企业享受税费减免613家、3324.46万元。协调签约合作银行提供各类优惠创业贷款 280 余笔、4330 余万元，帮助退役军人享受创业专项扶持政策近 1200 人。成立陕西省退役军人就业创业促进会，成功举办全省退役军人创业创新大赛，建立退役军人创业项目库，探索搭建退役军人创业创新成果转化平台。

五、军休服务管理工作

全省共有军休机构 62 个，管理军休干部士官和无军籍职工 1.8 万余人。依托红色资源，在铜川照金举办全省军休机构党组织书记培训班，提升全省军休机构党建水平和抓班子带队伍能力。完成 1 个省级军休大学、4 个市级军休大学建设，打造军休教育新堡垒。组织军休干部艺术团进校园、进社区、进部队演出，指导陕西省军休中心开展军休干部“口述历史”巡回宣讲英雄故事活动，传承红色基因，赓续革命血脉。

及时编制和精准核拨年度军休预算资金，完成 6000 余名军休干部退休证审核换发工作。摸清全省军休老旧小区底数，将 2000 年前建成的军休老旧小区分年度列入改造计划，全年完成改造 6 个，改善了军休小区生活环境，提高了幸福指数。

利用军休社会化服务平台，引入社会优质资源和优质品牌企业，通过网上军休所为军休干部提供“住、行、食、医、养”服务，实现了养老服务智慧化、精准化、社会化。

六、拥军优抚工作

陕西省委省政府主要领导走访慰问部队和优抚对象。对标全国双拥模范城（县）届中考评内容，组成 10 个考核评估组，对 2020 年命名的 48 个双拥模范城（县）开展考核评估。深入研究新时代双拥工作的新内涵、新载体，持续开展“情系边海防官兵”活动，指导全国双拥模范城与边海防基层连队结对共建，推动社会化拥军活动广泛深入开展。

用交办、推荐、反馈“三项制度”推进解决 2021 年交办的近 100 件子女入学、家属就业及土地征用等实际问题。采取“特事特办、一事一议”的方式，督导 4 地市协调落实 5 名烈士遗属子女入学、家属安置就业和抚恤优待相关事宜。

印发《陕西省关于进一步做好军人军属、退役军人和其他优抚对象优待工作的实施意见》《陕西省退役军人名录和事迹载入地方志实施细则（试行）》，不断增强军人军属、退役军人和其他优抚对象的获得感、幸福感、荣誉感。遴选 19 家景区和文物单位作为首批“陕西省爱国拥军景区（文物单位）”。推动优抚医院改革发展，完成年度军供保障任务。

七、褒扬纪念工作

出台《陕西省关于加强新时代烈士褒扬工作的具体措施》，印发《陕西省建立英雄烈士保护部门联动协调机制的实施意见》，政策制度不断健全完善。组织召开全省县级以下烈士纪念设施整修工程现场推进会，开展全省革命历史类纪念设施专项核查。全省开展各类祭扫活动 200 余场，约 400 万人次。开展英烈故事“五进”宣讲活动 237 场次，推进富平县创建全国退役军人红色传承示范区建设，推动“红领巾讲解员”实践体验活动在国家级、省级烈士纪念设施“全覆盖”。

为全省293名80岁以下烈士父母购买人身意外险，开展“政府+企业+社会组织”与烈士遗属“三帮一”常态化关爱帮扶机制试点工作，组织29名未成年烈士子女及家属开展暑期健康体检、参观践学活动。评定6名烈士，为8名烈士遗属寻亲。

八、自身建设情况

把学习宣传贯彻党的二十大精神作为首要政治任务，细化安排部署，谋划创新思路，制定具体措施，推动党的二十大精神落地落实。强化理论武装，推动习近平新时代中国特色社会主义思想入脑入心。

坚持抓基层打基础、严制度抓落实，督导各基层党组织召开年度组织生活会，成立机关退休干部和军休中心退休职工党支部，基层党组织建设更加坚强有力。持续推进“五星级党支部”创建工作，定期督导检查各党支部“三会一课”、党日活动、党费缴纳等制度落实，基层党建工作有了新提升。

聚焦作风建设专项行动，驰而不息纠治“四风”，76条整改措施全部落实到位，与驻厅纪检监察组建立月学习季会商年督导机制。创新党建载体，集中开展“清明祭英烈”代祭扫、“七一”重温入党誓词等主题党日活动，组织参观秦岭违建警示基地、秦创原创新驱动平台，开展“秦岭环保我先行”志愿活动，不断凝聚党员干部感恩奋进的精气神。

西安市

2022年，西安市退役军人事务系统坚持以习近平新时代中国特色社会主义思想为指导，深入学习宣传贯彻党的二十大精神，深入学习领会习近平总书记关于退役军人工作重要论述和来陕考察重要讲话重要指示精神，着力提高服务保障能力，破解突出矛盾问题，以“让退役军人获得感成色更足”为主线，坚持稳中求进、守正创新，建立“精准帮扶全员联系、精心化解全员包抓、精细管理全面提升”工作机制，推动退役军人工作高质量发展。

一、机构建设情况

强化决策议事协调机制，首次落实市县乡村“四级书记”自上至下抓退役军人工作要求，由陕西省委常委、西安市委书记担任市委退役军人事务工作领导小组第一组长，西安市委副书记、市长担任组长，全市、区（县）两级党委先后召开领导小组会议17次。

服务保障体系示范创建成效显著，建成市级红色退役军人服务站16个，规范型及以上退役军人服务中心（站）3143个。扎实推进“军人退役一件事”集成改革工作，实现自主就业退役士兵报到线上线下同步办理。社会力量充分融入，西安市退役军人服务协会以“崇军荟”为平台引导社会资源参与退役军人公益性服务，新增优惠优待清单650余条；西安市英烈褒扬促进会围绕宣扬英烈精神，组织爱心企业、社会团体和个人开展英烈事迹宣讲教育、文艺演出及志愿服务等公益活动39场次。

二、思想政治和权益维护工作

维护合法权益做好关爱帮扶，为200余名退役军人发放关爱基金263万元；依托全市16个退役军人法律援助服务站，为300余名退役军人提供了法律咨询服务和帮助。发挥典型引领作用，本市7名退役军人荣获2022年度“陕西最美退役军人”称号。退役军人服务社会作用进一步彰显，全市477支队伍、1.2万余名退役军人志愿者投身疫情防控、公益服务等社会治理活动，打造了具有特色的退役军人志愿服务品牌。

三、移交安置工作

实行“阳光安置”，圆满完成年度转业军官、安排工作退役士兵和退出消防员移交安置任务。强化后续追踪，建立完善安置跟踪回访工作制度，综合运用开发岗位、利用年度剩余计划等多种方式解决退役士兵安置遗留问题。

四、就业创业工作

强化教育培训，帮助287名退役军人落实免试专升本政策，为551名退役士兵提供技能培训，开展全员适应性培训26场次，受训2000余人次。落实退役军人就业扶助政策，完善退役军人就业基础信息，完成实名制登记6.3万人，建立市、区县、乡镇、村（社区）四级监测点1290个；开展就业服务季活动，组织退役军人线上、线下招聘会43场，动员企业1489家，提供岗位3.5万余个。

五、军休服务管理工作

高质量完成离退休军人移交安置任务，接收安置1000余名军休人员，收到部队赠送锦旗40面。平稳完成首批逐月领取退役金退役军人接收安置工作，及时发放退役金。军休干部政治待遇和生活待遇落实到位，为348名老党员颁发了“光荣在党50年”纪念章，在春节、元旦、“八一”建军节等节日期间开展走访慰问；组织军休干部进行了健康体检。改善休养环境，争取财政资金支持，完成8家军休机构老旧小区改造项目和11家军休机构24个大中修改造项目。

六、双拥工作

多样化开展双拥创建活动，完成省双拥模范城（县）创建工作届中考评任务；隆重举办省市联合共庆建军95周年“永不褪色”双拥文艺演出，全市共举办各类庆祝活动39场次。强化荣誉激励，持续深化走访慰问工作；为义务兵（含预备消防士）发放家庭优待金；为立功受奖现役军人家庭庆送喜报并送去慰问金；配合完成西藏、新疆等地退役士兵返乡运输和疫情防控工作。

七、优抚褒扬工作

落实优待抚恤政策，推进优待证申领发放工作；高效完成优抚对象确认工作。拓展优待优惠领域，落实军队离退休干部士官与“三属”及残疾军人免费乘坐市内公共交通工具政策，办理拥军卡1.2万张；推进健康服务工作，将13家市属公立医院全部纳入定点示范医院范围，为军人军属、退役军人和其他优抚对象提供 “六优先”服务，并免收普通门诊挂号费。

积极开展褒扬纪念活动，全市各级纪念场馆共接待群众9.2万余人次，网上英烈祭扫9万余次；圆满承办2022年陕西省暨西安市烈士公祭活动。大力弘扬英烈精神，解决烈士遗属困难，高规格举行3名烈士的恭迎和安葬仪式；协调解决烈属住房、就业及子女入学等问题；成立英烈故事“五进”宣讲团，遴选69名讲解员，开展宣讲及公益会演活动40余次。

提升烈士纪念设施管理水平，联合多部门建立烈士纪念设施管理保护机制；争取财政资金推动西安市烈士陵园建设项目；完成全市9处县级以下纪念设施整修工程项目；通过迁葬、原址保护、绘制分布图等方式对116座零散烈士墓进行保护管理。

甘肃省

2022年，甘肃省退役军人事务系统坚持以习近平新时代中国特色社会主义思想为指导，深入学习宣传贯彻党的二十大精神，全面贯彻落实习近平总书记关于退役军人工作重要论述，落实《中华人民共和国退役军人保障法》《关于加强新时代退役军人工作的意见》，以适应新发展阶段、贯彻新发展理念、构建新发展格局为统领，不断健全完善“三个体系”，有力有效推动退役军人工作高质量发展。

一、机构建设情况

瞄准“六化”（体系化、信息化、专业化、规范化、多元化、亲情化），突出“四要”（要建起来、要巩固好、要发挥作用、要常抓不懈），聚焦“两变”（从外延式向内涵式转变、从有向优转变），大力促进全省退役军人服务中心（站）系统“长肌肉、强筋骨”，充分发挥基层服务中心（站）“神经末梢”作用，全面提升服务保障水平，着力营造尊崇关爱氛围，让退役军人获得感成色更足。2022年度，全省共有退役军人服务中心（站）近1.9万个，101个服务中心全部完成事业单位法人注册登记，拥有专兼职工作人员2895人。创建全国示范型退役军人服务中心（站）582个。

二、思想政治和权益维护工作

全面加强思想引领，在甘肃省退役军人事务厅门户网站开设“老兵永远跟党走”栏目，突出宣传党的创新理论和全省退役军人先进典型，引导退役军人始终听党话跟党走。连续4年举办“陇原最美退役军人”选树活动，先后有76名个人、4个集体荣获该称号，民警王琼荣获2022年度全国“最美退役军人”称号，在《解放军报》刊登全国“最美退役军人”李文强的事迹。加强退役军人思想政治工作志愿服务队伍建设，充分发挥他们在思想政治引领、防范化解矛盾问题工作中的重要作用。突出抓好“兵支书”队伍建设，与甘肃省委组织部联合举办“兵支书”培训班，与甘肃省农业农村厅共同开展“兵支书”培训试点。着力加强“志愿者”队伍建设，与甘肃省文明办、省民政厅、团省委联合印发《关于开展“陇原先锋”退役军人志愿服务工作的实施意见》，目前全省登记注册退役军人志愿服务组织5253个，招募志愿者11.3万余名。在2022年疫情防控中，5253个退役军人志愿服务队、6.7万余名退役军人投身疫情一线，发挥了重要作用。

全力做好纾难解困工作，联合多部门印发《甘肃省困难退役军人帮扶援助实施办法》，深入开展“情暖老兵”和“喜迎二十大——为退役军人排忧解难”专项行动，用好专项帮扶资金，及时解决66名特困人员的难题。为3300多名困难退役军人申办了“防癌抗癌专属保险”，为困难退役军人协调公益性岗位2321个，落实城乡低保政策6321名，发放慰问金1994万元。积极发挥甘肃省退役军人关爱基金会作用，推出“天翼援军卡”活动。持续做好法律服务工作，累计为退役军人和各类优抚对象提供法律咨询2000人次，提供法律援助100余次，调处化解矛盾纠纷450件。

三、安置就业工作

对安排工作人员，实施“阳光安置”“直通车”安置，推进“一站式”服务，完善“省级调剂、市级统筹、县区安置”工作体系，高标准完成转业军官和安排工作退役士兵档案审核、考核考试等工作，着力提高安置的精准度、透明度和满意度。

对自主就业人员举办专场招聘会173场次，提供就业岗位1.7万多个；在抖音直播甘肃省开展百名退役军人事务局局长“直播带岗·服务老兵”专场活动，全省130余万人观看直播，粉丝增加12万人，近1000名退役军人达成就业意向；加强定向输送就业，帮助1300余人到新疆、西藏和东南沿海地区就业，探索“五个强化”促就业的做法被甘肃省人民政府推广。

四、军休服务管理工作

对军队退休人员，完善“随交随审、即交即接”工作机制，全面落实“两个待遇”，完成离退休军人接收安置任务，接收安置逐月领取退役金退役军人80余人，圆满完成国家下达的任务。加强军休服务，举办军休书法家“喜迎二十大”主题书法展等活动，不断丰富军休人员文化生活。

五、拥军优抚工作

完成双拥模范城（县）届中检查。持续深化双拥共建，探索建立拥军支前应急应战响应机制，印发全省“双清单、三助力”工作实施方案（“双清单、三助力”即互提需求、互办实事和拓宽“后路”、巩固“后院”、扶持“后代”），积极协调解决部队官兵诉求。启动退役军人名录和事迹载入地方志工作，常态化开展为立功受奖现役军人家庭送喜报工作，落实优待政策，在西北五省及时启动退役军人优待证申领工作，协调有关部门出台意向优待政策12个。

六、褒扬纪念工作

大力弘扬英烈精神，举办“9·30”烈士纪念日大型公祭、“2022·奋进·网上祭英烈”等活动，全省网上祭扫超过1000万人次。深入开展“烈士为国尽忠、我为烈士尽孝”活动。投入1088万元改造提升烈士纪念设施，县级及以下英烈纪念设施整修工程有序推进。持续开展“为烈士寻亲”活动，累计为147名烈士找到亲属。

青海省

2022年，青海省退役军人事务系统坚持以习近平新时代中国特色社会主义思想为指导，深入学习贯彻习近平总书记关于退役军人工作重要论述，全面落实党中央、国务院决策部署，持续在全面加强党对退役军人工作的领导、健全完善“三个体系”、认真落实法律政策、扎实推进自身建设上下功夫、求实效，退役军人工作取得新进展。

一、机构建设情况

持续在健全坚强有力的组织管理体系、顺畅高效的工作运行体系、系统完备的政策制度体系上下功夫，不断推进全省退役军人事务领域治理体系和治理能力现代化。

扎实开展退役军人服务机构运行情况专项督导调研，了解现状底数，为有针对性地加强服务体系建设提供“第一手”资料。全力推进“五有”要求落实，确定服务机构编制，推动工作经费纳入财政预算，为强化服务保障奠定基础。持续推动“退役军人之家”创建和“星级评定”活动，制定服务保障工作指南，开展业务能力培训，各级退役军人服务中心（站）标准化、规范化建设水平和服务保障能力不断提升。

建立军地互提需求、互办实事“双清单”制度，为推动军地密切协同、助力军民融合发展提供制度保证。推动将退役军人工作纳入市州县绩效目标考核体系和平安青海创建考评重要内容，军地协同、部门合力、上下联动的工作运行体系效能进一步增强。

编制全省退役军人事务领域第一部五年规划，明确“十四五”时期全省退役军人工作发展目标和重点任务。制定出台《关于促进退役军人投身乡村振兴的实施意见》《青海省优抚对象医疗保障办法》《关于认真做好退役士兵教育培训工作的实施意见》《关于促进优秀退役军人到中小学任教的实施意见》等政策文件，制度体系进一步完善。

二、政策法规工作

全面梳理系统自组建以来国家及青海省出台的各项退役军人工作法律政策，对政策点落实情况进行全面盘点，提出具体落实举措。认真开展督导调研和“蹲点抓落实”工作，围绕各项法律政策落实情况，由厅领导带队深入市（州）、县（市、区）开展实地督导调研，进一步增强落实效果。

围绕《中华人民共和国退役军人保障法》《信访工作条例》等，组织干部职工、面向退役军人广泛开展学习宣传活动，为退役军人发放法律政策宣传手册9.5万册，开展法律进军营活动2次，形成尊法学法用法浓厚氛围。在全省建立退役军人法律服务工作站2296个，为退役军人提供法律服务。

三、思想政治工作

广泛开展“老兵喜迎党的二十大”“庆祝建军95周年”等主题活动，采取适应性培训“集中式”学、走访慰问“嵌入式”教、集体活动“全过程”育等有效途径，跟进做好思想政治教育，引领退役军人听党话、感党恩、跟党走。

制定加强退役军人人才培养十项措施，创新建立省、市、县三级优秀退役军人人才库。持续加大退役军人先进典型的培养、选树力度，退役军人泽珍达日杰被评为2022年度全国“最美退役军人”。启动拍摄《铭记·老兵》纪录片，以拍摄口述历史视频、记录日常生活等方式，集中为16名高龄抗战老兵拍摄纪录片，有效地做到了对典型事迹的抢救式整理保护。

发挥“老兵宣讲队”优势作用，先后动员组织全省22支宣讲队、129名成员，深入学校、社区、企业等开展宣讲活动312场次。积极引导、激励、支持退役军人参与生态保护、乡村振兴、基层治理、稳边固边、抢险救灾、疫情防控等社会实践，2022年疫情期间，有365批次、7000余名退役军人投身疫情防控一线，并自发捐款捐物达36.2万元。

四、移交安置工作

加强同组织、编制、人力资源社会保障等部门的沟通协调，及时印发安置通知，科学编制安置计划，圆满完成转业军官、安排工作退役士兵和退出消防员、逐月领取退役金退役军人安置任务，实现安置质量和安置满意度“双提升”。军休人员接收任务完成率达309%，提前完成接收任务。

五、就业创业工作

牵头制定《关于促进退役军人投身乡村振兴的实施意见》，联合青海省国资委下发《关于省属国有企业积极吸纳退役军人就业的通知》，为进一步拓宽退役军人就业渠道提供政策支撑。集中对3600余名自主就业退役士兵就业状况开展摸底调查，重点对未就业人员的区域分布、就业意愿等进行分析研判，并对各地做好就业扶持工作作出安排部署。在疫情冲击影响下，采取线上、线下等多种方式，对600余名退役军人进行适应性培训，组织850余名自主就业退役士兵开展技能培训，圆满完成年度培训任务。省级层面举办线上专场招聘及直播带岗活动4场次，帮助2800余名退役军人就业。遴选3家退役军人创办企业参加全国第二届退役军人创业创新大赛决赛，青海省2个参赛项目获优胜奖。

元旦、春节期间，全省各级退役军人事务系统累计开展走访慰问2070人次，发放慰问金228.44万元。党的二十大召开前，部署开展“喜迎党的二十大——为退役军人排忧解难”专项行动，省级层面专门筹措资金55万元用于补助各地开展走访慰问活动，走访退役军人 2051 人。高度关注因疫情影响造成的生活困难人员，先后为 1.5 万余名优抚对象发放价格临时补贴 205 万元。

六、双拥工作

调整加强青海省双拥工作领导小组力量，增补青海省委编办、省科技厅、省医保局等 13 个部门为成员单位，研究出台加强新时代双拥工作和退役军人工作服务备战打仗的具体措施。开展全国双拥模范城（县）中期自查评估，对西宁、平安、大通等地届中考评准备情况进行实地督导，传导了双拥创建工作“干在平时、比在平时、评在平时”的责任压力。

各级党委政府主要领导带队走访慰问驻青部队、看望慰问一线任务部队官兵家庭，赠送慰问品。支持驻青部队基础设施建设，协调解决军队提出的需求 182 件。开展“情系边海防官兵”春节专项慰问活动，协调解决驻军部队官兵随军家属实际问题，为 54 名随军家属解决随调安置或就业，为 1337 名军人子女办理优先优待入学入园、为 8 名军人家庭涉法问题提供法律援助，全省上下拥军优属氛围进一步浓厚。

七、优抚工作

修订完善《青海省优抚对象医疗保障办法》，建立健全优抚对象医疗保障制度，建立起多层次、立体化的优抚医疗保障体系。落实待遇保障标准动态增长机制，以平均 8% 的比例提高部分优抚对象抚恤和生活补助标准。按照全省退休人员养老金调整比例，同步提高退休和失业企业军转干部解困补助标准、无军籍退休退职职工基本退休费，实现保障水平与经济发展相协调、与社会进步相适应。稳步提高全省义务兵家庭优待水平，会同青海省财政厅研究提出提高义务兵家庭优待金标准的意见，从每人每年 1 万元提高至 1.25 万元。严格落实服务对象各类待遇保障政策，累计下拨资金 17.24 亿元，保障各项政策待遇落地落实。

积极探索社会化优待服务模式，与 4 家金融机构和青海邮政分公司签订优待合作协议，有效提升优待服务的“含金量”。常态化开展新兵入伍欢送、光荣牌悬挂、立功受奖报喜、退役返乡欢迎活动，推动落实退役军人名录和事迹载入地方志，先后为464名立功受奖军人家庭登门送喜报。

先后 2 次召开推进会议，加速推动优待证申领发放工作。针对部分服务对象身体、工作等原因无法及时办理的实际情况，主动上门服务，为行动不便的服务对象及退役军人相对较多的部门、单位进行集中办理。

八、褒扬纪念工作

加大烈士事迹挖掘、搜集、整理力度，广泛开展“网上祭英烈”活动。推进落实烈士子女参加普通高考优待政策，做好烈属关心关爱和烈士祭扫服务工作。建立烈士纪念设施提质改造建设标准体系，下拨资金用于 25 处烈士纪念设施提质改造和展陈场馆建设，协调将西宁市大通县烈士陵园、海北州门源县烈士陵园等 5 个烈士纪念设施建设项目纳入 2023 年度中央预算内项目储备库。

九、自身建设情况

始终把加强党的领导贯穿退役军人事务工作全领域、全过程，对习近平总书记重要指示批示精神、党中央重大决策部署和青海省委省政府各项工作要求，及时传达学习、认真贯彻落实，确保系统党员干部职工始终从思想上、政治上、行动上同党中央保持高度一致。扎实开展作风建设行动，成立领导小组，制发工作方案，及时动员部署，并以学习、问题、整改落实“三张清单”为抓手，强力推动各项要求落地落实落细。

宁夏回族自治区

2022年，宁夏回族自治区退役军人事务系统坚持以习近平新时代中国特色社会主义思想为指导，认真学习贯彻党的二十大精神，深入贯彻落实习近平总书记关于退役军人工作重要论述和视察宁夏重要讲话指示批示精神，全面贯彻落实党中央、国务院重大决策部署和自治区党委政府工作要求，满腔热忱为退役军人服务，抓改革、促发展、保稳定，有力推动退役军人工作高质量发展破题开局、起势增效。相关经验做法被退役军人事务部、宁夏回族自治区党委和政府等单位通报表扬或刊发交流20件次，工作信息被新华社、《人民日报》、中央电视台、《宁夏日报》等区内外主流媒体刊发报道545篇次。

一、工作体系建设情况

对标全面建设社会主义现代化强国战略部署，衔接全面建设现代化美丽新宁夏的时代使命，编制退役军人事务领域第一个"五年规划"，印发政策制度改革实施方案，明确37项重点改革任务，确立"123456+10"的发展布局，推动退役军人工作思路理念、规划布局、方式方法、实践路径整体优化。

二、思想政治工作

建立以正向激励为主、矛盾攻坚为重、真情维权为要、困难帮扶为基的一体化安全治理体系，出台第一个退役军人思想政治教育计划，首批建成4家"退役军人思想政治教育基地"，发布首届宁夏回族自治区"最美退役军人"，推出一批全国全区典型。

统筹地方建设人才需要和退役军人优势特长，一体打造宁夏老兵志愿服务、红色宣讲、文化艺术等"兵"品牌，选培"兵两委"945人，组建老兵志愿服务队330支7133人，老兵红色宣讲团30支174人，老兵文艺工作队6支187人，提供服务16万人（次），退役军人这一人力资源"富矿"在乡村振兴、基层治理一线展现生机活力，成为助力发展新的增长极。在疫情防控中，5800余名退役军人递交"请战书"，为抗疫硬核力量。

困难帮扶和矛盾化解专项行动成效明显，提供帮扶9021人（次），帮扶率达149%，办结疑难信访事项103件，43件退役军人事务部督办信访事项全部销号，退役军人信访总量同比下降47%，实现进京访"零发生"。

三、移交安置工作

实行“按积分排序选岗”的转业军官安置方式，建立三级统筹退役士兵安置新机制，健全军休人员“即退即审、即交即接”机制，圆满完成年度安置任务。

四、就业创业工作

出台加强退役军人就业创业的“23 条硬措施”，探索设定基层公务员、事业单位、政法公安专项招聘比例，被退役军人事务部领导批示肯定并转发全国学习交流。推动退役军人教育培训和就业创业数据纳入宁夏回族自治区统计指标体系，协调减免税费 783.4 万元、发放贷款 1534 万元，实现退役军人新就业 1364 人。

五、双拥工作

协调解决 530 名军人子女入学入托、41 名军人家属随迁随调问题和驻地部队通路通水、通气供暖等实际困难，开展“情系边海防”专项拥军慰问活动，走访慰问边海防官兵家庭 960 个，为边防官兵寄送贺卡等 1 万余件，吴忠市慰问戍边官兵活动被中央电视台军事频道报道。双拥模范城（县）创建中期考评中 27 个市、县（区）综合得分全部达到 85 分以上，95 分以上的占 33%。

六、优抚工作

建立抚恤补助标准自然增长机制，连续 18 次调整提高优抚对象抚恤和生活补助标准，发放补助资金 1.4 亿元。全年累计送立功喜报 1020 次，走访慰问 2.6 万人（次）。银川市创新推出军供保障“一接、二问、三帮、四送”服务工作法，获评全国重点军供单位。

七、褒扬纪念工作

建立全区烈士寻亲小分队，常态化开展烈士寻亲工作。“抢救性”留存老军人、老战士影像资料，深入挖掘整理英烈事迹，统计全区英烈名录，整理成册出版。完成 113 座烈士墓和 13 个烈士陵园整修改造，为 95.85 万人提供线上线下祭扫服务，为 11 名宁夏籍烈士寻到亲人。

八、服务保障工作

开展服务保障体系“五有”“全覆盖”落实情况“回头看”，下拨服务机构奖补资金 456 万元，全区 470 个退役军人服务中心（站）全部达到国家示范标准，涌现出同心县豫海镇退役军人服务站、利通区裕西社区退役军人服务站等一批特色明显、服务精准、退役军人满意的标杆机构。投入 1.3 亿元，启动实施信息化建设、银川市军休之家等一批“暖心工程”，基础设施建设整体提速。

九、“全域崇军行动”实施情况

坚持面向全国、连通全线、覆盖全业，建成“崇军商业街”6 条、“崇军景区”103 家、“崇军法律援助站”452 个，实现区内高速公路服务区

“老兵 +”站点全覆盖，签约崇军企业商家 1.2 万余家，一大批优先优惠优待举措走进退役军人生活、送到退役军人身边，“百行共建、万企崇军”的时代风尚在塞上大地焕发蓬勃生机。

新疆维吾尔自治区

2022年，新疆退役军人事务系统坚持以习近平新时代中国特色社会主义思想为指导，深入贯彻落实习近平总书记关于退役军人工作重要论述，完整准确贯彻新时代党的治疆方略，坚持“两个统筹”，紧盯“让退役军人获得感成色更足”主线，以落实《新疆维吾尔自治区“十四五”退役军人服务和保障规划》为牵引，系统谋划、精准施策，推动全区退役军人工作取得新成效。

一、机构建设情况

推进全区退役军人工作机构政治文化建设，印发《关于进一步完善退役军人工作机构政治文化环境建设的通知》，规范各级退役军人服务中心（站）悬挂展示内容，集中打造80家具有新疆特色的基层红色站点；完成服务对象100人以上村（社区）服务站示范型创建工作。

持续推进政务服务便利化提升，制定印发《自治区“军人退役一件事”工作实施方案（试行）》，打造全区军人退役“一件事一次办”主题集成服务，通过新疆政务服务和一体化平台开设“自治区本级转业军官和安排工作退役士兵接收预报到”网办服务事项，提升政务服务效能。

二、政策法规工作

从严抓实政策执行，接续推进“法律政策落实年”活动，梳理印发229项地县级和49项乡村级政策点，坚持看成绩、检问题、查堵点、重帮带、强指导、抓落实、体尊崇等原则，先后赴全区多个地县市区、乡镇街道、村社区开展解剖麻雀式实地调研，摸清基层实情、吃准基层需求、诊断堵点症结、研究发展措施，为下一步有针对性地开展工作提供宝贵经验。

认真做好退役军人事务部来新疆蹲点调研工作，对指出的问题，立行立改，举一反三，制定整改方案，建立问题台账，明确具体责任人，倒排工期，逐条销号。对责任单位采取专题汇报、视频调度、电话回访等形式“回头看”，全力推动问题改到位，政策落到底。

全面强化依法行政能力，深入学习贯彻习近平法治思想，组织编印政策法规汇编、工作制度汇编，狠抓系统领导干部定期学法制度落实，举办2期“自治区退役军人事务系统依法行政业务大讲堂”。将法治素养和依法履职情况纳入考核评价干部重要内容，打造知法、懂法、守法、用法的高素质干部队伍。

三、思想政治和权益维护工作

召开2021年度新疆“最美退役军人”称号授予大会，联合主流媒体开设“退役老兵‘新’风采”融媒体系列报道，每周对3～4名全国、新疆“最美退役军人”进行多平台同步宣传。开展新疆维吾尔自治区首届退役军人服务保障先进单位、先进个人及先进军休干部表彰活动。新疆维吾尔自治区退役军人关爱基金会援助项目进展顺利，累计帮扶困难退役军人和其他优抚对象209名，投入资金99.5万元。

会同新疆维吾尔自治区文明办、民政厅、团委联合印发《关于进一步做好退役军人志愿服务工作的指导意见》，指导全区退役军人志愿服务工作规范建设。疫情期间，全区3.6万余名退役军人组建1800余支退役军人志愿服务队，投身疫情防控一线，累计捐款捐物220.13万元。

四、移交安置工作

严格落实国家安置计划，大力推行“阳光安置”工作机制，采取积分选岗、双向选择、指令性安置等方式，完成年度转业军官、安排工作退役士兵和退出消防员安置任务，安置率达100%。搭建退役军人安置“快车道”，不断提升安置工作质量。安排工作退役士兵和退出消防员安置任务超前完成，节约待安置期经费200余万元。

五、就业创业工作

印发《关于促进退役军人到开发区就业创业的实施意见》《关于促进退役军人投身乡村振兴的实施意见》。

印发《自治区退役士兵教育培训工作实施办法》，鼓励退役军人提升学历，按规定落实退役军人加分、免试入学、学费减免等教育优惠政策，全年提升学历1041人。印发《自治区高职扩招退役军人毕业生就业促进专项行动方案（2022年—2024年）》，建立高职扩招退役军人毕业生就业台账。组织开展“就业政策暖兵心、就业政策进军营”活动。

加大退役军人就业创业宣传力度，召开自治区退役军人就业创业新闻发布会，建立自主就业退役军人就业台账和退役军人创业项目库，组织技能培训1173人次，汇编印发21万册《退役军人就业创业政策摘要》，举办招聘会162场，2536名退役军人达成就业意向。

六、军休服务管理工作

召开军地移交接收工作推进会，进军营宣讲待遇保障政策，分批次下发移交安置计划，落实移交接收周报制度，压实工作主体负责。采取“随到随办、职级分流、政策宣传、视频移交”等方式，特别是在疫情防控形势下，克服困难，积极开展视频移交，圆满完成年度移交安置任务。

通过出台军休干部健康体检、社会组织兼职、荣誉疗养、定期增资管理、作用发挥、流动人员服务管理、慰问经费使用管理等办法规定，规范业务流程，有效提高军休干部服务管理能力，提升军休机构正规化、精细化服务管理水平。

积极开展庆祝建军95周年和迎接党的二十大系列活动，举办“岁月峥嵘 情怀如歌”主题线上朗诵活动，利用“网络军休所”等平台进行展播。组织军休干部参加全国喜迎二十大文艺活动。

七、拥军优抚工作

“八一”建军节，新疆维吾尔自治区党委及政府主要领导带领慰问团走访慰问驻守喀喇昆仑山边防一线部队官兵；春节期间，自治区党委分管领导带领慰问团赴三十里营房走访慰问一线部队官兵，加深军政军民鱼水情，深化双拥共建。组织全区16个全国双拥模范城（县）开展“情系边海防官兵”春节专项慰问活动，向边防军人送去慰问信300封，糖果礼包2250份，慰问现役军人家庭2200余户。

做好优待证发放工作，制定工作方案，举办优待证申领工作启动仪式，定期召开优待证申领发放工作调度会，坚持工作日清日结、每月统计工作进度，指导各地按照实施方案稳步推进。

落实全面推进优抚医院改革发展动员部署会议精神，研究制定优抚医院改革发展规划和具体实施方案。研究制定优抚事业单位“十四五”规划，明确优抚医院、光荣院发展目标和路径，将自治区荣军医院和光荣院纳入“十四五”时期兜底线工程，报送自治区荣军医院能力提升建设项目，争取国家资金支持，推动优抚医院和光荣院建设发展。

八、褒扬纪念工作

强化褒扬纪念法律法规宣传力度，将《中华人民共和国英雄烈士保护法》和《烈士褒扬条例》列入“法宣在线”学法平台。积极推进自治区《烈士纪念设施管理办法》草案起草工作。完成县级以下烈士纪念设施整合，举办219场迁墓仪式，对376座零散烈士墓实行“应迁尽迁，应集中尽集中”。

申请专项资金，推进阿勒泰、奇台等6个烈士陵园提质改造，推动伊犁、康西瓦等6个烈士陵园改扩建项目纳入社会服务兜底线工程2023年中央预算内投资储备项目库。军地双方联合高质量完成康西瓦烈士陵园修缮工程。

发行《天山忠魂·建党百年新疆英烈谱》，启动编撰《新疆烈士传》（第十五辑），组织收集全区烈士事迹史料、英烈事迹出版物及英烈作品61件。开通“新疆英烈网”，实现网上祭奠、查询英烈信息、宣传英烈事迹等多种功能。精心组织“9·30”烈士纪念日活动，129.1万人次进行网上祭扫，持续弘扬英烈精神、传承红色基因。

九、自身建设情况

推动新疆维吾尔自治区党委退役军人事务工作领导小组及其办公室职能作用发挥，以保障事业长足发展为目标，夯基固本持续加强自身建设。不断强化领导小组及其办公室工作机制，召开自治区退役军人事务工作会议，开展“赞颂新成就、谋划新发展、奋进新征程”系统调研和“老兵永远跟党走”主题活动。坚持以加强组织建设为保障，推动政治能力提升，坚决扛起管党治党主体责任。

编印《党支部规范化手册》，完善《自治区退役军人事务厅基层党组织、领导干部和党员请示报告清单》，不断提升工作标准化、规范化水平。

新疆生产建设兵团

2022年，新疆生产建设兵团退役军人事务系统坚持以习近平新时代中国特色社会主义思想为指导，深入学习宣传贯彻党的二十大精神，认真贯彻落实习近平强军思想和习近平总书记关于退役军人工作重要论述，深刻领会习近平总书记视察新疆和兵团重要讲话重要指示精神，完整准确贯彻新时代党的治疆方略，紧紧围绕履行新时代维稳戍边职责使命，服务兵团深化改革和向南发展，做好退役军人服务保障工作，推动兵团退役军人工作高质量发展。

一、机构建设情况

新疆生产建设兵团党委先后5次召开常委会议和领导小组会议，学习习近平总书记关于退役军人工作重要论述，传达中央有关会议精神，审议重要文件，研究退役军人学历提升计划、退役军人困难诉求和期盼建议解决等重点工作。各师市认真完善领导小组工作运行机制，积极总结师市党委领导机构示范工作法，其中第二师铁门关市协调工作案例被退役军人事务部采纳。

截至2022年年底，兵团辖区应建已建退役军人服务中心（站）705个。兵团3名基层主任（站长）被退役军人事务部评为2022年全国退役军人服务中心（站）“百名优秀主任（站长）”。

组织系统各单位接续开展“法律政策落实年”活动，持续抓好各类具体政策点落实。8月上旬，配合退役军人事务部“蹲点抓落实”调研组在第二师铁门关市和第一师阿拉尔市开展调研，顺利完成工作任务。认真开展退役军人法律援助工作，落实退役军人事务部、司法部联合印发的《关于加强退役军人法律援助工作的实施意见》，目前兵团各级退役军人服务中心（站）共设立93个法律咨询窗口，各级法律援助机构在退役军人服务中心设立7个法律援助工作站，在团场（乡镇、街道）、连队（村、社区）退役军人服务站设立122个法律援助联络点。

二、思想政治工作

“八一”建军节前夕，新疆生产建设兵团举办“最美退役军人”发布仪式，全国及兵团“最美退役军人”、师市优秀“兵支书”代表等130余人参加。兵团各级利用广播、电视、报纸及新媒体，广泛宣传优秀退役军人先进事迹，在全社会营造关心、理解、尊崇退役军人的浓厚氛围。

持续开展“老兵永远跟党走”系列活动，组织老兵宣讲228场次，引导退役军人做好新时代维稳戍边人。印发《关于加强退役军人宣传工作的实施意见》，常态化宣传退役军人工作。兵团退役军人微信公众号全年刊发文章220期，受众面不断扩大，影响力有新提升。

三、移交安置工作

积极推行“阳光安置”和“直通车”安置方式，圆满完成转业军官、安排工作退役士兵、退出消防员年度安置任务。及时为复原军官协调报到落户。

四、就业创业工作

健全退役军人就业创业政策，会同有关部门出台《兵团退役军人事务局等16部门关于促进退役军人投身乡村振兴的实施意见》《兵团退役军人学历提升计划实施方案》等文件。会同有关部门开展以“卸甲归来再出发、春风十里助就业”为主题的兵团退役军人及随军家属招聘周、兵团民营企业招聘月、金秋招聘月活动等线上、线下招聘活动共计45场，参与企业2197家，提供岗位8362个，有效帮助340名退役军人和随军家属实现就业。

全面开展退役军人教育培训工作，组织退役士兵参加适应性培训和技能培训。做好首批高职扩招退役军人毕业生就业工作，全力推进高职扩招退役军人毕业生就业创业，目前兵团高职扩招退役军人毕业生共229人，已就业184人。

五、军休服务管理工作

落实《军队离休退休干部服务管理办法》，完成4名军休干部接收安置工作。对1名已故军休干部遗属发放了一次性抚恤金，梳理了兵团无军籍职工服务管理工作和经费保障情况。

六、拥军优抚工作

常态化开展“情系边海防官兵”拥军优属活动，新疆生产建设兵团党委领导带队，春节期间慰问高原边防部队，鼓舞部队官兵士气。“八一”建军节期间，兵团党委领导主持双拥专题会议，在全兵团开展“牢记领袖嘱托、弘扬光荣传统、凝聚奋进力量”主题活动，兵团党委常委率团慰问兵团辖区部队基层连队官兵，将全国模范退役军人、“最美退役军人”、优秀基干民兵代表等纳入慰问范围。全覆盖走访慰问边海防一线部队官兵家属，走访慰问各类优抚对象及部队官兵1.5万余人次，召开联席会（座谈会、联谊会）300余场次，帮助解决随军家属就业安置20余人，落实军人子女教育优待150余人。

各级出动800余人，参与拥军支前保障行动2次。第三师图木舒克市、第四师可克达拉市和第一师阿拉尔市等师市积极为部队营区、口岸巡护站、边境派出所等解决生活设施配备、边防线设施建设、场站和公路建设等问题。各成员单位主动作为，在各自职责范围和领域为军人军属、退役军人和其他优抚对象提供优待服务，解决“三后”问题，全方位开展双拥共建，军政军民团结更加巩固。

健全制度体系，出台《兵团军人军属、退役军人和其他优抚对象优待工作实施办法（试行）》《新疆生产建设兵团义务兵家庭优待金发放办法》《新疆生产建设兵团伤残抚恤管理办法实施细则》等规范性文件，起草《新疆生产建设兵团部分优抚对象管理细则（试行）》《新疆生产建设兵团优抚对象医疗保障实施办法》，提高优抚工作的规范性和统一性。为退役军人及其他优抚对象申领发放优待证。下发《关于调整部分优抚对象等人员抚恤和生活补助标准的通知》，8月起提高优抚对象抚恤优待金标准。为当年申请评残的21名残疾军人评定了残疾等级。各师市认真做好享受国家定期抚恤补助的优抚对象价格临时补贴发放工作。

七、褒扬纪念工作

县级以下烈士纪念设施整修工程有效实施。争取中央资金1467万元，兵师两级筹措配套资金1300余万元，提升纪念设施改造质效，第三师图木舒克市、第五师双河市、第七师胡杨河市、第九师建成集中迁葬地，修建烈士纪念碑3座、英名墙1座、浮雕4座、纪念馆1座、纪念广场2个。

启动《烈士英名录》编撰，大力挖掘兵团及前身部队在解放新疆、平叛剿匪、改造亘古荒原、开创新疆现代化事业、戍守祖国边疆、维护社会稳定过程中牺牲的军垦战士事迹，使兵团英烈精神得到长效、系统的记载和传承；积极推动将烈士纪念设施作为高品质红色教育和旅游资源，成为缅怀英烈、学习英烈的主要场所，逐步纳入爱国主义教育体系和红色旅游路线；清明节和“9・30”烈士纪念日期间开展了“网上祭英烈”“红色九月”等形式多样的纪念活动，营造浓厚的尊崇氛围。

八、自身建设情况

坚持加强政治建设，推动政治机关建设向全系统延伸。严格执行中央八项规定及其实施细则精神，规范权力运行和监督制约机制。大力整治“四风”，特别是官僚主义、形式主义问题。树牢群众观念，贯彻群众路线，坚持做好常态化联系退役军人工作，新疆生产建设兵团退役军人事务局领导带领干部带头下访接访。

强化干部教育培训，线下举办团场（街道）退役军人服务站站长培训班和“兵支书”培训班，培训基层工作人员146人次，线上举办兵团退役军人事务系统提升干部专业化能力培训班，重点讲授退役军人法律政策及重点业务知识。系统干部70余人次参加部里组织的线上、线下学习培训，服务能力得到大幅提升。

政策法规

中华人民共和国退役军人事务部令

第 6 号

《烈士纪念设施保护管理办法》已经 2021 年 12 月 30 日退役军人事务部第二十一次部务会议审议通过，现予公布，自 2022 年 3 月 1 日起施行。

部长　孙绍骋

2022 年 1 月 24 日

烈士纪念设施保护管理办法

（2013 年 6 月 27 日民政部令第 47 号公布，2022 年 1 月 24 日退役军人事务部令第 6 号修订）

第一章　总　则

第一条　为加强烈士纪念设施保护管理，传承弘扬英烈精神和爱国主义精神，更好发挥烈士纪念设施褒扬英烈、教育后人的红色资源作用，根据《中华人民共和国英雄烈士保护法》、《烈士褒扬条例》和国家有关规定，制定本办法。

第二条　本办法所称烈士纪念设施，是指在中华人民共和国境内按照国家有关规定为纪念缅怀英烈专门修建的烈士陵园、烈士墓、烈士骨灰堂、烈士英名墙、纪念堂馆、纪念碑亭、纪念塔祠、纪念塑像、纪念广场等设施。

第三条　烈士纪念设施应当按照基础设施完备、保护状况优良、机构制度健全、服务管理规范、功能发挥显著的要求，加强保护管理工作。

第四条　国务院退役军人工作主管部门负责指导全国烈士纪念设施的保护管理工作。县级以上地方人民政府退役军人工作主管部门负责本行政区域烈士纪念设施的保护管理工作。

第五条　烈士纪念设施应当由县级以上人民政府退役军人工作主管部门报请同级人民政府确定保护单位，具体负责烈士纪念设施保护管理工作，加强工作力量，明确管理责任。不能确定保护单位的，应当由县级以上人民政府退役军人工作主管部门报请同级人民政府明确管理单位进行保护管理。

第六条　县级以上人民政府退役军人工作主管部门会同财政、发展改革等部门安排烈士纪念设施保护管理和维修改造经费，用于烈士纪念设施维修改造、设备更新、环境整治、展陈宣传和祭扫纪念活动等工作，接受财政、审计部门和社会监督。

第二章　分级保护

第七条　国家对烈士纪念设施实行分级保护，根据其纪念意义、建设规模、保护状况等可分别确定为：

（一）国家级烈士纪念设施；

（二）省级烈士纪念设施；

（三）设区的市级烈士纪念设施；

（四）县级烈士纪念设施。

未确定保护级别的烈士纪念设施由所在地县级人民政府退役军人工作主管部门进行保护管理或者委托有关单位、组织或者个人进行保护管理。对于零散烈士墓应当集中迁移保护，确不具备集中保护条件的，应当明确保护力量和管理责任。

第八条　符合下列基本条件之一的烈士纪念设施，可以申报国家级烈士纪念设施：

（一）为纪念在中国革命、建设、改革等各个历史时期的重大事件、重要战役和主要革命根据地斗争中牺牲的烈士而修建的烈士纪念设施；

（二）为纪念在全国有重要影响的著名烈士而修建的烈士纪念设施；

（三）位于革命老区、民族地区的规模较大的烈士纪念设施；

（四）为纪念为中国革命斗争牺牲的知名国际友人而修建的纪念设施；

（五）规模较大、基础设施完备、规划建设特色明显，具有全国性知名度或较强区域影响力的其他烈士纪念设施。

地方各级烈士纪念设施的申报条件，由同级人民政府退役军人工作主管部门制定，报上一级人民政府退役军人工作主管部门备案。

第九条　申报国家级烈士纪念设施，由省级人民政府退役军人工作主管部门提出申请，经国务院退役军人工作主管部门审核，报国务院批准后公布。

申报地方各级烈士纪念设施，由拟核定其保护级别的县级以上人民政府退役军人工作主管部门向本级人民政府提出申请，经本级人民政府批准后公布，并在公布后二十个工作日内报上一级人民政府退役军人工作主管部门备案。

第十条　申报烈士纪念设施保护级别，应提供以下材料：

（一）烈士纪念设施基本情况；

（二）烈士纪念设施保护单位或者管理单位情况；

（三）烈士纪念设施建设批准相关材料；

（四）烈士纪念设施建设规划平面图；

（五）土地使用权属（不动产权属）和保护范围证明；

（六）主要纪念设施的现状照片；

（七）需要提供的其他资料。

第十一条　烈士纪念设施应当设立保护标志，由公布其保护级别的县级以上人民政府退役军人工作主管部门负责设立。

烈士纪念设施保护标志式样，由国务院退役军人工作主管部门统一制定。

第三章　规划建设

第十二条　烈士纪念设施应当纳入当地国民经济和社会发展规划等相关规划，发挥好爱国主义教育基地、国防教育基地作用。

第十三条　烈士纪念设施保护单位和管理单位应当向所在地不动产登记机构申请办理不动产登记，确认烈士纪念设施不动产权属。

第十四条　烈士纪念设施保护或管理单位的上级主管部门应当根据烈士纪念设施的类别、规模、保护级别以及周边环境等情况，提出划定烈士纪念设施保护范围的方案，报同级人民政府批准后公布，并报上一级人民政府退役军人工作主管部门备案。

第十五条　新建、迁建、改扩建烈士纪念设施应当从严控制，未经批准不得建设。对于反映同一历史人物、同一历史事件，已建烈士纪念设施的，原则上不得重复建设。

涉及重大革命历史题材、已故领导同志、已故著名党史人物、已故著名党外人士、已故近代名人的烈士纪念设施的新建、迁建、改扩建，应当按规定逐级上报，经党中央、国务院批准后实施。

不涉及以上内容的，应当由所在地县级以上人民政府退役军人工作主管部门提出申请，经核定其保护级别的县级以上人民政府退役军人工作主管部门审核并报同级人民政府批准后实施。

第十六条 新建、迁建、改扩建烈士纪念设施应当提出书面申请，申请材料包括项目名称、建设理由、建设内容、展陈内容、占地面积、建筑面积、用地性质、投资估算、资金来源等内容，并依法依规办理相关审批手续。新建烈士纪念设施的，应当同时提交申报保护级别文件。

第十七条 烈士纪念设施名称应当严格按照核定保护级别时确定名称规范表述。

地方各级烈士纪念设施确需更名的，应由省级人民政府退役军人工作主管部门批准后公布，并报同级人民政府和国务院退役军人工作主管部门备案。

国家级烈士纪念设施确需更名的，由省级人民政府退役军人工作主管部门提出申请，经国务院退役军人工作主管部门批准后公布，并报国务院备案。

第四章 维护利用

第十八条 烈士纪念设施保护单位和管理单位应当保证设施设备外观完整、题词碑文字迹清晰，保持庄严、肃穆、清净的环境和氛围，为社会公众提供良好的瞻仰和教育场所。

第十九条 烈士纪念设施应当免费向社会开放。

第二十条 烈士纪念设施保护单位和管理单位应当按照国家有关规定，加强对烈士纪念设施中文物和历史建筑物的保护管理。

对属于不可移动文物的烈士纪念设施，依据文物保护法律法规划定保护范围和建设控制地带，并按照文物保护标准做好相关防护措施；对可移动文物，应当设立专门库房，分级建档，妥善保管。

第二十一条 烈士纪念设施保护单位和管理单位应当开展英烈史料的收集整理、事迹编纂和陈列展示工作，挖掘研究英烈事迹和精神。

第二十二条 烈士纪念设施保护单位和管理单位应当及时更新优化展陈，在保持基本陈列相对稳定的前提下，及时补充完善体现时代精神和新史料新成果的展陈内容，经审批可每 5 年进行一次局部改陈布展，每 10 年进行一次全面改陈布展。

地方各级烈士纪念设施改陈布展，由县级以上人民政府退役军人工作主管部门提出申请，基本陈列改陈布展大纲和版式稿经核定其保护级别的县级以上人民政府退役军人工作主管部门商有关部门审定。

国家级烈士纪念设施改陈布展，由省级人民政府退役军人工作主管部门报国务院退役军人工作主管部门审定。

第二十三条 县级以上人民政府退役军人工作主管部门应当会同相关部门建立解说词研究审查制度，切实把好政治关、史实关，增强讲解的准确性、完整性和权威性。

第二十四条 烈士纪念设施保护单位和管理单位应当协助配合机关、团体、乡村、社区、学校、企事业单位和军队有关单位开展烈士纪念日公祭活动和其他纪念活动，维护活动秩序，提高服务水平。

第二十五条 烈士纪念设施保护单位和管理

单位应当为烈士亲属和社会公众日常祭扫和瞻仰活动提供便利，创新服务方式，做好保障工作，推行文明绿色生态祭扫。

烈士纪念设施保护单位和管理单位应当配合接待异地祭扫的县级以上人民政府退役军人工作主管部门妥善安排祭扫活动，按照国家有关规定为自行前往异地祭扫的烈士亲属提供服务保障。

第二十六条　县级以上人民政府退役军人工作主管部门应当指导烈士纪念设施保护单位和管理单位充分发挥红色资源优势，拓展宣传教育功能，扩大社会影响力。

烈士纪念设施保护单位和管理单位应当加强网络宣传教育，通过开设网站和利用新媒体平台，为社会公众提供网上祭扫和学习教育平台，宣传英烈事迹，弘扬英烈精神。

第五章　组织管理

第二十七条　烈士纪念设施保护单位和管理单位应当健全服务和管理工作规范，完善内部规章制度，提高管理和服务水平。

第二十八条　县级以上人民政府退役军人工作主管部门应当加强对烈士纪念设施保护管理工作的监督考核。

省级人民政府退役军人工作主管部门应当会同有关部门每 4 年对本地区烈士纪念设施进行一次排查，建立排查档案。对保护不力、管理不善、作用发挥不充分的烈士纪念设施保护单位或管理单位进行通报批评，限期整改；情节严重的，依法依规追究责任。

第二十九条　烈士纪念设施保护单位和管理单位应当根据事业发展和实际工作需要科学合理设置岗位，明确岗位职责，定期组织业务培训和学习交流。

烈士纪念设施保护单位应当配备研究馆员和英烈讲解员，并注重提高其专业素养，也可采取利用志愿者力量、购买服务等方式组织具有相关专业知识的人员和机构提供研究和讲解服务。

第三十条　鼓励支持自然人、法人和非法人组织以捐赠财产等方式，参与烈士纪念设施保护管理工作。自然人、法人和非法人组织捐赠财产用于烈士纪念设施保护管理活动的，依法享受税收优惠。

县级以上人民政府退役军人工作主管部门应当会同文物部门指导烈士纪念设施保护单位和管理单位妥善保管捐赠的革命文物、烈士遗物等物品，建立健全捐赠档案，对捐赠的单位和个人按照国家有关规定给予精神鼓励或者物质奖励。

第三十一条　县级以上人民政府退役军人工作主管部门可通过政府购买服务等方式加强烈士纪念设施保护管理工作力量。

烈士纪念设施保护单位和管理单位可以设立志愿服务站点，招募志愿者开展志愿服务，鼓励退役军人、烈士亲属、机关干部、专家学者和青年学生到烈士纪念设施担任义务讲解员、红色宣讲员、文明引导员，参与设施保护、讲解宣讲和秩序维护等工作。

第六章　责任追究

第三十二条　烈士纪念设施保护范围内的土地和设施受法律保护，任何组织和个人不得在烈士纪念设施保护范围内从事与纪念英烈无关或者有损纪念英烈环境和氛围的活动，不得侵占烈士纪念设施保护范围内的土地和设施，不得破坏、污损烈士纪念设施。

第三十三条　在烈士纪念设施保护范围内从事有损纪念英烈环境和氛围活动的，烈士纪念设施保护单位和管理单位应当及时劝阻；不听劝阻的，由县级以上人民政府退役军人工作主管部门会同有关部门按照职责规定给予批评教育，责令改正。

第三十四条　非法侵占烈士纪念设施保护范围内的土地、设施，破坏、污损烈士纪念设施，或者在烈士纪念设施保护范围内为不符合安葬条件的人员修建纪念设施、安葬或安放骨灰或者遗体的，由所在地县级以上人民政府退役军人工作主管部门责令改正，恢复原状、原貌；造成损失的，依法承担民事责任。

第三十五条　烈士纪念设施保护单位和管理单位及其主管部门工作人员有下列行为之一的，由上级人民政府退役军人工作主管部门对其直接负责的责任人和其他主管人员进行批评教育，责令改正；情节严重的，依法依规追究责任：

（一）滥用职权、玩忽职守、徇私舞弊，造成烈士纪念设施、史料遗物遭受损失的；

（二）贪污、挪用烈士纪念设施保护管理经费的；

（三）未经批准擅自新建、迁建、改扩建烈士纪念设施的；

（四）其他违反相关法律法规行为的。

第三十六条　违反本办法规定，构成违反治安管理行为的，依法给予治安管理处罚；构成犯罪的，依法追究刑事责任。

第七章　附　则

第三十七条　本办法自 2022 年 3 月 1 日起施行。

中华人民共和国退役军人事务部
中华人民共和国国家卫生健康委员会
国家医疗保障局令

第 7 号

《优抚医院管理办法》已经退役军人事务部部务会议审议通过，并经国家卫生健康委员会、国家医疗保障局同意，现予公布，自 2022 年 8 月 1 日起施行。

退役军人事务部部长　裴金佳

国家卫生健康委员会主任　马晓伟

国家医疗保障局局长　胡静林

2022 年 6 月 28 日

优抚医院管理办法

（2011年6月9日民政部令第41号公布，2022年6月28日退役军人事务部、国家卫生健康委员会、国家医疗保障局令第7号修订）

第一条　为了加强优抚医院管理，服务国防和军队建设，推动让退役军人成为全社会尊重的人，让军人成为全社会尊崇的职业，根据《中华人民共和国退役军人保障法》、《中华人民共和国基本医疗卫生与健康促进法》、《军人抚恤优待条例》、《医疗机构管理条例》和国家有关规定，制定本办法。

第二条　优抚医院是国家为残疾退役军人和在服役期间患严重慢性病、精神疾病的退役军人等优抚对象提供医疗和供养服务的优抚事业单位，是担负特殊任务的医疗机构，主要包括综合医院、康复医院、精神病医院等，名称统一为“荣军优抚医院”。

优抚医院坚持全心全意为优抚对象服务的办院宗旨，坚持优抚属性，遵循医疗机构建设和管理规律。

第三条　国务院退役军人工作主管部门负责全国优抚医院工作。县级以上地方人民政府退役军人工作主管部门负责本行政区域内优抚医院工作。

退役军人工作主管部门应当会同卫生健康主管部门加强对优抚医院的指导，为优抚医院医务人员的培训进修等创造条件，支持有条件的优抚医院在医疗、科研、教学等方面全面发展。

第四条　国家兴办优抚医院，所需经费按照事权划分列入各级预算。

第五条　设置优抚医院，应当符合国家有关规定和优抚医院布局规划。

卫生健康主管部门应当会同退役军人工作主管部门，将优抚医院设置纳入当地医疗机构设置规划统筹考虑。

省级人民政府退役军人工作主管部门应当会同省级人民政府卫生健康主管部门根据优抚对象数量和医疗供养需求情况，适应伤病残退役军人移交安置工作和服务备战打仗需要，制定本行政区域内优抚医院布局和发展规划，并报国务院退役军人工作主管部门和国务院卫生健康主管部门备案。

优抚医院布局和发展规划应当纳入当地经济和社会发展总体规划和卫生健康、医疗保障事业发展规划，建设水平应当与当地经济和社会发展、卫生健康事业发展相适应。

第六条　因符合条件优抚对象数量较少等情形未建设优抚医院的地方，可以采取购买服务等方式，协调当地其他医疗机构为优抚对象提供医疗服务。

优抚医院应当依法履行相关职责，符合条件的按程序纳入基本医疗保险定点医疗机构、工伤保险协议医疗机构、工伤康复协议机构管理范围。

第七条　优抚医院在建设、用地、水电、燃气、供暖、电信等方面依法享受国家有关优惠政策。

鼓励公民、法人和其他组织对优抚医院提供捐助和服务。

优抚医院各项经费应当按照批复的预算执行，接受财政、审计部门和社会的监督。

第八条　对在优抚医院工作中成绩显著的单位和个人，按照国家有关规定给予表彰和奖励。

第九条　优抚医院根据主管部门下达的任务，收治下列优抚对象：

（一）需要常年医疗或者独身一人不便分散供养的一级至四级残疾退役军人；

（二）在服役期间患严重慢性病的残疾退役军人和带病回乡退役军人；

（三）在服役期间患精神疾病，需要住院治疗的退役军人；

（四）短期疗养的优抚对象；

（五）主管部门安排收治的其他人员。

优抚医院应当在完成主管部门下达的收治任务的基础上，为其他优抚对象提供优先或者优惠服务。

第十条　优抚医院应当为在院优抚对象提供良好的医疗服务和生活保障，主要包括：

（一）健康检查；

（二）疾病诊断、治疗和护理；

（三）康复训练；

（四）健康指导；

（五）辅助器具安装；

（六）精神慰藉；

（七）生活必需品供给；

（八）生活照料；

（九）文体活动。

第十一条　优抚医院应当加强对在院优抚对象的思想政治工作，发挥优抚对象在光荣传统教育中的重要作用。

第十二条　优抚医院针对在院残疾退役军人的残情特点，实施科学有效的医学治疗，探索常见后遗症、并发症的防治方法，促进生理机能恢复，提高残疾退役军人生活质量。

第十三条　优抚医院应当采取积极措施，控制在院慢性病患者病情，减轻其痛苦，降低慢性疾病对患者造成的生理和心理影响。

第十四条　优抚医院对在院精神疾病患者进行综合治疗，促进患者精神康复。

对精神病患者实行分级管理，预防发生自杀、自伤、伤人、出走等行为。

第十五条　优抚医院应当规范入院、出院程序。

属于第九条规定收治范围的优抚对象，可以由本人（精神病患者由其利害关系人）提出申请，或者由村（社区）退役军人服务站代为提出申请，经县级人民政府退役军人工作主管部门审核，由优抚医院根据主管部门下达的任务和计划安排入院。省级人民政府退役军人工作主管部门可以指定优抚医院收治符合条件的优抚对象。

在院优抚对象基本治愈或者病情稳定，符合出院条件的，由优抚医院办理出院手续。

在院优抚对象病故的，优抚医院应当及时报告主管部门，并协助优抚对象常住户口所在地退役军人工作主管部门妥善办理丧葬事宜。

第十六条　优抚医院应当按照国家有关规定

建立健全病历管理制度，设置病案管理部门或者配备专兼职人员，负责病历和病案管理工作。

第十七条　退役军人工作主管部门应当定期组织优抚医院开展巡回医疗活动，积极为院外优抚对象提供医疗服务。

第十八条　优抚医院应当在做好优抚对象服务工作的基础上，积极履行医疗机构职责，发挥自身医疗专业特长，为社会提供优质医疗服务。

优抚医院应当通过社会服务提升业务能力，改善医疗条件，不断提高医疗和供养水平。

第十九条　优抚医院在设置审批、登记管理、命名、执业和监督等方面应当符合国家有关医疗机构管理的法律法规和相关规定，执行卫生健康主管部门有关医疗机构的相关标准。

第二十条　优抚医院实行党委领导下的院长负责制，科室实行主任（科长）负责制。

第二十一条　优抚医院应当加强党的建设，充分发挥基层党组织战斗堡垒作用和党员先锋模范作用，促进思想政治和医德医风建设。

第二十二条　优抚医院实行国家规定的工资制度，合理确定医务人员薪酬水平，完善内部分配和激励机制，促进医务人员队伍建设。

第二十三条　优抚医院建立职工代表大会制度，保障职工参与医院的民主决策、民主管理和民主监督。

第二十四条　优抚医院应当树立现代管理理念，推进现代化、标准化、信息化建设；强化重点专科建设，发挥专业技术优势；建立完整的医护管理、感染控制、药品使用、医疗事故预防和安全、消防等规章制度，提高医院管理水平。

第二十五条　优抚医院实行岗位责任制，设立专业技术类、管理类、工勤技能类等岗位并明确相关职责；实行 24 小时值班制度，按照医院分级护理等有关要求为收治对象提供护理服务。

第二十六条　优抚医院应当完善人才培养和引进机制，积极培养和引进学科带头人，同等条件下优先聘用曾从事医务工作的退役军人，建立一支适应现代化医院发展要求的技术和管理人才队伍。

第二十七条　优抚医院应当加强与军队医院、其他社会医院、医学院校的合作与交流，开展共建活动，在人才、技术等领域实现资源共享和互补。

第二十八条　优抚医院应当加强医院文化建设，积极宣传优抚对象的光荣事迹，形成有拥军特色的医院文化。

第二十九条　优抚医院的土地、房屋、设施、设备和其他财产归优抚医院管理和使用，任何单位和个人不得侵占。

侵占、破坏优抚医院财产的，由当地人民政府退役军人工作主管部门责令限期改正；造成损失的，依法承担赔偿责任。

第三十条　优抚对象应当遵守优抚医院各项规章制度，尊重医护人员工作，自觉配合医护人员的管理。对违反相关规定的，由优抚医院或者主管部门进行批评教育，情节严重的，依法追究相应责任。

第三十一条　优抚医院违反本办法规定，提供的医疗和供养服务不符合要求的，由优抚医院主管部门责令改正；逾期不改正的，对直接负责的责任人和其他主管人员依法给予处分；造成损失的，依法承担责任。

优抚医院造成收治对象人身损害或发生医疗事故、医疗纠纷的，应当依法处置。

优抚医院违反国家有关医疗机构管理的法律法规和相关规定的，由县级以上地方人民政府卫生健康主管部门依法依规处理。

第三十二条　承担优抚对象收治供养任务的其他医疗机构对优抚对象的诊疗服务工作，可以参照本办法有关规定执行。

第三十三条　本办法自2022年8月1日起施行。

中华人民共和国退役军人事务部令

第8号

《烈士安葬办法》已经2022年11月21日退役军人事务部第二十七次部务会议审议通过，现予公布，自2023年2月1日起施行。

部长　裴金佳

2022年11月30日

烈士安葬办法

（2013 年 4 月 3 日民政部令第 46 号公布，2022 年 11 月 30 日退役军人事务部令第 8 号修订）

第一条　为了褒扬和尊崇烈士，做好烈士安葬工作，根据《中华人民共和国英雄烈士保护法》《烈士褒扬条例》等法律法规，制定本办法。

第二条　烈士应当在烈士陵园或者烈士集中安葬墓区安葬。

烈士陵园、烈士集中安葬墓区是国家建立的专门安葬、纪念、宣传烈士的重要场所，受法律保护。

第三条　确定烈士安葬地和安排烈士安葬活动，应当征求烈士遗属意见。

烈士可以在牺牲地、生前户籍所在地、遗属户籍所在地或者生前工作单位所在地安葬。烈士安葬地确定后，就近在安葬地的烈士陵园或者烈士集中安葬墓区安葬烈士。

第四条　烈士骨灰盒或者灵柩应当覆盖中华人民共和国国旗。需要覆盖中国共产党党旗或者中国人民解放军军旗的，按照有关规定执行。

国旗、党旗、军旗不能同时覆盖，不得随遗体火化或者随骨灰盒、灵柩掩埋，安葬后由安葬地烈士纪念设施保护单位保存，也可以赠送给烈士遗属留作纪念。

第五条　运送烈士骨灰或者遗体（骸），由烈士牺牲地、烈士安葬地县级以上地方人民政府共同安排，并举行送迎仪式。

送迎工作方案由烈士牺牲地、烈士安葬地县级以上地方人民政府退役军人工作主管部门商相关部门制定并报同级人民政府批准后实施。

送迎仪式一般按下列程序进行：

（一）仪式开始；

（二）整理烈士灵柩（骨灰盒）并覆盖国旗（或者党旗、军旗）；

（三）奏国歌；

（四）向烈士默哀；

（五）起灵；

（六）仪式结束。

烈士生前为现役军人的，烈士骨灰或者遗体（骸）运送任务可由烈士牺牲地县级以上地方人民政府会同军队有关单位承担。

第六条　烈士安葬地县级以上地方人民政府应当举行庄严、肃穆、文明、节俭的烈士安葬仪式。

烈士安葬仪式应当邀请当地党委、政府和有关部门负责同志，烈士遗属代表、烈士生前所在单位代表，机关、团体、学校、企业事业单位、社会组织、军队等有关单位代表和退役军人代表参加。

烈士安葬仪式可以邀请解放军、武警部队官兵或者人民警察承担礼兵仪仗、花篮护送等任务；可以邀请军乐队或者其他乐队演奏乐曲，也可以播放音乐。

第七条　烈士安葬仪式一般按下列程序进行：

（一）仪式开始；

（二）礼迎烈士；

（三）奏国歌；

（四）宣读烈士评定文件、烈士生平事迹并致悼词或者祭文；

（五）向烈士默哀；

（六）安葬烈士骨灰或者遗体（骸）；

（七）向烈士敬献花篮（花圈）；

（八）仪式结束。

第八条　安葬烈士的方式包括：

（一）将烈士骨灰安葬于烈士墓区或者烈士骨灰堂；

（二）将烈士遗体（骸）安葬于烈士墓区；

（三）其他安葬方式。

安葬烈士应当遵守国家殡葬管理有关规定，尊重少数民族的丧葬习俗，倡导绿色、节地、生态安葬方式。

第九条　烈士墓穴、骨灰安放格位，由烈士纪念设施保护单位按照规定确定。

第十条　安葬烈士骨灰的墓穴面积一般不超过1平方米。允许土葬的地区，安葬烈士遗体（骸）的墓穴面积一般不超过4平方米。

第十一条　烈士墓碑碑文或者骨灰盒标识牌文字应当经烈士安葬地县级以上地方人民政府退役军人工作主管部门审定，内容应当包括烈士姓名、性别、民族、籍贯、出生年月、牺牲时间、单位、职务、简要事迹等基本信息，落款一般为安葬地县级以上地方人民政府。

第十二条　烈士墓区应当规划科学、布局合理，环境整洁、肃穆。烈士墓和烈士骨灰存放设施应当形制统一、用料优良，确保施工建设质量。

第十三条　烈士陵园、烈士集中安葬墓区的保护单位应当向烈士遗属发放烈士安葬证明书，载明烈士姓名、安葬时间和安葬地点等。没有烈士遗属的，应当将烈士安葬情况向烈士生前户籍所在地县级人民政府退役军人工作主管部门备案。

烈士生前有工作单位的，应当将安葬情况向烈士生前所在单位通报。

第十四条　烈士在烈士陵园或者烈士集中安葬墓区安葬后，原则上不迁葬。

对未在烈士陵园或者烈士集中安葬墓区安葬的零散烈士墓，县级以上地方人民政府退役军人工作主管部门应当根据实际情况并征得烈士遗属同意，就近迁入烈士陵园或者烈士集中安葬墓区。

第十五条　在生产生活或者相关工作中发现、发掘的疑似烈士遗骸，按照有关规定，经鉴定确认为烈士遗骸的，应当就近在烈士陵园或者烈士集中安葬墓区及时妥善安葬；已确认身份的，应当及时通知其亲属并邀请出席安葬仪式。

第十六条　烈士牺牲后无法搜寻到遗体（骸）、无法查找到安葬地或者安葬地在境外的，可在烈士牺牲地、生前户籍所在地或者遗属户籍所在地烈士陵园、烈士集中安葬墓区英名墙，纪念相关战役（战争）烈士陵园英名墙等设施镌刻烈士姓名予以纪念，但不得在烈士陵园或者烈士集中安葬墓区建造衣冠冢或者空墓。

第十七条　烈士陵园、烈士集中安葬墓区的保护单位应当建立烈士安葬信息档案，及时收集、整理、陈列有纪念意义的烈士遗物、事迹资料，烈士遗属、有关单位和个人应当予以配合。

第十八条　在烈士纪念日等重要纪念日和节日时，机关、团体、学校、企业事业单位和军队有关单位应当组织开展烈士纪念活动，祭奠缅怀烈士，弘扬英烈精神。

烈士陵园、烈士集中安葬墓区的保护单位及所在地人民政府退役军人工作主管部门对前来祭扫的烈士遗属和社会群众，应当做好接待服务工作。

第十九条　鼓励和支持社会殡仪专业服务机构等社会力量为烈士安葬提供专业化、规范化服务。

第二十条　战时牺牲人员遗体收殓安葬、在境外搜寻发掘的烈士遗骸归国安葬按照有关规定执行。

第二十一条　本办法自2023年2月1日起施行。

退役军人事务部等 6 部门关于印发《残疾退役军人医疗保障办法》的通知

退役军人部发〔2022〕3 号

各省、自治区、直辖市退役军人事务厅（局）、财政厅（局）、人力资源社会保障厅（局）、卫生健康委、医疗保障局，新疆生产建设兵团退役军人事务局、财政局、人力资源社会保障局、卫生健康委、医疗保障局，军队各有关单位：

现将《残疾退役军人医疗保障办法》印发给你们，请遵照执行。

2022 年 1 月 5 日

残疾退役军人医疗保障办法

第一条　为切实保障残疾退役军人的医疗待遇，根据《中华人民共和国退役军人保障法》《军人抚恤优待条例》等法律法规的规定，制定本办法。

第二条　本办法适用于服现役期间因战、因公、因病致残被评定残疾等级和退役后补评或者重新评定残疾等级的残疾退役军人。

第三条　坚持待遇与贡献匹配、普惠与优待叠加原则，残疾退役军人按规定参加基本医疗保险并享受相应待遇，符合条件的困难残疾退役军人按规定享受医疗救助。

第四条　一级至六级残疾退役军人按照属地原则参加职工基本医疗保险，七级至十级残疾退役军人按照属地原则相应参加职工基本医疗保险、城乡居民基本医疗保险。鼓励残疾退役军人参加其他形式的补充医疗保险。

第五条　残疾退役军人在按规定享受基本医疗保障待遇的基础上，享受优抚对象医疗补助。各地要进一步健全完善优抚对象医疗补助制度，保障水平应当与各地经济发展水平和财政承受能力相适应，保证残疾退役军人现有医疗待遇不降低。

第六条　有工作单位的一级至六级残疾退役军人随单位参加职工基本医疗保险，按规定缴费；无工作单位的一级至六级残疾退役军人参加职工基本医疗保险，以统筹地区上一年度城镇单位就业人员平均工资作为缴费基数。

所在单位无力参保和无工作单位的一级至六级残疾退役军人由统筹地区退役军人事务部门统一办理参保手续。其单位缴费部分，经统筹地区医疗保障、退役军人事务、财政部门共同审核确认后，由残疾退役军人户籍所在地财政安排资金。

一级至六级残疾退役军人参加职工基本医疗保险个人缴费确有困难的，由残疾退役军人所在单位帮助解决；所在单位无力解决和无工作单位的，经统筹地区医疗保障、退役军人事务、财政部门共同审核确认后，由残疾退役军人户籍所在地财政安排资金。

移交政府安置军队离退休干部退休士官中的一级至六级残疾退役军人医疗保险按照国家有关规定执行。

第七条　有工作单位的七级至十级残疾退役军人，随单位参加职工基本医疗保险，按规定缴费。当地退役军人事务部门应当督促残疾退役军人所在单位按规定缴费参保，所在单位确有困难的，各地应当通过多渠道筹资帮助其参保。

未就业的七级至十级残疾退役军人，可按规定参加城乡居民基本医疗保险。其中纳入低保、特困人员救助供养范围的残疾退役军人，由其户籍所在地医疗保障部门通过医疗救助基金等对其参加居民基本医疗保险的个人缴费部分给予补贴。

未参加基本医疗保障制度的，以及参加上述基本医疗保障制度但个人医疗费用负担较重的残疾退役军人，按规定享受城乡医疗救助和优抚对象医疗补助政策。

第八条　残疾退役军人按规定在户籍所在地享受优抚对象医疗补助，医疗补助所需资金由当地退役军人事务部门根据本地经济发展水平、财政承受能力、残疾退役军人医疗费实际支出和服现役期间医疗保障水平等因素测算，经同级财政部门审核确定后，列入当年财政预算。各地应当通过财政预算安排、吸收社会捐赠等多种渠道，筹集医疗补助资金。医疗补助资金单独列账。

第九条　因战因公致残的残疾退役军人旧伤复发的医疗费用，参加工伤保险并依法认定为工伤的，按照《工伤保险条例》的有关规定解决。未参加工伤保险但医疗费用符合工伤保险诊疗项目目录、工伤保险药品目录、工伤保险住院服务标准的，有工作的由工作单位解决；所在单位无力支付和无工作单位的，从优抚对象医疗补助资金中解决。

因战因公致残的残疾退役军人旧伤复发，由其户籍所在地设区的市级以上人民政府退役军人事务部门组织医疗卫生专家小组进行确认，医疗卫生专家小组出具旧伤复发医学鉴定意见。因战因公致残残疾退役军人取得旧伤复发医学鉴定意见后，有工作单位的依据《工伤保险条例》相关规定申请工伤认定，无工作单位的按规定申请优抚对象医疗补助。

第十条　残疾退役军人到医疗机构就医时按规定享受优先挂号、取药、缴费、检查、住院服务，优先享受家庭医生签约和健康教育、慢性病管理等基本公共卫生服务。

残疾退役军人在优抚医院享受优惠体检和优先就诊、检查、住院等服务，并免除普通门诊挂号费。

残疾退役军人在军队医疗机构就医，凭残疾军人证与同职级现役军人享受同等水平的挂号、就诊、检查、治疗、取药、入院全流程优先，以及就诊场所、病房条件等优待，并免除门急诊挂号费。

第十一条　医疗机构应当公开对残疾退役军人优先、优惠的医疗服务项目；完善并落实各项诊疗规范和管理制度，合理检查、合理用药、合理诊疗、合理收费。医保定点医疗机构和工伤保险协议医疗机构应当严格执行医保和工伤保险药品、医用耗材、医疗服务项目等目录，优先配备使用医保和工伤保险目录内药品。

第十二条　残疾退役军人医疗保障工作由退役军人事务、财政、人力资源社会保障、卫生健康、医疗保障、军队后勤保障等部门管理并组织实施，各部门应当密切配合，切实履行各自职责。

第十三条　退役军人事务部门应当严格残疾退役军人的审核工作并提供有关资料，负责为所在单位无力参保和无工作单位的一级至六级残疾退役军人办理参加职工基本医疗保险等手续；组织发放优抚对象医疗补助，协调有关部门研究处理医疗保障工作中遇到的具体问题；组织因战因公致残残疾退役军人旧伤复发鉴定，及时向工伤保险行政部门提供残疾退役军人伤情等信息，配合工伤认定调查；对年老体弱、行动不便的残疾退役军人就医等给予协助；按照预算管理要求编制年度优抚对象医疗补助资金预算，报同级财政部门审核。

第十四条　各级财政部门按规定落实经费保障，并会同有关部门加强资金的监督。省级财政要切实负起责任，减轻基层压力。中央财政按规定对优抚对象医疗保障经费给予适当补助。

第十五条　人力资源社会保障部门应当做好参加工伤保险的因战因公致残残疾退役军人旧伤复发医疗费用支付工作。

第十六条　卫生健康部门应当组织医疗机构为残疾退役军人提供优质医疗服务；加强对医疗机构的监督管理，规范医疗服务，提高服务质量，保障医疗安全；支持、鼓励和引导医疗机构制定相关优待政策，落实优待措施。

第十七条　医疗保障部门应当将符合条件的残疾退役军人纳入职工基本医疗保险、城乡居民基本医疗保险、医疗救助制度覆盖范围；做好已参保残疾退役军人的医疗保险服务管理工作，按规定落实参保残疾退役军人相应的医疗保险待遇、医疗救助待遇。

第十八条　有关单位、组织和个人应当如实提供所需情况，积极配合残疾退役军人医疗保障的调查核实工作。

第十九条　各地应当积极完善基本医疗保险、大病保险、医疗救助、工伤保险、优抚对象医疗补助“一站式”费用结算信息平台建设，努力实现资源协调、信息共享、结算同步，减轻残疾退役军人医疗费用垫付压力。

第二十条　各地退役军人事务、财政、人力资源社会保障、卫生健康、医疗保障部门可以根据本办法并结合本地区实际情况制定实施办法，切实保障残疾退役军人医疗待遇的落实。

第二十一条　本办法由退役军人事务部会同财政部、人力资源社会保障部、国家卫生健康委、国家医保局以及中央军委后勤保障部解释。

第二十二条　本办法自印发之日起施行。2005 年 12 月 21 日民政部、财政部、原劳动和社会保障部印发的《一至六级残疾军人医疗保障办法》同时废止。

退役军人事务部等 12 部门关于引导和鼓励民营企业招用自主就业退役军人的意见

退役军人部发〔2022〕6 号

各省、自治区、直辖市及新疆生产建设兵团退役军人事务厅（局）、党委统战部、教育厅（教委、局）、科技厅（委、局）、工业和信息化主管部门、人力资源社会保障厅（局）、自然资源厅（局）、市场监管局（厅、委）、银保监局、工商联；中国人民银行上海总部，各分行、营业管理部，各省会（首府）城市中心支行，各副省级城市中心支行；各军种后勤部，战略支援部队参谋部，联勤保障部队战勤部，军事科学院、国防大学管理保障部，国防科技大学供应保障部，武警部队后勤部：

为贯彻习近平总书记关于退役军人工作重要论述和民营经济发展的重要指示精神，落实党中央、国务院有关决策部署，促进退役军人到民营企业就业、更好实现自身价值和社会价值，助力民营经济高质量发展，现就引导和鼓励民营企业招用自主就业退役军人提出以下意见：

一、深化思想认识

退役军人为国防和军队建设作出了重要贡献，是社会主义现代化建设的重要力量。促进退役军人更加充分更高质量就业，是实现“让军人成为全社会尊崇的职业”的必然要求，是助推退役军人由军事人力资源向经济社会发展重要力量转化的有效途径，是维护退役军人合法权益和社会大局稳定的重要举措。民营企业是创造社会财富的重要市场主体，是推进经济建设发展的重要力量，是吸纳就业的重要渠道。尊重、关爱退役军人是全社会的共同责任，军地有关部门都有在各自职责范围内做好退役军人保障工作的义务。通过制定就业优先政策，完善调控手段，强化货币、投资、消费、产业、区域等支持，引导鼓励民营企业招用退役军人，既有助于优化企业职工队伍结构、增强企业竞争力，又有助于提升退役军人获得感、幸福感、荣誉感，为加强国防和军队建设、维护社会大局稳定作出积极贡献。

二、加大政策支持力度

（一）加大职业培训力度。鼓励符合条件、积极吸纳自主就业退役军人的民营企业与职业院校合作开展“现代学徒制”培养，引导其用好职业院校、自身培训机构（基地）和培训资源对自主就业退役军人开展订单、定岗、定向式职业技能培训。鼓励民营企业通过“企业新型学徒制”模式吸纳更多自主就业退役军人，按规定享受职业培训补贴。对符合条件的民营企业，招用自主就业退役军人达到一定比例的，在同等条件下优先入选退役军人教育培训承训机构黄页（目录），提高社会影响力。

（二）加强项目扶持。鼓励符合条件的退役军人创办中小企业和积极招用自主就业退役军人的民营中小企业参与“专精特新”中小企业培育及科技型中小企业评价等，并按规定享受相关政策。军队系统在更新完善有关供应商目录时，招用自主就业退役军人达到一定比例的企业和退役军人创办并积极招用自主就业退役军人就业的企业，可在同等条件下优先入围。

（三）优化供地保障。各地在认定民营重大产业项目时，符合条件且招用自主就业退役军人达到一定比例的民营企业，同等条件下优先考虑，并按规定享受相关政策，优先使用相关土地计划指标。鼓励各地制定细则，将农村整治用地指标，优先用于符合条件的返乡入乡退役军人和招用自主就业退役军人达到一定比例的民营企业。积极推进工业用地弹性年期出让、长期租赁、先租后让、租让结合等供地方式，优先支持退役军人创办企业和招用自主就业退役军人达一定比例的民营企业发展，到期后同等条件下优先续约。

（四）降低要素成本。充分发挥全国退役军人就业创业信息平台作用，建立健全精准供需对接机制，定期举办民营企业线上线下招聘活动，为招用自主就业退役军人的民营企业设置专区，节约企业招聘成本。对招用自主就业退役军人达到一定比例的民营企业，按规定适当降低相关水、电、租金等费用，支持符合条件的民营企业参与电力直接交易，降低企业生产成本。

（五）强化金融支持。对退役军人自主创业符合条件的，按规定落实创业担保贷款政策。鼓励各地设立退役军人就业创业发展基金，积极发挥国家和地方中小企业发展基金作用，为招用自主就业退役军人达到一定比例的民营企业提供资金支持。鼓励商业银行发行小微企业专项金融债，拓宽小微信贷资金来源渠道，积极支持符合条件的退役军人创业就业相关小微企业。鼓励有条件的地方建立地方政府融资担保和风险补偿机制，为退役军人自主创业和吸纳自主就业退役军人比例较高的小微企业提供融资配套支持。

（六）落实税收优惠。各级退役军人事务部门要广泛深入宣传现行政策，深化与相关部门的沟通协作，充分发挥各级服务中心（站）就业创业扶持作用，依据《财政部　税务总局　退役军人部关于进一步扶持自主就业退役士兵创业就业有关税收政策的通知》（财税〔2019〕21号）等政策文件，支持符合条件的自主就业退役军人创业企业和招用自主就业退役军人的民营企业按规定享受税收优惠。若相关政策调整，则按新的政策文件规定执行。

三、完善相关机制建设

（七）健全常态化沟通机制。鼓励各级退役军人事务部门会同相关部门，与积极招用退役军人就业的民营企业建立常态沟通机制，扩展沟通渠道和平台。指导行业商会和民营企业设立“企业退役军人就业服务中心（站）”，定期开展调研走访交流活动，深入了解企业生产经营状况和招用退役军人情况，协助企业发挥退役军人模范作用，助力企业纾困解难。

（八）完善荣誉激励机制。鼓励各级退役军人事务部门与优秀民营企业签订协议，开展就业合作，专招、直招退役军人。设立“退役军人就业合作企业光荣榜”，择优遴选积极招用自主就业退役军人的合作企业上榜宣传。对事迹突出的合作企业或企业家，积极纳入各级双拥模范、优秀中国特色社会主义事业建设者、退役军人工作先进单位（个人）等评选表彰范围。对积极招用自主就业退役军人并作出突出贡献的民营企业家，在工商联执委会等任职推选时，同等条件下优先考虑。

四、加强服务宣传工作

（九）持续优化服务。鼓励各地优先将支持退役军人就业的民营企业纳入公共服务平台网络服务范围，提供精准服务。充分发挥行业龙头企业作用，带动产业链中小企业协同开展技术创新，优先支持招用自主就业退役军人达到一定比例的企业发展新产业、新技术、新模式、新业态，带动退役军人转型提升。充分用好就业创业导师团队、行业协会商会专家团队等社会力量，为招用自主就业退役军人的企业在应对风险、转型升级、技术创新等方面提供专业咨询服务。

（十）加强典型宣传和引导。积极挖掘在民营企业就业的退役军人先进人物、民营企业招用退役军人的典型做法等，充分利用主流媒体和自媒体平台进行宣传推广，营造良好社会氛围。

本意见中所称自主就业退役军人，是指自主择业军转干部、复员干部、自主就业退役士兵。“招用自主就业退役军人达到一定比例”，是指参照《关于印发中小企业划型标准规定的通知》（工信部联企业〔2011〕300 号）（若有修订以最新标准为准），小微型企业招用自主就业退役军人（以签订 1 年以上劳动合同为准，下同）占总职工数 20% 以上；中型企业招用自主就业退役军人占总职工数 10% 以上；大型企业招用自主就业退役军人占总职工数的 5% 以上；职工人数超过 4000 人的大型企业，自主就业退役军人职工数达到 200 人以上的，可视同“达到一定比例”。各地可结合地区实际情况，在此基础上调整比例。

退役军人个体工商户和招用自主就业退役军人的个体工商户参照执行。

各地各部门要高度重视、上下配合，制定具体措施，科学设定标准，积极引导和鼓励民营企业招用退役军人，支持退役军人创业带动就业，实现退役军人更加充分更高质量就业。

2022 年 1 月 6 日

退役军人事务部　中国地方志指导小组
中央军委政治工作部　中央军委国防动员部
关于印发《退役军人名录和事迹载入地方志
实施办法（试行）》的通知

退役军人部发〔2022〕40号

各省、自治区、直辖市退役军人事务厅（局）、地方志工作机构，新疆生产建设兵团退役军人事务局、兵团志办公室，各战区、各军兵种、军委机关各部门、军事科学院、国防大学、国防科技大学、武警部队政治工作部（局、处），各省军区（卫戍区、警备区）、新疆军区、西藏军区：

为贯彻落实《中华人民共和国退役军人保障法》，做好退役军人名录和事迹载入地方志工作，我们制定了《退役军人名录和事迹载入地方志实施办法（试行）》。现印发给你们，请遵照执行。

2022年5月12日

退役军人名录和事迹载入地方志实施办法（试行）

第一条　为更好地营造全社会尊崇军人职业的良好氛围，激励军人为国防和军队建设作出更大贡献，引导退役军人在社会主义现代化建设中发挥积极作用，依法规范记载退役军人名录和事迹，根据《中华人民共和国退役军人保障法》《地方志工作条例》和地方志编纂相关规定，特制定本实施办法。

第二条　本实施办法所称退役军人，是指从中国人民解放军依法退出现役的军官、军士和义务兵等人员。

第三条　本实施办法所称地方志，包括地方志书、地方综合年鉴。

地方志书，是指全面系统地记述本行政区域自然、政治、经济、文化和社会的历史与现状的资料性文献。

地方综合年鉴，是指系统记述本行政区域自然、政治、经济、文化、社会等方面情况的年度资料性文献。

第四条　退役军人名录和事迹载入地方志（以下简称载入地方志），应坚持正确的政治方向和思想导向，坚持辩证唯物主义和历史唯物主义的立场、观点和方法，坚持与贡献匹配，遵循存真求实的原则，遵守地方志相关编纂规范要求。

第五条　退役军人事务部、中国地方志指导小组、中央军委政治工作部、中央军委国防动员部负责指导全国的载入地方志工作。

省级、地市级、县级人民政府退役军人事务部门会同同级地方志工作机构，省军区（卫戍区、警备区）、军分区（警备区）、县（市、区、旗）人民武装部负责本行政区域内的载入地方志工作。

各级退役军人服务中心（站）参与载入地方志具体事务性工作。

第六条　服现役期间符合下列条件的退役军人的名录和事迹，编辑录入地方志：

（一）参战退役军人；

（二）荣获二等功以上奖励的退役军人；

（三）获得省部级、战区级或者二级以上表彰的退役军人；

（四）其他符合条件的退役军人。

第七条　地方各级地方志工作机构应依据志书记述时限，结合本地实际，遵循编纂规范，将本行政区域内符合入志条件的退役军人名录和事迹，载入地方志书。

（一）省级志书应在人物志（卷、篇）采用人物简介、人物表（名录）等形式，或者在有关篇章采取以事系人的方式，记载本行政区域内获得勋章、荣誉称号的退役军人，荣立二等战功以上奖励的参战退役军人，荣立一等功以上奖励的退役军人，获得省部级、战区级或者二级以上表彰的退役军人。

（二）地市级志书应在人物篇或者相应章节

采用人物简介、人物表（名录）等形式，或者在有关篇章采取以事系人的方式，记载本行政区域内获得勋章、荣誉称号的退役军人，荣立三等战功以上奖励的参战退役军人，荣立二等功以上奖励的退役军人，获得省部级、战区级或者二级以上表彰的退役军人。

（三）县级志书应在人物篇或者相应章节采用人物简介、人物表（名录）等形式，或者在有关篇章采取以事系人的方式，记载本行政区域内获得勋章、荣誉称号的退役军人，参战退役军人，荣立二等功以上奖励的退役军人，获得省部级、战区级或者二级以上表彰的退役军人。

（四）已故退役军人事迹特别突出的，可采用人物传的形式载入相应级别的志书。

第八条　地方各级地方志工作机构参照本实施办法第七条第一、二、三、四项规定，将上年度本行政区域内退出现役的符合本实施办法第六条规定的退役军人的名录和事迹，以人物传、人物简介、人物表（名录）等形式分别载入省级、地市级、县级综合年鉴中。

第九条　符合载入条件的退役军人数量较多、地方志书无法承担记录任务的地区，应组织编纂退役军人志等分（专）志，鼓励和支持有条件的地区编写宣传退役军人先进典型事迹的地情书、地情资料等。

第十条　载入地方志书的一般以退役军人出生地为主，载入地方综合年鉴的一般以退役军人安置地为主。

第十一条　载入地方志工作按照明确要求、材料收集、联合审核、分级载入的程序开展。

第十二条　省级、地市级、县级人民政府退役军人事务部门会同同级地方志工作机构，省军区（卫戍区、警备区）、军分区（警备区）、县（市、区、旗）人民武装部明确载入本级地方志的条件、方式等要求，并进行广泛宣传。

第十三条　省级、地市级、县级退役军人服务中心结合信息采集、建档立卡、送喜报、安置接收等工作，收集汇总本行政区域内符合入志条件的退役军人相关材料。

符合入志条件的退役军人，也可由本人向县级退役军人服务中心提出载入地方志申请并提供相应材料。

第十四条　省级、地市级、县级人民政府退役军人事务部门会同同级地方志工作机构，省军区（卫戍区、警备区）、军分区（警备区）、县（市、区、旗）人民武装部联合审核相应级别退役军人服务中心收集汇总的材料和退役军人的个人申请材料，重点审核是否符合入志条件、是否符合真实情况、是否符合保密要求等。

第十五条　省级、地市级、县级人民政府退役军人事务部门应在联合审核前，就拟载入地方志的退役军人名录和事迹征求相应级别的纪检监察机关和组织、司法行政等部门意见，并向相应级别的公安部门查询有关情况。

第十六条　省级、地市级、县级人民政府退役军人事务部门要会同省军区（卫戍区、警备区）、军分区（警备区）、县（市、区、旗）人民武装部对拟载入地方志的退役军人名录和事迹进行保密审查，确保符合保密规定。

第十七条　通过联合审核并符合保密要求的，经县级退役军人服务中心征得本人同意后，由相应级别地方志工作机构载入地方志。

对已故退役军人，应结合亲属或者相关人员意见，经参与联合审核的退役军人事务部门确认后，由相应级别地方志工作机构载入地方志。

个人申请未通过联合审核的，接受申请的退役军人服务中心应及时告知申请人。

第十八条　省级、地市级、县级地方志工作机构应对入志材料的提交、审核、审查、反馈时间等作出具体规定，保证地方志书编修进度和地方综合年鉴编纂出版的时效性。

第十九条　省级、地市级、县级人民政府退役军人事务部门应定期评估已载入地方志的退役军人，在征求相应级别的纪检监察机关和组织、司法行政等部门意见，并向相应级别的公安部门查询有关情况后，会同同级地方志工作机构，适时修订退役军人名录和事迹。

第二十条　省级、地市级、县级人民政府退役军人事务部门和地方志工作机构，省军区（卫戍区、警备区）、军分区（警备区）、县（市、区、旗）人民武装部要加强沟通，明确工作机制，加强统筹协调和工作联动，加大宣传力度。

省级退役军人事务部门和地方志工作机构、省军区（卫戍区、警备区）要依据本实施办法细化具体要求，并负责指导落实。

第二十一条　中国人民武装警察部队依法退出现役的警官、警士和义务兵等人员，适用本实施办法。

第二十二条　文职干部和依法退出现役的军队院校学员适用本实施办法。

第二十三条　参试退役军人参照本实施办法中参战退役军人的规定执行。

第二十四条　退役军人非服现役期间的表现载入地方志，按照地方志编纂相关规定执行。

第二十五条　本实施办法由退役军人事务部、中国地方志指导小组、中央军委政治工作部、中央军委国防动员部负责解释。

第二十六条　本实施办法自印发之日起施行。

退役军人事务部　财政部关于印发《逐月领取退役金退役军人服务管理规定》的通知

退役军人部发〔2022〕43号

各省、自治区、直辖市及计划单列市、新疆生产建设兵团退役军人事务厅（局）、财政厅（局）：

为规范逐月领取退役金退役军人服务管理工作，现将《逐月领取退役金退役军人服务管理规定》印发给你们，请遵照执行。

各地在执行过程中如遇有新情况新问题，请及时报告。

2022年5月23日

逐月领取退役金退役军人服务管理规定

第一章 总 则

第一条 为规范逐月领取退役金退役军人服务管理工作，根据《中华人民共和国退役军人保障法》《退役军人逐月领取退役金安置办法》等法律政策，制定本规定。

第二条 本规定所称逐月领取退役金退役军人，是指按照《退役军人逐月领取退役金安置办法》退出现役并以逐月领取退役金方式安置的军队退役人员。

第三条 逐月领取退役金退役军人服务管理工作坚持政治引领、关心关爱、服务优先、依法管理的原则。

第四条 逐月领取退役金退役军人服务管理坚持党的领导，由退役军人事务部门主管，退役军人服务中心、站（以下统称退役军人服务机构）组织实施。

退役军人事务部门负责逐月领取退役金退役军人服务管理工作，及时协调解决问题，监督检查相关法规政策落实情况。

退役军人服务机构承担逐月领取退役金退役军人日常服务管理工作。

第二章 服务管理内容

第五条 退役军人事务部门、退役军人服务机构应当加强对逐月领取退役金退役军人的思想政治教育和保密教育提醒，引导其继续发扬人民军队优良传统，坚决拥护党的路线方针政策，模范遵守宪法和法律法规，永葆政治本色。

第六条 退役军人服务机构应当协助所在街道、乡镇党组织加强对逐月领取退役金退役军人党员的教育管理，督促履行党员义务。

逐月领取退役金退役军人党员所在党组织每年对其参加组织生活、缴纳党费及日常表现等情况提出的评定意见，可作为退役军人事务部门确定其政治荣誉、优待服务的参考依据。

第七条 接收安置工作实行先转接党员组织关系、后办理报到手续的程序。市、县级退役军人事务部门、退役军人服务机构应当主动协调相关部门组织做好逐月领取退役金退役军人党员组织关系转接、办理落户、社会保险关系转接、住房公积金转接、预备役登记、开设银行账户等工作。有条件的地方提供“一站式”服务，提高办事效率，优化服务质量，方便逐月领取退役金退役军人办理接收安置手续。

第八条 县级退役军人事务部门、退役军人服务机构应当做好逐月领取退役金退役军人人事档案存放工作，建立健全入档、保管、查阅、复制、转接等制度，定期开展档案安全检查，按照规定建立数字档案。

第九条 市、县级退役军人服务机构应当建

立逐月领取退役金退役军人年度登记审核制度，每年1月至3月采取现场或互联网的方式对逐月领取退役金退役军人提供的参加党组织生活、参加社团、出入国境、奖惩情况等信息进行审核。对年度登记审核通过的，按规定落实相关待遇；对年度登记审核未通过的，及时通知逐月领取退役金退役军人补正有关信息；对发现的苗头性问题，及时约谈提醒、教育引导。

第十条　退役军人事务部门按照有关规定为逐月领取退役金退役军人发放和调整退役金。

第十一条　退役军人事务部门在接收逐月领取退役金退役军人时举行迎接仪式，按国家有关规定组织逐月领取退役金退役军人参加重大庆典活动、对有突出贡献的给予表彰奖励，协调有关部门将符合条件的逐月领取退役金退役军人编入地方志。

第十二条　退役军人事务部门、退役军人服务机构落实常态化联系退役军人制度，定期联系逐月领取退役金退役军人，开展走访慰问活动，及时掌握思想、工作、生活等情况，传递党和政府的关心关爱。

对患有严重疾病、遭遇重大突发情况等导致生活困难的逐月领取退役金退役军人，按规定给予帮扶援助。

第十三条　退役军人事务部门、退役军人服务机构扶持逐月领取退役金退役军人就业创业，鼓励其结合自身优势，在基层治理、稳边固边、国防教育、志愿服务等方面发挥积极作用。

第三章　服务管理方式

第十四条　退役军人服务机构应当建立健全逐月领取退役金退役军人服务管理工作制度，不断提升服务管理水平。

第十五条　退役军人服务机构应当完善服务管理网络，发挥服务站点末梢作用，探索开展网格化管理，实现逐月领取退役金退役军人服务管理的全覆盖。

第十六条　退役军人服务机构应当按照退役军人事务部门制定的规范标准，推进服务管理工作的标准化建设，确保规范运行。

第十七条　退役军人事务部门、退役军人服务机构应当加强信息化建设，发挥安置服务管理信息系统等信息化平台作用，提高服务管理效能。

第十八条　逐月领取退役金退役军人已就业的，退役军人服务机构引导用人单位依据国家法律政策做好服务管理工作、及时告知重要情况。

第十九条　退役军人服务机构鼓励和支持逐月领取退役金退役军人加强自我教育、自我服务、自我管理，可以遴选政治过硬、身体健康、经验丰富、能力较强的逐月领取退役金退役军人在自我服务管理中发挥带头作用。

第四章　服务管理保障

第二十条　退役军人事务部门、退役军人服务机构应当加强自身队伍建设，县级以上退役军人服务中心明确责任处（科）室、乡镇（街道）退役军人服务站明确专人负责相关服务管理工作。有条件的地方可以引进专业化社会服务力量提升服务效能。

第二十一条　退役军人事务部门、退役军人服务机构应当加强能力建设，通过政治教育、业务培训、岗位练兵等方式，提升工作人员思想政治素质、政策业务水平和服务管理能力。

第二十二条　逐月领取退役金退役军人服务管理经费，由中央和地方按照财政事权和支出责任划分分别承担，用于服务管理相关工作。

第二十三条　退役军人事务部门应当建立逐月领取退役金退役军人服务管理工作考核评价制度，纳入年度工作绩效和领导班子考核。对做出突出贡献的单位和个人，按照国家有关规定给予表彰、奖励。

第二十四条　退役军人事务部门、退役军人服务机构应当加强对工作人员的作风纪律监督，引导其树牢满腔热忱为退役军人服务的意识。对政策落实不到位、工作推进不力的单位和人员，按照相关规定追究责任。

第五章　附　则

第二十五条　本规定由退役军人事务部、财政部负责解释。

第二十六条　本规定自发布之日起施行。

退役军人事务部　教育部　人力资源社会保障部关于促进优秀退役军人到中小学任教的意见

退役军人部发〔2022〕46号

各省、自治区、直辖市退役军人事务厅（局）、教育厅（教委）、人力资源社会保障厅（局），新疆生产建设兵团退役军人事务局、教育局、人力资源社会保障局：

为深入贯彻落实习近平总书记关于教育和退役军人工作重要论述，拓宽退役军人就业渠道，加强中小学教师队伍建设，落实立德树人根本任务，努力培养担当民族复兴大任的时代新人，现就促进优秀退役军人到中小学任教有关工作提出如下意见。

一、深刻认识重要意义

（一）优秀退役军人是充实中小学教师队伍的重要力量。退役军人政治信念坚定，使命责任强烈，作风素养过硬，在传承红色基因、为党和人民培养可靠接班人方面具有独特优势。部分优秀退役军人在部队练就了“会讲、会做、会教、会做思想工作”的基本功，具备担任中小学教师的潜质，成为充实中小学教师队伍的重要力量。

（二）促进优秀退役军人到中小学任教是推动新时代教育事业发展的重要举措。青少年是祖国的未来，民族的希望。在基础教育阶段，加强思想品德培养、引导价值观养成格外重要。吸收优秀退役军人担任中小学教师，有利于推动落实立德树人根本任务，助力改善中小学教师队伍学科结构和性别比例，不断提升优化育人环境、促进青少年全面发展。

（三）促进优秀退役军人到中小学任教是做好新时代退役军人工作的重要途径。拓宽了退役军人就业渠道，实现了退役军人高质量就业，促进了退役军人思想稳定，有助于继续发挥退役军人优势，弘扬勤勉敬业、乐于奉献的潜心育人精神，实现退役军人由军事人才向经济社会建设人才的转变，在新事业新岗位上贡献力量。

二、实施师范专业人才培养

（四）扩充师范专业教育机会。符合条件的退役军人参加高考按规定享受加分照顾。支持有条件的高校优化招生结构，扩大师范类学科“退役大学生士兵”专项硕士研究生招生计划、专升本的退役大学生士兵招生计划。按规定做好退役大学生士兵复学转专业等工作，优先开放师范类专业并提供专业补习等帮助。退役军人报考专升本师范专业，各地可结合相关人才培养实际，合理确定对应专业范围。各省（区、市）可结合实际依托本地师范类、体育类高等院校开设退役军人师范教育、体育专业专修班。在读师范专业退役大学生士兵按规定享受学生资助政策。

（五）提供教育教学能力专项培训。依托师范院校对符合基础条件且有从教意愿的退役军人开展教育教学能力专项培训。鼓励省际联合开展专项培训，共享优质教育资源。结合退役军人特点，着重培训思想政治、国防教育、体育等任教专业。符合教师资格考试报名条件的退役军人均可申请参加。

三、畅通任教发展通道

（六）支持到中小学任教。各地在制订中小学教师招聘计划时，可面向退役军人单列计划。综合考虑服役年限等因素对退役军人相应放宽年龄限制，并在教师招聘公告中予以明确。退役军人在服役前1年内取得中小学教师资格考试合格证明的凭入伍通知书、退役证书等相关材料，教师资格考试合格证明有效期可延长2年。有条件的地方将退役军人教师纳入教职工编制“周转池”制度。相关地区可结合特岗计划、“三支一扶”、“西部计划”等高校毕业生基层服务项目，支持鼓励符合条件的退役军人毕业生优先到中小学任教。

（七）支持多元化发展。中小学校要遵循教师成长规律，加强退役军人教师的专业培训和跟踪培养，配备优秀骨干教师传帮带；要发挥好退役军人教师优势，在爱国主义、集体主义、中国特色社会主义教育，在理想、道德、纪律、法治、国防和民族团结教育中提供施展才能的舞台空间，巩固学校思想文化阵地，加强国家安全教育。退役军人教师的服役年限按照国家有关规定计算养老保险缴费年限。绩效工资分配、职称评定、岗位晋级考核中，要综合考虑退役军人教师的教学业绩、教书育人实效以及对学校的贡献作用，全面客观评价，体现激励导向。

中小学行政、工勤空岗优先接收安置政府安排工作的退役军官和退役士兵。将获得教师资格的退役军人纳入中小学兼职体育教师选聘范围。鼓励退役军人在学校军训任务中担任军训教官。鼓励为学校提供安保服务的相关企业聘用更多退役军人，并兑现有关吸纳退役军人就业企业的优惠政策。

四、加强组织领导

（八）建立健全工作机制。各地要在当地党委教育工作领导小组领导下建立健全促进优秀退役军人到中小学任教工作机制，高位推动工作。要结合实际提出落实措施，深化政策统筹，处理好改革、发展和稳定关系，设计衔接好选拔、培养、聘用、发展各个环节。要强化各级各部门之间信息沟通共享，建立定期会商机制，推动解决重点难点问题。

（九）明确责任分工。各有关部门要加强协同配合，形成工作合力。地方各级退役军人事务部门负责宣传动员、摸清底数、审核退役军人身份，引导退役军人结合自身实际积极参加中小学教师招聘。地方各级教育部门、人力资源社会保障部门负责指导师范院校和中小学校制定培养和招聘计划，督促师范院校和中小学校落实各项倾斜政策。

（十）加强经费保障。地方各级退役军人事务部门将教育教学能力专项培训纳入退役军人教育培训补助项目范围，合理统筹使用经费，提高资金使用效率。地方各级教育部门要保障师范专业退役军人学生资助等相关经费。

（十一）实施督查检查。地方各级退役军人事务、教育、人力资源社会保障部门定期组织联合督查检查，将是否落实倾斜政策、建立长效工作机制、形成人才培养体系作为检查内容。检查结果作为评价履行教育、退役军人事务职责和对学校实施绩效奖励、评优评先等方面的重要参考依据。

2022 年 6 月 14 日

退役军人事务部等4部门关于印发《优抚对象医疗保障办法》的通知

退役军人部发〔2022〕49号

各省、自治区、直辖市退役军人事务厅（局）、财政厅（局）、卫生健康委、医保局，新疆生产建设兵团退役军人事务局、财政局、卫生健康委、医保局：

现将《优抚对象医疗保障办法》印发给你们，请遵照执行。

2022年6月16日

优抚对象医疗保障办法

第一条　为保障优抚对象医疗待遇，切实解决优抚对象医疗困难问题，根据《中华人民共和国退役军人保障法》《中华人民共和国军人地位和权益保障法》《军人抚恤优待条例》等有关规定，制定本办法。

第二条　本办法适用于享受国家定期抚恤补助的在乡复员军人、参战退役军人、参试退役军人、带病回乡退役军人、烈士遗属、因公牺牲军人遗属、病故军人遗属。以上人员在本办法中简称优抚对象。

第三条　坚持待遇与贡献匹配、普惠与优待叠加原则，优抚对象按规定参加基本医疗保险并享受相应的医疗救助、医疗补助和医疗优待。

第四条　优抚对象按照属地原则相应参加职工基本医疗保险、城乡居民基本医疗保险等，享受国家基本医疗保障。各地要进一步健全完善优抚对象医疗补助制度，保障水平应与当地经济发展水平和财政承受能力相适应，保证优抚对象现有医疗待遇不降低。优抚对象就医按规定享受优惠和照顾。

第五条　已就业的优抚对象，参加职工基本医疗保险，按规定缴费。当地退役军人事务部门应督促优抚对象所在单位按规定缴费，所在单位确有困难的，各地应通过多渠道筹资帮助其缴费。

第六条　未就业的优抚对象，可按规定参加基本医疗保险。符合城乡医疗救助资助参保条件的优抚对象，由其户籍所在地医疗保障部门通过城乡医疗救助基金对其参加城乡居民基本医疗保险的个人缴费部分给予补贴。其他参加城乡居民基本医疗保险个人缴费确有困难的优抚对象，可由其户籍所在地政府安排资金帮助缴费。

第七条　参加上述基本医疗保障制度但个人医疗费用负担较重的优抚对象，按规定享受城乡医疗救助和优抚对象医疗补助。

第八条　优抚对象按规定在户籍所在地享受优抚对象医疗补助，医疗补助所需资金由当地退役军人事务部门根据本地经济发展水平、财政承受能力、优抚对象医疗费实际支出等因素测算，经同级财政部门审核确定后，列入当年财政预算。各地应通过财政预算安排、社会捐赠等多种渠道，筹集优抚对象医疗补助资金。医疗补助资金单独列账。

第九条　优抚对象到医疗机构就医时按规定享受优待服务。优抚对象在优抚医院享受优惠体检和优先就诊、检查、住院等服务，并免除普通门诊挂号费。

鼓励和引导医疗机构自愿减免有关医疗服务费用。

第十条　各地应当积极推进基本医疗保险、大病保险、医疗救助、优抚对象医疗补助“一站式”费用结算，努力实现资源协调、信息共享、结算同步，减轻优抚对象医疗费用垫付压力。

第十一条　医疗机构应公开对优抚对象优先、优惠的医疗服务项目；完善并落实各项诊疗规范和管理制度，合理检查、合理用药、合理诊疗、合理收费。医保定点医疗机构应严格执行医保药品、医用耗材和医疗服务项目等目录，优先配备使用医保目录内药品。

第十二条　优抚对象医疗保障工作由退役军人事务、财政、卫生健康、医疗保障等部门管理并组织实施，各部门应密切配合，切实履行各自职责。

第十三条　退役军人事务部门应当严格优抚对象的审核工作，组织发放优抚对象医疗补助，会同有关部门做好优抚对象医疗补助结算，研究处理医疗保障工作中遇到的具体问题；按预算管理要求编制年度优抚对象医疗补助资金预算，报同级财政部门审核；采取有效措施，确保优抚对象医疗补助资金按规定使用。

第十四条　财政部门应合理安排优抚对象医疗补助资金，并会同有关部门加强资金管理和监督检查。省级财政要切实负起责任，减轻基层压力。中央财政按规定对优抚对象医疗保障经费给予适当补助。

第十五条　卫生健康部门应组织医疗机构为优抚对象提供优质医疗服务；加强对医疗机构的监督管理，规范医疗服务，提高服务质量，保障医疗安全；支持、鼓励和引导医疗机构制定相关优待服务政策，落实优质服务措施。

第十六条　医疗保障部门应将符合条件的优抚对象纳入职工基本医疗保险、城乡居民基本医疗保险、医疗救助制度覆盖范围；做好已参保优抚对象的医疗保障服务管理工作，按规定保障参保优抚对象享受相应的医疗保险、医疗救助待遇。

第十七条　有关单位、组织和个人应如实提供所需情况，积极配合优抚对象医疗保障的调查核实工作。

第十八条　各省、自治区、直辖市退役军人事务、财政、卫生健康、医疗保障部门可以根据本办法并结合本地区实际制定具体实施办法，切实保障优抚对象医疗待遇的落实。具有双重或多重身份的优抚对象，按照就高原则享受医疗待遇。

第十九条　本办法由退役军人事务部会同财政部、国家卫生健康委和国家医保局解释。

第二十条　本办法自印发之日起施行。2007年7月6日民政部、财政部、原劳动和社会保障部、原卫生部印发的《优抚对象医疗保障办法》同时废止。

退役军人事务部　教育部　共青团中央　全国少工委关于用好烈士褒扬红色资源　加强青少年爱国主义教育的意见

退役军人部发〔2022〕50号

各省、自治区、直辖市退役军人事务厅（局）、教育厅（教委）、团委、少工委，新疆生产建设兵团退役军人事务局、教育局、团委、少工委：

为贯彻习近平总书记关于烈士褒扬工作重要指示精神，落实中共中央办公厅、国务院办公厅、中央军委办公厅《关于加强新时代烈士褒扬工作的意见》精神，推进党史学习教育常态化长效化，引导广大青少年自觉缅怀、纪念、尊崇、学习英雄烈士，厚植爱党、爱国、爱社会主义的情感，让红色血脉、革命薪火代代相传，现就用好烈士褒扬红色资源，加强青少年爱国主义教育提出如下意见。

一、工作目标

以习近平新时代中国特色社会主义思想为指导，深入贯彻习近平总书记关于烈士褒扬工作重要指示精神，通过英烈事迹和精神，加强青少年革命传统和红色文化教育，使红色基因渗进血脉、浸入心扉，引导广大青少年树立正确世界观、人生观、价值观，始终坚定中国特色社会主义理想信念，努力成为合格的社会主义接班人。

二、积极发挥烈士纪念设施红色教育阵地作用

积极把烈士纪念设施建设成大学生思政课教学基地、少先队实践教育营地（基地），条件具备的开辟队室等少先队活动阵地。定期组织青少年参观瞻仰烈士纪念设施，提倡入队、入团、成人仪式在烈士纪念设施举行。依托烈士纪念设施开展“少年军校”、“少年警校”、“向身边的英烈献束花”、“清明祭英烈”及开学教育、团队日等活动，推出“清明网络祭扫”活动，推动共青团、少先队活动与祭扫纪念活动深度融合。建立烈士纪念设施与周边大中小学共建机制，支持聘任烈士纪念设施保护单位、管理单位党员干部和烈属为少先队校外辅导员，大力吸收大中学生中共青团员以及少先队员担任志愿红色宣讲员、文明引导员，参与烈士纪念设施保护、讲解宣传和秩序维护等工作。支持高校与烈士纪念设施保护单位联合开展实践育人，组织研发烈士纪念场所中的

思政课，将大学生参加英烈讲解等志愿服务计入实践总学分（学时）。

三、助力英烈精神研究和宣传

充分发挥高等院校、研究机构专业优势，调动广大青少年积极性，开展英烈精神、事迹研究，提升讲解水平。推动“红领巾讲解员”实践体验活动在国家级、省级烈士纪念设施“全覆盖”，倡导少先队员就近在烈士纪念设施开展参观寻访、志愿讲解等活动。依托高等院校、研究机构，发动党史、军史等专业学者和青少年研究者从事英烈精神志愿研究，帮助做好英烈遗物、家书、史料等收集保护，编纂完善烈士英名录，参与健在英雄模范、老同志口述历史等抢救性工程，深入挖掘英烈事迹，丰富英烈精神内涵。充实讲解力量，支持共青团员、少先队员和青年志愿者在烈士纪念设施开展志愿英烈讲解活动，充分发挥青少年朝气蓬勃的特点，鼓励其创新讲解方式，依托新媒体等平台扩大英烈精神传播力、影响力。

四、深化英烈精神教育实践进学校、进社区

在少先队活动课中将英烈事迹和精神作为加强少先队员爱国主义、集体主义、社会主义教育的重要内容，结合各地乡土教育、地方史教育，引导青少年关注、研究、学习“身边的英烈”。推动致敬英烈实践进社区，将英烈精神教育实践作为校外共青团、少先队工作的重要抓手，将关爱慰问帮扶烈属作为少先队活动和青年志愿者服务的重要内容，鼓励青少年开展诵读烈士家书、讲述红色经典故事、致敬身边烈属等活动，经常性到烈属家庭提供志愿服务，支持烈属任所在社区少先队辅导员。积极推动在“少年军校”“全国青少年教育基地”等品牌实践活动中，将纪念英烈仪式列为“少年军校”检阅式、大比武等较大规模活动的必须环节，在相关主题夏令营、假日营、周末营、社区军事游戏、训练竞赛等实践活动中，用好烈士纪念设施、烈士故居、军史馆等阵地，发挥好烈属、英雄连队宣讲英烈精神的激励作用。校内外少先队组织可结合实际，以英雄烈士命名少先队大、中、小队。

五、加强对在校烈士子女的关心关爱

建立常态化组织烈士子女参加夏（冬）令营、参访军营和爱国主义教育基地等教育、培养机制，退役军人事务部门会同教育部门、团委、少工委按年度制订工作计划，采取定期红色游学和经常性祭扫缅怀活动相结合的方式，保证每位烈士子女每年参加一次夏（冬）令营。大中小学校要将关心关爱在校烈士子女作为一项重要任务来抓，准确掌握本校在校烈士子女学业发展、职业规划和家庭经济等情况，关注了解在校烈士子女思想和心理状况，落实好烈士子女教育优待政策，及时帮助解决在校烈士子女学习、生活上遇到的困难。大中小学校班主任、辅导员要加强与在校烈士子女的联系交流，随时掌握其思想动态和成长情况。学校要主动对接在校烈士子女，为其发放助学金或生活补助。鼓励社会资金捐助设立面向在校烈士子女的专项奖学金，高等院校在

评定国家奖学金和其他社会捐助奖学金时，同等条件下优先考虑在校烈士子女。学校团委、少工委要积极搭建社会活动平台，鼓励在校烈士子女积极参与志愿服务、社会实践等活动。高等院校就业指导机构要加大对在校烈士子女就业指导和帮扶，坚持一人一策、专项推动，帮助在校烈士子女制定职业发展规划，推荐其就业。

六、强化组织协调

各级退役军人事务部门、教育部门、团委、少工委要切实提高政治站位，建立健全工作协调制度，共同研究推进用好烈士褒扬红色资源，加强青少年爱国主义教育工作。退役军人事务部门要加强烈士纪念设施管理维护，提升宣教功能，主动与教育部门、团委、少工委积极对接，为广大青少年开展纪念缅怀活动、接受爱国主义教育提供坚实保障。教育部门、团委、少工委要将烈士褒扬工作与高校思政教育、团员队员爱国主义教育充分融合，一体谋划。相关部门要加强宣传工作协调联动，选取在韩志愿军烈士遗骸迎回安葬、烈士纪念日公祭活动等重大缅怀纪念活动和重大纪念主题，联合开发宣传产品，组织开展专项主题校园活动、团队活动，依托新媒体矩阵加强宣传传播，扩大影响力，营造缅怀学习英烈、传承弘扬红色文化的浓厚氛围。

2022 年 6 月 20 日

退役军人事务部等6部门
关于进一步做好移交政府安置的
军队离休退休干部养老服务工作的通知

退役军人部发〔2022〕61号

各省、自治区、直辖市及计划单列市、新疆生产建设兵团退役军人事务厅（局）、发展和改革委员会、民政厅（局）、财政厅（局）、住房和城乡建设厅（委、局）、卫生健康委员会：

为贯彻落实习近平总书记关于老龄工作重要指示精神，更好满足移交政府安置的军队离休退休干部（以下简称军休干部）养老需要，根据《中华人民共和国老年人权益保障法》《中华人民共和国退役军人保障法》《中共中央 国务院关于加强新时代老龄工作的意见》《中共中央办公厅 国务院办公厅印发〈关于推进基本养老服务体系建设的意见〉的通知》等法律政策规定，现就做好军休干部养老服务工作通知如下。

一、提供居家养老便利

军休机构要发挥统筹协调作用，与优质的养老服务机构、家政服务企业、物业服务企业及一站式服务平台签约合作，为军休干部提供生活照料、家务料理、精神慰藉、便民维修等上门服务。建立完善定人包户制度，开展常态化探访关爱联系。组织军休干部互助式养老，倡导战友结对，开展邻里帮扶。引导成年子女与军休干部就近居住或共同生活，依法履行赡养义务，承担照料责任。

二、发展融入社区养老

对军休干部集中居住的，军休机构要充分挖掘和利用军休机构用房，引入专业养老服务资源，因地制宜新建和改造养老服务设施，设立日间照料室开展服务，引进安全卫生、价格公道的老年食堂或老年餐桌，提供助餐服务，并给予价格优惠。对军休机构用房不具备条件或军休干部分散居住的，军休机构要加强与所在街道（社区）协调对接，让军休干部就近就便享受街道（社区）的养老照护、生活服务等资源。

三、积极推进机构养老

养老机构要落实国家关于退役军人在养老方面的优待政策，为符合条件的军休干部养老提供方便。安置人数较多的地区，可以利用规模较大的军休机构用房，与优质专业的养老机构合作建设军休干部养老机构，科学设定入住条件，为军休干部提供质优价廉的养老服务。军休机构应定期探望慰问入住养老机构的军休干部，了解掌握思想生活情况。军休机构引入的养老机构按规定享受安置地政府优惠政策，遵守国家和地方关于养老机构的规定，加强食品卫生、消防管理、应急处置能力建设，确保安全运行。

四、大力发展医养结合

军休机构要与医疗卫生机构建立合作机制，加强与康复医疗、护理、安宁疗护等接续性医疗机构联系协作。军休机构要在有条件的军休干部集中居住小区，积极协调综合性医院设置医疗机构，引入社区卫生服务机构，提供常见病诊治、慢性病管理、中医保健养生等服务。具备条件的优抚医院、康复医院、疗养院可利用现有富余资源为军休干部提供医养结合服务。军休机构要引导军休干部与家庭医生团队签约，解决个性化医疗服务需求。鼓励军休干部参加健康照护、补充医疗、意外伤害等适老性强的商业保险。

五、提高健康服务水平

加强军休干部健康促进工作，开展形式多样的健康教育活动，普及健康知识，提高健康素养，倡导健康生活方式。优先将军休干部纳入老年口腔健康、老年营养改善和老年人失智防治等项目。落实军休干部年度体检制度，与医院、体检机构等合作建立连续性健康档案，提供健康指导。开展军休干部荣誉疗养，有条件的地方打造军休疗养基地。关注军休干部心理健康，引导社会组织、社会工作专业力量、志愿者提供心理疏导、情感慰藉等服务。

六、完善养老服务设施

结合军休老旧小区改造等工程实施，统筹推进加装电梯以及信息化设施、服务场所等适老化改造，加强楼院绿化美化亮化建设，建成一批示范性老年友好型军休小区。军休机构用房新建、改建时，要突出适老功能，创造安全舒适的老年人活动场所。鼓励和引导军休干部对住宅内部实施无障碍和适老化改造。

七、推动智慧养老服务

将军休干部优先纳入安置地智慧养老服务体系，动态掌握养老服务需求，有效匹配养老供给。依托网络“军休所”开发应用“互联网＋军休干部养老”服务模块，加强军休干部数字化培训，提高网络运用普及率，解决运用智能技术困难问题。创建智慧军休机构，加装智能化安防设备，提高服务信息化水平。引导社会力量为军休干部配备康复训练、行为辅助、健康理疗和安全监护等养老服务终端。采取搭建网上约车服务平台等措施，提供便捷出行服务。

八、突出养老服务重点

在军休干部养老服务工作中，要将失能（含失智）、高龄、独居、空巢等军休干部作为重点对象，建立台账，掌握需求，统筹利用各类资源优先优惠提供服务。军休机构要对高龄的独居军休干部每天至少联系 1 次，为有需求的失能（含失智）、独居军休干部配备智能养老设备，实现一键报警、远程监护。协调有条件的医疗卫生机构、养老机构为失能（含失智）、高龄、重病等行动不便的军休干部提供家庭病床、上门巡诊等居家医疗护理、康复治疗和养老照护服务。

九、有效促进社会参与

依托现有资源加强军休老年大学建设，线上线下融合，扩大教学供给，提升办学水平，不断满足军休干部终身学习需求。建好文体活动场地，完善文体设施，营造无障碍文体环境，方便军休干部使用。培育军休文化体育队伍，广泛开展文体活动，提高参与率和质量。发掘整理“口述历史”，编纂军休特色史料。培塑军休文化品牌，创作军休文艺精品。发挥军休干部优势作用，打造军休智库，组建红色宣讲团、医疗义诊队、文艺服务队等志愿者队伍，开展常态化军休志愿服务。

各相关部门要充分认识军休干部养老服务工作的重要意义，进一步提高政治站位，加强组织领导，解决难点问题，做好措施配套、宣传解读、业务指导、人员培训等工作。要充分调动各方积极因素，形成党领导下的部门协作、社会参与、家庭支持、个人作为的军休干部养老服务新格局。要加强军休经费保障，按规定用好财政安排的军休经费，鼓励社会加大投入，引导个人合理消费，建立政府、社会、市场、个人等多主体分担机制。退役军人事务部门要切实发挥牵头作用，将军休干部养老服务工作摆上重要位置，抓好各项任务落实，加强军休干部养老服务质量监管，完善满意度评价制度和服务主体退出机制，不断提升养老服务水平，增强军休干部荣誉感归属感获得感。

以上规定适用于移交政府安置的退休军士（士官、志愿兵）。

2022 年 8 月 2 日

退役军人事务部　财政部关于调整部分优抚对象等人员抚恤和生活补助标准的通知

退役军人部发〔2022〕64号

各省、自治区、直辖市退役军人事务厅（局）、财政厅（局），新疆生产建设兵团退役军人事务局、财政局：

经研究，决定从2022年8月1日起调整部分优抚对象等人员抚恤和生活补助标准，现将有关问题通知如下：

一、提高残疾军人（含伤残人民警察、伤残预备役人员和民兵民工、其他因公伤残人员）的残疾抚恤金、烈属（含因公牺牲军人遗属、病故军人遗属）的定期抚恤金、在乡退伍红军老战士（含在乡西路军红军老战士、红军失散人员）的生活补助标准，调整后的标准见附件。

二、各地要按照《军人抚恤优待条例》规定，加大资金投入，大力提高在乡复员军人的生活补助标准，切实保障其生活水平。中央财政在现行补助标准的基础上，每人每月增加150元。

三、各地要提高带病回乡退役军人生活补助标准，每人每月提高标准不低于50元。中央财政对北京、天津、辽宁、上海、江苏、浙江、福建、山东、广东等9省市，补助标准调整为每人每月300元；对河北、山西、吉林、黑龙江、安徽、江西、河南、湖北、湖南、海南等10个省，补助标准调整为每人每月450元；对内蒙古、广西、重庆、四川、贵州、云南、西藏、陕西、甘肃、青海、宁夏、新疆等12个省区市以及新疆生产建设兵团，补助标准调整为每人每月600元。

四、对在农村的和城镇无工作单位且家庭生活困难的参战退役军人提高生活补助标准，每人每月提高50元，提至每人每月800元。中央财政对北京、天津、辽宁、上海、江苏、浙江、福建、山东、广东等9个省市，补助标准调整为每人每月320元；对河北、山西、吉林、黑龙江、安徽、江西、河南、湖北、湖南、海南等10个省，补助标准调整为每人每月480元；对内蒙古、广西、重庆、四川、贵州、云南、西藏、陕西、甘肃、青海、宁夏、新疆等12个省区市以及新疆生产建设兵团，补助标准调整为每人每月640元。

五、对不符合评残和享受带病回乡退役军人生活补助条件，但患病或生活困难的农村和城镇无工作单位的原8023部队退役军人，以及其他参加核试验军队退役人员（含参与铀矿开采军队退役人员）提高生活补助标准，每人每月提高50元，提至每人每月800元。中央财政对北京、天津、辽宁、上海、江苏、浙江、福建、山东、广东等9个省市，补助标准调整为每人每月320元；对河北、山西、吉林、黑龙江、安徽、江西、河南、湖北、湖南、海南等10个省，补助标准调整为每人每月480元；对内蒙古、广西、重庆、四川、贵州、云南、西藏、陕西、甘肃、青海、宁夏、新疆等12个省区市以及新疆生产建设兵团，补助标准调整为每人每月640元。

六、对居住在农村和城镇无工作单位、18周岁之前没有享受过定期抚恤金待遇且年满60周岁的烈士子女（含建国前错杀后被平反人员的子女）提高生活补助标准。中央财政在现行补助标准的基础上，每人每月提高55元，提至每人每月645元。

七、对从1954年11月1日试行义务兵役制后至《退役士兵安置条例》施行前入伍、年龄在60周岁以上（含60周岁）、未享受到国家定期抚恤补助的农村籍退役士兵提高老年生活补助标准，每服一年义务兵役每人每月提高4元，提至每服一年义务兵役每人每月补助54元。中央财政对北京、天津、辽宁、上海、江苏、浙江、福建、山东、广东等9个省市按上述补助标准的50%安排补助资金，对其他省区市、新疆生产建设兵团实行全额补助。

八、提高新中国成立前加入中国共产党的农村老党员和未享受离退休待遇的城镇老党员的生活补助标准，调整后的补贴标准为：1937年7月7日至1945年9月2日入党的，提至每人每月880元；1945年9月3日至1949年9月30日入党的，提至每人每月795元。已享受优抚对象抚恤补助的老党员，不执行上述补贴标准，仍按每人每月50元标准发给生活补助。已对老党员实行定额补贴的地方，补贴标准低于上述标准的，按照补差原则发给补贴；补贴标准高于上述标准的，仍按原补贴标准发给补贴。中央财政对北京、天津、上海、江苏、浙江、福建、广东等7省市，按上述补助标准的25%安排补助资金；对其他省区市、新疆生产建设兵团按上述补助标准的50%安排补助资金。

九、此次调整标准所需中央补助资金，由中央财政安排，另行下达。地方各级有关部门要认真落实地方应安排的资金，保证及时、准确、足额地把抚恤金和生活补助金发放到优抚对象等人员手中。要扎实做好优抚对象年度确认工作，优化工作方式、提高确认质效，进一步夯实优抚数据基础，确保财政资金安全。

附件：

1. 残疾军人、伤残人民警察、伤残预备役人员和民兵民工、其他因公伤残人员残疾抚恤金标准表
2. 烈属、因公牺牲军人遗属、病故军人遗属定期抚恤金标准表
3. 在乡退伍红军老战士、在乡西路军红军老战士、红军失散人员生活补助标准表

2022年8月19日

附件 1

残疾军人、伤残人民警察、伤残预备役人员和民兵民工、其他因公伤残人员残疾抚恤金标准表

（从 2022 年 8 月 1 日起执行） 单位：元 / 年

残疾等级	残疾性质	抚恤金标准
一级	因战	116 270
	因公	111 560
	因病	106 900
二级	因战	105 220
	因公	98 770
	因病	94 190
三级	因战	92 320
	因公	85 970
	因病	79 770
四级	因战	75 670
	因公	67 680
	因病	61 620
五级	因战	59 100
	因公	51 200
	因病	47 110
六级	因战	46 170
	因公	43 290
	因病	36 230
七级	因战	34 780
	因公	30 840
八级	因战	21 960
	因公	19 910
九级	因战	18 240
	因公	14 510
十级	因战	12 810
	因公	10 850

附件 2

烈属、因公牺牲军人遗属、病故军人遗属
定期抚恤金标准表

（从 2022 年 8 月 1 日起执行）

单位：元 / 年

烈属	因公牺牲军人遗属	病故军人遗属
36 910	31 410	29 280

附件 3

在乡退伍红军老战士、在乡西路军红军老战士、
红军失散人员生活补助标准表

（从 2022 年 8 月 1 日起执行）

单位：元 / 年

在乡退伍红军老战士	在乡西路军红军老战士	红军失散人员
80 620	80 620	36 370

退役军人事务部等21部门关于支持退役军人创业创新的指导意见

退役军人部发〔2022〕77号

各省、自治区、直辖市及新疆生产建设兵团退役军人事务厅（局）、发展改革委、教育厅（教委、局）、科技厅（委、局）、工业和信息化主管部门、民政厅（局）、财政厅（局）、人力资源社会保障厅（局）、自然资源厅（局）、住房城乡建设厅（委、局）、农业农村（农牧）厅（局、委）、商务厅（局）、国资委、市场监管局（厅、委）、乡村振兴局、团委、工商联；中国人民银行上海总部，各分行、营业管理部，省会（首府）城市中心支行，各副省级城市中心支行；国家税务总局各省、自治区、直辖市、计划单列市税务局；各银保监局，各大型银行、股份制银行；中国证监会各派出机构，上海证券交易所、深圳证券交易所：

退役军人是重要的人才资源，是社会主义现代化建设的重要力量。支持有条件、有意愿的退役军人创业创新，促进退役军人中小企业、个体工商户等市场主体高质量发展，是做好“六稳”工作、落实“六保”任务的必要举措，是实现退役军人自身价值、助推经济社会发展、服务国防和军队建设的有效途径。为提升退役军人创业创新能力，培育壮大退役军人市场主体，带动更多就业，现提出以下意见。

一、总体要求

以习近平新时代中国特色社会主义思想为指导，深入贯彻习近平总书记关于退役军人工作重要论述，全面落实党中央、国务院稳就业、保市场主体决策部署，坚持政府推动、市场引导、自愿选择、社会支持，在享受普惠性政策和公共服务基础上，同等条件下给予优先优待的原则，经过3至5年的努力，支持退役军人创业创新政策体系更加完善、服务能力有效提升，市场主体活力竞相迸发，带动就业能力持续增强，构建“以创新引领创业、以创业带动就业”的工作格局。

二、强化金融支持

（一）加大创业担保贷款支持力度。各地有关部门要落实创业担保贷款政策，为符合条件的退役军人创业创新提供融资支持，按规定免除反担保要求。鼓励有条件的地方适当提高贷款额度上限。推进创业担保贷款线上办理，简化审批流程、压缩审批时间。对还款积极、带动就业能力强、创业项目好的退役军人创业者，可累计提供不超过3次的创业担保贷款贴息支持。鼓励经办银行对暂时存在贷款偿还困难且符合相关条件的退役军人给予展期。

（二）创新金融信贷产品。各地有关部门要引导金融机构创新适合退役军人有效融资需求的信贷产品，为退役军人创业创新提供支持。发挥政府性融资担保机构作用，为退役军人中小企业、个体工商户提供融资增信支持，符合相关代偿条件的，依法依约及时履行代偿责任。有条件的地方可探索设立市场化风险补偿基金、提供贷款贴息等，支持退役军人创业创新。

（三）引导社会资本支持。切实发挥国家和地方中小企业发展基金等政府投资基金作用，撬动更多社会资本投早、投小、投创新，支持符合条件的退役军人创业创新。发挥多层次资本市场作用，为符合条件的退役军人创办企业上市或挂牌融资提供便利支持。加大债券产品创新，支持退役军人创办的企业通过发行创新创业公司债券等进行融资。鼓励各地退役军人事务部门引导社会资本设立专项基金，为退役军人创业创新提供资金支持。

三、大力降本减负

（四）落实税费减免。各地有关部门要按规定全面落实研发费用税前加计扣除、小规模纳税人阶段性免征增值税、小微企业减征所得税、增值税留抵退税等普惠税费支持政策。自主择业军队转业干部、自主就业退役士兵可按现行规定享受相应税收优惠政策。

（五）缓解租金压力。严格落实国务院出台的阶段性减免市场主体房屋租金政策，2022年对退役军人服务业小微企业和个体工商户承租国有房屋减免3—6个月租金。鼓励将国有房屋直接租赁给退役军人中小微企业、个体工商户，对确需转租、分租的，要确保免租惠及最终承租人。引导非国有房屋租赁主体在平等协商的基础上合理分担疫情带来的损失。

（六）优化供地保障。各地有关部门在安排年度新增建设用地计划指标，统筹相关产业用地时，同等条件下优先考虑退役军人创办的企业。退役军人利用存量房产、土地资源发展国家支持的产业、行业的，可享受在一定年期内不改变用地主体和规划条件的过渡性支持政策，现有建设用地过渡期支持政策以5年为限。移民搬迁旧宅基地腾退节余的建设用地指标和村庄建设用地整治复垦腾退的建设用地指标，纳入增减挂钩管理的，优先支持退役军人发展乡村产业。退役军人创办农业休闲观光度假场所和农家乐的，可依法通过租赁等方式使用集体建设用地。

（七）落实补贴优惠。各地人力资源社会保障部门对符合条件的退役军人，按规定落实一次性创业补贴、社会保险补贴等。鼓励基础电信企业对退役军人创办的中小企业、个体工商户使用宽带和专线给予资费优惠。有条件的地方可建立退役军人创业风险救助机制，对退役军人创业者予以支持。

四、优化创业环境

（八）完善公共服务。各地有关部门要完善科技创新资源开放共享平台，强化对退役军人的技术创新服务。支持行业企业、军工企业面向符合条件的退役军人发布企业需求、技术创新清单，开展“揭榜挂帅”，引导退役军人精准创业创新。鼓励各级各类公共服务机构、展示交流平台、公共服务示范平台设立退役军人窗口或“绿色通道”，为退役军人登记注册、税费办理、补贴申领等提供专属式、一站式服务。

（九）强化载体建设。政府投资开发的孵化器、众创空间、加速器等创业载体应安排一定比例的场地，优先提供给退役军人优惠租用，有条件的地方可对退役军人到孵化器等各类创业载体创业给予租金补贴。鼓励孵化器、众创空间、加速器等各类创业载体向退役军人免费开放，并视情将支持退役军人创业创新情况纳入国家级科技企业孵化器考核评价。支持在国家大众创业万众创新示范基地、国家小型微型企业创业创新示范基地、全国农村创业创新园区（基地）等各类基地（园区）设立退役军人就业创业园地或开辟专区，按规定提供优惠服务。允许发行地方政府专项债券，支持符合条件的退役军人就业创业园地建设项目。

（十）积极搭建平台。各地退役军人事务部门要运用“互联网＋创业创新”模式，推进退役军人中小企业、个体工商户与资本、技术、商超、电商在线实时对接，利用5G技术、云平台和大数据等助力创业创新。定期举办退役军人创业创新大赛、展交会等活动。建立健全与各级各类创业大赛、展交会、博览会联动机制，深化交流合作，支持各类创业大赛对退役军人予以倾斜。加强退役军人创业创新项目后续跟踪服务，强化与国有大中型企业、军工企业、金融机构的需求对接。

（十一）健全激励机制。各地有关部门要依法依规将退役军人中小企业、个体工商户纳入政府采购政策支持范围。对社会责任强、带动就业多、事迹突出的退役军人创业者，积极纳入“全国模范退役军人”“全国爱国拥军模范”“全国先进个体工商户”“中国青年创业奖”“全国乡村振兴青年先锋”评选表彰和“最美退役军人”“最美拥军人物”学习宣传范围，在推选工商联执委会、全国青联委员时优先考虑。共青团中央等部门组织开展的青年创业帮扶计划，对符合条件的退役军人创业者给予倾斜。退役军人中小企业在同等条件下可优先参与科技型中小企业评价。鼓励符合条件的退役军人中小企业参与专精特新中小企业认定，并按规定享受相关政策。

五、深化服务引导

（十二）开展创业培训。各地有关部门要依托普通高校、职业院校、教育培训机构、公共职业技能培训平台等优质资源，对有创业意愿的退役军人开展风险提示、政策解读、经验分享、实践指导等创业培训，并按规定落实培训补贴。

（十三）做好创业服务。各地退役军人事务部门要充分发挥服务保障体系作用，用好全国退役军人就业创业信息平台，落实常态化联系制度，建立退役军人创办的中小企业、个体工商户等市场主体台账，实现“一企一档”“一户一案”。要积极协调各部门资源，发挥就业创业指导团队、行业协会商会等社会力量作用，提供权威政策解读、个性化资源匹配等服务，助力企业纾困解难、发展壮大，带动更多退役军人就业。支持各地依法依规建立退役军人创业互助协作机制或平台，实现信息共享、抱团创业、融通发展。支持各地通过购买服务方式，引导市场化服务机构为符合条件的退役军人创业提供服务。

（十四）加强个体工商户引导扶持。各地有关部门要落实好退役军人个体工商户的各项优惠政策，推进准入退出便利化，推动电子营业执照跨区域、跨层级、跨领域应用，支持退役军人电子商务经营者依法依规使用网络经营场所登记注册。各地退役军人事务部门要充分利用个体工商户规模小、资产轻、灵活度高的特点，依托乡村振兴和区域一体化发展规划，结合地方资源禀赋和产业优势，发展一批退役军人个体工商户，培育一批产品质量好、诚信度高、有一定品牌影响力的知名退役军人个体工商户，支持一批经济效益好、发展前景广的退役军人个体工商户转型升级，带动更多就业。

六、加强组织实施

（十五）健全工作机制。各地有关部门要进一步提高政治站位，高度重视退役军人创业创新工作，多措并举，抓出实效。要在符合规定前提下，做到数据共享、信息互通，及时开展数据比对、分析研判和议事会商，推动财税、金融、土地、创业载体建设等扶持政策落地见效。

（十六）加强统筹协调。各地退役军人事务部门负责退役军人创业创新工作的整体推动，充分运用当地党委退役军人事务工作领导机构力量，主动沟通协调，争取部门支持。要加强与人民银行、银保监局等部门的协调联动，提高退役军人信贷服务覆盖面；要联合工信部门开展企业规模类型自测、“一起益企”等服务活动；要联合市场监管部门做好退役军人中小企业、个体工商户、农民专业合作社等市场主体数据比对和监测分析；要联合税务部门开展税费政策解读运用工作；要联合农业农村、乡村振兴等部门积极引导退役军人投身乡村振兴；要联合各级共青团、工商联等群团组织共同开展企业服务活动。

（十七）做好经费保障。各地有关部门要统筹利用好稳市场主体保就业等现有资金渠道因地制宜支持做好退役军人创业创新工作。对生产经营暂时面临困难但产品有市场、项目有前景、技术有竞争力的退役军人中小企业、个体工商户，各地可在现有资金渠道内按规定给予支持。

（十八）注重宣传引导。各地退役军人事务部门要把优惠扶持政策列出清单，建立政策明白卡，采取线上线下相结合的方式做好推送解读，扩大政策覆盖面和应用率。用好“退役军人创业光荣榜”，积极选树创业典型。充分运用报刊、电视、广播、网络等全媒体资源，总结推广试点示范经验做法，大力宣传退役军人创业创新典型和优秀企业家案例，营造全社会广泛关心、支持和参与退役军人创业创新良好氛围。

退役军人创办的企业是指由退役军人作为有限责任公司和股份有限公司控股股东、股份有限公司发起人、个人独资企业投资人、合伙企业合伙人的企业，或者由退役军人担任公司法定代表人、个人独资企业负责人、合伙企业执行事务合伙人满 1 年的企业。退役军人个体工商户是指在市场监管部门登记且经营者为退役军人的个体工商户。退役军人农民专业合作社是指由退役军人担任理事长的农民专业合作社（联合社）。中小企业划型按照《关于印发中小企业划型标准规定的通知》（工信部联企业〔2011〕300 号）有关规定执行，若有修订以最新标准为准。

2022 年 11 月 28 日

退役军人事务部关于加强退役军人事务法治文化建设的实施意见

退役军人部发〔2022〕79号

各省、自治区、直辖市退役军人事务厅（局），新疆生产建设兵团退役军人事务局：

为贯彻落实中共中央办公厅、国务院办公厅《关于加强社会主义法治文化建设的意见》，加强退役军人事务法治文化建设，厚植退役军人工作法治根基，提出以下实施意见。

一、总体要求

以习近平新时代中国特色社会主义思想为指导，全面学习贯彻党的二十大精神，深入贯彻习近平法治思想和习近平总书记关于退役军人工作重要论述，深刻领悟“两个确立”的决定性意义，增强“四个意识”、坚定“四个自信”、做到“两个维护”，全面落实党中央关于法治文化建设的决策部署，坚持和加强党对退役军人事务法治文化建设的全面领导，确保退役军人事务法治文化建设正确政治方向；坚持以人民为中心的发展思想，通过法治手段维护退役军人合法权益；坚持科学立法、严格执法、普法宣传一体推进，不断提升各级退役军人事务部门依法行政水平，提升退役军人法治意识和法治素养，营造办事依法、遇事找法、解决问题用法、化解矛盾靠法的良好法治环境，更好发挥法治固根本、稳预期、利长远的保障作用，在法治轨道上推动退役军人工作高质量发展。

二、主要任务

（一）推动习近平法治思想学习贯彻走深走实。

1. 把习近平法治思想作为退役军人事务系统各级党委（党组）理论学习中心组学习重点内容，纳入干部入职培训的必学内容，深入学习领会习近平法治思想的重大意义、核心要义、精神实质、丰富内涵和实践要求，在学懂弄通做实上下功夫，不断提高系统干部运用法治思维和法治方式开展工作的本领。

2. 把学习宣传践行习近平法治思想作为退役军人思想政治建设的重要内容，通过线上与线下相结合的方式，深入开展主题突出、内容丰富、形式多样的宣讲活动，教育引导广大退役军人自觉做习近平法治思想的坚定信仰者和忠实实践者。

3. 以中国特色社会主义法治理论指导退役军人工作实践。深刻认识新时代坚持和巩固马克思主义法治理论的指导地位，最重要的就是牢固确立习近平法治思想在全面依法治国中的指导地位，深入研究习近平法治思想对退役军人工作的理论指导和实践要求，加大对退役军人工作法治建设理论与实践问题的研究力度，推进研究成果转化运用，不断深化对退役军人工作法治建设的规律性认识。

（二）深入持久开展宪法宣传教育。

4. 增强退役军人事务系统工作人员的宪法意识。把宪法纳入系统各级领导干部学法清单，带头以宪法为根本活动准则，增强宪法意识，维护宪法权威。落实国家工作人员宪法宣誓制度，组织好“12・4”国家宪法日、“宪法宣传周”系列宣传，推动宪法宣传教育常态化、制度化。

5. 通过多种形式强化退役军人宪法观念。将宪法作为退役军人法治教育的重点内容，通过升国旗、奏唱国歌等仪式仪礼和开展重大节庆活动，以及组织宪法知识竞赛等形式，增进退役军人对宪法的尊崇和信仰，以宪法教育增强法治意识、激发爱国热情。

（三）在依法行政实践中彰显法治精神。

6. 完善退役军人工作法规制度体系。聚焦党中央关心、退役军人关注、事业发展亟需解决的问题，加快填补立法空白。制定修订退役军人安置条例、军人抚恤优待条例、烈士褒扬条例、退役军人就业促进条例等法规，完善思想政治、退役安置、教育培训、就业创业、抚恤优待、褒扬激励、拥军优属、权益维护、服务管理等方面规章制度。各地退役军人事务部门要围绕有关法律法规政策授权条款及原则性规定，结合本地实际推动制定地方性配套法规规章。

7. 健全政府守信践诺机制。着眼于提高行政效率和公信力，持续推动法律政策落实，维护退役军人接收安置、就业创业、教育培训、抚恤优待、服务保障等各项权益，维护法律政策严肃性权威性。加强政策出台前调查研究和风险评估，增强系统性、协调性、操作性、可持续性。制定政策从实际出发，尽力而为、量力而行，引导合理预期。

8. 严格规范公正文明执法。落实加大关系群众切身利益的重点领域执法力度要求，全面梳理退役军人事务领域行政执法事项，完善行政执法程序，健全行政裁量基准，对类别、性质、情节相同或相近事项处理结果基本一致，努力让退役军人在每一个执法决定中都感受到公平公正。坚持合法合理合情相统一，执法过程中充分听取行政相对人意见，讲清法理、讲透道理，让执法既有力度又有温度。

9. 加强军人军属权益保障。推动各级机关、企事业单位和社会组织认真落实相关法律法规，自觉履行接收安置退役军人的义务，全面落实军人军属、退役军人和其他优抚对象相关优待措施，营造尊崇军人职业、尊重退役军人的浓厚社会氛围。

10. 畅通救济渠道。依法办理行政复议案件，完善行政复议决定书、意见书、建议书执行监督机制，实现个案监督与倒逼依法行政有机结合。加强和规范行政应诉，积极推动案前调解，支持法院依法受理和审理行政案件，认真履行生效裁判，做好司法建议、检察建议落实和反馈工作。规范退役军人诉求表达机制，加强信访事项转办交办督办，坚持诉求合理的解决问题到位，诉求无理的思想教育到位，生活困难的帮扶救助到位，对打着退役军人旗号违法犯罪的，会同有关部门依法处理，坚决守住法律政策底线。

（四）提升退役军人法治意识和法治素养。

11. 加强退役军人事务法律政策解读。以退役军人保障法、军人地位和权益保障法、英雄烈士保护法、军人抚恤优待条例、烈士褒扬条例等法律法规规章和有关政策性文件为重点，组织编写培训教材，广泛进行宣传解读，让退役军人更好知悉、理解、认同法律政策。新出台涉及退役军人切身利益的政策，除涉及国家秘密或重大敏感事项外，要同步开展宣传解读。

12. 加强其他相关法律法规普法宣传。贯彻增强全民法治观念战略部署，在退役军人适应性培训、岗前培训、就业创业培训中，将法治教育作为必学内容。以宪法、民法典、保守国家秘密法、国家安全法、治安管理处罚法等法律为重点，通过线上线下多种方式，面向退役军人举办法治讲堂、法律知识竞赛等活动，不断提高退役军人对法律法规的知晓度和法治精神的认同度。

13. 加强党章党规党纪学习教育。依托基层党组织、退役军人服务中心（站）、军休服务管理机构、优抚医院、光荣院等，对退役军人党员开展常态化党章党规党纪教育，引导他们坚定理想信念，铭记党员身份，模范遵纪守法，树立良好形象。

14. 深入开展典型引领和以案释法。选树、宣传一批退役军人尊法守法先进典型，发挥榜样的示范引领作用。评选模范退役军人、“最美退役军人”、“最美拥军人物”时，将尊法守法作为重要考虑因素。全面落实建设覆盖城乡的现代公共法律服务体系战略部署，加强退役军人法律服务，及时发布法律援助、司法救助、行政复议、人民调解等指导案例，引导退役军人通过法治方式理性平和维护权益。注重运用违法犯罪典型案例开展警示教育。

（五）弘扬红色法治文化和中华优秀传统法律文化。

15. 弘扬人民军队纪律严明、令行禁止的优良传统。教育引导广大退役军人退役不褪志，正确对待国家利益与个人利益，正确处理权利与义务关系，积极到党和人民最需要的地方建功立业，带头践行社会主义核心价值观，自觉遵守国家法律法规和社会公序良俗，做信念坚定、爱国奉献、奋发有为、诚信守法的新时代退役军人。

16. 以英烈精神丰富退役军人事务法治文化内涵。全面贯彻落实英雄烈士保护法，讲好英烈故事，深入阐释英烈精神，提升宣传教育功能，深入挖掘、系统梳理革命先烈坚定的信仰和严明的纪律观念，传承退役军人事务法治文化红色基因。

17. 结合编纂中国共产党领导下的退役军人工作发展史，系统总结党在各个历史时期领导退役军人工作法治建设的成功实践和宝贵经验，为加强退役军人工作法治建设寻根溯源，进一步增强建设中国特色退役军人管理保障制度的信心决心。

18. 推动中华优秀传统法律文化转化运用。深入挖掘民为邦本、礼法并用、扶弱济贫、以和为贵、明德慎罚等中华传统法律文化精华，从中汲取营养，在退役军人工作立法、执法、法律服务和普法宣传等法治实践中进行创造性转化、创新性发展。

（六）加强退役军人事务法治文化平台建设。

19. 各级退役军人事务部门指导退役军人培训中心、服务中心（站）、军休服务管理机构、优抚医院、光荣院等服务机构，结合实际采取设置法律政策宣传栏、播放宣传片、发放宣传册、张贴法治宣传标语等形式，广泛进行法律政策宣讲，营造尊法学法浓厚氛围。

20. 依托部官网、退役军人微课堂、再启航APP等平台和《中国退役军人》杂志，开设退役军人法治品牌栏目，解读有关法律法规和政策文件，交流法治建设经验，展示法治建设成果，宣传有关典型案例。

21. 推动有条件的地区将退役军人工作法治建设元素融入法治主题公园、法治文化广场、法治文化长廊、法治文化街区以及双拥主题公园、双拥文化广场等建设。鼓励各地开展退役军人事务法治书画、漫画、摄影、公益广告、微视频等创作、征集、宣传活动，打造群众性退役军人事务法治文化品牌。

三、组织保障

（一）加强组织领导。各级退役军人事务部门要高度重视法治文化建设，把退役军人事务法治文化建设纳入退役军人工作法治建设总体安排。退役军人事务部门主要负责人要履行法治建设第一责任人职责，发挥示范带头作用，及时研究解决法治文化建设中的重要问题。退役军人事务部门法治工作机构要积极发挥职能作用，做好法治文化建设组织实施工作。

（二）强化人员力量。加强退役军人工作行政执法、普法宣传、法律服务人才队伍建设。加强对“退役军人事务员”、退役军人工作新闻采编人员的法律政策培训。广泛动员社会力量，鼓励、引导“两代表一委员”、基层法律服务工作者、律师等人员参与退役军人事务法治文化建设。

（三）培育推广典型。鼓励地方各级退役军人事务部门结合实际探索创新，积极培育退役军人事务法治文化建设先进典型，总结形成可复制可推广的经验做法。

2022 年 12 月 7 日

退役军人事务部关于认真学习宣传贯彻党的二十大精神的通知

退役军人部电〔2022〕9号

各省、自治区、直辖市退役军人事务厅（局），新疆生产建设兵团退役军人事务局：

学习宣传贯彻党的二十大精神是当前和今后一个时期全党全国的首要政治任务，退役军人事务系统和广大退役军人要提高站位、快速行动，先学一步、学深一层，迅速兴起学习宣传贯彻热潮，奋勇争当全面学习、全面领会、全面落实的先行者、排头兵，确保把思想统一到党的二十大精神上来，把力量凝聚到党的二十大确定的各项任务上来，不断推进退役军人工作高质量发展，更好团结引领广大退役军人奋进新征程、建功新时代，奋力开创退役军人工作新局面。现就有关工作通知如下。

一、充分认识学习宣传贯彻党的二十大精神的重大意义

党的二十大是在全党全国各族人民迈上全面建设社会主义现代化国家新征程、向第二个百年奋斗目标进军的关键时刻召开的一次十分重要的会议，事关党和国家事业继往开来，事关中国特色社会主义前途命运，事关中华民族伟大复兴，在党和国家历史上具有重要里程碑意义。大会高举中国特色社会主义伟大旗帜，坚持马克思列宁主义、毛泽东思想、邓小平理论、“三个代表”重要思想、科学发展观，全面贯彻习近平新时代中国特色社会主义思想，明确宣示党在新时代新征程上举什么旗、走什么路、以什么样的精神状态、朝着什么样的目标继续前进，对于团结和激励全党全国各族人民坚持和发展中国特色社会主义、全面建设社会主义现代化国家、全面推进中华民族伟大复兴具有重大意义。

学习宣传贯彻党的二十大精神，首要的是深刻领会大会的重大意义。一要深刻领会党的二十大的重大政治意义，大会高举中国特色社会主义伟大旗帜，以新时代十年来的伟大变革、伟大成就，以及百年大党的改革发展和治国理政成就展示了科学社会主义的强大活力，必将极大激发世界范围内社会主义力量的凝聚力向心力、极大推动科学社会主义发展进步。二要深刻领会党的二十大的重大理论意义，大会从世界观和方法论的高度讲透了习近平新时代中国特色社会主义思想的精髓所在，讲明了马克思主义中国化时代化的创新之道，实现了党的创新理论又一次与时俱进，为推进党和国家事业发展提供了思想灯塔、根本遵循和行动指南。三要深刻领会党的二十大

的重大现实意义，大会明确宣告新时代新征程中国共产党的历史使命，准确锚定我们当前所处的历史方位，全面部署了当前治党治国治军、内政外交国防的重要任务，科学规划了实现第二个百年奋斗目标的时间表、路线图，对夺取中国特色社会主义新胜利必将发挥十分重要的指导和保证作用。

各级退役军人事务部门尤其要引导系统党员干部和广大退役军人深刻领悟“两个确立”的决定性意义，充分认清“两个确立”反映了全党全军全国各族人民共同心愿，是百年大党最宝贵的政治经验，是党的十八大以来最重要的政治成果，是全党走好新时代长征路最基本的政治遵循，增强“四个意识”、坚定“四个自信”、做到“两个维护”，切实把思想和行动统一到党的二十大精神上来，努力推动新时代退役军人工作高质量发展，为全面建设社会主义现代化国家、全面推进中华民族伟大复兴作出新的更大贡献。

二、全面准确学习领会党的二十大精神的丰富内涵和精髓要义

全面准确学习领会党的二十大精神，要贯彻落实习近平总书记关于“五个牢牢把握”和“三个全面”重要指示要求，原原本本、逐字逐句学习党的二十大报告和党章，突出重点、抓住关键，着力把握“九个深刻领会”。

1. 要深刻领会党的二十大的主题，高举中国特色社会主义伟大旗帜，牢记“三个务必”，坚定历史自信、增强历史主动，坚定不移走中国特色社会主义道路，推动退役军人工作高质量发展，为谱写新时代中国特色社会主义事业新篇章贡献退役军人事务系统和广大退役军人的智慧和力量。

2. 要深刻领会过去 5 年的工作和新时代 10 年的伟大变革，深刻理解党和国家事业取得历史性成就、发生历史性变革，根本在于有习近平总书记作为党中央的核心、全党的核心掌舵领航，在于有习近平新时代中国特色社会主义思想科学指引。深刻认识到，退役军人工作取得历史性成就、发生历史性变革，关键在于习近平总书记从党和国家事业发展全局的战略高度，亲自谋划组建退役军人管理保障机构，就退役军人工作作出一系列重要论述。要教育引导退役军人事务系统党员干部和广大退役军人更加坚定自觉地维护习近平总书记党中央的核心、全党的核心地位，更加坚定自觉地忠诚拥护核心，衷心爱戴核心，一心紧跟核心。

3. 要深刻领会开辟马克思主义中国化时代化新境界，深刻认识到中国共产党为什么能，中国特色社会主义为什么好，归根到底是马克思主义行，是中国化时代化的马克思主义行，牢牢把握习近平新时代中国特色社会主义思想的世界观和方法论，坚持好、运用好贯穿其中的立场观点方法，着力提高运用党的创新理论分析和解决问题的能力，更好引领新时代退役军人工作高质量发展。

4. 要深刻领会新时代新征程中国共产党的使命任务，增强忧患意识、坚持底线思维，强化责任担当、发扬斗争精神，用新使命新任务激发奋进力量，号召引领退役军人事务系统党员干部和广大退役军人为实现党的二十大确定的各项任务而团结奋斗。

5. 要深刻领会中国式现代化的中国特色和本质要求，系统把握中国式现代化规律特点，牢牢坚持退役军人工作“两个服务”方针，以更高的政治站位、更强的历史主动，更加自觉地服务党和国家工作大局，努力为以中国式现代化全面推进中华民族伟大复兴作出新的贡献。

6. 要深刻领会社会主义经济建设、政治建设、文化建设、社会建设、生态文明建设等方面的重大部署，始终坚持围绕中心、服务大局，发挥退役军人重要人力资源作用，使退役军人成为推动经济社会发展的生力军。

7. 要深刻领会教育科技人才、法治建设、国家安全等方面的重大部署，坚定不移贯彻总体国家安全观，坚持安全发展，把维护国家安全和防范化解风险放在重要位置，强化“时时放心不下”的政治责任感，从严从实做好退役军人信访稳定工作，团结引领退役军人始终成为巩固党的执政根基、维护国家安全发展的坚定力量。

8. 要深刻领会国防和军队建设、港澳台工作、外交工作等方面的重大部署，准确把握“加强军人军属荣誉激励和权益保障，做好退役军人服务保障工作。巩固发展军政军民团结”工作要求，对标国防和军队现代化新“三步走”战略，积极适应军队建设改革和军事斗争准备形势任务，主动将退役军人工作融入平战一体工作机制，更好服务国防和军队建设。

9. 要深刻领会坚持党的全面领导和全面从严治党的重大部署，牢牢把握以伟大自我革命引领伟大社会革命的重要要求，充分发挥各级党委退役军人事务工作领导机构作用职责，确保退役军人工作始终在党的坚强领导下开展，确保退役军人事务系统党组织成为有效实现党的领导的坚强战斗堡垒，为推动退役军人工作高质量发展提供坚强组织保障。

三、聚焦主责主业奋力推进退役军人工作高质量发展

党的二十大报告对退役军人工作作出了战略部署，指明了努力方向和着力重点，退役军人事务系统要紧紧立足工作实际，坚持“行”字为先、“干”字当头，把党的二十大有关重要决策部署落到实处。

1. 切实抓好退役军人工作总体谋划。退役军人工作是党和国家工作的重要组成部分，要胸怀“国之大者”，对照全面建成社会主义现代化强国“两步走”战略安排，准确把握阶段性特征和主要矛盾，主动定位、对标对表，研究提出推动退役军人工作高质量发展的目标方向、指导方针、重点任务、思路办法和具体举措，确保退役军人工作始终融入党和国家工作大局和战略全局。要紧紧抓住未来五年的关键时期，落实好“十四五”退役军人服务和保障规划各项任务，进一步加强组织管理体系、工作运行体系、政策制度体系建设，健全优化服务体系，提升服务管理水平，全面做好各项退役军人工作。要完整、准确、全面贯彻新发展理念，持续用好深化改革关键一招，坚持问题导向、系统设计、分类保障，着力增强改革举措的前瞻性、系统性、针对性、可行性，在改革中解难题、布新局。

2. 加强军人军属荣誉激励和权益保障。要贯彻习近平强军思想，进一步加强军人军属荣誉激励，持续发扬拥军优属光荣传统，做实做细优待证申领发放工作，持续开展新兵入伍欢送、光荣

牌匾悬挂、立功受奖报喜、退伍返乡欢迎、节日走访慰问等活动，持续用好烈士纪念设施、革命遗址遗迹、烈士纪念馆等红色资源，充分发挥烈士纪念设施爱国主义教育、国防教育阵地作用，持续开展烈士纪念褒扬活动，大力弘扬英烈精神，更好凝聚“参军受尊崇、退役受尊重”的社会共识。要进一步加强军人军属权益保障，充分利用双拥平台和优势，积极主动协调推进，确保相关法规政策落实到位，加强随军家属安置就业保障和随军子女教育等优待工作，动员全社会资源和力量开展“情系边海防”等拥军优属活动，不断巩固提高退役军人安置就业质量，切实维护军人军属合法权益，解决好官兵后顾之忧。

3. 做好退役军人服务保障工作。要深入贯彻以人民为中心的发展思想，围绕让退役军人成为全社会尊重的人、让军人成为全社会尊崇的职业这个奋斗目标，把不断满足服务对象对美好生活的新期待作为工作的出发点和落脚点。要坚持服务与管理并重，创新发展理念、思路和举措，优化服务管理方式，激发退役军人自觉性、主动性，逐步实现自我服务、自我管理、自我发展、自我提高。要坚持常态化联系、经常性走访慰问制度，深入基层一线，深入退役军人，切实了解政策贯彻落实中的堵点痛点、真正了解他们的急难愁盼，把尽力而为与量力而行统一起来，努力回应和解决退役军人最关心、最直接、最现实的利益关切，切实把党和政府的关心关怀不折不扣送到退役军人心坎上。

4. 巩固发展军政军民团结。要主动服务巩固一体化国家战略体系和能力，持续发扬军政军民团结的光荣传统，牢固树立“一盘棋”思想，充分发挥退役军人事务部门承接军地的天然优势，当好密切军地联系的“粘合剂”，完善双拥系统应急应战响应机制，健全重点问题研究会商、重点任务协调落实、军地互办实事“双清单”等制度，积极推动搞好军地战略层面筹划、深化军地资源要素共享、强化军地政策制度协调，动员社会力量做好拥军支前各项工作，努力构建横向衔接、纵向贯通、军地同心的工作格局。

5. 团结凝聚退役军人奋进力量。要牢牢把握团结奋斗的时代要求，强化思想政治引领，坚持保障与激励并举，切实引导带动广大退役军人深入学习领会党的二十大精神，全面贯彻习近平新时代中国特色社会主义思想，不断强化“听党话、跟党走”的政治自觉思想自觉行动自觉，把广大退役军人牢牢团结凝聚在以习近平同志为核心的党中央周围，引导保障退役军人在乡村振兴、基层治理、应急救援、国防教育、传承红色基因、稳边戍边等方面发挥重要作用，在谱写全面建设社会主义现代化国家新篇章、夺取中国特色社会主义新胜利的伟大事业中作出更大贡献。

四、精心组织学习宣传贯彻走深走实

学习宣传贯彻党的二十大精神，必须步步深入、坚决彻底。各级退役军人事务部门要立足工作实际，强化效果导向，精心谋划，注重创新，切实推动党的二十大精神在退役军人事务系统和广大退役军人中深入人心、落地生根。

1. 加强组织领导。各级退役军人事务部门要切实提高政治站位，以高度的政治责任感和历史使命感深刻认识学习宣传贯彻党的二十大精神的重大意义，将其摆在首要位置，按照党中央部署，压紧压实责任，明确具体措施，精心组织开展好各项学习宣传贯彻活动，积极营造退役军人事务系统和广大退役军人学习宣传贯彻党的二十大精神的浓厚氛围。

2. 抓好学习培训。要紧密结合党中央即将在全党开展的主题教育，通过举办理论研讨班、专题报告会和交流分享会，开展知识竞赛、征文比赛、演讲大赛等活动，组织系统党员干部多形式、分层次、全覆盖学习培训，进一步推动学懂弄通做实党的二十大精神。要把党的二十大精神学习纳入各级退役军人事务部门领导班子理论中心组重点学习内容，制订学习计划，结合工作研讨。对体制内的退役军人，主要依靠所在单位组织学习；对分散在社会的退役军人，主要依托退役军人服务中心（站）按照方便灵活原则、采取多种形式组织学习；对军队离退休干部和集中供养在优抚医院、光荣院的优抚对象等，可视疫情形势组织线下集体学习和培训，教育引导广大退役军人学深悟透、融会贯通、真信笃行。

3. 开展宣传宣讲。要牢牢把握正确政治方向、舆论导向、价值取向，突出中央“七个聚焦”要求，宣传党的二十大精神和一系列新的重要思想、重要观点、重大战略、重大举措，宣传广大退役军人对党的二十大的热烈反响和积极评价，宣传系统党员干部学习贯彻党的二十大精神的具体举措和实际行动。要发挥系统红色资源富集特点，依托“老兵宣讲团”特色品牌，抽调骨干力量和退役军人先进典型，充分利用好服务保障体系“全覆盖”优势，广泛深入企业、农村、机关、校园、社区开展宣讲，弘扬英烈精神，讲好红色故事，传承红色基因。领导干部要带头深入基层宣讲，以实际行动带动系统党员干部和退役军人的学习。要积极组织党的二十大代表中的优秀退役军人走进基层、深入退役军人，以自己的亲身经历、切身感受宣讲党的二十大精神。

4. 创新方式方法。要创新形式载体，丰富方法手段，充分依托退役军人事务系统全媒体平台，运用新媒体新技术，采取富有时代特色、体现实践要求、退役军人喜闻乐见的方式，强化互动化传播、沉浸式体验，用群众语言、身边典型、数据事实说话，使宣传报道更接地气、更动人心，努力把党的二十大精神讲清楚、讲明白，让退役军人听得懂、能领会、可落实。要坚持上下联动，用好各级退役军人事务部门官网、官微等媒体平台，加强与各级主流媒体和新媒体沟通协作，形成强大宣传合力。要组织引导退役军人参加各地开展的学习教育、宣传宣讲活动，进一步激发退役军人退役不褪色、建功新时代的精神状态，勇往直前、敢于拼搏，在各自岗位上努力工作、积极作为。要注重把学习宣传贯彻与解决思想问题、解决实际问题结合起来，充分发挥各级退役军人服务中心（站）、军休服务管理机构、优抚医院、光荣院等功能作用，在做好服务中引导退役军人学习贯彻党的二十大精神。

5. 着力提升实效。要坚持学思用贯通、知信行统一，把党的二十大精神落实到退役军人工作发展各方面，体现到完成好今年退役军人事务部确定的年度工作要点和本单位的年度重点任务上来，体现到履职尽责、做好本职工作、谋划好今后一个时期工作安排中，体现到服务引领广大退役军人以习近平新时代中国特色社会主义思想武装头脑、指引奋斗建功上来。要与加强各级退役军人事务部门领导班子自身建设结合起来，与带队伍、提能力结合起来，落实全面从严治党政治责任，全面加强退役军人事务系统党的建设，注重实践锻炼、专业训练，不断增强系统党员干部推动退役军人工作高质量发展和服务退役军人的本领，牢牢把握工作主动权，团结凝聚广大退役军人在新的赶考之路上奋力书写党和人民满意的新答卷，为全面建设社会主义现代化国家、全面推进中华民族伟大复兴作出新贡献。

2022 年 11 月 10 日

退役军人事务部　中央军委政治工作部 全国双拥工作领导小组办公室关于纪念 延安双拥运动 80 周年暨做好新年春节 期间拥军优属拥政爱民工作的通知

国拥办电〔2022〕13 号

各省、自治区、直辖市双拥工作领导小组办公室、退役军人事务厅（局），新疆生产建设兵团双拥工作领导小组办公室、退役军人事务局，军委联指中心、各战区政治工作部（办公室），各军兵种政治工作部，军委机关各部委、军委各直属机构、军委各直属单位政治工作部（局、办公室），武警部队政治工作部：

2023 年是毛泽东等老一辈无产阶级革命家倡导的延安双拥运动 80 周年，扎实开展纪念活动、做好新年春节期间双拥工作意义重大。各地各部队要坚持以习近平新时代中国特色社会主义思想为指导，深入贯彻习近平总书记关于双拥工作重要论述，大力弘扬拥军优属、拥政爱民光荣传统，巩固发展军政军民团结，为全面建设社会主义现代化国家、全面推进中华民族伟大复兴凝聚强大力量。

一、组织军民深入学习宣传贯彻党的二十大精神

军地各级要把学习宣传贯彻党的二十大精神作为首要政治任务，组织广大军民深入学习领会重要思想、重要观点、重大战略、重大举措，深刻领悟“两个确立”的决定性意义，增强“四个意识”、坚定“四个自信”、做到“两个维护”，坚定不移在思想上政治上行动上同以习近平同志为核心的党中央保持高度一致。紧密联系双拥运动 80 年来特别是新时代 10 年军地军民携手奋进取得的辉煌成就，深刻理解党的二十大关于巩固发展军政军民团结的战略部署，充分认清双拥工作服务党和国家工作大局、国防和军队建设全局的重要地位作用，进一步增强做好新时代双拥工作的使命感责任感。采取召开党委议军会、军政座谈会、双拥工作领导小组全会等多种形式，加强军地学习交流，研究贯彻落实措施，推动党的二十大精神落实落地。

二、广泛开展延安双拥运动 80 周年纪念活动

各地各部队要因地制宜开展形式多样的纪念活动，推动双拥传统薪火相传、发扬光大。依托

革命遗址遗迹、爱国主义教育基地、国防教育基地和部队军史馆、荣誉室、陈列馆等，开展军营开放、“社会一日”等活动，进一步强化广大军民国防观念和双拥意识。运用各级各类报刊、广播、电视、网络等主流媒体，开设纪念延安双拥运动80周年专栏专刊，回顾本地区本部队双拥实践，总结经验做法，宣扬先进典型，浓厚爱我人民爱我军的社会风尚。举办纪念座谈会、研讨会、报告会，组织读书演讲、书画展览、文艺创演等群众性纪念活动，激发广大军民投身新时代双拥工作的政治热情。围绕新时代新征程党的中心任务和实现建军一百年奋斗目标，进一步凝聚军民意志、汇聚军地力量，发挥双拥工作特有优势，努力在筑牢军政军民团结奋进思想基础上有新发展，在助力国家重大战略实施上有新作为，在支持部队加强练兵备战、提高打赢能力上有新建树，在维护社会和谐稳定、促进人民幸福安康上有新加强，更好服务党和国家工作大局、国防和军队建设全局。

三、扎实做好新年春节期间双拥工作

军地各级要本着务实有效的原则，深入开展拥军优属、拥政爱民活动。灵活采取组织走访慰问、军民联谊等活动，通过政府网页、官方微信公众号、手机客户端发送慰问书信、祝福短信等形式，加强军地交流互动，浓厚节日双拥氛围，密切军民鱼水深情。注重互办实事好事，各地各部门要主动了解部队困难需求，深入开展“城连共建”“情系边海防官兵”拥军优属活动，尽力帮助解决部队战备执勤、训练演习和工作生活中的实际困难；各部队要突出4100个定点帮扶村优化援建举措，积极为城乡低保对象、空巢老人和留守儿童等送温暖献爱心，协助地方做好抢险救灾、社会秩序维护等工作，树牢我军爱民为民良好形象。各级要认真落实拥军优抚政策，真心实意帮助优抚对象解决生产生活难题，看望慰问在乡红军老战士、老复员军人和烈士遗属、因公牺牲、病故军人遗属，送上党和政府的关怀温暖。

四、紧跟时代要求推动双拥工作创新发展

军地各级要紧贴新形势新任务守正创新，勇于探索实践，不断推动掀起新的双拥热潮。加强双拥理论研究，采取专题调研、课题研讨等形式，深入研析新时代双拥工作的内涵外延、载体手段、运行机理。积极适应全媒体、大数据时代发展要求，探索依托信息技术和新兴媒体加强双拥宣传的方式方法，增强双拥工作的时代感和影响力。加强双拥模范创建活动动态管理，推动“能上能下”，焕发新的活力。规范完善军地互办实事“双清单”制度，通过分级办理、重点督办、挂账销号等方式落实军地需求，促进军地双向支持、共同发展。加强对社会化拥军等活动的引导和规范化管理，确保各项拥军优属政策措施高质务实、落地见效。

各地各部队组织开展相关活动，要严格落实疫情防控、安全保密和改进作风等有关规定要求，做到勤俭节约、安全顺利。

2022年12月20日

大 事 记

2022年退役军人工作大事记

一月

1月5日，逐月领取退役金安置政策培训班通过线上视频形式举办。

1月5日，退役军人事务部、财政部、人力资源社会保障部等6部门联合印发《残疾退役军人医疗保障办法》。

1月6日，退役军人事务部、中央统战部、教育部等12部门联合印发《关于引导和鼓励民营企业招用自主就业退役军人的意见》。

1月10日，中共中央办公厅、国务院办公厅、中央军委办公厅印发《关于加强新时代烈士褒扬工作的意见》。

1月11日，召开上海退役军人学院成立工作会议。马飞雄同志出席会议并致辞。

1月11日，马飞雄同志出席上海退役军人创新创业示范园揭牌仪式暨第二届“戎创”上海市退役军人创业创新大赛颁奖典礼。

1月17日，《退役军人安置条例（征求意见稿）》面向社会公开征求意见工作顺利完成，共收到意见建议5000余条。

1月19日，钱锋同志出席2022年首都军政座谈会并讲话。

1月19日，退役军人事务部召开“十四五”退役军人工作专项规划贯彻实施工作会议，总结规划编制情况，部署规划贯彻实施工作。常正国同志出席会议并讲话。

1月20日，全国双拥工作领导小组、退役军人事务部、中央军委政治工作部印发《致广大官兵和优抚对象的慰问信》和《致全国双拥模范的慰问信》。

1月22日，孙绍骋同志带队赴辽宁沈阳慰问96605部队。孙绍骋同志代表退役军人事务部和全国退役军人事务系统广大干部职工，向96605部队官兵致以节日问候、赠送慰问品，并向人民解放军指战员、武警部队官兵，向全国退役军人和其他优抚对象，致以崇高的敬意和新春的祝福。钱锋同志参加。

1月24日，退役军人事务部发布第6号部令，公布新修订的《烈士纪念设施保护管理办法》，自2022年3月1日起施行。

1月27日，退役军人事务部召开《中国共产党领导下的退役军人工作发展史》编纂工作领导小组第一次会议。孙绍骋同志出席并讲话。钱锋同志主持。

1月27日，《人民日报》刊登“2021年度全国退役军人就业合作企业光荣榜”和“2021年度全国退役军人创业光荣榜”，55家企业和60名退役军人上榜。

二月

2月2日，退役军人事务部联合中央广播电视总台展播首部退役军人题材话剧《兵心》。

2月17日，退役军人事务部联合公安部、交通运输部、文化和旅游部，召开2022年全国烈士祭扫工作视频部署会议，部署重要时间节点烈士祭扫工作。常正国同志出席会议并讲话。

2月26日，退役军人事务部宣传中心联合多家单位共同发起的“荣光行动”宣传联盟在北京正式启动。马飞雄同志出席启动仪式并致辞。

2月28日，退役军人事务部与中国银联、中国石油、中国邮政、顺丰集团、德邦快递、中国联合航空6家企业在京签署《拥军优抚合作协议》。钱锋同志与6家企业有关领导共同出席仪式。

三月

3月11日，孙绍骋同志主持召开会议，专题传达学习习近平总书记在全国两会期间的重要讲话精神，提出贯彻落实要求。钱锋、林国耀、常正国、杨友斌、马飞雄同志出席。

3月11日，退役军人事务部办公厅印发通知，下达2022年复员军官、逐月领取退役金退役军人安置计划。

3月15日，退役军人事务部召开2022年全面从严治党暨党风廉政建设工作会议。孙绍骋同志总结2021年退役军人事务部全面从严治党及党风廉政建设工作情况，部署2022年相关任务。林国耀同志就学习贯彻十九届中央纪委六次全会精神，推进退役军人事务部全面从严治党及党风廉政建设提出要求。钱锋、常正国、杨友斌、马飞雄同志出席。

3月17日，马飞雄同志出席中央网信办举办的“踔厉奋发新时代　笃行不怠向未来”2022年网上重大主题宣传启动仪式。

3月24日，退役军人事务部联合国家乡村振兴局、共青团中央等7部门，在北京召开合力推进巩固拓展脱贫攻坚成果同乡村振兴有效衔接工作电视电话会议。常正国同志出席并讲话。

3月29日，马飞雄同志与陕西省西安市乡村发展公益慈善基金会有关同志座谈，研究退役军人参与乡村振兴、支持退役军人创业就业有关工作。

3月29日，退役军人事务部会同共青团中央、中央宣传部、文化和旅游部、中国科协、全国少工委印发《关于共同开展“红领巾讲解员”实践体验活动的通知》。

3月31日，全国退役军人就业创业信息系统在广东、浙江、福建、安徽、重庆、辽宁等6个省（市）上线运营。

四月

4月1日至10日，退役军人事务部会同中央广播电视总台军事节目中心，推出10集融媒体特别节目《你的名字》，在CCTV–7国防军事频道播出。

4月2日，退役军人事务部印发《关于稳妥开展烈士遗骸搜寻发掘鉴定保护工作的通知》。

4月3日，退役军人事务部联合媒体开展“为烈士寻亲”活动，从“烈士寻亲政府公共服务平台”中选出40条寻亲信息，向全社会征集线索。

4月5日，退役军人事务部会同中央网信办、中央广播电视总台对部分地区烈士纪念设施整修工程零散烈士墓迁葬仪式进行全网直播。

4月7日，孙绍骋同志主持召开中央第三巡视组巡视退役军人事务部党组工作动员会。中央第三巡视组组长辛维光作进驻动员讲话，孙绍骋同志作表态讲话。中央第三巡视组组长、副组长、联络员及巡视组其他相关成员，中央巡视办有关同志，部党组班子成员，驻部纪检监察组、各司（局）副司级以上领导干部和一级、二级巡视员，直属事业单位领导班子成员参加。

4月8日，退役军人事务部会同人力资源社会保障部、教育部等7部门印发《关于开展2021年全国民营企业招聘月活动的通知》。

4月12日，常正国同志会见外交部机关及驻外机构服务局局长金智健一行，交流促进退役军人到驻外安保领域就业发展事宜。

4月12日，退役军人事务部、中央军委政治工作部联合印发通知，部署2022年安排工作退役士兵移交安置工作。

4月13日，退役军人事务部举行新闻发布会，介绍退役军人有关工作进展情况，并回答媒体记者提问。

4月16日起，首部退役军人工作主题公益广告《忠诚》在CCTV-1综合频道、CCTV-4中文国际频道（亚洲版）、CCTV-7国防军事频道等频道滚动播出。

4月19日，2021年度中央单位转业军官专业培训班开班式在清华大学举办。

4月19日，中华英烈褒扬事业促进会第二届会员大会在北京市召开。

4月20日，中央宣传部、退役军人事务部、中央军委政治工作部联合印发《关于开展2022年度“最美退役军人”学习宣传活动的通知》。

4月30日，中央组织部有关负责同志出席退役军人事务部领导干部会议，宣布中央决定：裴金佳同志任退役军人事务部党组书记，孙绍骋同志不再担任退役军人事务部党组书记职务，另有任用。

五月

5月7日，退役军人事务部与教育部在北京市召开2022年高职扩招退役军人毕业生就业工作视频会议，对2022年毕业的高职扩招退役军人学生就业工作进行动员部署。裴金佳同志出席会议并讲话。常正国同志主持。

5月10日，退役军人事务部印发《退役军人事务部关于充分发挥基层志愿服务队伍作用做好退役军人思想政治工作的指导意见》。

5月11日，2021年度全国学雷锋志愿服务“四个100”先进典型名单公布，退役军人事务部推荐的9个先进典型榜上有名。

5月16日，退役军人事务部、中国地方志指导小组、中央军委政治工作部、中央军委国防动员部联合印发《退役军人名录和事迹载入地方志实施办法（试行）》。

5月19日，退役军人事务部办公厅印发通知，下达2022年复员军官、逐月领取退役金退役军官安置计划。

5月23日，退役军人事务部、财政部联合印发《逐月领取退役金退役军人服务管理规定》。

5月25日至26日，马飞雄同志参加第九次全国信访工作会议并作交流发言。退役军人事务部思想政治和权益维护司信访办公室荣获“全国信访系统先进集体”称号。

5月30日，退役军人事务部印发通知，下达2022年中央企业接收安置安排工作退役士兵岗位计划。

5月31日，裴金佳同志主持召开专题工作会议，研究高职扩招结束后有关退役军人的优待政策延续问题。

六月

6月6日，退役军人事务部印发《关于用足用好优惠政策扎实做好退役军人就业创业工作的通知》。

6月14日，境外烈士纪念设施保护管理领导小组在退役军人事务部召开全体会议，对做好当前和今后一段时期境外烈士纪念设施保护管理工作进行全面部署。裴金佳同志出席会议并讲话。常正国同志主持。

6月14日，退役军人事务部会同中央组织部、中央编办等7部门印发通知，部署2022年转业军官安置工作。

6月14日，退役军人事务部、教育部、人力资源社会保障部联合印发《关于促进优秀退役军人到中小学任教的意见》，进一步拓宽退役军人就业渠道，加强中小学教师队伍建设。

6月16日，退役军人事务部会同国家发展改革委、财政部、人力资源社会保障部等7部门印发《关于推进优抚医院改革发展的意见》。

6月16日，退役军人事务部与财政部、国家卫生健康委、国家医保局共同修订印发《优抚对象医疗保障办法》。

6月17日，裴金佳同志主持召开专题工作会议，研究进一步加强国家级烈士纪念设施保护管理和启动第七批国家级烈士纪念设施申报工作事宜。常正国同志参加。

6月20日，退役军人事务部宣传中心主办的2022年“军创英雄汇”退役军人春招行动收官暨总结座谈会在北京市举行。马飞雄同志出席并讲话。

6月20日，退役军人事务部、教育部、共青团中央、全国少工委联合印发《关于用好烈士褒扬红色资源 加强青少年爱国主义教育的意见》。

6月24日，第十三届全国人民代表大会常务委员会第三十五次会议决定，任命裴金佳为退役军人事务部部长。

6月27日至7月1日，全国退役军人思想政治和权益维护系统培训班在湖南省长沙市举办。

6月28日，退役军人事务部与国家卫生健康委、国家医保局共同修订印发《优抚医院管理办法》，自2022年8月1日起施行。

6月29日，钱锋同志主持召开2022年全国双拥工作领导小组办公室第一次主任办公会议，研究部署近期双拥工作任务。

七月

7月5日，退役军人事务部举行新闻发布会，介绍有关工作情况，并回答媒体记者提问。

7月5日至26日，2022年北京地区转业军官全员适应性培训班在北京市举办。

7月8日，退役军人事务部召开全面推进优

抚医院改革发展动员部署会议。裴金佳同志出席会议并讲话。钱锋同志主持。

7月9日，2022年北京地区转业军官安置统一考试在北京城市学院（航天城校区）举行。杨友斌同志赴现场巡视。

7月11日，退役军人事务部召开“蹲点抓落实”工作动员培训会，对部本级实地调研工作进行动员部署。裴金佳同志出席会议并讲话。钱锋同志主持。林国耀、杨友斌、马飞雄同志出席。

7月11日，退役军人事务部会同农业农村部在浙江省嘉善县举行启动全国高素质农民（“兵支书”）培育试点工作仪式。

7月12日，2022年退役军人教育培训教材工作座谈会在北京市召开。

7月13日，全国优抚政策线上培训班在北京市举办，全国优抚系统8000余人参加。

7月13日至14日，军休和无军籍职工业务工作推进会在浙江省杭州市举行。

7月13日至14日，退役军人事务部宣传中心2022年通讯员培训班在重庆市举办。

7月14日，退役军人事务部与国家文物局战略合作协议签约仪式在北京香山革命纪念馆举行。裴金佳同志出席并致辞。

7月14日至15日，裴金佳同志带队赴福建省慰问陆军某部，看望部分优抚对象，在厦门市、漳州市调研基层服务体系工作情况。

7月18日，退役军人事务部、中央军委政治工作部、全国双拥工作领导小组办公室联合下发通知，要求做好“八一”建军节期间拥军优属拥政爱民工作。

7月18日至20日，马飞雄同志带队赴河北省开展“蹲点抓落实”工作。

7月18日至22日，杨友斌同志带队赴北京市开展“蹲点抓落实”工作。

7月18日至22日，退役军人村干部（“兵支书”）能力提升培训示范班在贵州省仁怀市举办。

7月19日，裴金佳同志出席贯彻落实《关于加强新时代烈士褒扬工作的意见》电视电话会议。常正国同志主持。

7月20日，国家烈士遗骸搜寻队及国家烈士遗骸DNA鉴定实验室成立仪式在北京市举行。裴金佳同志分别为国家烈士遗骸搜寻队、国家烈士遗骸DNA鉴定实验室授旗授牌并发表讲话。常正国同志主持仪式。

7月20日，裴金佳同志主持召开中央第三巡视组巡视退役军人事务部党组情况反馈会议。中央第三巡视组组长通报巡视反馈意见，裴金佳同志作表态讲话。中央第三巡视组、中央纪委国家监委第二监督检查室、中央组织部干部四局、中央巡视办有关同志，部党组班子成员，驻部纪检监察组、各司（局）副司级以上领导干部和一级、二级巡视员，直属事业单位领导班子成员参加。

7月20日至22日，军供建设发展座谈会在湖南省长沙市召开。

7月25日，人力资源社会保障部、国家市场监管总局、国家统计局联合发布一批新职业，其中包含“退役军人事务员”。

7月25日至27日，钱锋同志带队赴青海省开展“蹲点抓落实”工作。

7月26日至28日，2022年全国褒扬纪念系统工作人员培训班在云南省昆明市举办。

7月27日至28日，2022年全国退役军人事务厅（局）办公室主任会议在福建省厦门市召开。

7月28日，裴金佳同志主持召开专题会议，研究退役军人补评残相关工作。钱锋同志出席。

7月28日，退役军人事务部“老兵永远跟党走——老兵宣讲”启动仪式暨“传承红色基因，强国复兴有我”巡回宣讲首场报告会在北京市举行。马飞雄同志出席并致辞。

7月29日，退役军人事务部会同中央组织部、中央军委政治工作部印发通知，部署2022年中央国家机关和中央企业事业单位接收安置转业军官工作。

7月29日至8月5日，全国模范退役军人、全国“最美退役军人”等先进典型短期疗养活动在山东省威海市举办。全国模范退役军人、全国“最美退役军人”和全国退役军人工作模范个人代表共50余人参加。

八月

8月1日，退役军人事务部会同中华慈善总会、中国人寿保险（集团）公司、中国老龄事业发展基金会、中国退役军人关爱基金会等单位，联合举办“情暖老兵——为退役军人排忧解难”专项行动启动仪式。裴金佳同志出席活动并讲话。马飞雄同志主持启动仪式。

8月1日，退役军人事务部举行接受捐赠仪式，中国融通集团向中国退役军人关爱基金会捐赠2000万元人民币。裴金佳同志出席活动并讲话。马飞雄同志主持仪式。

8月1日，退役军人事务部召开巡视整改工作动员部署会议。裴金佳同志作巡视整改动员部署。部党组班子成员，驻部纪检监察组、各司（局）副司级以上领导干部和一级、二级巡视员，直属事业单位领导班子成员参加。

8月2日，退役军人事务部、国家发展改革委、民政部等6部门联合印发《关于进一步做好移交政府安置的军队离休退休干部养老服务工作的通知》。

8月3日至5日，裴金佳同志带队赴湖北省调研退役军人服务保障体系建设和权益维护等工作，并到基层联系点进行考察。

8月3日至5日，常正国同志带队赴山西省太原市开展“蹲点抓落实”工作。

8月10日，坦赞铁路纪念园项目竣工开园仪式在赞比亚首都卢萨卡隆重举行。

8月17日，退役军人教育培训工作人员培训班在陕西省西安市举办。

8月17日至20日，林国耀同志带队赴四川省巴中市、广安市、眉山市调研基层联系点工作，并开展“蹲点抓落实”工作。

8月18日，退役军人事务部联合国家市场监管总局等部门印发《关于开展“全国个体工商户服务月”活动的通知》。

8月18日至19日，钱锋同志出席全国省（自治区、直辖市）双拥工作领导小组办公室主任会议并讲话，对做好当前和今后一个时期拥军支前工作作出部署。

8月18日，《烈士褒扬条例》修订工作专家咨询研讨会在北京市召开。

8月19日，退役军人事务部与财政部联合印发《关于调整部分优抚对象等人员抚恤和生活补助标准的通知》。

8月22日，退役军人事务部办公厅印发通

知，下达2022年复员军官、逐月领取退役金退役军官安置计划。

8月22日至26日，全国军休安置服务管理培训班在黑龙江省哈尔滨市举办。

8月25日，钱锋、林国耀、马飞雄同志赴中国人民革命军事博物馆参观“领航强军向复兴——新时代国防和军队建设成就展”。

8月26日，全国县级以下英雄烈士纪念设施整修工作会议在山东省济南市召开。常正国同志出席并讲话。

8月26日，中共中央宣传部举行“中国这十年”系列主题新闻发布会，马飞雄同志及有关司负责同志介绍新时代退役军人工作高质量发展举措与成效，并答记者问。

8月26日，烈士遗骸搜寻发掘鉴定保护工作研讨会在山东省济南市召开。

8月29日，退役军人事务部会同人力资源社会保障部、民政部等5部门印发《关于开展2022年金秋招聘月活动的通知》。

8月29日，裴金佳同志主持召开退役军人事务部党组与驻部纪检监察组专题会商会议，研究部直属事业单位及部管社会组织监督管理有关问题。钱锋、林国耀、常正国、马飞雄同志出席会议并发言。

8月30日，钱锋同志在人民大会堂参加全国“人民满意的公务员”和“人民满意的公务员集体”表彰大会。退役军人事务部思想政治和权益维护司张柏同志被授予全国“人民满意的公务员”称号。

8月30日至9月8日，马飞雄同志担任中央信访工作督查组第五组组长，带队赴河南省郑州、洛阳、平顶山等市和山东省济南、青岛、临沂等市开展专项督查，重点督查涉及自然资源、城乡建设、退役军人等领域的12件信访案件，并回访部分信访群众。

8月31日，全国老兵宣讲团“传承红色基因·强国复兴有我”主题巡回宣讲报告会在湖南省长沙市举办。

8月31日，退役军人事务部印发《退役军人事务信息化标签标准》。

8月下旬至9月下旬，在宁夏回族自治区、山西省举办3期退役军人就业创业工作骨干培训班。

九月

9月2日，退役军人事务部会同国家市场监管总局举办首届“全国个体工商户服务月”启动仪式。常正国同志出席并讲话。

9月2日，全国老兵宣讲团“传承红色基因·强国复兴有我”主题巡回宣讲报告会在广西壮族自治区南宁市举办。

9月3日，常正国同志出席纪念中国人民抗日战争暨世界反法西斯战争胜利77周年座谈会。

9月5日，退役军人事务部召开《中国共产党领导下的退役军人工作发展史》编纂工作领导小组第二次会议。裴金佳同志出席并讲话。钱锋同志出席。

9月5日，中国爱国拥军促进会在福建省上杭县举行“情系退役老兵　振兴老区发展”捐赠仪式。

9月5日，全国老兵宣讲团“传承红色基因·强国复兴有我”主题巡回宣讲报告会在福建省福州市举办。

9月5日至8日，全国英烈讲解员培训班在山西省大同市举办。

9月6日，烈士纪念设施规范管理研讨暨第七批国家级烈士纪念设施申报工作部署会在山西省大同市举办。

9月7日，退役军人事务部会同中央军委政治工作部和北京市退役军人事务局联合举办京内离退休军人接收线上培训班。

9月8日，马飞雄同志带队赴河北省开展2022年度退役军人事务综合督查。财政部、人力资源社会保障部、中央军委政治工作部有关同志参加。

9月8日至9日，退役军人事务部召开伤病残士兵接收安置工作推进会，军地20余家单位有关同志参加。

9月8日至9日，裴金佳同志带队赴福建省上杭县实地调研，共商对口支援工作举措。

9月12日至30日，部分曾获得功勋荣誉表彰的优抚对象短期疗养活动在山东省荣军总医院开展，来自全国各地的130余名优抚对象分两期分别进行了为期9天的疗养。

9月13日，中央宣传部、退役军人事务部、中央军委政治工作部印发《关于授予上海浦东新区三栖退役军人应急救援保障服务队集体和马永庆等19名同志“最美退役军人”称号的决定》。

9月14日至17日，第九批在韩志愿军烈士遗骸装殓交接迎回安葬工作圆满完成。裴金佳同志在沈阳市主持迎回仪式，出席安葬仪式并致祭文。常正国同志率中方代表团赴韩国分别出席装殓和交接仪式，并在交接仪式上讲话。

9月21日，中央宣传部、退役军人事务部、中央军委政治工作部联合发布2022年度“最美退役军人”先进事迹。

9月22日，退役军人事务部办公厅印发《关于开展自主就业退役士兵跨省异地培训试点工作的通知》。

9月23日，退役军人事务部办公厅印发《关于开展2022年度退役军人服务中心（站）“百名优秀主任（站长）”遴选活动的通知》。

9月26日，裴金佳同志主持召开退役军人事务部党组会议暨部党的建设和全面从严治党工作领导小组2022年第二次会议，专题研究部全面从严治党工作。钱锋、林国耀、杨友斌、马飞雄同志出席。

9月27日，“奋进新时代”主题成就展在北京展览馆开幕，新时代退役军人工作在中央综合展区国防和军队建设主题区精彩亮相。

9月27日，退役军人事务部印发《关于加强烈士纪念设施展陈讲解工作的意见》。

9月28日，“退役军人事务员”“国防教育辅导员”2种新职业正式纳入《中华人民共和国职业分类大典（2022年版）》。

9月30日，裴金佳同志在天安门广场参加烈士纪念日向人民英雄敬献花篮仪式。

9月30日，退役军人事务部召开促进优秀退役军人到中小学任教电视电话调度会议。

9月，话剧《兵心》荣获第十七届中国文化艺术政府奖——文华大奖提名剧目，并参加第十三届中国艺术节演出。

十月

10月10日，退役军人事务部办公厅印发《关于强化困难退役军人兜底保障工作的通知》。

10月11日，退役军人事务部办公厅印发《关于集中开展国家级烈士纪念设施整改提升工作的通知》。

10月12日，钱锋同志主持召开2022年度全国双拥工作领导小组办公室第二次主任办公会，研究部署年底前和新年春节期间双拥工作。

10月13日，退役军人事务部会同中央宣传部、财政部向党中央、国务院呈报《关于全国县级以下英雄烈士纪念设施整修工作情况的报告》。

10月17日，退役军人事务部办公厅、国家市场监管总局办公厅印发《关于做好自主就业退役士兵从事个体工商户经营有关工作的通知》。

10月25日，退役军人事务部召开党员干部大会，传达学习党的二十大精神。裴金佳同志出席会议，并就深入学习贯彻党的二十大精神、做好退役军人工作提出要求。钱锋同志主持。林国耀、常正国、马飞雄同志出席。

10月31日，退役军人事务部举办党的二十大精神宣讲报告会。

十一月

11月3日，退役军人事务部召开全国退役军人就业创业工作推进视频会。常正国同志出席并讲话。

11月3日至4日，退役军人事务部和四川省人民政府主办的第二届全国退役军人创业创新大赛决赛在四川省成都市举办，来自全国的93个创新项目同台竞技。

11月3日至4日，全国退役军人就业创业工作推进会在四川省成都市召开。常正国同志以视频方式出席会议并讲话。

11月8日至16日，裴金佳同志先后赴5个部直属事业单位，宣讲党的二十大精神。

11月10日，退役军人事务部办公厅印发《关于认真学习宣传贯彻党的二十大精神的通知》。

11月17日，退役军人事务部办公厅印发通知，下达2022年复员军官、逐月领取退役金退役军官安置计划。

11月23日，老挝纳莫、勐赛两座中国烈士陵园修缮工程项目竣工。

11月28日，退役军人事务部、国家发展改革委、教育部等21部门联合印发《关于支持退役军人创业创新的指导意见》。

11月30日，退役军人事务部发布第8号部令，公布新修订的《烈士安葬办法》，自2023年2月1日起施行。

十二月

12月7日，裴金佳同志主持召开专题会议，研究抗日英烈名录专题数据库建设相关事宜。常正国同志出席。

12月7日，退役军人事务部印发《关于加强退役军人事务法治文化建设的实施意见》。

12月7日，退役军人事务部以视频形式组织召开全国退役军人志愿服务工作推进会，900余人在线参会。

12月13日至16日，退役军人事务部以视频形式举办服务保障体系建设管理培训班。

12月15日，2022年中央单位接收安置转业军官专业培训班通过线上形式举办，为期1个月。

12月21日，退役军人事务部、中央军委政治工作部、全国双拥工作领导小组办公室下发《关于纪念延安双拥运动80周年暨做好新年春节期间拥军优属拥政爱民工作的通知》。

12月26日，退役军人事务部印发《关于做好2023年元旦春节期间退役军人走访慰问和帮扶援助工作的通知》。